Clara & Paul Thalmann **Revolution
für die Freiheit**
Stationen eines politischen Kampfes
Moskau/Madrid/Paris

EDITORISCHE NOTIZ

Das vorliegende Buch erschien bereits 1974 im Walter Verlag Olten/Freiburg unter dem Titel „Wo die Freiheit stirbt". Von dreitausend aufgelegten Exemplaren waren nach zwei Jahren erst tausend verbreitet, obwohl Zeitungen wie die Basler „Nationalzeitung" oder Springers „Welt" Clara und Paul Tahlmanns Lebensgeschichte vorsichtig zustimmend rezensierten. Revolution für die Freiheit ist für eine Öffentlichkeit bestimmt, die der stalinistischen und neostalinistischen Öde ebensowenig abgewinnen kann wie dem westlichen System. Diese Erinnerungen an den Kampf in der Pariser Resistance gegen Faschismus und Bolschewismus, für ein Leben, das vorenthalten wird, mit dem kein Staat zu machen ist, sind ein bisher von der Geschichtsschreibung unbekannt gemachter Aspekt der französischen Resistance.

Clare und „Pavel" Thalmann sind heute siebzigjährig und jünger als je zuvor. Sie leben allen erfahrenen Niederlagen zum Trotz einem unzerstörbaren Optimusmus. Die Neuausgabe ihrer Stationen eines politischen Kampfes heißt darum: Revolution für die Freiheit!

Verlag ASSOCIATION

Clara & Paul Thalmann

Revolution für die Freiheit

Stationen eines politischen Kampfes
Moskau/Madrid/Paris

Verlag ASSOCIATION GmbH
Große Brunnenstraße 125
2000 Hamburg 50

© Verlag ASSOCIATION

2. Auflage, Januar 1977
ISBN: 3—88032—046—2

Herstellung: H. Ahlbrecht, 3400 Göttingen, Levinstraße 9a

INHALT

DER WEG NACH MOSKAU 7

Wie ich zu den Jungburschen kam. 9
Der Casinokrawall. 13
Generalstreik 1918 14
Basler Auguststreik 1919 17
Über alle Grenzen 19
Die Spaltung der Arbeiterbewegung 31
Rote Armee gegen Weiße Armee. 35
Moskau 1922 37
Moskau 1924 nach Lenins Tod. 46
Direkte Aktion 59
Das rote Denkmal 61
Arbeiterstudent in Moskau von 1925 bis 1928 63
Sommer in Sibirien 67
Schule in demokratischem Zentralismus 72
Der Deutsche Klub in Moskau 74
Die Opposition wird zerschlagen. 76
Auf Parteiarbeit in der Ukraine 79
In der Roten Armee. 85
Abschied von Moskau. 88
Links der Kurs 90
Die Schaffhauser Opposition 100
Redakteur in Schaffhausen 106
„Genossenschaft Kiste" 115
Rupft die Millionäre. 120

IM SPANISCHEN BÜRGERKRIEG 127

Von der Schwierigkeit, nach Spanien zu reisen 129
Barcelona 1936. 134
Feuertaufe am Monte Aragon 139
Bei den Anarchisten in La Zaida und Gelsa. 142
Madrid, September 1936. 145
Rund um den Alcázar. 152
Siguenza 154
Radio POUM 155
Aranjuez 157
Franco vor Madrid. 160
Volksfrontregierung Largo Caballero. 162
Die russischen Flugzeuge. 165

Helvetisches Intermezzo 169
Bei der DAS in Pina 173
Bei der POUM 184
Der Maiaufstand in Katalonien 188
Illegal 201
In den Fängen der GPU 204
Puerta del Angel 206
Santa Ursula 218
Pedro Hirten 221
Clara singt 224
Fritz Raab 227
„Gäste" der Regierung 230

IM WELTKRIEG 241

Friedel 246
Das spanische Drama 248
Rudolf Klement 252
Die Wandlung des Herbert Bucher 254
Kriegsausbruch 256
Drôle de Guerre 260
Frankreichs Zusammenbruch 268
Begegnung mit der Gestapo 283
Herr Künstler 288
Das Banksafe 291
Charles Wolf 292
Der Pavillon 293
Der Chiropraktiker 297
15. Juli 1942 299
Thesenfabrikanten 304
Koschka 307
Herr Morel 311
Margot Schröder 318
Der bekehrte Emigrant 323
Ein spanischer Anarchist im besetzten Paris 326
Viktor 334
Die Befreiung von Paris 343

SOZIALISMUS ODER BARBAREI 351

ANHANG 369

Gespräch mit Pavel Thalmann (April 1975) 371

ABKÜRZUNGEN/REGISTER 393

Abkürzungsverzeichnis 394
Register 395

DER WEG NACH MOSKAU

Wie ich zu den Jungburschen kam

Im vierten Jahr des Ersten Weltkrieges, im Winter 1917, wurde die Kriegsmüdigkeit in allen Ländern spürbar. Die ersten, noch ungenauen Nachrichten über eine Revolution in Rußland zeugten davon. Auch in der Schweiz war die Lebenshaltung der Bevölkerung denkbar schlecht, und am schlechtesten für die arbeitende Bevölkerung. Die Rationierung der – miserablen – Lebensmittel schuf keinen gerechten Ausgleich; wer Geld besaß, konnte sich auf dem florierenden Schwarzmarkt kaufen, was ihm beliebte. Die Löhne wurden durch die zunehmende Teuerung dauernd entwertet, hielten mit den steigenden Preisen nicht Schritt. In zahlreichen Kundgebungen gegen die Teuerung, in Streiks gegen die schlechten Arbeitsbedingungen, die ungenügenden Löhne machte sich die Arbeiterschaft Luft.
Während in den Proletarierfamilien Fleisch gar nicht oder höchstens am Sonntag auf den Tisch kam, selbst Kartoffeln nicht immer zu haben waren und die Bäcker ein graues, schwer genießbares Brot lieferten, konnten sich gewisse Kreise alles leisten. Schieber, Spekulanten und Wucherer verdienten scheffelweise, eine ganze Schicht von Neureichen stellte ihren frischerworbenen Reichtum schamlos zur Schau.
Ende 1917 beschloß der Schweizer Bundesrat die Einführung der Zivildienstpflicht. Personen vom 14. bis zum 60. Lebensjahr konnten zwangsweise zum Zivildienst – hauptsächlich für Meliorationsarbeiten – aufgeboten werden. Dagegen setzte sich die Arbeiterschaft zur Wehr, in Zürich kam es zu Streiks und Unruhen. Die Regierung in Bern erließ ein Truppenaufgebot, das, da jede äußere Bedrohung fehlte, nur gegen den «inneren Feind» gerichtet war. Gewerkschaften und die sozialdemokratische Partei protestierten gegen diese Maßnahmen und kamen in Olten zu einer Konferenz zusammen, um die wirksamsten Kampfmittel zu beraten. Daraus entstand später das Oltner Aktionskomitee, das den Landesstreik organisierte.
Damals arbeitete ich als Siebzehnjähriger in der Kistenfabrik Bachofen-Dennler am Klingelberg. In der Bude schafften zwei Dutzend Schreiner, Kistenmacher und einige Maschinisten, alle im Bau- und

Holzarbeiterverband organisiert. Einige von ihnen, eingebürgerte Deutsche, hatten zum deutschen Arbeiterverein gehört. Schon nach wenigen Tagen war auch ich neugebackenes Mitglied der Gewerkschaft und nahm teil an zahlreichen Kundgebungen und Versammlungen, die in Basel wie in allen Schweizerstädten stattfanden. Bei diesen Manifestationen lernte ich viele jugendliche Angehörige der «Jungburschen» kennen, fand sofort Anschluß und wurde Mitglied der Organisation.

Die «Jungburschen» hatten sich in den Kriegsjahren zu einem relativ starken sozialistischen Jungendverband entwickelt. Zur Zeit meines Beitritts mag er vier- bis fünftausend Mitglieder gezählt haben. Er gab wöchentlich eine Zeitung heraus, die «Freie Jugend». Ende 1917 erschien monatlich die «Jugendinternationale» als internationales Organ. Im jungen deutschen Emigranten *Willi Münzenberg* besaß der Verband einen begabten Redner und genialen Organisator. Von mittlerer Größe, mit einem blassen, etwas schief geratenen Gesicht, entfaltete er eine unglaubliche Aktivität und verstand durch seine zündenden Reden, die Jugend mitzureißen. Münzenberg stand in Zürich mit den vielen russischen Emigranten in Verbindung. *Lenin* widmete dem jungen Agitator besonderes Interesse und beeinflußte ihn nachhaltig. Am stärksten geprägt wurde Münzenbergs Denken durch den Zürcher Arzt *Fritz Brupbacher*. Obwohl Brupbacher Anarchist war, begeisterter Anhänger Michael Bakunins, verkehrte er viel mit den russischen Revolutionären, mit denen er nächtelang hart diskutierte. Sein menschliches Wirken als Arzt der armen Bevölkerung, seine vielseitige, dabei völlig selbstlose schriftstellerische Tätigkeit hatten ihm in der Schweiz, zumal in der Zürcher Arbeiterbewegung, eine einzigartige Stellung verschafft. Als glühender Verteidiger der russischen Revolution, solange diese nach dem Rezept Bakunins handelte, stieß Brupbacher den sozialistischen Jugendsekretär und seine Bewegung vorwärts zu radikalen Positionen.

Das Wirken des deutschen Emigranten fiel der Regierung in Bern lästig; man warf den gefährlichen Ausländer ins Gefängnis und wies ihn dann aus. Die Zeitungen der Jugendbewegung, «Freie Jugend» und «Jugendinternationale», durften nicht mehr erscheinen. Das Zentralkomitee der «Jungburschen» wurde von Zürich nach Basel in die

Burgvogtei verlegt. In ihrer Blütezeit zählte die Basler Sektion vier- bis fünfhundert Mitglieder, beinahe ausnahmslos junge Arbeiter, Arbeiterinnen und Lehrlinge – die studentische Jugend fehlte fast ganz. In diesen Reihen herrschte ein unermeßlicher Drang nach Wissen, Bildung und Aktion. Wohl schoben sich aufgrund der explosiv-revolutionären Situation jener Jahre politische Probleme in den Vordergrund, doch ging die jugendliche Wißbegierde viel weiter und tiefer. Die Großen der russischen Literatur, Tolstoi, Dostojewski, Gogol, Turgenjew, die deutschen Klassiker Goethe, Schiller, Lessing, Heine wurden verschlungen und diskutiert. Ein besonderes Merkmal der Bewegung bestand in ihrer strikten Alkoholabstinenz. Wie sollte diese interessierte und aktivierte Jugend nicht die russische Revolution stürmisch begrüßen, nicht aus tiefer Verehrung zu ihren Führern *Lenin* und *Trotzki* aufblicken!

Mit Feuereifer stürzte ich mich auf die belletristische und politische Literatur, die die Schundliteratur verdrängte. Nächtelang saß ich zum Kummer meiner Mutter über den Büchern. Bald konnte ich in den wöchentlichen Versammlungen mitreden, und nach einiger Zeit avancierte ich zum Schriftführer der Sektion Großbasel.

Die Verlegung des Zentralkomitees nach Basel machte eine Neuorganisation erforderlich. Münzenberg mußte ersetzt werden, an Stelle der verbotenen «Freien Jugend» erschien ein neues Blatt mit dem Titel «Neue Jugend». Im neuen Zentralkomitee wirkten *Emil Arnold*, *Fritz Lieb*, *Fritz Sulzbachner*, für kürzere Zeit, *Edgar Woog*. Jugendsekretär wurde Emil Arnold. Er besaß neben einem soliden Wissen unstreitig organisatorische Talente. Auf den Schultern seines ungeschlachten Körpers saß ein großer Kopf mit breitem, früh zerfurchtem Gesicht. Arnold, von Beruf kaufmännischer Angestellter, in der Jugendbewegung unter dem Spitznamen «Räuber» bekannt, war durch seinen Witz und seine Schlagfertigkeit bei den Arbeitern beliebt. Fritz Sulzbachner, der Postbeamte, war von anderem Schlage. Groß und schlank, mit kohlschwarzen Haarsträhnen bis über die dicke Hornbrille, verkörperte er den Typ des anarchistischen Bohemien, doch auf seriöse Art. Der außerordentlich belesene und sprachbegabte Sulzbachner nahm frühzeitig mit linksextremen Kreisen in Deutschland Verbindung auf. Seine besondere Neigung galt der Psychoanalyse, er kannte sich aus bei Freud, Reich und Jung. Ihm war es zu verdanken, daß die Literatur der deutschen Linken zu uns ins Land kam, in den Kreisen der Jugend verbreitet und gelesen wurde. *Franz Pfemferts* Berliner Monatsschrift «Aktion» stand künstlerisch und politisch auf hohem Niveau. Durch Sulzbachner und die «Aktion» gelangten wir in Berührung mit der Kommunistischen Arbeiterpartei Deutschlands (KAPD). Die KAPD hatte sich bereits 1919 auf dem Kongreß der kommunistischen Partei (Spartakusbund) abgetrennt. Sie war fanatisch antiparlamentarisch und vertrat den Rätegedanken. In den Jahren 1919 bis 1923 spielte diese Partei in allen revolutionären Kämpfen in Deutschland eine hervorragende Rolle. Sie leitete den mitteldeutschen Aufstand, *Max Hölz* war ihr Rebellenführer und ihr politischer Kopf der ehemalige Reichstagsabgeordnete *Otto Rühle,* der als erster zusammen mit *Karl Liebknecht* die Kriegskredite abgelehnt hatte. Dank dieser Beziehungen blieb ein gewisser Hauch anarcho-syndikalistischer Ideen bei uns Jungen haften, der nur langsam den bolschewistischen Ideen wich.

Mit dem jungen Theologiestudenten *Fritz Lieb* kam ein Element des von den Ereignissen aufgeschreckten Bürgertums in die Bewegung. Gewiß haben auch ein Schuß Romantik und ehrlicher Idealismus Liebs Eintritt in die Reihen der sozialistischen Jugend bewirken helfen; aber seine eigentlichen Beweggründe waren sein starkes Gerechtigkeitsgefühl und ein tief empfundener Humanismus. Nur für kurze Zeit amtierte im Zentralkomitee der Bibliothekar *Edgar Woog.* Er wanderte dann frühzeitig nach Mexiko aus, wo er später Vertreter der Kommunistischen Internationale für die lateinamerikanischen Länder wurde. Aus Zürich erschien ab und zu *Willi Trostel* zu den Sitzungen, doch widmete er sich nach 1922 mehr und mehr der Roten Hilfe, einer Organisation zur Unterstützung politisch Verfolgter, und disponierte dort nach Anweisungen aus Moskau über ansehnliche Summen.

An der Spitze der «Internationalen Arbeiterhilfe» (gegründet 1921), die er mit Geschick ins Leben gerufen hatte, stand Willi Münzenberg. Von Berlin aus verstand er es, eine welt- und dabei selbst weite bürgerliche Kreise umfassende Hilfsaktion für das von Hungersnot und Bürgerkrieg heimgesuchte Rußland aufzuziehen. Wir Jungsozialisten beteiligten uns eifrig an den stets erfolgreichen Lebensmittel-, Kleider- und Wäschesammlungen.

Die Beziehungen der sozialistischen Jugend zur sozialdemokratischen Partei waren eng, doch nicht immer erfreulich. Es gab zahllose Reibereien, die Jungen standen links, waren «bolschewistisch», allen Leisetretern ein Dorn im Auge. Auf die sich formierende Parteilinke übte die Jugend einen starken Druck aus, um die schwankenden Elemente zu festigen. Die organisatorischen Beziehungen zwischen Partei und Jugend blieben unklar; viele Mitglieder der Jugendorganisation waren individuell Mitglied der Partei, zugleich aber war die Jugendorganisation als Ganzes Kollektivmitglied. In den Parteiversammlungen kam es bei Abstimmungen dauernd zu Zänkereien über das Stimmrecht einzelner Jugendlicher. Zudem mußte die Parteikasse der Jugendbewegung dauernd unter die Arme greifen, was die spröde Liebe der Alten zu den Jungen beträchtlich abkühlte. Die Parteiführung mochte keine Organisation unterstützen, die ihre Hauptaufgabe im Kampf gegen die «alte, bewährte» Parteitaktik erblickte.

Der Casinokrawall

Mit dem Ausbruch der russischen Revolution nahm der Kriegsverlauf eine entscheidende Wendung; der Zusammenbruch des deutschen Kaiserreichs und der Habsburgermonarchie begannen sich abzuzeichnen. Die der russischen Revolution günstig gesinnten Elemente sammelten sich, und langsam begann sich eine Parteilinke zu formieren. Unter dem Druck der sich rasch radikalisierenden Arbeiterschaft wurden die Forderungen des Oltener Aktionskomitees präziser.

Im April 1918 organisierte der Arbeiterbund Basel eine vom Oltener Komitee angeregte öffentliche Versammlung. Auf dem Marktplatz drängte sich eine große Menschenmenge vor den Rednern. Um die mit rotem Tuch ausgeschlagene Tribüne hatten wir Jungburschen uns mit flatternden roten Fahnen geschart. Nach *Friedrich Schneiders* temperamentvoller Rede bestieg der Jungbursche *Mamie* unverhofft das Podium und wollte sprechen. Das war von den Veranstaltern der Kundgebung nicht vorgesehen, und sie versuchten es zu verhindern. So begann um das Podium ein heftiges Gedränge, da wir Jungen einen Redner forderten. In dem allgemeinen Durcheinander konnte

Mamie die Versammlung zu einem Umzug bewegen. Mehrere hundert Menschen, meist jüngere Leute, marschierten singend durch die Innenstadt. Aus dem allmählich anschwellenden Zug ertönten Rufe: «Zum Casino, zum Casino!» Dieses stadtbekannte Lokal war ein vornehmes Restaurant und Treffpunkt der Schieber und Spekulanten. Auf dem Barfüsserplatz vor dem Casino schwang sich der Zürcher Jungbursche *Joggi Herzog* auf einen Sockel, zog seine Uhr aus der Tasche und verkündete laut: «Wir geben den Spießern drei Minuten Zeit, das Lokal zu räumen, dann wird es gestürmt.» Lautes Johlen begleitete sein Ultimatum.

Im Casino, hinter den Scheiben der großen Glasveranda, schmausten die Bürger, sahen erstaunt, amüsiert dem ungewohnten Schauspiel zu und ahnten nicht, was ihnen bevorstand. Die Menschenansammlung vor dem Casino wurde größer, ihre Haltung immer drohender. Ein erster Stein flog, zerschmetterte ein Fenster der Glaswand. Nun gab es kein Halten mehr. Ein Steinhagel zertrümmerte die Fensterfront, verstört zogen sich die Bürger schleunigst in die inneren Räume zurück. Es half ihnen nichts, die wütenden Demonstranten drangen ein, wildes Handgemenge entstand, Stühle und Tische zerkrachten, der große Kronleuchter an der Decke wurde mit allen erreichbaren Gegenständen bombardiert, bis er klirrend zu Boden sauste. Mit zerrissenen Kleidern flohen die zerbläuten, blutenden Gäste ins Freie oder in die oberen Räume. Jeweils zu zweit packten wir die schweren Kübel mit den exotischen Pflanzen vor dem Casino und schleuderten sie ins Restaurant hinein. Innerhalb weniger Minuten hatte sich das Casino in einen wüsten Trümmerhaufen verwandelt. Die Polizei rückte zu spät an; sie konnte nur noch die Menge zurückdrängen und das Gebäude absperren.

«Rädelsführer» Joggi Herzog wurde als einziger einige Monate später zu einer Gefängnisstrafe verurteilt.

Generalstreik 1918

Teuerung und Lebensmittelknappheit schürten die Unzufriedenheit der Menschen zusehends. In Züricher Munitionsfabriken kam es zu Streiks, die Polizei griff hart durch, worauf Gewerkschaften und Partei mit einem eintägigen Generalstreik antworteten. Die Schweizer

Regierung, kopflos und starrsinnig, bot Truppen gegen die Streikenden auf, Versammlungen wurden verboten, es trat eine Art Ausnahmezustand ein. In dieser Situation hielt das Oltener Aktionskomitee eine Beratung über die Kampfmaßnahmen ab und einigte sich auf eine Reihe von Forderungen an die Regierung, die ihr dann auch unterbreitet wurden. Diese Verhandlungen zerschlugen sich aber, da der Bundesrat von einer angeblichen Umsturzgefahr faselte und die aufgebotenen Truppen nicht zurückziehen wollte. Hinter der Unzufriedenheit der Massen sah die Regierung eben nur die Wühlarbeit ausländischer, bolschewistischer Agenten. Welch schreckliche «Putschgefahr» bestand, geht aus den Forderungen des Oltener Aktionskomitees hervor, die lauteten:

Umbildung der Landesregierung.
Neuwahl des Nationalrates nach dem Proporz.
Aktives und passives Frauenwahlrecht.
Allgemeine Einführung der 48-Stunden-Woche.
Einführung der allgemeinen Arbeitspflicht.
Sicherung der Lebensmittelversorgung direkt mit den Produzenten.
Reorganisierung der Armee in ein Volksheer.
Alters- und Invalidenversicherung.
Staatsmonopol für den Außenhandel.
Tilgung der Staatsschulden durch die Besitzenden.

Das für einen revolutionären Umsturzversuch zu halten, war ein schlechter Witz: Ohne Umsturz sind zahlreiche dieser Forderungen später erfüllt worden. Nein, die Regierung wollte eine Kraftprobe. Als die Verhandlungen gescheitert waren, beschloß das Oltener Aktionskomitee nach stürmischen Debatten mit großer Mehrheit den unbefristeten Generalstreik. Er begann am 11. November um Mitternacht und dauerte bis zum 14. November. In diesen drei Tagen war das Land völlig lahmgelegt.

Die Privatbetriebe mußten schließen; wenn sie es nicht taten, sorgten die streikenden Arbeiter dafür. Wir Basler Jungsozialisten hatten uns begeistert in den Kampf gestürzt; mit Arbeitern zusammen legten wir Betriebe still, wo Ängstliche noch zu arbeiten versuchten. Dabei kam es oft zu Schlägereien mit Arbeitswilligen, der Polizei und einer vom Bürgertum rasch improvisierten Bürgerwehr. Ansammlungen waren verboten. Auf Lastwagen sausten schnapsbeflügelte Soldaten durch die Straßen, meist Bauern aus der Innerschweiz. Sie zögerten keinen Moment, auf Menschenansammlungen zu schießen.

Die Basler Bürgerwehr bestand zumeist aus Studenten, die für Ruhe und Ordnung sorgen wollten. Für kurze Zeit sah man die jungen Leute im Schmuck weißer Armbinden die Straßen fegen und versuchen, eine Müllabfuhr zu organisieren. Der Spuk dauerte nur kurz; denn obwohl die Menge in den Straßen zuerst ihr helles Vergnügen an den akademischen Gassenkehrern hatte, wurde es den Streikenden bald zu bunt, und sie verjagten die Bürgerwehr.

Vor der Seidenfabrik von der Mühl in der Schanzenstraße massierte sich eine Zahl streikender Arbeiter, da das Gerücht ging, es werde hinter verschlossenen Türen gearbeitet. Die Streikenden verlangten Eintritt, um sich Gewißheit zu verschaffen, aber die Pforten blieben verriegelt. Einige Verwegene begannen die Türen aufzubrechen, als plötzlich Gesang ertönte. Den Klingelberg herunter kam in wohlgeordneter Reihe, Studentenmützen auf dem Kopf, Stöcke geschultert, eine Gruppe von fünfzig Bürgerwehrlern heranmarschiert, fröhliche Studentenlieder singend. Das war zuviel. Ein kurzes Zögern, dann stürzten sich die Arbeiter auf die Studenten und schlugen sie in einem wilden Handgemenge bös zusammen. Stöcke, Mützen, Armbinden und Studentenfräcke blieben als Trophäen in den Händen der Sieger. Die Bürgerwehrler flüchteten sich ins nahe Frauenspital, selbst im daneben gelegenen Zuchthaus fanden sie Unterschlupf. Bei der Prügelei hatte ich kräftig mitgeholfen und einen Stock erbeutet. Es war ein hohler, schwarz gestrichener, mit nassem Sand gefüllter Blechstock.

Der Generalstreik fiel langsam in sich zusammen. Die Richtungskämpfe im Oltener Aktionskomitee, in den Gewerkschaften und der Partei verschärften sich, der gewerkschaftliche Flügel suchte nach einer Verständigung und war für Streikabbruch. Die Uneinigkeit blieb der Regierung nicht verborgen, zumal sich die sozialdemokratische Nationalratsfraktion nicht offen zu der streikenden Arbeiterschaft zu bekennen wagte. Von einer Verständigung wollte der Bundesrat nichts wissen und verlangte vom Aktionskomitee ultimativ die sofortige Beendigung des Streiks. Die Mehrheit des Aktionskomitees kapitulierte (gegen die Stimmen von *Robert Grimm* und Friedrich Schneider) und blies zum

Rückzug. Die Amnestie, die sich einige der Gewerkschaftsführer ausgerechnet hatten, blieb allerdings aus. Das Bürgertum wollte seine Rache, und so erhielten die meisten Mitglieder des Oltener Aktionskomitees Freiheitsstrafen.

Das Oltener Aktionskomitee hatte zwar ganz wider seinen Willen drei Tage lang die zweite Landesregierung gespielt, nie aber die Absicht gehegt, die Macht zu ergreifen. Dazu fehlten alle Voraussetzungen, die Bereitschaft der Massen, Ziel und Wille der Führer. Die werktätige Bevölkerung hatte den Landesstreik nie als eine revolutionäre Aktion aufgefaßt. Er war ein spontaner Ausbruch der allgemeinen Unzufriedenheit, dem sich die Arbeiterorganisationen und ihre Instanzen anschließen mußten.

Der geistige Führer der Sozialdemokratie, Robert Grimm, erklärte in seiner Verteidigungsrede vor Gericht: «Das Aufgebot der Truppen in Zürich gegen die streikenden Arbeiter provozierte den Proteststreik der Zürcher Arbeiterunion. Aus ihm geht hervor, daß nicht der geringste Versuch zu einer gewalttätigen Erhebung vorlag.»

Das trifft zu. Die geistigen Urheber des Landesstreiks saßen im Bundeshaus, waren jene sturen, konservativen Bürger, denen jeder Fortschritt nur im schärfsten Kampf abgerungen werden kann.

Basler Auguststreik 1919

Die soziale und politische Unruhe schwelte indessen weiter. Die Kriegsfolgen wurden drückender, der Landesstreik hatte keines der bestehenden Probleme gelöst, die zunehmende Arbeitslosigkeit verschlimmerte das Los vieler Familien. Im August 1919 brach in den Basler Färbereien ein Streik aus, der bald eine allgemeine Solidaritätsaktion bewirkte. Die Färbereiarbeiter gehörten zur untersten Schicht der Lohnempfänger; schlechte Bezahlung und Arbeitsbedingungen sowie der arrogante Herrenstandpunkt der Färberei- und Seidenbarone taten ein übriges, um den Topf zum Überlaufen zu bringen. In den Gewerkschaften und in der sozialdemokratischen Partei entspannen sich erregte Debatten, wie der Färberstreik am besten zu unterstützen sei. Die radikalen Elemente traten für einen städtischen Generalstreik ein, doch stieß der Gedanke einer solchen Ausweitung – in Anbetracht der noch frischen Niederlage im Landesstreik – auf ernste Bedenken.

Im großen Saal der Burgvogtei hielten die streikenden Färber ihre Versammlung ab. Wir Jungburschen waren zahlreich vertreten und stimmten begeistert den Fürsprechern des Generalstreiks zu. Nach Versammlungsschluß bildete sich ein Demonstrationszug, der über Rheinbrücke und Marktplatz in die enge Freiestraße und dort vor das Lokal zog, wo das örtliche Aktionskomitee tagte. Revolutionäre Lieder singend, im Chor die Ausrufung des Generalstreiks fordernd, wichen die Leute auch dann nicht vom Platz, als einige Komiteemitglieder zu beschwichtigen versuchten. Dann erschien am Fenster die kleine, zierliche *Rosa Grimm* und verkündete der Menge in zündenden Worten den Beschluß zum allgemeinen Streik.

Am nächsten Morgen stand das Leben der Stadt still. Es war dasselbe Bild wie vor einigen Monaten. Wieder hatten wir Jungen uns mit Gewerkschaftlern zusammengetan, um Betriebe stillzulegen, Geschäftsleute zur Schließung ihrer Läden zu bewegen, was nie ohne Krawall und Schlägerei abging. Wieder fuhren Soldaten lastwagenweise durch die Straßen, um Ansammlungen zu zerstreuen. In der Äschenvorstadt hatten wir eine handfeste Auseinandersetzung mit Bürgern bestanden; ein Trupp von drei- bis vierhundert Jugendlichen zog den Steinenberg hinunter und wollte in die Innerstadt marschieren. Unten am Casino versperrte uns ein Polizeikordon den Weg. Ein Polizeioffizier näherte sich und befahl uns, auseinander zu gehen. Er wurde ausgepfiffen, zog sich zurück. Die Polizei rückte in Schützenlinie gegen uns vor, wurde aber mit einem dichten Steinhagel zurückgeschlagen. Der Erfolg ermutigte uns, nun gingen wir vor. Da krachten die ersten Schüsse, die Polizisten, inzwischen durch Soldaten verstärkt, feuerten mehrere Salven. Einige von uns erlitten Beinverletzungen und mußten von uns selbst abtransportiert werden. Wir erzwangen die Öffnung einiger Apotheken, damit wir die Verletzten notdürftig versorgen konnten.

Die Zusammenstöße mehrten sich, Polizei und Truppen schlugen rücksichtslos zu. An der Ecke Greifengasse-Claraplatz schossen Soldaten von einem Lastauto in eine friedliche Ansammlung. Es gab einige Tote und viele Verwundete. Wir Jungsozialisten legten drei Tote auf Tragen, die Arbeitersamariter herbeigeschafft hatten. In einem schweigenden Zug, gesenkte rote Fahnen voran, begab sich eine große Menschenmenge vor die Kaserne, wo das Militärkommando seinen Sitz hatte. Das Kasernentor war geschlossen, dahinter standen schußbereite Soldaten. Durch das Torgitter hindurch verhandelte der Jungsozialist *Hermann Leuenberger* mit einem herbeigerufenen Offizier über eine Aufbahrung der Toten in der Kaserne. Der Offizier hatte keinen Befehl, lehnte ab und verlangte, die Leute sollten sich vom Kasernentor zurückziehen, sonst müßten seine Soldaten von der Schußwaffe Gebrauch machen. Wütende Empörung packte uns, wir rüttelten am Tor, einige versuchten, hinüberzusteigen. Hermann Leuenberger riß sein Hemd weit auf und schrie den Soldaten zu: «So schießt doch!» Sie schossen. Wieder gab es Tote und Verletzte, darunter zwei unserer Bahrenträger. Die Menschen stoben auseinander, flüchteten in Hauseingänge, warfen sich zu Boden. Erst nach der blutigen Schießerei konnten wir die Opfer bergen.

Auch der Basler Auguststreik, der immerhin zehn Tage dauerte, mußte abgebrochen werden. In einer ergreifenden Trauerkundgebung wurden die Gefallenen beigesetzt. Fritz Lieb sprach im Namen der sozialistischen Jugend am Grabe der Toten.

Unmittelbare Forderungen der werktätigen Schichten wurden weder durch den Landesstreik noch durch den Basler Auguststreik erfüllt. Beide Großaktionen haben aber eine Entwicklung ins Rollen gebracht, ja beschleunigt, die später den Weg für eine sozialere Gesetzgebung ebnete.

Über alle Grenzen

In der sozialistischen Jugend war ich langsam aufgerückt, sprach oft auf Gruppenabenden und bei kleineren Versammlungen. Beinahe jeden Abend nach der Arbeit war ich auf dem Sekretariat der Jugend in der Burgvogtei. So kam ich in engeren Kontakt mit Emil Arnold und Fritz Sulzbachner. Ich schrieb kurze Artikel für die Jugendzeitung und half bei der Auslieferung des Blattes. Aus unserem anfänglichen Verkehrslokal, dem alkoholfreien «Clarahof», zogen wir später in den Betrieb von *Jakob Dübi* hinter der Claramatte um. Dübi, selbst Abstinenzler, war ein begeisterter Naturfreund und hatte zwei hübsche Töchter, Lydia und Fanni. Lydia wanderte später nach Rußland aus und wurde die Freundin von *Sigi Bamatter*. Sie verschwand in den späten dreißiger Jahren während einer der mörderischen «Parteisäuberungen».

Das internationale Organ, die von Münzenberg glänzend redigierte «Jugendinternationale», war in der Schweiz verboten. Das Blatt kam monatlich heraus, trat frühzeitig für die Bildung einer neuen sozialistischen Internationale ein, brachte beinahe in jeder Nummer Artikel von Lenin, Trotzki, *Sinowjew* und anderen Führern der Arbeiterbewegung. Wir waren keineswegs bereit, dieses Verbot stillschweigend hinzunehmen. Freiwillige wurden gesucht, die die Zeitung aus Deutschland – sie war in Lörrach bei einem Mitglied der USPD (Unabhängige Sozialistische Partei Deutschlands) deponiert – schwarz über die Grenze holen würden. Eines Abends machte ich mich mit dem Jugendmitglied Karl Vonau auf den Weg, um einige Pakete der Zeitung nach Basel hereinzuschmuggeln. Mit der Straßenbahn fuhren wir nach Riehen, schlichen von dort durch hohes Gras, Wiesen und Waldhänge nach Lörrach. Auf ein verabredetes Zeichen öffnete uns *Max Hirschel,* der als Junggeselle allein ein Häuschen bewohnte. Hirschel war ein untersetzter, stämmiger Metallarbeiter. Obwohl Mitglied der USPD, gehörte er dem Spartakusbund an, der zu jener Zeit noch in der größeren Partei Unterschlupf fand. In seinem Hinterzimmer hatte Hirschel ein ganzes Lager illegaler Literatur aufgestapelt und belud uns wie Lastesel. Wir verabredeten einen neuen Besuch bei ihm, da er uns versicherte, er erwarte die Ankunft einiger Illegaler, die über die Grenze in die Schweiz müßten. Der Rückweg nach Basel klappte, zur großen Zufriedenheit unserer Mitglieder.

Auf dem zweiten Grenzgang zu Hirschel begleitete mich mein Jugendfreund *Alf Tellenbach.* Auf dem ausgekundschafteten Weg, an einer alten Ziegelei vorbei, gelangten wir glücklich zu Hirschel in Lörrach.

Sein illegaler «Besuch» bestand aus zwei jungen Russen, die ein schwerverständliches Deutsch kauderwelschten. Hirschel packte uns vieren reichlich Material auf, und unbehindert kamen wir an unserem Bestimmungsort an. Die zwei Russen fanden verabredungsgemäß bei Sulzbachner Unterkunft. (Vier Jahre später wollte es der Zufall, daß ich die beiden an einer Kundgebung in der Swerdlow-Universität in Moskau wiedersah.) So wurde ich auf natürliche Weise eine Art Spezialist des illegalen Grenzverkehrs.

Die revolutionären Konvulsionen der jungen Weimarer Republik ließen unsere Herzen höher schlagen. Der Spartakusbund war uns das Symbol des revolutionären Kampfes. Wütend und in ohnmächtiger Empörung hörten wir die Kunde vom feigen Mord an *Karl Liebknecht* und *Rosa Luxemburg*. Mit den deutschen Revolutionären, den Spartakisten, in nähere Beziehung zu treten, von ihnen zu lernen, ihnen zu helfen, bedeutete für mich die Fortsetzung der begonnenen illegalen Arbeit. Neben der verbotenen Literatur, die wir regelmäßig über die Grenze schmuggelten, galt es auch viele illegale Grenzgänger herüberzuholen: Flüchtlinge, politisch Verfolgte oder Verurteilte, sowie Delegierte, die ohne Paß zu Konferenzen in Berlin, Paris oder Moskau reisen mußten. Nicht wenige Schweizer übrigens wollten unbedingt nach Rußland und dort am Aufbau mitwirken.

Durch Vermittlung von Fritz Sulzbachner kriegten wir *Otto Rühle* (dessen Tochter Sulzbachner später heiratete) zu Kursen über Geschichte und Erziehungsfragen nach Basel. Rühle war über vierzig und einer der bekanntesten Führer der Kommunistischen Arbeiterpartei Deutschlands. Nicht zuletzt dank Rühles Einfluß wagte es Liebknecht, bei der Abstimmung über die Kriegskredite im Reichstag die Fraktionsdisziplin zu brechen und nur seine Überzeugung sprechen zu lassen. Später, bei der Umwandlung des Spartakusbundes in die Kommunistische Partei, vertrat Rühle eine anti-parlamentarische Position und lehnte die Teilnahme an Wahlen zur Nationalversammlung konsequent ab mit der Begründung, die Epoche des bürgerlichen Parlamentarismus sei beendet und die Zeit der Räte als revolutionäres Parlament angebrochen. Er drang mit seiner Auffassung nicht durch; die Russen widersetzten sich ihr heftig, da sie auf ihrem Parteimonopol beharrten. In Deutschland spaltete sich die Kommunistische Partei in zwei

fast gleiche Teile – in die Kommunistische Partei unter Führung Moskaus und in die Kommunistische Arbeiter-Partei (KAP) unter dem Einfluß von Rühle samt seinen Freunden.
Sein Eintreffen in Lörrach wurde uns gemeldet, ich sollte ihn über die Grenze holen. Bei Hirschel traf ich den mittelgroßen, leicht beleibten, sich sehr straff haltenden Mann an. Sein kantig geschnittenes Gesicht, seine blitzenden, stahlgrauen Augen ließen mich erkennen, daß ein außergewöhnlicher Mensch vor mir stand.
«Na, mein Junge, wird das klappen?» begrüßte er mich. Ich bejahte, und mit einem Hieb seines derben Knotenstocks durch die Luft bekräftigte er: «Ich hoffe es, jedenfalls habe ich hier was, um mich meiner Haut zu wehren.»
Rühles Vorträge wurden von Partei und Jugend stark besucht. Er hinterließ bei allen Teilnehmern einen tiefen Eindruck und nicht nur Kraft seines umfangreichen Wissens; denn seine Kunst der Darstellung, aber auch der Einfühlung in die Zuhörer waren ebenso bestechend. Jeder spürte: Da ist einer, dessen Gedanken zur Tat drängen und anleiten, einer, der nicht lehrt, um zu lehren. Schon damals, 1920, kritisierte Rühle scharf die Politik der Bolschewiki, geißelte deren Parteiegoismus schonungslos, unterstrich wieder und wieder, weder Revolution noch Sozialismus seien eine Parteisache. In scharfen Debatten prallte er mit *Franz Welti* und den Führern der Basler Parteilinken zusammen, die er alle gnadenlos außer Gefecht setzte, so daß sie wütend den Saal verließen.
Otto Rühle konnte seine Vortragsreihe nicht beenden; 1920 brach in Deutschland der Kapp-Putsch aus. Die KPD lehnte es zuerst ab, die sozialdemokratische Regierung zu unterstützen und zu verteidigen, revidierte dann aber ihre Haltung unter dem unwiderstehlichen Druck der Massenbewegung. Sofort nach Bekanntwerden des Putschversuches ließ mich Rühle zu sich kommen und verlangte, unverzüglich über die Grenze gebracht zu werden.
Einige Monate später holte ich Rühle nochmals über die Grenze. Mit demselben Erfolg wie zuvor hielt er eine Reihe von Vorträgen über Erziehung, die etwas später in der kleinen Broschüre «Neues Kinderland» erschienen.
Einige meiner damaligen «Kunden» sind später zu einer gewissen Be-

rühmtheit gelangt. Zu einem Kongreß der neuen, der Kommunistischen Internationale war Joggi Herzog eingeladen. Unter seinem Einfluß hatte sich in der Schweiz bereits eine kleine Gruppe zur Kommunistischen Partei erklärt (ihre Mitglieder wurden später als die «Altkommunisten» bezeichnet). Als erster Delegierter dieser Gruppe erhielt Herzog eine Einladung nach Moskau. Der temperamentvolle Zürcher Holzarbeiter war ein nervöser, draufgängerischer Kerl. Vorsichtsmaßnahmen lagen ihm nicht, er schlug alle meine Ermahnungen, mir ruhig zu folgen, in den Wind, stapfte fauchend wie ein Bär durch die Nacht über Hänge und Wiesen, so daß ich Mühe hatte, ihm zu folgen. Herzog vertrat auf dem Kongreß in Moskau einen anti-parlamentarischen Standpunkt, den er mit dem Italiener *Amadeo Bordiga* teilte. Trotz aller Versuche Lenins – dieser kannte und schätzte Herzog aus Zürich –, rückte Herzog nie von seiner Haltung ab, was ihn später in der Kommunistischen Partei der Schweiz vollkommen isolierte. Ihm blieben nur wenige Anhänger treu, mit denen zusammen er jene erste kommunistische Gruppe gebildet hatte, die sich um das Blatt «Neue Ordnung» gruppierte und dann in der neuen kommunistischen Partei (KPS) aufging.
Eine harte Nuß zu knacken gab mir der Franzose *Boris Souvarine*, der Vertreter der französischen Kommunisten in Moskau. Er kam aus Moskau zurück und wollte über die französische Grenze gebracht werden. Verblüfft musterte ich bei Sulzbachner den kleinen geschniegelten Mann, der einen durchdringenden Parfümgeruch ausströmte. Eine dicke Hornbrille, pechschwarze Haare, weiße Handschuhe und ein ununterbrochener Redefluß machten ihn wenig sympathisch. Souvarine hat mich als einziger tief enttäuscht: Nach dem geglückten Grenzübergang, bevor er den Zug nach Paris bestieg, bot er mir Geld an.
Mit *Jules Humbert-Droz*, dem Pastorensohn und Pazifisten aus La Chaux-de-Fonds, war es einfacher; ruhig und gemächlich wie auf einem Waldspaziergang überquerten wir die Grenze.
Ein besonderer Fall war Sigi Bamatter. Er gehörte zu den wenigen Schweizern, die gleich zu Beginn der russischen Revolution mit den Russen in engster Verbindung standen. Dank seines außerordentlichen Sprachtalents konnte er auf vielen Kongressen als Dolmetscher wirken; sein unbeirrtes Einstehen und Mitmarschieren für die jeweils

an der Macht befindliche Mehrheit prädestinierten ihn zum Mitläufer, «Commis Voyageur» der Dritten Internationale. Als ich ihn zum erstenmal über die Grenze holte, saß er mit fünf anderen «Passanten» in Lörrach bei *Max Bock*, ehemals Arbeitersekretär in Basel und nun USPD-Mann. Bock war Mitglied des badischen Landtags und sympathisierte mit dem Spartakusbund. Bamatter kannte mich nur unter meinem unfreiwilligen Pseudonym «Aff». (Die zoologische Bezeichnung hing mir seit jener Fasnacht 1920 an, als die sozialistische Jugend in Erinnerung an die Generalstreiktage das Bürgertum verspottete und ich in einem Affenkostüm auf einem Bierfaß saß, das von Soldaten auf einem Wagen gezogen wurde.) Bamatter brachte ich im Laufe der Jahr noch öfters über die Grenze; von ihm wird später noch die Rede sein.

In der Regel passierte ich die Grenze allein, manchmal schloß sich *Alf Tellenbach* an, selten ein anderes Jugendmitglied. Auf die Dauer paßte diese «Arbeit» niemand. Ein einziges Mal war Fritz Sulzbachner mit von der Partie, als es galt, seine Berliner Freundin *Agnes Seyfritz* nach Basel zu holen. Agnes war ein kleines, quecksilbriges Wesen und offensichtlich in Fritz schwer verliebt. Im hohen Korn ließen sich die zwei zu einem Schäferstündchen nieder, während ich abseits einige Zigaretten rauchte...

Eines Nachts holte ich mit Alf Tellenbach bei Hirschel die «Jugendinternationale» ab. Wir trafen bei ihm eine Frau an, die nach Zürich wollte und sich als eine Nichte von *Dr. Bass* bezeichnete, einem dortigen Anwalt und Mitglied der Kommunistischen Partei. Daß die hübsche, vollbusige Dame mit den feuerroten Haaren leicht schielte, tat ihrem Charme keinen Abbruch. Die «Rote» war Mitglied der KAPD und begann sofort mit einer vehementen Kritik an der bolschewistischen Politik. Während des Grenzübergangs machte die heißblütige Dame meinem Freund deutlich Avancen, vor denen er zurückschreckte. Wir sollten sie später in Deutschland wiedersehen.

Auf einer meiner nächtlichen Touren hörte ich ganz in der Nähe Schüsse. Rasch warf ich mich ins hohe Gras und landete auf dem Rücken eines Mannes... mein Herz stockte, der Kerl unter mir atmete schwer, rührte sich aber nicht. Endlich stieß er hervor: «Mensch, wer bist du denn? Ich geh mit Uhren rüber.»

Ein Schmuggler. Wir beruhigten uns und setzten dann unseren Weg nach Lörrach gemeinsam fort.

Im Vorsommer 1921 beschlossen Alf Tellenbach und ich, zusammen nach Berlin zu reisen. Von einem der Grenzübergänger hatte ich eine Adresse in Berlin. Viel Geld besaßen wir nicht, doch die deutsche Inflation stand in voller Blüte, unsere paar Schweizer Franken stellten schon ein kleines Vermögen dar. Wir verproviantierten uns gehörig; in meinem Hosenbein baumelte eine lange Salami, Alf hatte sich einen schönen, runden Münsterkäse besorgt. So beladen, passierten wir die Grenze und bestiegen den Zug nach Berlin. Die Züge fuhren unregelmäßig, hielten an jeder kleinen Station, waren überfüllt und verdreckt. Nach einem Tag Fahrt erreichten wir Frankfurt, wo wir alle aus unerfindlichen Gründen ausgeladen wurden. Da der Zug an diesem Tag nicht weiterfuhr, bummelten wir durch die Stadt, sahen an den Plakatwänden Aufrufe für eine Versammlung der KAPD am nächsten Tag und beschlossen, hinzugehen. Die Nacht über schliefen wir erbärmlich frierend in einem Rübenfeld.

An der Türe zur KAPD-Versammlung stand ein Ordner, ohne Angabe von Gründen verweigerte er uns den Eintritt. Der Saal war wohl schon zu voll. Als Redner war *Laufenberg* aus Hamburg angekündigt, der kurze Zeit später im Gefolge von *Karl Radek* die Theorie des Nationalbolschewismus vertrat und ein Bündnis zwischen Kommunisten und Nationalisten gegen die Ruhr- und Rheinlandbesetzung sowie gegen den Versailler Vertrag forderte. Wir parlamentierten mit dem Ordnerdienst ohne Erfolg. Da tauchte plötzlich aus dem Saal unsere leicht schielende «Rote» auf, erkannte uns, fiel uns stürmisch um den Hals. Wir konnten an der Versammlung teilnehmen. Die brave Frau gab uns noch einige Unterkunftsadressen in Berlin.

Berlin. Das bedeutete für uns Liebknecht, Rosa Luxemburg, Spartakus, den revolutionären Hort Europas. Die Lebensmittel waren rar, offen entfaltete sich ein schwungvoller Schwarzhandel. Tausende hungernder, zerlumpter Arbeitsloser trieben sich auf Straßen, Plätzen und vor den Stempelstellen herum, schliefen in den Wartesälen der Bahnhöfe. Viele trugen noch die zerschlissene Uniform der kaiserlichen Armee. Die Atmosphäre war nach wie vor mit politischem Zündstoff

geladen, der abgrundtiefe Haß zwischen Sozialdemokraten und Kommunisten ließ sich förmlich mit Händen greifen.
Wir krochen bei einer Arbeiterfamilie im Wedding unter. Das Nachtlager auf einer Matratze am Boden und das kärgliche Essen bezahlten wir mit unseren Franken – für die Familie *Sumpf* eine beträchtliche Hilfe. Vater Sumpf, ein biederer Berliner und kommunistischer Funktionär, vermittelte uns die Teilnahme an der Berliner Parteischule. *Hermann Duncker* dozierte über politische Ökonomie, seine Vorträge erschienen dann in einer kleinen Broschüre, die in Massenauflage Verbreitung fand. Neben ihm lehrte *Reinhold Schönlank* Geschichte der Arbeiterbewegung und Materialistische Geschichtsauffassung. Die Vorträge von Reinhold Schönlank, dem blinden Bruder *Bruno Schönlanks*, der sich als Arbeiterdichter einen Namen errungen hatte, waren Höhepunkte an Klarheit und Diktion. Durch direkte Fragen an die jungen Teilnehmer verstand er, ihr Interesse zu wecken, sie auf die wesentlichen Probleme zu bringen. Er sprach und entwickelte seine Gedanken mit verblüffender Schnelligkeit. Oft wurde er ungeduldig und rief: «Ich weiß, ich weiß, Genossen, ich rede sehr rasch, darum denkt ein bißchen schneller.» Reinhold Schönlank hinterließ bei uns einen bleibenden Eindruck, was auf unsere Jugend zurückgeführt werden mag, aber wohl auch auf die Tatsache, daß ein Blinder so hervorragend lehrte.
Nach drei Wochen war unser Geld alle, wir mußten heim. Vor der Einfahrt in den Badischen Bahnhof in Basel durchquert der Zug in den langen Erlen Schweizerboden, und da wir im Bahnhof weder der Polizei noch Zöllnern begegnen mochten, beschlossen wir, aus dem Zug zu springen. Die deutschen Züge fuhren damals langsam, und in einer Kurve ließen wir uns, ohne Schaden zu nehmen, die Böschung hinunterrollen.
In der Basler Sektion der Jungburschen war ich inzwischen zum Leiter der Bildungsarbeit bestimmt worden. Um dem Bildungshunger unserer Jugend Nahrung zu geben, organisierten wir in den einzelnen Stadtvierteln Bildungszellen, in denen Kurse über Geschichte und Ideen des Sozialismus gehalten wurden. Mit höchstem Interesse lasen wir *N. Bucharins* «ABC des Kommunismus», ein populäres Buch, das ich in Hunderten von Exemplaren über die Grenze geschleppt hatte. In

diesen Zirkeln diskutierten und dozierten wir mit mehr Eifer als Sachkenntnis über das Werk. Nie wurde so ein Abend ohne Absingen revolutionärer Lieder begonnen und abgeschlossen.

Im Zirkel des Gundeldinger Schulhauses lernte ich *Verena Hochstrasser* kennen, meine erste Jugendliebe. Die Familie Hochstrasser wohnte auf dem Bruderholz in einer kleinen Talmulde hinter der Erziehungsanstalt Klosterfiechten. Sie besaß dort ein Häuschen, die einzige Behausung weit und breit, im Grunde ein winziges Bauerngütchen. Der Vater war der Stadtgärtner im Margarethenpark, ein lieber, stiller, ganz unpolitischer Mann. Eine zehnköpfige Kinderschar, sieben Mädchen und drei Buben, bevölkerte das kleine Anwesen und bereitete den Eltern viel Mühe und Sorgen. Fließendes Wasser gab es nicht, es mußte täglich in einem kleinen Faß von der nahen Anstalt geholt werden; am Abend stand die Petroleumlampe auf dem Tisch. Der Stall barg eine Kuh, auch zwei Schweine waren da sowie einige Hühner und Kaninchen. Rundherum ein kleiner Acker mit einigen Obstbäumen. Von den Mädchen waren drei – Elsy, Lydia und Vreni – im Alter von 16 bis 21 Jahren und sehr hübsch. Paul, der älteste Sohn, ein rechter Taugenichts, interessierte sich nur fürs Wildwest-Spielen, tagelang durchstreifte er Felder und Wälder mit seinem Revolver und schoß alles ab, was da fleuchte und kreuchte. Er brachte es zu einer erstaunlichen Fertigkeit, oft war ich zugegen, wenn er einen Vogel aus der Luft herunterholte. Einige Jahre später wanderte er nach Kanada aus, wo er sein Leben als Trapper fristen wollte.

Den drei Schönen vom Bruderholz fehlte es natürlich nicht an Verehrern. Sie hatten jene Frische und Naturhaftigkeit, die nur das Landleben gewährt. Nach jeder Versammlung wurden die drei von ihren Freunden nach Hause geführt, das war eine gute Marschstunde über Klosterfiechten in ihr Heim. Mit Vreni verband mich eine unschuldige Liebe, deren platonischer Charakter nie durchbrochen wurde.

Mittlerweile war ich als Mitglied ins Zentralkomitee der sozialistischen Jugend aufgerückt, wohl nicht zuletzt dank meiner Grenzgängertätigkeit, deren praktische Erfolge geschätzt wurden und die mir zudem in der Bewegung einen romantischen Anstrich gab. Dafür verlor ich meinen Arbeitsplatz bei Bachofen-Dennler. Die nächtlichen Grenzüberschreitungen, von denen ich oft erst am frühen Morgen zurückkehrte, hatten zu vielen Arbeitsversäumnissen geführt. Natürlich war der Firma meine politische Einstellung nicht verborgen geblieben. Früher oder später hätte mich der Herr Chef gefeuert, daß es früher kam, daran war der Völkerbund schuld.

1920 gab die Schweiz – vielleicht nur zum Spaß – ihre viel gerühmte Neutralität auf und entdeckte ihr Herz für den Völkerbund. Im Casinosaal sprach Bundesrat Motta für den Eintritt in den Völkerbund mit einer Dialektik, um die ihn jeder Marxist beneiden konnte und die haarscharf bewies, daß dieser Eintritt die Neutralität gar nicht aufhebe. Wir jungen Störenfriede waren weder für Neutralität noch für Motta noch für Völkerbund und gingen hin, um zu krakeelen. Das glückte uns über die Maßen gut. Es hockten zwar nur unserer fünfzig oben auf dem Balkon, aber Krach machten wir wie zweihundert: Zwischenrufe, Pfeifen, Lachen, Klatschen, wo man schweigen sollte, und so fort. Die vielen hundert Bürger in Anwesenheit eines Bundesrates wurden nervös; so etwas war einfach unschicklich, uneidgenössisch. Als nach Schluß der bundesrätlichen Rede die Nationalhymne angestimmt wurde, sangen wir kräftig die Internationale. Das reichte. Auf dem Balkon entwickelte sich eine wüste Keilerei, in der wir so kräftig verhauen wurden, daß uns die angerückte Polizei beschützen mußte. Die wackeren Männer nahmen uns in ihre Mitte und führten uns durch ein Spalier fuchsteufelswilder Eidgenossen aus dem Saal. Trotz Polizeigeleit prügelten einige der mutigsten mit Schirmen und Stöcken auf uns los, beschimpften und bespuckten uns. In der vordersten Reihe des Spaliers stand mein Patron, Herr Bachofen, dem der schirmbewehrte Arm in der Luft erstarrte, als er mein ihm bekanntes Gesicht sah. Am Tage darauf hatte ich die Kündigung in der Tasche.

Fast zwei Jahre lang hatte ich die Grenze illegal überschritten, ohne je geschnappt zu werden. Das sollte sich ändern. Meine erste Verhaftung erfolgte ausgerechnet, als ich unseren Jugendsekretär Arnold hinüberbringen sollte, da er zu einer Konferenz in Berlin delegiert war. Wir wurden von schweizerischer Heerespolizei verhaftet und auf dem Kommandoposten in Riehen verhört. Der amtierende Leutnant, Herr Sommer, erkannte natürlich Arnold sofort und war im Bild. Er lieferte uns im Lohnhof ab, wo Polizeiinspektor *Müller*, «Reitpeitschenmüller» hieß er bei der Arbeiterschaft, uns in Empfang nahm. Von unseren

Sprüchen vom Waldspaziergang ließ er sich nicht beirren, sondern brummte uns drei Tage Arrest auf. Das war mein erstes, doch nicht mein letztes Zusammentreffen mit dem «Reitpeitschenmüller». Der ersten Verhaftung folgte eine lange Pechsträhne.
Unser naiver Idealismus verführte uns zu manchem Unsinn. So beschloß ich, mit Otto Saukel, dem Freund von Elsy Hochstrasser, nach Rußland auszuwandern. Statt in Moskau landeten wir im Bezirksgefängnis von Lörrach. Beim Überschreiten der Grenze wurden wir von deutschen Beamten erwischt. Beide mußten wir acht Tage Holz sägen und spalten. Otto Saukel, ein robuster, kräftiger Bursche, stöhnte nächtelang nach seiner geliebten Elsy. Acht Tage später wurden wir nach Basel verbracht. Inspektor Müller verhörte uns.
«Aha, da ist der Bursche schon wieder vom Waldspaziergang zurück. In Lörrach sind sie nicht so zimperlich mit euch, was? Marsch, in die Zelle, bei uns genügen drei Tage.»
Meine zweite Bekanntschaft mit dem Lörracher Bezirksgefängnis verlief anders. Vom Zentralkomitee der sozialistischen Jugend zu einer Konferenz in Berlin delegiert, wählte ich einen neuen Grenzübergang. In Riehen gab es ein Sanatorium für Nervenkranke, dessen Gemüse- und Obstgarten direkt an die Grenze stieß. In dem Sanatorium arbeitete als Gärtner ein Jugendmitglied, *Josef Renggli*. Mit ihm verabredeten wir einen Besuch im Garten – durch eine Pforte ließ er mich hinausschlüpfen, und schon befand ich mich auf deutschem Boden. Es war November und recht kalt. In der Innenseite meines dicken Mantels war mein Delegiertenausweis eingenäht. Ich trollte mich in Richtung Lörrach, wobei ich ein kleines Dorf passieren mußte. Als ich mich den paar Häusern näherte, hörte ich eine Säge kreischen. Da es keinen anderen Weg gab, bei Tage ein Überqueren der Felder nicht ratsam war, setzte ich meinen Weg fort und mußte an dem Säger vorbei. Er arbeitete in einem offenen Schuppen, ich grüßte höflich und schritt vorüber. Der Mann stutzte, dann rief er: «Halt, stehenbleiben!» Ich setzte mich in Trab, begann zu laufen. Der Kerl schrie laut hinter mir her, alarmierte das ganze Nest. Es dauerte keine fünf Minuten, und ich sah mich umstellt. Zu meinem Pech war der Holzsäger ein Zollbeamter, der seinen freien Tag hatte. Noch am Abend führten mich zwei Männer zu Fuß nach Lörrach ins Bezirksgefängnis,

das ich knapp drei Wochen vorher verlassen hatte. Der Oberaufseher, ein biederer Badenser, erkannte mich wieder und meinte trocken: «Nu, diesmal werden es wohl mehr wie acht Tage werden.»
Mit dieser tröstlichen Aussicht brachten sie mich in die Zelle. Da saß schon einer, ein Ungar, lustig und zufrieden. Gemütlich meinte er zu mir: «Hier ist prima, gutt Essen.» Während der ersten Haft hatte ich Muße genug gefunden, um die Gefängnisordnung zu studieren, und so wußte ich nun, daß man mich nicht zur Arbeit zwingen konnte. Da ich Geld besaß, durfte ich mich selbst verpflegen, wobei die Aufseher ebenfalls ihr Geschäft machten. Zweierlei war unangenehm: Zum einen konnte mein Zellenkamerad stundenlang splitternackt auf dem stinkenden Kübel sitzen und Mikoschwitze erzählen; zum anderen wußte ich nicht, wie lange man mich festhalten wollte. Der Oberaufseher hatte mir deutlich zu verstehen gegeben, daß ich als Rückfälliger von der Staatsanwaltschaft abgeurteilt werden würde. Am zehnten Tag der Haft kam denn auch ein Gehilfe des Staatsanwaltes in die Zelle und verkündete mir, in einigen Tagen würde ich dem Staatsanwalt vorgeführt. In schnoddriger Manier, hämisch grinsend, fügte er hinzu: «Zwei bis drei Monate werden Ihnen guttun.» Meine Moral sank auf den Nullpunkt bei dem Gedanken, über Weihnachten und Neujahr in dem Loch zu hocken.
Am Nachmittag nach dieser Visite öffnete sich die Zellentür, mein Oberaufseher trat ein und befahl: «Sofort packen, wir fahren mit Ihnen nach Basel.» Zu packen gab es bei mir nichts, ich schlüpfte in meinen Mantel und folgte ihm. Über den Besuch der Staatsanwaltschaft, von dem er offenbar nichts wußte, ließ ich keine Silbe verlauten. In der Tram von Riehen nach Basel unterhielt sich der Oberaufseher leutselig mit mir. «In Basel kriegen Sie mehr als bei uns, da können Sie sicher sein», verkündete er. «Das glaube ich nicht», antwortete ich, «mehr als drei Tage brummen sie mir nicht auf.» Er schmunzelte. «Na, wenn das stimmt, bekommen Sie von mir eine dicke Zigarre.»
Der wackere Mann führte mich dem Inspektor vor. Kaum sah mich Inspektor Müller, lief sein Bulldoggengesicht rot an vor Wut. Zornig brüllte er: «Raus mit dir, der Teufel hol' dich, verschwinde!» Baß erstaunt gaffte uns der Oberaufseher an, während ich ihm die Hand

entgegenstreckte und bat: «Zigarre bitte.» Ich wartete sie aber nicht ab, sondern verschwand schleunigst und ließ die Herren unter sich.

Die Spaltung der Arbeiterbewegung

Mit Kriegsausbruch war das stolze Gebäude der Sozialistischen Internationale wie ein morscher Baum in sich zusammengestürzt. Die «vaterlandslosen Gesellen» (so nannten sich die deutschen Sozialdemokraten gerne) entdeckten ihr Herz für das Wilhelminische Kaiserreich; sie waren ebenso bereit, gegen das zaristische Rußland zu marschieren wie gegen die französische Republik. Die sozialistische Idee war noch kaum in die Massen gedrungen. Für einen Teil der Linken in der deutschen Sozialdemokratie, die sich während des Revisionismusstreits um Rosa Luxemburg geschart hatten, *Franz Mehring, Parvus, Radek, Schönlank, Karski*, kam der Zusammenbruch nicht ganz unerwartet, doch kein Mensch hatte ihn in dieser Tiefe vorausgeahnt. Lenin war von der Katastrophe niedergeschmettert und nach Berichten von Zeitgenossen überzeugt, die Nummer des sozialdemokratischen «Vorwärts» mit der Nachricht, die Reichstagsfraktion habe die Kriegskredite bewilligt, sei gefälscht. Die tieferen Umschichtungen in der europäischen Arbeiterschaft waren ihm verborgen geblieben; die Autorität von *Karl Kautsky* bewunderte er noch zu einer Zeit, als Rosa Luxemburg mit ihm in heftigster Fehde lag. Seine Reaktion fiel dafür um so hitziger aus.
Gemeinsam mit der sozialistischen Jugend und der sozialdemokratischen Partei unternahmen die russischen Emigranten in der Schweiz Schritte, das internationale Gebäude wieder zu errichten. Dieses Vorhaben unterstützten auch die sozialdemokratischen Parteien der neutralen Länder, Italien, Schweiz, Holland und in Skandinavien. Es kam zu mehreren ergebnislosen Versuchen, bis sich 1915 im Landdörfchen Zimmerwald die erste sozialistische Konferenz unter dem Vorsitz von Robert Grimm versammelte. Neben den Organisationen der neutralen Länder waren die Russen, Polen und Bulgaren vertreten.

Aus Deutschland erschien als Vertreter des Spartakusbundes *Hugo Eberlein* mit dem Auftrag, sich der Spaltung der Sozialdemokratischen Partei in Deutschland zu widersetzen. Die Konferenz versuchte, dem Internationalen Büro der Zweiten Internationale neues Leben einzuhauchen. Doch die großen Parteien standen alle im Dienste ihres Vaterlandes, und das Internationale Büro wollte von der Konferenz nichts wissen. Die russischen Bolschewiki unter Führung von Lenin, die eine scharfe Verurteilung der Internationale und revolutionäre Kampfmaßnahmen gegen den Krieg verlangten, blieben in der Minderheit. Lenin und seine Anhänger formierten die lose Zimmerwalder Linke, die ein Jahr später in Kienthal stärker in Erscheinung trat; sie postulierten die Losung Krieg dem Kriege, Umwandlung des Krieges in die proletarische Revolution, und setzten damit die Spaltung der internationalen Arbeiterbewegung auf die Tagesordnung.

Die Februarrevolution von 1917, die in Rußland den Zarismus hinwegfegte, löste in Deutschland und Mitteleuropa starke revolutionäre Bewegungen aus. Arbeiter- und Soldatenräte übernahmen in Deutschland für kurze Zeit die Macht, in München wurde eine totgeborene Räterepublik gebildet (zuerst unter der Führung von Linkssozialisten und Anarchisten, zuletzt von Kommunisten), die aber bei der totalen Zerrissenheit der deutschen Arbeiterschaft nicht leben konnte. Genauso brach die ungarische Räterepublik zusammen, da das revolutionäre Rußland zu keiner Hilfeleistung fähig war. Sehr rasch zeigte sich, daß diese Aktionen nicht von der großen Mehrheit der Bevölkerung getragen wurden; denn diese wollte Frieden, Ruhe und Ordnung.

In Rußland war es der bolschewistischen Partei gelungen, die provisorische Regierung unter Kerensky zu stürzen und die Macht zu ergreifen. In logischer Fortsetzung der in Zimmerwald und Kienthal bezogenen Positionen gründeten sie die kommunistische Dritte Internationale. Die Spaltung der Arbeiterbewegung war damit endgültig vollzogen. In der schweizerischen Sozialdemokratie entbrannte der Kampf für oder gegen die Dritte Internationale ebenfalls. An diesen Richtungskämpfen nahm die sozialistische Jugend lebhaft Anteil. Sie hatte schon auf ihrem Jugendkongreß 1920 in Aarau mit überwältigender Mehrheit den Anschluß an die neue kommunistische Jugendinternationale vollzogen, deren internationaler Sekretär Willi Münzenberg

war. Zu einer eigentlichen Spaltung der Jugendorganisation kam es dabei nicht. Auf dem Kongreß sprachen nur drei Redner gegen den Beitritt: *Emil Oprecht* und *Ernst Weber* aus Zürich sowie Hermann Leuenberger aus Basel. Begeisterte Befürworter waren Emil Arnold, Fritz Sulzbachner und Fritz Lieb, der dem Kongreß präsidierte.
In der Partei aber nahmen die Kämpfe stürmischen Charakter an. In Zürich war es schon 1919 zur Gründung einer kommunistischen Partei gekommen; sie bezog ihre Impulse aus Moskau, doch stammten viele ihrer Ideen von Fritz Brupbacher. Nach wenigen Nummern eines Blättchens namens «Der Vorbote» wurde von Joggi Herzog, *Hermann Bobst, Simon Schwarz,* Willi Trostel und anderen mit tatkräftiger Unterstützung der sozialistischen Jugend das Wochenblatt «Neue Ordnung» herausgegeben. Diese «Altkommunisten» hielten engen Kontakt mit der Parteilinken, die noch ihren Weg suchte. Die Sozialdemokratische Partei der Schweiz zählte damals in der Zweiten Internationale zu den linksstehenden Parteien. Sie lehnte die Landesverteidigung ab, bewilligte nie die Militärkredite und trat für eine etwas nebulose proletarische Revolution ein. Zu gleicher Zeit wie die Jungburschen veranstaltete die Sozialdemokratische Partei ihren Kongreß in Aarau. Er legte ein Bekenntnis zur russischen Revolution ab und votierte mit starker Mehrheit für den Eintritt in die Dritte Internationale. Allerdings sollte der Beschluß noch einer Urabstimmung unterzogen werden. Diese Mehrheit setzte sich aus den heterogensten Elementen zusammen und umfaßte auch wirklich überzeugte Anhänger der Dritten Internationale wie der schweizerische Parteisekretär *Fritz Platten,* ein Freund Lenins, der den Transit der russischen Emigranten aus der Schweiz im «plombierten Wagen» durch Deutschland organisiert hatte. Der geistig führende Kopf der Partei, der Berner Robert Grimm, stand gewiß stark unter dem Einfluß der Bolschewiki in Zimmerwald und Kienthal, wurde aber dort mißtrauisch gegen die Taktik und autoritäre Parteiführung Lenins. Er versah darum die Entscheidung über den Anschluß mit einigen Vorbehalten, um sich Rückzugsmöglichkeiten offenzulassen. Zu seiner Richtung gehörten, mit Nuancen, *Ernst Nobs* aus Zürich, *Leon Nicole* aus Genf sowie *Paul Graber* und *Charles Naine,* ebenfalls aus der französischen Schweiz.
Von den Altkommunisten, der Jugendorganisation und der entschiede-

nen Parteilinken wurde der Aarauer Beschluß als bloßes Lippenbekenntnis bekämpft. Die drei Richtungen kamen überein, sich auf nationaler Ebene zu organisieren, traten in Olten zu einer Konferenz zusammen und konstituierten sich als Ausschuß der Linken. An der ersten Konferenz der Parteilinken nahm ich als Mitglied des Zentralkomitees der Jugend teil. Weder Fritz Platten noch Robert Grimm erschienen. Platten befand sich in Moskau, Grimm war krank. Seine Richtungsfreunde Nobs und Schneider waren anwesend und versuchten, Wasser in den gärenden Wein zu gießen. Der Schaffhauser *Walter Bringolf* gab einen Bericht über seine Reise nach Moskau, die er im Auftrag der Parteilinken unternommen hatte. Er befürwortete rückhaltlos den Eintritt in die Dritte Internationale. Zusammen mit Jules Humbert-Droz hatte er am Kongreß der Kommunistischen Internationale teilgenommen, der die berühmten 21 Bedingungen zur Aufnahme der Parteien stipulierte. Sie waren scharf, autoritär, verlangten im Prinzip eine vollkommene Unterordnung unter die russische Politik und waren für demokratische Sozialisten unannehmbar; an ihnen schieden sich die Geister. Alle jene, die mit Robert Grimm und dem Gewerkschaftsflügel in der Partei schon vor den 21 Bedingungen Einwände vorgebracht hatten, wurden nun heftige Gegner des Anschlusses. In der Parteilinken selbst flog die Spreu vom Weizen. Auf der zweiten Konferenz der Oltener Parteilinken kam es zum Bruch. Friedrich Schneider, Ernst Nobs, Conrad Wyss, Paul Graber wollten diese undemokratischen Bedingungen nicht schlucken. Nobs, der präsidierte, verließ nach stürmischen Debatten gemeinsam mit Schneider die Konferenz; sie wollten von nun an ihre eigenen Wege gehen.

Noch im selben Jahr nahm ein außerordentlicher Kongreß der Sozialdemokratischen Partei in Bern Stellung zur Dritten Internationale. Diesmal war eine breite Mehrheit gegen die Eingliederung, die Spaltung damit perfekt.

Im März 1921 konstituierte sich die Linke in der «Eintracht» in Zürich zur Kommunistischen Partei der Schweiz. Die nachfolgende Urabstimmung in der Sozialdemokratischen Partei brachte eine erdrückende Mehrheit gegen den Beitritt zur Dritten Internationale.

In Basel stimmte eine Mehrheit der Partei für den Anschluß. Vergeblich versuchte Friedrich Schneider, eine Revision der 21 Bedingungen zu

erkämpfen, die Russen blieben hart. Schneider und seine Freunde traten in die Kommunistische Partei ein, aber die Gegensätze blieben bestehen. Beim Ringen um die Beherrschung des «Basler Vorwärts», den die Kommunisten eroberten, trat Schneider aus der Partei aus. Mit seinen Anhängern gründete er die UKP (Unabhängige Kommunistische Partei), die als Tageszeitung die «Arbeiterstimme» herausgab. Für kurze Zeit existierten in Basel drei Arbeiterparteien, da sich die Reste der Sozialdemokratischen Partei neu konstituiert hatten. Die Schneidersche Parteigründung erwies sich als kurzlebig, nach wenigen Monaten löste sich das Gebilde auf, und die Mitglieder kehrten in die Mutterpartei zurück.
Die Kommunistische Partei der Schweiz (KPS) war schwach. Bei den Nationalratswahlen zeigte sich, daß sie über nur geringen Einfluß verfügte. Sie besaß drei Tageszeitungen, den «Basler Vorwärts», den «Kämpfer» in Zürich und die «Schaffhauser Arbeiterzeitung». In Schaffhausen ging die Sozialdemokratische Partei unter dem Einfluß von Walter Bringolf geschlossen zu den Kommunisten über.

Rote Armee gegen Weiße Armee
Soweit waren die Dinge gediehen, als ich die Rekrutenschule absolvieren mußte. Die sozialistische Jugend pflegte traditionsgemäß eine antimilitaristische Haltung. Hatten sich früher bei ihr starke pazifistische Tendenzen bemerkbar gemacht, so änderte sich das nunmehr unter dem Einfluß der russischen Revolution. Jetzt hieß es, die bürgerliche Armee zersetzen, das Waffenhandwerk gut erlernen, um als braver Revolutionssoldat zu kämpfen. In diesem Sinne wollte ich eine Aktion in der Rekrutenschule starten. Das Jugendsekretariat sollte mir verabredungsgemäß auf Verlangen das erforderliche Material zusenden. Jugendsekretär Arnold hatte kurz zuvor eine kleine, aber scharfe Broschüre gegen die Weiße und für die Rote Armee geschrieben. Im Laufe der ersten zwei Wochen erhielt ich mehrere Pakete dieser Broschüre, Handzettel, Werbeplakate für die Rote Armee, auf denen die Köpfe von Lenin und Trotzki prangten. An einem Sonntag – die ganze Rekrutenschule war in die Stadt Luzern ausgeflogen – klebte ich in den Gängen Plakate, legte Broschüren und Handzettel auf die Zimmer. Als am Abend die Rekruten wieder in die Kaserne strömten,

brach der Tumult los. Erst gab's ein Trompetensignal und dann das Verbot, die Zimmer zu verlassen. Die Wache mit einem Leutnant an der Spitze durchkämmte die Zimmer, sammelte das gefährliche Material ein. Die Plakate an den Wänden wurden entfernt. Da mein Koffer noch eine Menge Material barg, hätte Leugnen nichts gefruchtet und lag auch gar nicht in meiner Absicht. Ein junger Offizier trat in mein Zimmer, fragte nach dem Täter und wurde totenbleich, als ich mich selbst als den Schuldigen bezeichnete. Er befahl mir, auf dem Zimmer zu bleiben. Zum Appell durfte ich nicht erscheinen.
Am nächsten Morgen mußte ich im Hof vor der ganzen Schule antreten. In Achtungstellung stand ich vor dem Schulkommandanten, der in einer fulminanten Rede mich abkanzelte und gegen die kommunistische Wühlarbeit in der Armee donnerte. Danach wurde ich von vier Wachsoldaten in die Mitte genommen und in die Arrestzelle abgeführt[*].
Ich war allein, legte mich auf die Pritsche und döste. Ein kleiner Ofen stand im Raum, geheizt wurde noch nicht. Über der Tür gab es ein mit Eisenstäben vergittertes Luftloch. In der Nacht marschierte ein Wachtposten vor der Zelle auf und ab. Auf der Pritsche stehend, konnte ich durch das Luftloch sehen und vielleicht mit dem Wachtsoldaten reden. Ich hatte Glück. In der zweiten Nacht schob ein Stubenkamerad Wache. Ich sprach ihn an und bettelte um Zigaretten.
«So hoch komm' ich doch nicht», antwortete er. «Steck' sie einfach aufs Bajonett, dann greife ich sie», suggerierte ich ihm. Nach einigem Zögern steckte er ein halbes Päckchen Zigaretten und eine Schachtel Streichhölzer auf sein Seitengewehr, und ich konnte zufrieden rauchen. Jeden zweiten Tag war ich auf Wasser und Brot gesetzt. Die Methode, mich «zu verpflegen», hatte sich bei den Rekruten herumgesprochen; wer Wachdienst tat, machte sich einen Spaß daraus, mir eine Portion Wurst oder Käse aufzuspießen, die ich mir dann durch das Luftloch angelte.
Täglich durfte man eine halbe Stunde im Kasernenhof Luft schnappen, natürlich unter Begleitung einer Wache. Das war mir zu wenig. Ich schlitzte meine alten Militärhosen von oben bis unten auf. Entsetzt darüber, führte mich der wachhabende Unteroffizier zum Zeughausverwalter, der mir neue Hosen anpassen sollte. Der Verwalter war

ein Zivilist, ein gemütlicher, älterer Herr. Zusammen suchten wir aus einem Riesenberg von alten Militärhosen ein passendes Paar heraus. So konnte ich eine gute Viertelstunde außerhalb der Zelle zubringen. Da die Wache täglich wechselte, wiederholte ich das Experiment noch zweimal, dann aber mochte der Verwalter die Komödie nicht weiter mitspielen und beschied mich trocken: «Das sind die letzten Hosen, die du kriegst, in Zukunft kannst du im Hemd herumlaufen.»
Zehn Tage saß ich bereits im Arrest, da wurde ich plötzlich vor einen Hauptmann der Militärjustiz gebracht. Nicht unfreundlich, ließ sich der Offizier mit mir in eine politische Diskussion ein. Am Schluß erklärte er: «Sie können die Schule nicht abschließen, wir schicken Sie nach Hause. Den restlichen Teil der Rekrutenschule beenden Sie nächstes Jahr.»
Während dieses Intermezzos in der Rekrutenschule hatten sich im Zentralkomitee der sozialistischen Jugend wichtige Veränderungen vollzogen. Nach langen Traktationen war Emil Arnold neben *Fritz Wieser* zum zweiten Redaktor des «Basler Vorwärts» bestellt worden. Fritz Lieb war zurückgetreten, um seine Theologiestudien fortzusetzen. Fritz Sulzbachner befand sich seit längerer Zeit in Deutschland, wo er seine Kontakte mit der KAPD und der Zeitschrift «Die Aktion» immer enger gestaltete. So wurde ich zum Sekretär der sozialistischen Jugend gewählt und später von einem Kongreß bestätigt.

Moskau 1922

Die allgemeine Ebbe der revolutionären Bewegung war in unserem Lande besonders fühlbar, der große Elan der ersten Nachkriegszeit durchweg gebrochen. Die sozialistische Jugend, ehedem unter Münzenberg noch vier- bis fünftausend Mitglieder stark, hatte mehr als die Hälfte verloren, als ich das Amt des Jugendsekretärs übernahm. Das monatliche Organ, die «Neue Jugend», vermochte sich nur durch fortlaufende Zuschüsse der Partei über Wasser zu halten. Von einer regulären Bezahlung der Sekretariatsarbeit konnte keine Rede sein. Ich schrieb mich als Arbeitsloser ein, ging stempeln – und die Unterstützung, die ich bezog, war das Sekretärsgehalt. Als Jugendsekretär wurde ich automatisch Mitglied des Zentralkomitees der Kommunistischen Partei und lernte so die führenden Männer kennen.

Ende Oktober wurde ich als Delegierter zum Kongreß der Kommunistischen (so hieß nun die Bewegung nach dem Anschluß an die Dritte Internationale) Jugendinternationale in Moskau geschickt. Damals folgten diese Kongresse üblicherweise nach denjenigen der Kommunistischen Internationale, die Jugenddelegierten konnten ohne Stimmrecht teilnehmen.

Von der Kommunistischen Partei wurden Dr. Franz Welti, Arbeitersekretär *Hermann Kündig* und *Martin Vogel* aus Pratteln entsendet. Während meiner Reisevorbereitungen, tief bewegt von dem Gedanken, zum erstenmal das revolutionäre Rußland zu sehen, wurde mir ein Italiener vorgestellt, der mit wichtigen Nachrichten aus Italien nach Moskau sollte. In Italien hatte der Faschismus mit dem ehemaligen Sozialisten *Mussolini* an der Spitze die Macht ergriffen; die Arbeiterparteien und Gewerkschaften wurden verfolgt, in ihrer Aktivität sehr eingeengt, später ganz verboten. Einen detaillierten Geheimbericht über diese schwerwiegenden Ereignisse trug der Italiener in seine schöne, seidene Krawatte eingenäht bei sich, um ihn in Moskau dem italienischen Parteiführer Amadeo Bordiga zu überbringen. Der Italiener war ein junger, hübscher Fünfundzwanzigjähriger von echt südländischen Temperament. Einen Paß besaß er nicht. Wir sollten ihn mit mir zusammen unter Benützung eines Passierscheines über die Grenze lotsen. Am Tag der Abreise besorgte ich ihm einen Passierschein, kaufte zwei Fahrkarten nach Berlin und bedeutete dem Italiener, mir einfach zu folgen. Da ich diesmal mit Paß fuhr, bestanden für mich keine Schwierigkeiten; meinen Italiener aber wies der schweizerische Zoll aus unerfindlichen Gründen zurück. Helfen konnte ich nicht; so bestieg ich mit zwei Billets in der Tasche den Zug nach Berlin. Nachdem ich mich in meinem Abteil eingerichtet hatte, öffnete ich das Fenster – und sah gerade noch, wie der Italiener am hellichten Tage das große Eisentor zum Bahnhofsareal überstieg, einige Gleise überquerte und unseren Zug suchte. Ich winkte ihm lebhaft zu, bis er mich am Fenster erblickte und zu mir ins Abteil kam. Niemand hatte ihn verfolgt. Unglaublich, wie das ohne Hindernisse klappen konnte. Er war aufgeregt, ich wurde aus seinem Redeschwall nicht klug. Nun besaßen wir zwei Fahrkarten, doch nur eine davon war geknipst. Um neue Gefahren zu vermeiden, nahm ich das ungelochte Billett an mich. Dem kontrollierenden Schaffner stammelte ich eine Entschuldigung vor.

Wer in jenen Jahren nach Moskau wallfahrte, mußte in Berlin auf dem WEB (Westeuropäisches Büro) der Kommunistischen Internationale absteigen, das sich in der Feurigstraße befand. Dort bekam man Instruktionen über den weiteren Verlauf der Reise, wurden die falschen Pässe für die Illegalen ausgestellt, Reisegelder ausbezahlt, Reisegruppen zusammengestellt. Für die Jugendinternationale leiteten Willi Münzenberg und *Leo Flieg* die Arbeit. Hier traf ich zum erstenmal mit Willi Münzenberg zusammen, der mich sofort über die Verhältnisse in der Schweiz ins Gebet nahm; da ich ihm keine Schweizer Schokolade mitgebracht hatte, wurde er saugrob. Die ganze technische Arbeit unterstand Leo Flieg. Er trat nie an die Öffentlichkeit; still, aber mit fabelhafter Präzision und unerhörter Geschicklichkeit räumte er die zahlreichen Schwierigkeiten für die Delegierten aus dem Weg. In wenigen Stunden hatte er meinem italienischen Begleiter einen guten Paß verschafft, mit dem er die baltischen Grenzen und Polen passieren konnte. Flieg war schon damals das, was man später als «Apparatschik» bezeichnete. Er agierte im Hintergrund, erfüllte jede ihm von Moskau anvertraute Mission. Es wurde ihm schlecht gedankt. – Flieg verschwand wie tausend andere in den Jahren der großen Säuberung in Rußland.

Die lettischen Grenzbeamten in ihren operettenhaften Uniformen begegneten den Reisenden mit ausgesuchter Feindseligkeit, schikanierten uns nach allen Regeln, wohl wissend, daß der größere Teil aus kommunistischen Delegierten bestand.

Die Züge befanden sich in einem trostlosen Zustand: verlottert, verrostet, vor Schmutz starrend und ohne Fenster. Fauchend, keuchend, funkenspeiend holperte der Zug durch die Nacht. Es war November, über die weiten Ebenen fegte der eisige Nachtwind und ließ alle Reisenden trotz ihrer Mäntel erbärmlich frieren. Seit der lettischen Grenze war der ganze Wagen voll Reisender mit dem Ziel Moskau, alles

Delegierte zum Kongreß, obwohl keiner darüber ein Wort verlauten ließ. Kurz nach der Grenze, an einer kleinen lettischen Bahnstation, war eine hübsche Dame zugestiegen. Mein italienischer Reisegefährte wurde unruhig, manövrierte sich in kurzer Zeit an die Seite der Schönen, entfaltete alle Künste und begann eine temperamentvolle Offensive mit italienischen, englischen, französischen Wortfetzen und grotesken Gesten. Das Spiel, dem die Dame sichtlich Geschmack abgewann, amüsierte den ganzen Wagen. Bald waren die zwei nur noch ein schwer wahrnehmbares Bündel in ihrer Ecke, aus der nichts als Seufzen, Geflüster und Gekicher an unsere Ohren drang. Aus den Antworten der Dame hatten wir herausgehört, sie werde in Wilna aussteigen. Gegen Morgen kamen wir in der Stadt an, wo uns die Schöne verließ – unter Stöhnen und Seufzen unseres Südländers, der in seiner Verliebtheit den Zug mit ihr verlassen hätte, wäre er nicht von uns zurückgehalten worden.

Die polnischen Zoll- und Grenzbeamten waren noch gröber und schikanöser als die Balten. Die Pässe wurden eingesammelt, die Koffer peinlich genau durchwühlt, dann mußten wir stundenlang warten, bis jeder einzeln aufgerufen wurde, um seine Papiere wieder in Empfang zu nehmen.

Alle atmeten erleichtert auf, als wir endlich polnisches Gebiet verließen und ins Russische einliefen. In raschem Tempo brachte uns der Zug nach Moskau.

Die meisten Delegierten wurden in Moskau im Hotel «Lux» an der Twerskaja einquartiert. Der Kongreß der Kommunistischen Internationale hatte bereits begonnen, Lenins Eröffnungsrede war uns entgangen. Man händigte uns die notwendigen Papiere zum Verlassen und Betreten des Hotels aus, sowie die Delegiertenkarte zum Eintritt in den Kreml, wo der Kongreß stattfand. Am ersten Abend, gleich nachdem ich mit anderen Delegierten ein Zimmer bezogen hatte, brach ich zur Besichtigung der Stadt auf. Die Menschen waren schlecht gekleidet, viele Geschäfte noch mit Brettern vernagelt oder gähnend leer; es gab weder Autobusse noch Taxis. Hingegen war die Straßenbahn vollgestopft mit Menschen, sie hingen in Trauben an den Türen, standen trotz der Kälte auf den Trittbrettern oder dem hinteren Teil der Wagen. An den Haltestellen wärmten sich die Wartenden an gro-

ßen offenen Feuern. Die Feuer wurden von Frauen unterhalten, die für die Bahn die Weichen stellten. Neben der Tram war das wichtigste Verkehrsmittel die Droschke; die Kutscher, auch sie wärmten sich auf ihren Warteplätzen an Holzfeuern, trugen dicke, lange Mäntel, eine Art Kaftan, und lange, struppige Bärte.
Eine richtige Plage, vor allem für die Ausländer, stellten die Rudel von bettelnden Kindern dar. Völlig verwahrlost, schmutzig und in zerlumpte Fetzen gehüllt, erkannten sie sofort den Ausländer, umringten ihn, um etwas zu erstehen oder um ihn zu bestehlen. Wenn sie in großen Banden auftraten, konnten sie gefährlich werden, da sie vor tätlichen Angriffen nicht zurückscheuten. Schon beim ersten flüchtigen Rundgang durch ein begrenztes Gebiet – ich wagte nicht, mich zu weit vom Hotel zu entfernen – staunte ich über die große Zahl der alten, schönen Kirchen mit ihren oft vergoldeten Zwiebelkuppen. Gelangte man nach einigen Tagen Aufenthalt etwas weiter über den Stadtkern hinaus, so entdeckte man Moskau als ein Riesendorf, das zur Hälfte aus einfachen Holzhäusern bestand. In den Außenbezirken hatten die engen Straßen und Gassen keine Bürgersteige, so daß man bei Regenwetter knöcheltief im Dreck watete.
Am zweiten Tag erhielt jeder Delegierte ein Bündel Papiergeld, einen großen perforierten Bilderbogen, von dem man die Rubelscheine wie Briefmarken abtrennte. Viel kaufen konnte man dafür nicht; für ein paar Zigaretten im Schleichhandel oder für einen Apfel beim Schwarzhändler auf der Straße ging der halbe Bogen drauf. Die Händler standen mit ihren Körben am Straßenrand, spuckten von Zeit zu Zeit auf ihre Äpfel und polierten sie mit ihrem Ärmel auf Hochglanz. Oft, wenn wir gerade einen Apfel kaufen wollten, packte der Händler in wilder Hast seinen Korb und rannte weg; denn sein geübtes Auge hatte von weitem einen Milizmann erspäht. Am Abend pirschten sich zahlreiche Prostituierte an die Ausländer heran.
Der Kongreß der Kommunistischen Internationale tagte im riesigen Kronleuchtersaal des Kreml. Kaum hatte man den mächtigen Torbogen der Kremlmauer auf dem Roten Platz durchschritten, stand man vor einer riesengroßen Glocke, aus der ein Stück ausgebrochen war. Das Monstrum hatte im großen Glockenturm aufgehängt werden sollen, war zu schwer gewesen und herabgestürzt. Hinter den hohen roten

Kremlmauern verbarg sich ein ganzer Komplex von Bauten: die Räumlichkeiten der Zarenfamilie, Konferenzsäle, Gebäude für zeremonielle Veranstaltungen, Wohnungen für das Personal, Stallungen.

Der dritte Kongreßtag wurde von *Grigorij Sinowjew* eröffnet. Der Präsident der Internationale und Vorsitzende des Sowjets von Leningrad war ein fettlicher Mann mit fahler Gesichtsfarbe und dichtem Kraushaar. Seine hohe Fistelstimme störte zuerst; kam er als Redner aber in Schwung, konnte er sein Publikum mitreißen. Anwesend waren gegen achthundert Delegierte. Man hatte den rückwärtigen Teil des prachtvollen Raumes abgeschrankt, und hinter der Barriere konnte das russische Publikum (Parteimitglieder) den Verhandlungen folgen. Die Delegierten saßen nach Sprachgruppen zusammen, Hauptsprachen waren Russisch, Deutsch, Englisch und Französisch; die wichtigsten Reden wurden simultan in alle vier Sprachen übersetzt.

Hauptthema des Kongreßtages war die französische Frage, Berichterstatter Leo Trotzki. Lange bevor er auf der Tribüne erschien, drängten sich die Delegierten aus den Wandelgängen in den Saal, um sich rechtzeitig einen Platz zu sichern. Eine Rede Trotzkis war ein Ereignis. Der Schöpfer der Roten Armee, der den Bürgerkrieg siegreich beendet hatte, stand im Zenith seines Ruhmes. Er war sich dessen bewußt. Als die Gestalt Trotzkis hinter dem Rednerpult auftauchte, brach ein Beifallssturm los. Von etwas über mittelgroßer Statur, das schwarze Haar zurückgekämmt, den Kneifer auf der Nase, den Spitzbart kämpferisch in die Höhe gereckt, in eine schmucklose Litewka gekleidet, wartete er in straffer Haltung das Ende der Ovation ab. Trotzki sprach in einem ausgezeichneten Französisch, nahm nur selten Zuflucht zu seinen Notizen. Im Saal saßen die Vertreter der französischen Kommunistischen Partei, *Marcel Cachin* und *Frossard*. In großen Zügen schilderte Trotzki die Lage Frankreichs, analysierte die Parteien und kritisierte schonungslos die mangelhafte Führung der Kommunistischen Partei. Mit beißender Ironie geißelte er Marcel Cachin, dem er nichts aus seiner sozial-chauvinistischen Vergangenheit nachsah. Er erinnerte ihn daran, daß er während des Krieges als Beauftragter der französischen Regierung nach Italien gegangen war, um dieses Land für den Eintritt in den Krieg an der Seite der Alliierten zu kaufen. Im einzelnen malte er aus, wie Cachin damals dem Chefredakteur des sozialistischen Parteiblattes «Avanti», Benito Mussolini, Geld für Kriegspropaganda überbracht hatte.

In atemloser Stille lauschte der Kongreß der tiefen, weittragenden Stimme, applaudierte begeistert den brillanten, spontanen Formulierungen des großen Rhetorikers. Totenbleich, in sich zusammengesunken, mußte Cachin die erbarmungslose Abrechnung anhören. Jeder empfand dies nach Lenins Eröffnungsrede als einen Höhepunkt des Kongresses.

Cachins Verteidigungsrede bestand aus einem verlegenen Gestammel, einem Reuebekenntnis, der servilen Versicherung, künftig ein braver Kommunist zu sein, sowie aus einer flehentlichen Bitte um Vertrauen. Es war ekelhaft.

In den Wandelgängen des Kongresses begegnete man zahlreichen Männern des neuen Regimes, die sich mit den Delegierten aus allen Ländern unterhielten. Da marschierte *Lunatscharski* Arm in Arm mit dem norwegischen Schriftsteller *Andersen-Nexö*, Nikolai Bucharin, klein, schmächtig, lebhaft, diskutierte eifrig mit deutschen Delegierten. *Kamenew* und *Rykow*, ein Kettenraucher, schritten auf und ab. Der rotbärtige Karl Radek wanderte von einer Gruppe zur anderen, gab seine Witze zum besten, heimste Informationen ein. *Tomski*, der Sekretär der russischen Gewerkschaften, unterhielt sich in einer Ecke mit «Big Bill», *Bill Haywood*, dem amerikanischen Führer der IWW (Organisation der Internationalen Weltarbeiter), die einst gewaltige gewerkschaftliche Kämpfe geführt hatte. Haywood war einäugig, im Handgemenge mit Agenten der privaten Detektivagentur Pinkerton, die gegen Streikende eingesetzt wurde, hatte man ihm ein Auge ausgeschlagen. Der Kontrast zwischen dem kleinen Russen und dem amerikanischen Riesen frappierte.

Inzwischen war es in Moskau sehr kalt geworden. Durch Vermittlung von *Lazar Schatzkin*, dem Sekretär des russischen Jugendverbandes, erhielt ich einen dicken Pelzmantel. Zu dem kärglichen Essen gab es Schwarztee ohne Zucker in rauhen Mengen – unentbehrlich zum Hinunterspülen des feuchten Schwarzbrots (aus dem manchmal noch Strohhalme guckten), das trotzdem schwer im Magen lag. Als Hauptnahrungsmittel diente die schwarze «Kascha», ein aus dem Wasser gezogener Hirsebrei. Selten gab es mal ein Ei. Das kalte Klima, die

ungenügende und ungewohnte Nahrung wirkten unter den ausländischen Delegierten verheerend. Viele kämpften wochenlang mit der Dysenterie, mußten ärztliche Behandlung in Anspruch nehmen.
Im Hotel «Lux» saß ich oft mit den Leuten von der schweizerischen Parteidelegation zusammen. Sie waren alle mehr oder weniger krank, schwach auf den Beinen, bettlägerig. Der dicke Martin Vogel aus Pratteln hatte für sich vorsorglich einen großen Koffer voll Fressalien mitgeschleppt, an denen er sich heimlich labte. Die Herrlichkeit währte nur kurz. Eines Tages kam Vogel ins Zimmer von Franz Welti gestürzt, wo wir meist zusammen saßen, und schrie fuchsteufelswild: «Das ist ein Skandal, man hat mir meinen Koffer gestohlen!»
Hermann Kündig bereiteten andere Sorgen schlaflose Nächte. Er teilte sein Zimmer mit einem Delegierten, der sich jede Nacht mit einer anderen Frau im Bett vergnügte.
Nach Schluß des Kongresses gab es im Großen Saal des Gewerkschafthauses ein feudales Bankett für die Kongreßdelegierten. An endlos langen Tischen saßen die Ausländer und Russen bunt durcheinander. Die Tafeln bogen sich unter der Last der auserlesenen Speisen und Getränke. Da gab es gefüllte Fasanen, Bärenschinken, feinsten Lachs, Kapaunen, schwarzen und roten Kaviar, gedörrten Fisch, guten Wein von der Krim und aus Grusinien, sogar kirgisische Pferdemilch. Alle Früchte des Landes lagen in geflochtenen Körben vor den maßlos erstaunten Ausländern. Viele der ausländischen Delegierten konnten ihren Mißmut nicht verbergen und gaben ihn eingedenk der Hungertage, die sie «heroisch» überstanden hatten, offen kund.
Der Kongreß der Kommunistischen Jugendinternationale dauerte eine Woche. Er war nur ein seichter Abklatsch des Parteikongresses. Auch in der Jugendbewegung dominierten die Russen mit Lazar Schatzkin, *Fjodor Zetlin*, dem baumlangen Kaukasier *Lominadse*. Die drei Sekretäre des Komsomol beherrschten die landläufigen europäischen Sprachen, waren begabte Redner und kannten sich in der Geschichte der Arbeiterbewegung glänzend aus. Von den Ausländern traten drei in Erscheinung: der Österreicher *Richard Schüller* und die jugoslawischen Brüder *Vujowitsch*. Diese ganze Elite, die Führung der Kommunistischen Jugendinternationale, fand keine Gnade vor Stalin. Ein Teil wurde füsiliert, die übrigen verschwanden spurlos bei den Säuberungen

der dreißiger Jahre, in denen alle oppositionellen Richtungen durch physisches Liquidieren ihrer Vertreter ausgeschaltet wurden.

Schüller und einer der Brüder Vujowitsch verhörten mich eingehend über die Schweizer Verhältnisse. Im Auftrage des Zentralkomitees des Jugendverbandes sollte ich 1000 Dollar zur Finanzierung unserer antimilitaristischen Tätigkeit und zur Unterstützung der Jugendzeitung anfordern. Die Summe wurde trotz meines Einspruchs auf die Hälfte reduziert.

Nach sechs Wochen Aufenthalt rüstete ich mich zur Heimfahrt. Das Gros der Parteidelegierten war bereits abgereist. Wir erhielten von den Russen genaue Anweisungen für unser Verhalten beim Passieren der Grenzen. Nehmt überhaupt kein Material mit, das wird auf besonderen Wegen nachgeschickt, hieß es, und bei Schwierigkeiten wendet euch an die russischen Vertretungen.

Auf der Rückreise schloß ich mich einem Teil der deutschen Delegation an, die von dem Erziehungsfachmann *Edwin Hörnle* geleitet wurde. In Riga blieb der Zug stehen, wir mußten alle aussteigen und zwei Tage warten. Eine Stadtbesichtigung war ausgeschlossen, es wimmelte von Polizisten in Uniform und Zivil, die jeden Ausländer aufpickten, seine Papiere kontrollierten, ihn oft auf ein obskures Polizeikommissariat schleppten und stundenlang verhörten. Mit mehreren Delegierten suchte ich lieber auf dem Sowjetkonsulat Unterschlupf, wo wir ohne Decken oder Matratzen auf dem Boden schlafen konnten. Glücklicherweise war gut geheizt.

Nach zwei Tagen durften wir weiterreisen und erreichten mitten in der Nacht die lettisch-deutsche Grenze. Wie gewohnt waren die Letten saugrob und zogen die Formalitäten in die Länge. Als wir endlich unsere Papiere zurück erhielten, fehlten die meinigen und die eines Ungarn. Auf unsere Beschwerde forderte uns ein Offizier auf, ihm zu folgen. Wir weigerten uns. Er holte vier Soldaten, sie zerrten uns beide aus dem Zug. Es gab einen wilden Aufruhr, deutsche und andere Delegierte setzten sich heftig für uns ein, Edwin Hörnle zückte seine Papiere als Reichstagsabgeordneter, und endlich gaben die Letten nach. Wir bekamen unsere Papiere und konnten den Zug wieder besteigen. Ohne Zwischenfall gelangten wir mit der Deutschen Reichsbahn nach Berlin.

Moskau 1924 nach Lenins Tod

Mein Bericht über die Kongresse wurde gebilligt – ungeachtet einiger Unzufriedenheit darüber, daß unsere finanziellen Erwartungen nicht ganz erfüllt worden waren. Während meiner Abwesenheit leitete *Emil Hofmaier,* der jüngere Bruder von *Karl Hofmaier,* die administrativen Geschäfte. Was der im Grunde völlig unpolitische Emil Hofmaier gerade bewältigen konnte, war die technische Arbeit. Karl Hofmaier hatte sich während meiner Moskaureise in der Basler Jugendsektion festgesetzt, trotz seiner mannigfaltigen Tätigkeit für die Rote Hilfe. Die Gründe dafür traten bald unangenehm in Erscheinung. Dem Vorstand der Basler Sektion und dem Zentralkomitee kamen Klagen zu Ohren, Hofmaier tobe sein sexuelles Temperament zu stark unter unseren Mädchen aus. Ich brachte die Sache im Zentralkomitee zur Sprache, wo sich eine heftige Diskussion entspann, die dann in die Mitgliederversammlungen der Sektion getragen wurde. Hofmaier berief sich auf den kommoden Standpunkt der «freien Liebe», die er völlig verzerrt interpretierte. Er zögerte nicht, uns, die wir in seinem Verhalten untragbare Auswüchse sahen, als vollendete Spießbürger hinzustellen, außerstande, sich von bürgerlichen Formalitäten wie Heirat, eheliche Treue, legale Bindungen zu befreien. Wir konnten seine Argumentation dann aber doch ad absurdum führen und seine losen Sitten bei uns unterbinden.

Im Sommer 1923 wurde ich zum zweiten Abschnitt meiner Rekrutenschulung einberufen. Wieder in Luzern. Diesmal gedachte ich, mich ruhig zu verhalten. Nach wenigen Tagen entdeckte ich, daß Stubenkameraden mich stillschweigend überwachten. Als Lektüre hatte ich mir die Werke von Dostojewski mitgenommen. Das blieb meinen Aufpassern, zwei Basler Studenten, nicht verborgen; nach einigen Tagen sprachen sie mich an und gestanden freimütig, der Schulkommandant hätte sie gebeten, auf mich ein wachsames Auge zu haben. Sie waren erstaunt, daß ich mich ruhig verhielt, die Freizeit zum Lesen guter Literatur benutzend. Beide waren sie ausgerechnet große Liebhaber der russischen Klassiker, und so hatten wir manche gute Unterhaltung über Tolstoi, Gogol, Dostojewski und andere...

Die chronische Krankheit der Jugendbewegung war der Geldmangel. Mein «Gehalt» als Jugendsekretär bestand, ich erwähnte es schon, aus der Arbeitslosenunterstützung. Mir zugeschobene Arbeit lehnte ich darum unter verschiedenen Vorwänden ab. Das trug mir bald den Ruf eines arbeitsscheuen Elements ein, da nur Eingeweihte die wirklichen Verhältnisse kannten.

An den Sitzungen des Zentralkomitees der Partei nahm ich regelmäßig teil. Sekretär war der Walliser Kellner *Marino Bodenmann*. Ein fleißiger Mann, eignete er sich rasch die technischen Fertigkeiten eines Sekretariatsleiters an. Seine politische Bagage war dürftig, sein joviales Benehmen, das Bestreben, sich mit allen gut zu stellen, und eine gewisse Gabe der raschen Auffassung verschafften ihm eine nicht gerechtfertigte Popularität. In den ersten Jahren nach der Parteigründung trat Bodenmann politisch nicht in den Vordergrund, sprach selten zu den politischen Problemen, hielt mit seiner Meinung (soweit er eine besaß) hinter dem Berg, bis die kompetenteren Mitglieder Stellung genommen hatten. So geriet er nie in Verlegenheit, schwamm einfach mit der Mehrheit. Später wurde dieser Mann der böse Geist der Partei. Durch servilste Folgsamkeit errang er sich das volle Vertrauen der Moskauer Führung; getreulich kopierend, übertrug er alle, selbst die grausamsten, Irrungen des Kreml auf Schweizer Verhältnisse.

Präsident der Partei war der Rechtsanwalt Franz Welti. Sproß einer gutbürgerlichen Familie, war Welti durch seine Tätigkeit als Rechtsanwalt frühzeitig zur Sozialdemokratie gestoßen. Er hatte gar nichts von einem Revolutionär; seine äußere Erscheinung flößte durch gemessenes Auftreten sowie seine immer tadellos sitzende Kleidung, die ein rundes Bäuchlein verbarg, Vertrauen und Sicherheit ein. In der Sozialdemokratischen Partei und im Basler Parlament trug er den Spitznamen «Der kleine Napoleon». Tatsächlich besaß er in Figur und Gesicht eine gewisse Ähnlichkeit mit dem Franzosenkaiser; wie dieser war er ein versierter Feinschmecker, der auch einen guten Tropfen keineswegs verachtete. Vor Gericht hatte er einige Führer des Landesstreiks gut verteidigt. Sein zu würdevolles Benehmen erschwerte es, mit ihm in Kontakt zu kommen. Dabei lebte in diesem Mann eine tiefe Menschlichkeit. Sprach Welti in einer Versammlung, so überwog meist der Jurist, doch letztlich brach immer wieder sein Humanitätsgefühl durch, und dann konnte er ein großer Redner sein. Mit Umsicht und Geschicklichkeit leitete er die Sitzungen des Zentralkomitees; er eignete sich hervorragend zum Ausbügeln persönlicher und sachlicher Differenzen. Wer ihn näher kannte, wußte, daß ihn, den unbeirrten guten Demokraten, die Politik der Bolschewiki, nachdem Stalin mehr und mehr in den Vordergrund getreten war, zutiefst anwiderte. Seine Kritik, seine Einwände, sein schwindendes Vertrauen ließ er nur im engen Kreis verlauten, denn er wollte dem Gegner, wie er glaubte, keine Waffen in die Hand liefern. Innerlich war Welti gebrochen, weil er, wie so viele andere, den Entwicklungsgang der russischen Revolution nicht mehr verstand.

Die interessanteste Figur im Zentralkomitee war zweifelsohne die gebürtige Russin Rosa Grimm, durch Heirat mit Robert Grimm Schweizerin geworden. Diese schmächtige Frau, in deren zerbrechlichem Körper lodernde Flammen die Lebenssubstanz zu verzehren schienen, hat auf die Parteilinke und die Kommunistische Partei einen überragenden Einfluß ausgeübt. In ihrer ganzen Lebenshaltung von einer spartanischen Strenge und Einfachheit, die sich auch in ihrer immer bis zum Kinn zugeknöpften Kleidung äußerte, war sie eine würdige Vertreterin der russischen Intelligenz unter dem Zarismus. Rosa Grimm besaß nicht nur ein profundes Wissen auf allen Gebieten, sie war auch immer bereit, dieses Wissen weiterzuvermitteln. Jahrelang gab sie als literarische Beilage zum «Basler Vorwärts» den «Weggefährten» heraus, mit sicherem Instinkt den Arbeitern die besten Werke der Weltliteratur vorstellend. Wenn sich diese außerordentliche Erscheinung auf einer Tribüne zeigte, erhob sich im Saal oft Räuspern und Kichern, aber es verstummte im Nu, sobald Rosas tiefe Stimme die Zuhörer erreichte. Sie war eine hervorragende Rednerin, ließ sich von ihrem Temperament selbst mitreißen und setzte anrührende, ja aufwühlende Schwerpunkte, die jeder verstand. Zu ihrer rhetorischen Wirkung trug der ausländische Akzent nicht wenig bei, er verlieh ihr einen ungewohnten Charme. In den Anfangsjahren der russischen Revolution war sie fanatische Bolschewistin und trieb viele schwankende Elemente der Parteilinken wie mit der Peitsche voran.

In den zwanziger Jahren geriet ich mit ihr in eine heftige Kontroverse über den Kurs der Partei, mußte oft ihren bittern Hohn, ihre beißende Ironie über mich ergehen lassen. Ihre «Radikalinski-Periode» büßte Rosa Grimm schwer. Es mag diese Frau ungeheure Leiden gekostet haben, bis sie im Rußland Stalins die Fratze der Konterrevolution erkannt hatte und dann die erfaßte Wahrheit offen aussprach. Sie entging nicht den üblichen Verleumdungen und Beschimpfungen seitens jener, mit denen sie jahrelang zusammengearbeitet hatte, denen sie Lehrer gewesen war. Später trat sie der sozialdemokratischen Partei bei. Sie starb in Ärmlichkeit, von allen verlassen und vergessen, in einer schmuddeligen Zürcher Mansardenstube.

Die ausgesprochene Kämpfernatur von Rosa Grimm überschattete die Gestalt Fritz Wiesers, des Redaktors am «Basler Vowärts». Wieser war eher eine vermittelnde Natur, selten aggressiv, das Schreiben lag ihm besser als das Reden. Er hielt der Gluthitze der Stalinistischen Fraktionskämpfe nicht stand, verließ später die Kommunistische Partei und wurde gelegentlicher Mitarbeiter an der «Nationalzeitung».

Aus ganz anderem Holz geschnitzt war der Berner *Edwin Schaffner,* der ebenfalls, jedoch nur für kurze Zeit, als Redaktor am «Basler Vorwärts» wirkte. Mit seiner hohen, breiten, massiven Statur stellte er den Typ eines behäbigen Berner Bauern dar. Während des Ersten Weltkrieges war der diplomierte Agronom Mitarbeiter von Direktor Käppeli gewesen, der in den Kriegsjahren die Lebensmittelversorgung leitete. Schaffner besaß ein universelles Wissen, er sprach geläufig sechs Sprachen und lernte mit fünfzig Jahren noch Russisch hinzu. Immer wuchtig, schwerfällig auftretend, spickte er seine Einwürfe mit derben Witzen und bildhaften Beispielen. Seinen ausgeprägten Humor würzte seine Selbstironie. Mit Rosa Grimm verband ihn eine enge Kampfgemeinschaft. Wenn das ungleiche Paar Rosa Grimm-Edwin Schaffner in einer Versammlung auftauchte, reckte das Publikum die Hälse. Zugleich aber wußte man, daß die Veranstaltung ein Fest werden konnte, wenn diese im gleichen Ideenkreis verbundenen, so gegensätzlichen Menschen das Wort ergriffen. Einige Jahre später durfte ich mit Edwin Schaffner enge Freundschaft schließen und diesen sauberen, unbezwinglichen Kämpfer achten und bewundern lernen.

Ein wertvoller Mitarbeiter war der geborene Ungar *Moritz Mandel* aus Zürich. Schon seit seiner frühesten Jugend in der Bewegung betätigte er sich während der kurzen Blüte der ungarischen Räterepublik im Wirtschaftskommissariat. Mandel hielt hervorragende Vorträge über politische Ökonomie. Er war ein lieber, umgänglicher Mensch und trat öffentlich nur ungern in Erscheinung. Als unbestechlicher Verwaltungsmann von preußischer Pünktlichkeit und Gewissenhaftigkeit hat er viel zum Aufbau der Kommunistischen Partei beigetragen. Frühzeitig trennte er sich vom Stalinismus, sein aufrechter Charakter sträubte sich gegen Polizei- und Mordmethoden als politische Kampfmittel. Er wurde später ein ausgezeichneter Administrator der «Schaffhauser Arbeiterzeitung», als das Blatt in heftiger Opposition zur kommunistischen Politik stand.

Am 22. Januar 1924 platzte die Nachricht von Lenins Tod mitten hinein in eine Sitzung des Zentralkomitees. Tränenüberströmt warf sich Rosa Grimm in die Arme des bleichen, etwas verdutzten Franz Welti. Wir wußten schon lange um die Krankheit Lenins, aber nun kam die Nachricht doch überraschend. Unausgesprochen standen alle vor der Frage: Wie wird es ohne diese Führergestalt weitergehen? Wer wird Erbe sein?

Zum 5. Weltkongreß der Kommunistischen Internationale und des Jugendkongresses, der diesmal im Sommer stattfand, wurden der Zürcher Max Brunner und ich delegiert. Am Vortag unserer Abreise tauchte Karl Hofmaier bei mir auf mit der Nachricht: «Du mußt deine Abreise für einen oder zwei Tage verschieben, aus Lausanne kommt ein Russe, der dir einen wichtigen Auftrag mitzugeben hat.»

Der Russe kam. Es war *Tobias Axelrod* mit Frau und Kind. Axelrod hatte in Rom auf der russischen Gesandtschaft als Sekretär gearbeitet. Der russische Gesandte *Worowski* wurde in Lausanne, wo er an einer internationalen Konferenz teilnahm, auf der Straße vom weißgardistischen Rußland-Schweizer *Conradi* erschossen. Das Lausanner Gericht sprach den Mörder frei.

Axelrod erklärte mir: «Sehen Sie, Genosse Thalmann, bestimmte Kreise in Rußland wollen meine Rückreise verhindern; hinter den Machenschaften steckt Sinowjew, der meine Heimkehr hintertreiben will, weil ich nicht zu seiner Fraktion gehöre. Darum müssen Sie für mich bei einigen Genossen vorsprechen, die prekäre Lage meiner Familie schildern und sie bitten, sie möchten die Manöver Sinowjews durchkreuzen. Versuchen Sie vor allem den Genossen Trotzki zu mobilisieren, mit dem Genossen Radek zu reden. Gehen Sie auf das Büro von Molotow, legen Sie meine Sache dar.»

Ich versprach, mein Möglichstes zu tun; die ganze Angelegenheit war für mich eine kalte Dusche, wurde ich so doch frühzeitig mit den innerrussischen Fraktionskämpfen konfrontiert.

In Berlin wurden wir wieder in der Feurigstraße empfangen und abgefertigt. Hier schloß sich uns der ungarische Jugendsekretär *Kasimir Katzmer* an, der in seiner Heimat zum Tode verurteilt war und endgültig nach Sowjetrußland auswanderte. Leo Flieg händigte ihm einen Paß mit einem unaussprechbaren russischen Namen aus, den Katzmer im Zug unaufhörlich memorierte. An der lettischen Grenze wurden die Pässe eingesammelt, und natürlich hatte Katzmer in der Aufregung seinen Namen vergessen. Er wurde schrecklich nervös, wirbelte herum und fragte uns dauernd: «Mensch, was mach ich nur, wenn sie meinen Namen aufrufen und ich ihn nicht verstehe?» Doch die Sache regelte sich beinahe von selbst. Wir rieten ihm, einfach beim Abruf der Namen bis zuletzt zu warten, der verbleibende Paß werde sicher der seine sein. So klappte es denn auch. Bei der Kofferkontrolle sagte Katzmer plötzlich recht verlegen zu mir: «Hör mal, Genosse, du bist ja legal, ich hab' da was im Koffer, es wäre besser, wenn du das an dich nehmen würdest.»

«Laß mal sehen», erwiderte ich. Katzmer zog ein mir unbekanntes Instrument aus seinem Koffer. Als ich es mißtrauisch beguckte, lachte Max Brunner, der neben mir stand, laut heraus, stieß mich an und sagte: «Du, das ist doch eine Tripperspritze!» Daraufhin lehnte ich das Ansinnen ab. «Dieses illegale Gerät kannst du selbst vorlegen», sagte ich, und mürrisch bequemte er sich dazu.

In Moskau kamen wir wieder ins Hotel «Lux». Das Gesicht der Stadt hatte sich erheblich verändert. Die Geschäfte waren geöffnet, Waren ausgestellt, die, wenn auch in beschränkten Mengen, gekauft werden konnten. Die Menschen waren besser gekleidet, es herrschte Verkehr auf den Straßen. Busse befuhren einige Linien vom Stadtzentrum in die Außenbezirke, konnten allerdings den Verkehr nicht bewältigen, denn Moskau war gewachsen, überall wurde gebaut. Nach wie vor quollen die Straßenbahnen über, gab es massenhaft Kutschen. Das Essen war erträglich geworden, wenn auch nicht immer genügend und

nicht gerade bester Qualität. Der feste Tscherwonetzrubel hatte die
«Bilderbogen»-Währung ersetzt. Vor den Lebensmittelläden standen
lange Menschenschlangen. Auch jetzt noch trieben sich viele Bettler
und verwahrloste Kinder herum, doch spürte man auf Schritt und
Tritt die Folgen der neuen Wirtschaftspolitik, die wieder einen mehr
oder weniger freien Markt und Handel erlaubte.
Vor der alten, ehrwürdigen Kapelle zwischen den zwei Toren zum
Roten Platz standen und knieten, ihre Andacht verrichtend, Dutzende
von Männern, Frauen und Kindern. Auf dem weiten Platz vor der
Kremlmauer hatte man das Mausoleum für Lenin aufgebaut; der
schmucklose Holzkasten diente zugleich als Tribüne. Ein pietätloser
Mummenschanz, der so gar nicht zum Toten paßte. Er störte die schöne
Perspektive zum architektonischen Kleinod des Platzes, der Basiliuska-
thedrale.
Wie üblich wurde der Kongreß von Sinowjew eröffnet. Er hielt die
Gedenkrede auf Lenin, schweigend wurde sie angehört. Danach zogen
die Delegierten hinaus auf den Roten Platz, um im Mausoleum am
einbalsamierten Führer der russischen Revolution vorbeizudefilieren.
Leo Trotzki marschierte in der Reihe mit, aufrecht, undurchdringlichen
Gesichts. Bei vielen Delegierten war deutlich zu spüren, daß ihnen
diese Totenverehrung nicht behagte und ihnen der Idee, für die der
Tote gestritten hatte, unwürdig erschien. Stalin war nicht zu sehen.
Seit 1922 hatte sich Entscheidendes geändert. Der Machtkampf in
Rußland um die Nachfolge Lenins zeitigte bereits erste Früchte. Trotzki, zweiter Mann, aber Nichtbolschewik, stand der eisernen Phalanx
der «Alten Garde» gegenüber, die ihn von den wichtigen Posten der
Regierungspolitik fernhalten wollte. Schon beherrschte die Troika Stalin-Sinowjew-Kamenew den Riesenapparat, ohne daß dies nach außen
für den ausländischen Beobachter oder für den Durchschnittsrussen
erkennbar wurde. Sinowjew, Vorsitzender der Internationale und des
Leningrader Sowjets, Kamenew, obwohl Trotzkis Schwager, Präsident
des Moskauer Sowjets, Stalin als Generalsekretär kommandierten die
Partei. Stalin blieb auf den Kongressen der Kommunistischen Internationale unsichtbar.
Konnte man 1922 noch hoffen, die deutsche Revolution schöpfe neuen
Atem zum Vorwärtsstürmen, so war diese Hoffnung 1924 endgültig

begraben. Die ganzen Verhandlungen des Kongresses waren ein mißtönendes Abschiedskonzert an die Adresse der deutschen Revolution. Für das Versagen der deutschen Arbeiter mußten Prügelknaben gefunden werden, die damalige Parteiführung unter *Heinrich Brandler* durfte dafür herhalten. In Sachsen und Thüringen hatten Kommunisten und Linkssozialisten gemeinsam eine Arbeiterregierung gebildet. Rheinland und Ruhrgebiet waren von französischen Truppen besetzt. Die Reparationen des Versailler Vertrages lasteten schwer auf Deutschland und trafen in erster Linie die werktätige Bevölkerung. Diese Situation wurde in Moskau als revolutionär betrachtet. Sinowjew wollte Aktivposten in seiner Bilanz als Präsident der Internationale vorzeigen. Eine Reihe Emissäre wurden nach Deutschland entsandt – Lazar Schatzkin, der Ungar *Bela Kun,* militärische Sachverständige, die den bewaffneten Aufstand vorbereiten und leiten sollten. Karl Radek, der geistige Inspirator der KPD, entwickelte die Idee des Nationalbolschewismus. In seinem berühmt gewordenen Artikel «Der Wanderer ins Nichts» verherrlichte er den deutschen Nationalisten *Leo Schlageter,* der von einem französischen Militärgericht wegen Sabotage zum Tode verurteilt wurde. Mit dem Führer der Rechtsnationalen, dem Grafen *Westarp,* unterhandelte Radek über ein vorübergehendes Bündnis zwischen Kommunisten und Nationalisten. Es kennzeichnete die wirre Situation, daß Radek diese Gespräche im Gefängnis führen konnte. Radek hing der Illusion an, der revolutionäre Elan der deutschen Arbeiter werde in dem zeitweiligen Bündnis die Nationalisten überspielen und den Machtkampf entfesseln. Die Situation in Deutschland war aber keineswegs revolutionär, die Mehrheit der Bevölkerung stand hinter der von Sozialdemokraten gebildeten Regierung, verlangte Ruhe und Ordnung. Gewerkschaften und Sozialdemokratische Partei wollten von den revolutionären Experimenten nichts wissen.

Von der Exekutive in Moskau und den Trabanten Sinowjews in Deutschland wurde die Brandler-Parteiführung hart unter Druck gesetzt. Brandler und seine Anhänger, die die Situation wesentlich nüchterner einschätzten, zögerten und schwankten. Schließlich gaben sie dem Drängen und Manövrieren der Emissäre aus Moskau nach und begannen, die Arbeiter in Sachsen und Thüringen zu bewaffnen;

man schickte ins ganze Land Kuriere hinaus mit klaren Weisungen, an einem bestimmten Datum die Erhebung auszulösen. Die Regierung ließ die Reichswehr in Sachsen und Thüringen einmarschieren. Es kam zu sporadischen Kämpfen, woraufhin die Arbeiterregierung kapitulierte. Kurz vorher hatte die Parteiführung den Aufstand abblasen lassen; aber da die Nachricht in Hamburg zu spät eintraf, war er dort von der örtlichen Parteileitung schon ausgelöst worden. In dreitägigen Straßenkämpfen wurden die isolierten Hamburger Kommunisten niedergerungen.

Die deutschen Ereignisse entfesselten auf dem Kongreß eine lange, bemühte Diskussion; sie standen in engstem Zusammenhang mit den russischen Fraktionskämpfen. In seiner Arbeit «Die Lehren des Oktober» hatte Trotzki erneut seine Leitidee von der permanenten Revolution dargelegt und den Gedanken, den Sozialismus in einem Lande aufzubauen, scharf zurückgewiesen. Unverhüllt hatte Trotzki daran erinnert, daß im Oktober 1917 Kamenew und Sinowjew gegen die Machtergreifung agitierten und für kurze Zeit aus der Partei austraten; und daß der damalige Chefredakteur des Parteiorgans «Prawda» für eine Unterstützung der Regierung Kerensky warb. Dieser Chefredakteur hieß Stalin. Trotzki antwortete damit auf alle Anwürfe gegen ihn als Nichtbolschewisten, die die Legende von der eisernen bolschewistischen Partei kolportierten. Diesen Angriff konnte die Troika Trotzki nie verzeihen. Eine Flut von verleumderischen Artikeln ergoß sich über ihn. Der Parteiapparat und die Geheimpolizei befanden sich fest in den Händen der drei, und Trotzki wurde auf wenig entscheidende Posten abgeschoben. Niemand wagte es auf dem Kongreß, die verhängnisvolle Rolle Sinowjews als Präsident der Internationale aufzudecken. Jeder Kritikversuch wurde als ein Angriff auf die ruhmreiche bolschewistische Partei betrachtet und im Keim erstickt. Karl Radek gestand seine Fehler ein, Brandler und sein Stab wurden kaltgestellt und durften Moskau nicht verlassen. In Deutschland rissen *Ruth Fischer* und *Arkadij Maslow* die Parteiführung an sich.

Dank seiner überragenden Stellung gelang es Sinowjew, in fast allen Parteien seine Anhänger an die Spitze der Parteiapparate zu lavieren und jede Opposition abzutöten. Mit der Losung «In die Betriebe»

und «Bolschewisierung der Parteien» brach sich die später so servile und korrupte Unterwerfung der kommunistischen Parteien Bahn.
Eine echte, freimütige Diskussion kam also auf dem Fünften Kongreß nicht zustande. Die wahren Sündenböcke hatten das Heft in der Hand und bestimmten, wer Prügelknabe sein sollte. Von der deutschen Delegation wagte einzig die greise *Clara Zetkin* ein offenes Wort. Bald siebzig Jahre alt, hatte sie den Gipfel ihres politischen Wirkens schon überschritten; aber die Geltung der engen Freundin Rosa Luxemburgs, ihr jahrzehntelanger Kampf für die Gleichberechtigung der Frau, ihre Rolle als Mitbegründerin des Spartakusbundes konnten nicht übersehen werden. Ihr war erlaubt, was andere nicht durften oder nicht wagten, zumal sie auf den Gang der Geschichte keinen direkten Einfluß mehr auszuüben vermochte. Mit ihrer gedrungenen Gestalt, ihren schneeweißen Haaren, dem tiefzerfurchten Gesicht hätte sie mehr einer gesunden Bäuerin geglichen, wären da nicht die blitzenden Augen und ihr leidenschaftliches Temperament gewesen. Ihre Rede zu den deutschen Ereignissen war hervorragend. Sie riskierte ätzende Kritik an den russischen und westlichen Parteiführern und warnte mutig vor der primitiven Art, überall den Oktober 1917 samt der Politik der Bolschewiki zu kopieren und dabei die Eigenständigkeit, die Besonderheiten der nationalen Parteien über den russischen Leisten zu schlagen. So sehr sie mit ihrer Kritik Beifall fand, so sehr blieb sie Ruferin in der Wüste.
Heinz Neumann, noch keine 25 Jahre alt, war ein Phänomen in der deutschen Arbeiterbewegung. Wie ein Meteor hob er sich in der deutschen Partei an die Spitze. Von glühendem Ehrgeiz getrieben, kannte er gegen seine innerparteilichen Gegner keine Rücksichten; da Sinowjew der befehlende Parteiboß war, folgte er ihm bedenkenlos. Neumann besaß ein enormes Sprachtalent, unterhielt sich geläufig in sieben Sprachen und war ein ausgezeichneter Redner. Der entschieden hübsche, quicklebendige Junge verfügte über jene Liebenswürdigkeit, die auf Frauen eine starke Wirkung ausübt. Nach Sinowjews Sturz wechselte er sofort zu Stalin hinüber, und der benützte ihn für manche dunklen Missionen. Mit Lominadse zusammen wurde Neumann 1927 nach China geschickt, um den Kantoner Aufstand zu provozieren, der Tausenden von chinesischen Arbeitern das Leben kostete. Dieser

Putschversuch hatte nach dem blutigen Massaker der Arbeiterschaft in Schanghai durch Tschiang Kai-schek nicht die geringste Aussicht, sondern diente nur dazu, den Kampf Stalins gegen die vereinigte Opposition blutig zu untermauern. Wie viele hundert andere deutsche Kommunisten wurde auch Neumann ein Opfer Stalins. Eines Nachts, trotz verzweifelter Gegenwehr im Hotel «Lux» verhaftet, verschwand Neumann spurlos.

Der Italiener Amadeo Bordiga stand prinzipiell in Opposition zur Politik der Kommunistischen Internationale. Er verfocht unbeirrt den Standpunkt, die Epoche des bürgerlichen Parlamentarismus sei beendet und das Hauptgewicht nunmehr auf die außerparlamentarische, direkte Aktion zu verlegen. Sein prononcierter Antiparlamentarismus wurde abgelehnt und als anarcho-syndikalistische Abweichung verurteilt. Wenig später mußten Bordiga und seine Anhänger unter Druck die Internationale verlassen. Danach kämpfte Bordiga und seine Freunde als kleine politische Gruppe weiter für eine Erneuerung der kommunistischen Bewegung.

Von den Teilnehmern aus Asien trat der Inder *Manabendra Nath Roy* in den Vordergrund. Roy, Sproß aus einer indischen Fürstenfamilie, kam auf dem Umweg über Gandhi und die nationalistische Bewegung zum Kommunismus. Seine hohe, aristokratische Gestalt, die fein ziselierten Gesichtszüge, seine Kultiviertheit und angeborene Liebenswürdigkeit ließen ihn wohltuend aus der Masse der Delegierten herausragen. Er entwickelte seine Ideen zur Kolonialpolitik in Thesen, die zu Grundlagen der politischen Richtlinien wurden. Gleich vielen anderen widersetzte er sich der Stalinschen Politik, schloß er sich für einige Jahre der kommunistischen Opposition an. Roy schrieb (teils in englischer Haft) ein bemerkenswertes Buch über die chinesische Revolution. Nach Indien zurückgekehrt, unterstützte er den nationalen Befreiungskampf gegen England und verbrachte mehrere Jahre im Gefängnis.

In Moskau traf ich Edwin Schaffner wieder. Er war bereits 1922 nach Rußland ausgewandert. Seine anerkannten Fähigkeiten als Agronom waren Lenin, der ihn durch Fritz Platten kennenlernte, nicht verborgen geblieben. Schaffner wurde während der großen Hungersnot nach Sibirien geschickt, um die ersten großen Kollektivgüter aufzubauen. Eine unlösbare Aufgabe; die Menschen starben zu Tausenden den Hungertod oder durchwanderten nahrungsuchend das Land. Schaffner konnte die bürokratischen Hindernisse nicht überwinden und mußte aufgeben.

Die Ausschaltung der Brandler-Führung in der deutschen Partei sollte für Schaffner besondere Bedeutung gewinnen. Als guter Journalist wurde er nach Berlin gesandt, um dort das auf den Hund gekommene Zentralorgan der Partei, die «Rote Fahne», zu reorganisieren, ihm Profil und genießbaren Inhalt zu geben. Wie das geschah, war typisch für Schaffner. Kaum hatte er seine Stellung angetreten, griff er mit eiserner Faust durch. Die «Rote Fahne» zählte bei seiner Ankunft an die vierzig Redakteure. Kurzerhand schmiß Schaffner dreißig hinaus, wobei der kräftige Mann sich nicht scheute, gelegentlich manu militari mitzuhelfen. Es war unvermeidlich, daß sich der ganze Klüngel der im Fettnapf schwelgenden Redakteure gegen den verrückten Schweizer zusammenschloß und ihn schließlich ihrerseits hinausbugsierte. Schaffner hat mir oft mit vergnügtem Schmunzeln diese journalistische Periode in Deutschland geschildert.

Mir blieb noch der Auftrag von Tobias Axelrod zu erledigen. Da auf dem Kongreß weder Trotzki noch Molotow zu sehen waren, hielt ich mich zunächst an Radek. Während einer Kongreßpause traf ich ihn in den Wandelgängen des Kreml in angeregter Unterhaltung mit dem Schriftsteller *Arthur Holitscher*. Etwas zögernd sprach ich ihn an und brachte mein Anliegen vor. Radek hörte aufmerksam zu, schrieb auf seine nicht mehr weißen Manschetten mit Bleistift einige Notizen und erklärte lachend: «Oh, dem ollen Grigorij eins auswischen – da bin ich immer dabei!»

Auf dem Büro von Molotow konnte ich die Sache seiner Sekretärin *Elena Stassowa* vortragen. Stassowa war eine markante Vertreterin der vorrevolutionären russischen Intelligenz. Hager, straff zurückgekämmte Haare, die schon weiß wurden, Kneifer auf der schmalen Nase, trug sie ein schmuckloses Kleid, das unter dem Kinn in einer engen Halskrause endete. Sie machte sich einige Notizen und versprach, das Notwendige zu unternehmen.

Leo Trotzki zu sprechen, war nicht so einfach. Ich erhielt schließlich die Telefonnummer seines Sekretariats und konnte einem der Sekretäre

meinen Auftrag durchgeben. Am anderen Morgen wurde ich telefonisch gebeten, um zwei Uhr nachmittags in Trotzkis Büro zu erscheinen. Mit klopfendem Herzen machte ich mich auf den Weg zum Kreml. Am Kremltor empfing mich ein Offizier der Roten Armee, prüfte meine Papiere und führte mich zu Trotzki. Beim Betreten des Zimmers erhob sich Trotzki, bat mich, Platz zu nehmen, und eröffnete das Gespräch in deutscher Sprache. Er trug Zivilkleidung, hörte meinen Bericht stillschweigend an, ohne mich zu unterbrechen. Meine anfängliche Befangenheit und Scheu wich, als Trotzki zu sprechen begann.
«Sehen Sie, Genosse Thalmann, die Schwierigkeiten, mit denen Genosse Axelrod zu kämpfen hat, gehören bei uns zum täglichen Brot. Das muß man in Kauf nehmen. Sie können Axelrod versichern, daß ich mich für ihn und seine Familie einsetze.»
Ich verließ das einfache Arbeitszimmer, das offenbar eine frühere Dienstwohnung war, in dem bewegenden und zugleich stolzen Gefühl, den Führer der Roten Armee und der Revolution gesprochen zu haben. (Tatsächlich konnte die Familie Axelrod einige Wochen später dank Trotzkis Eingreifen heim nach Rußland reisen; die ganze Familie ist zehn Jahre später im Strudel der Stalinschen Deportationen und Erschießungen umgekommen.)
Die Rückfahrt nach Berlin verlief ereignislos. In der Feurigstraße erhielt ich die uns bewilligten fünfhundert Dollar ausgehändigt. Mein Bericht über den Kongreß wurde akzeptiert, doch ritt Karl Hofmaier unter dem Vorwand, ich hätte unsere finanziellen Forderungen nicht energisch genug vertreten, eine energische Attacke gegen mich. Er wagte nicht, offen meinen Rücktritt zu verlangen, intrigierte aber dauernd bei den Mitgliedern des Zentralkomitees, bis ich die Sache satt bekam und ihnen den ganzen Bettel vor die Füße warf. Einige Jahre später sollten die Gründe der Hofmaierschen Intrigen klar werden: An meine Stelle trat Emil Hofmaier.

Direkte Aktion

Nach meinem Abgang aus der Jugend war Arbeit in der Partei geboten. Die Manöver Hofmaiers hatten in der Jugend und Partei viel Unwillen erregt, doch da ich von mir aus zurücktrat, legte sich das rasch. Von der Partei erhielt ich den Auftrag, in den chemischen Betrieben Basels Betriebszellen zu bilden. Das war damals wohl der härteste Boden selbst für gewerkschaftliche Arbeit, da diese von den Betriebsleitungen unterdrückt wurde. Die Bildung kommunistischer Betriebszellen war blanker Unsinn, die wenigen Parteimitglieder hatten nicht die geringste Lust, ihre Arbeitsstelle zu riskieren, was man ihnen nicht verargen konnte. Die ganze Sache erwies sich als Utopie und wurde bald eingestellt.
Nun war ich tatsächlich arbeitslos und ging stempeln. Im Winter 1924/25 gab es einige hundert Arbeitslose in der Stadt. Ich sprach öfters in ihren Versammlungen. Ihr Hauptanliegen war ein Wärmelokal, das die Behörden einfach nicht zur Verfügung stellten. Auf einer Versammlung schlug ich eine direkte Aktion vor und erläuterte: «Da man uns kein Lokal gibt, wo man sich bei der Kälte aufhalten kann, setzen wir uns ab morgen einfach in die besseren Restaurants der Stadt, und zwar ohne etwas zu verzehren, sondern nur, um uns zu wärmen.»
Der Vorschlag fand Zustimmung, und wir verabredeten für zwei Uhr nachmittags ein Rendezvous vor dem Stadtcasino. Wirklich erschienen etwa fünfzig Arbeitslose, standen aber zunächst unentschlossen vor dem vornehmen Lokal herum. Mit einigen beherzten Burschen trat ich ein. Wir setzten uns ruhig an einige Tische. Gäste und Personal betrachteten uns erst mißtrauisch, flüsterten untereinander, dann aber bequemte sich die Bedienung doch zu uns. «Ich wünsche ein Glas Wasser», «Geben Sie mir die ‹Nationalzeitung›», «Ich will nichts, ich wärme mich hier», das waren so unsere Bestellungen. Ermutigt durch diesen Anfang, gesellte sich ein gutes Dutzend Arbeitsloser hinzu. So blieben wir gemütlich sitzen, bis endlich der Wirt persönlich zu uns kam und sich ziemlich barsch erkundigte, was hier gespielt werde.
«Wir sind arbeitslos, es ist kalt, die Regierung stellt uns nicht mal

ein Wärmelokal zur Verfügung, darum kommen wir zu Ihnen, um uns aufzuwärmen», beschied ich ihn.

Er zog ab und telefonierte mit der Polizei. Als die Beamten anrückten, waren sie zunächst etwas verdutzt, baten uns dann aber, das Lokal zu verlassen. Wir trabten ohne Zwischenfall ab und zogen schnurstracks zur «Wolfsschlucht». Dieses – kleinere – Lokal füllten wir fast ganz. Dieselbe Zeremonie wiederholte sich, dieselben Polizisten marschierten an und drohten uns diesmal mit Arrest. Wir empfahlen uns erneut und besetzten gleich anschließend die «Safranzunft». Neugierigen Gästen erklärten wir bereitwillig den Sinn unserer Aktion, mit dem Erfolg, daß dem ganzen Trupp eine Runde Kaffee bezahlt wurde. Hier verschwanden wir indessen, ohne die Polizei abzuwarten.

Die Aktion fand großen Widerhall in den Zeitungen; vorwerfen konnte man uns nichts, da hatten wir die Lacher auf unserer Seite. Kaum acht Tage danach wurde den Arbeitslosen ein Wärmelokal zugewiesen.

Mein und anderer Parteimitglieder fruchtloses Bemühen um den Aufbau von Betriebszellen löste in der Partei eine hitzige Diskussion aus. Franz Welti war entschiedener Gegner dieser organisatorischen Umstellung, die er als einen fundamentalen Blödsinn betrachtete, und hielt eigensinnig an der alten, bewährten Organisationsform der Wohnquartiere fest. Da er in der Minderheit blieb, bekam er schließlich die Nase so voll, daß er auf einer Sitzung die Nerven verlor, wütend aufstand und mit dem Ausruf «So macht eueren Dreck alleene!» die Tür hinter sich zuknallte.

Nach einigen Wochen fand ich Arbeit bei einem aus Palästina zurückgekehrten Freund, einem jüdischen Gärtner, der nach seines Vaters Tod das kleine Familienunternehmen leitete. Seine Kundschaft bestand aus wohlhabenderen jüdischen Familien, deren Gärten er instand hielt. Wir nannten unseren Freund «Mufti», weil er zwei Jahre in Palästina gelebt hatte; er gehörte keiner Partei an, sympathisierte mit der Linken, war ein ausgesprochen kritischer Nörglertyp. Wir kamen gut miteinander aus, und ich verdiente genug, um auch meine Mutter zu unterstützen, was ich mit meiner Sekretariatsarbeit nie zuwege gebracht hatte.

Das rote Denkmal

Zu Erinnerung an den Weltkrieg und die Grenzbesetzung beschloß die Basler Regierung, ein Wehrmännerdenkmal zu errichten. Der Auftrag ging an den Bildhauer *Louis Weber,* und das Monument sollte seinen Platz auf der Batterie auf dem Bruderholz finden, die Frontseite zur Stadt. Das Basler Bürgertum bereitete sich auf eine feierliche Eröffnung unter Teilnahme von Bundesräten vor. Der betont nationale Charakter der Sache reizte mich. Mit einigen Freunden faßte ich den Plan, den Bürgern den Spaß zu verderben. Mein Gärtnermeister wurde eingeweiht und war gleich Feuer und Flamme. Wir brauchten einige Leute für unser Vorhaben und sprachen vorher alles gründlich durch, denn wir wollten uns gegen einen Fehlschlag absichern und uns nicht erwischen lassen. Das Denkmal sollte mit roter Farbe tüchtig beschmiert werden. Der Kauf der Farbe war ein delikates Problem, weil ja gerade an diesem Punkt sofort Nachforschungen einsetzen würden. Hier half ein arbeitsloser Jugendgenosse, Maler von Beruf, der eben von seinem Hausmeister den Auftrag erhalten hatte, den Gartenzaun anzustreichen. Er kaufte Mennige und begann einen Tag vor der Aktion seine Arbeit an dem Zaun. Das Denkmal war in der Nacht bewacht und von einer riesigen Schweizerfahne bedeckt, über die noch eine wasserdichte Plane gebreitet war. Bei Anbruch der Dunkelheit zogen der «Mufti» und ich mit Büchsen und großen Pinseln los. Wir hatten ein Liebespärchen vorausgeschickt; es sollte auf der Batterie herumstreichen und uns den Standort der Nachtwächter signalisieren. Als unsere beiden Späher meldeten, die zwei Herren seien weit weg, schlüpften wir unter die Fahne und begannen hastig unser Malerwerk. In wenigen Minuten war's getan, Büchsen und Pinsel flogen ins Gebüsch, und wir trollten uns. Beim Streichen hatte der leichte Regenmantel des «Mufti» ein paar Flecken abgekriegt, weshalb er ihn noch in derselben Nacht bei einer Freundin versteckte.
Die Eröffnungsfeier am 1. August, dem schweizerischen Nationalfeiertag, geriet zu einer einzigen Katastrophe. Natürlich war am Morgen des Einweihungstages die Schmiererei entdeckt worden. Eine ganze Equipe von Spezialisten bemühte sich um die Behebung des Schadens.

Aber alles Waschen und Bürsten des porösen Sandsteins verschlimmerte die Sache eher, da Stücke ausbrachen. Wohl oder übel mußten es die Reiniger bei halber Arbeit bewenden lassen.
Tausende von Bürgern hatten sich am Nachmittag zur Einweihung eingefunden, und als beim Hochziehen der Fahne die rot beschmierten Soldatenfiguren sichtbar wurden, entrang sich der Menge ein wildes Wutgeschrei.
Die zwei Redakteure am «Basler Vorwärts» hatte ich vorher allgemein informiert. Wieser und Arnold, etwas skeptisch, befürchteten einen großen Skandal. Der kam denn auch prompt. Die Kommunistische Partei hatte zum Nationalfeiertag eine Gegenkundgebung auf einem neu eingeweihten Sportplatz organisiert. Wie ein Lauffeuer verbreitete sich das Gerücht vom «roten Denkmal», und es gab eine Menge Bierleichen.
Das Bürgertum kochte vor Empörung. Es kam zu einigen kleineren Zusammenstößen, bürgerliche Turnvereine demonstrierten und wollten die Druckerei des «Basler Vorwärts» demolieren. In aller Eile beorderte die Partei eine Anzahl Arbeitersportler in das Gebäude an der Brunngasse zur Abwehr eines eventuellen Angriffs. Am Tage darauf tobte die bürgerliche Presse gegen die «Roten» und ihr feiges Attentat. Auf die Ergreifung der Täter setzte die Regierung eine Belohnung von zweitausend Franken und das konservativ-bürgerliche Blatt «Basler Nachrichten» aus eigenen Mitteln nochmals dieselbe Summe aus.
Zwei Tage später waren wir alle – mit Ausnahme des Liebespärchens – verhaftet. Irgendwer mußte geplaudert haben. Früh morgens bei Arbeitsbeginn an der Kornhausgasse stand Detektivkorporal *Jud* mit einem Kollegen bereit, mich mitzunehmen. Der «Mufti» befand sich bereits in ihrer Mitte. Eine Viertelstunde später schleppten sie meinen jüngeren Bruder an, der nur vage von der Sache gehört hatte. Per Straßenbahn brachten uns die Beamten zum Lohnhof und wollten uns durch Hinweise auf die ausgesetzte Geldsumme zu einem Geständnis ermuntern. Mein Bruder meinte seelenruhig, das Geld nähme er gerne, aber wissen tue er nichts. Auf dem Lohnhof setzten sie den Gärtnermeister und mich in ein Vorzimmer, meinen Bruder führten sie zum Verhör. Wir hockten gut eine Stunde allein in dem Zimmer. Da sich niemand um uns kümmerte, wurde uns das Warten zu langwei-

lig. Wir öffneten die Tür zum Korridor – kein Mensch. Unbehelligt spazierten wir hinaus und gingen nach Hause.

Wie vermutet, fand die Polizei den Käufer der Farbe ziemlich rasch. Die Spur war aber nicht verwertbar, da unser Mann nachweisen konnte, daß er die Mennige für das Streichen des Gartenzaunes gekauft hatte und der ahnungslose Hausbesitzer die Auftragserteilung bestätigte, so fehlten alle Beweise, die Polizei streckte die Waffen.

Arbeiterstudent in Moskau von 1925 bis 1928

Die Kommunistische Partei der Sowjetunion hatte seit einigen Jahren in Moskau eine Universität für die nationalen Minderheiten des Westens eingerichtet. Der Kommunistischen Partei der Schweiz standen drei Plätze pro Jahr zu. Die ersten Studenten, der Berner *Robert Krebs*, *Bernhard Ensner* aus Basel und *Jakob Jäggin* aus Zürich, waren alle drei durch die Schule der Jugendbewegung gegangen. Beim Zentralkomitee der Partei bewarb ich mich um einen Platz und wurde zusammen mit *Hermann Erb* aus Schaffhausen und *Ernst Illi* aus Zürich ausgewählt.

Meine dritte Reise nach Moskau erfolgte zu Schiff von Stettin über Leningrad, wo ich einen eintägigen Aufenthalt zur Besichtigung der Stadt nutzte.

Sofort nach unserer Ankunft in Moskau wurden wir in die Universität geführt und alle drei in einem riesigen Schlafsaal mit vierzig Betten untergebracht. Schon am zweiten Tag standen wir drei vor unseren Examinatoren. Der übliche Lehrgang an der Universität dauerte fünf Jahre. Die ersten zwei Jahre wurden Grundfächer wie Lesen, Schreiben, Rechnen, Russische Sprache und Russische Geschichte unterrichtet. Diese zwei, wenn man will, Primärschuljahre waren durchaus notwendig. In der deutschen Abteilung, der wir zugewiesen wurden, bestand die Mehrheit der Studenten aus deutschen Kolonisten aus Sibirien, dem Kaukasus und der deutschen Wolgarepublik. Ihres niedrigen intellektuellen Niveaus wegen mußten sie beinahe alle ganz von unten anfangen. Mit uns Westlern ging es besser. Die Examinatoren prüften hart. Erb über die Mehrwerttheorie, Illi über die Grundrente, mich über dialektischen Materialismus. Unsere Antworten müssen ausgereicht haben, denn man ließ uns die ersten zwei Jahrgänge überspringen und gleich ins dritte Jahr eintreten.

Lehrfächer des dritten Schuljahres waren Russische Sprache, Mathematik, Biologie, Geschichte der Arbeiterbewegung und Wirtschaftsgeographie. In den zwei nachfolgenden Jahren wurden wir in Sowjetwirtschaft, materialistischer Geschichtsauffassung, politischer Ökonomie und in Dialektik unterwiesen.

Die Universität, ein ehemaliges Institut für höhere Töchter, lag nur wenige Straßen hinter der Twerskaja, einer Hauptstraße Moskaus. Ungefähr achthundert Studenten waren teils im Universitätsgebäude, teils in oft weit abgelegenen Gebäuden untergebracht. Die älteren Jahrgänge durften in Zimmern mit nur drei oder vier Betten hausen, die ersten Jahrgänge mußten mit den großen Schlafsälen vorliebnehmen. Ein Drittel der Studierenden setzte sich aus Frauen zusammen, die streng getrennt von den Männern in besonderen Abteilungen der Universität wohnten. Ein riesiges Refektorium diente als Speisesaal; ferner existierten da einige Lesesäle, kleine Studierzimmer und umfangreiche Bibliotheken in allen Sprachen.

Die Studenten waren in nationale Sprachgruppen eingeteilt, die deutsche, jüdische, polnische, bulgarische, baltische, rumänische und jugoslawische Sektion. Alle Studenten gehörten entweder der kommunistischen Partei oder dem Jugendverband an. Die Mitgliedschaft in der russischen Partei oder im russischen Jugendverband war obligatorisch. Der Name der Universität täuschte: Es gab nämlich gar keine «nationalen Minderheiten des Westens» im strengen Sinne des Wortes; Bulgaren, Jugoslawen, Rumänen und andere als nationale Minderheiten zu bezeichnen, war schlechtweg Ausdruck großrussischer Politik.

Nach der hier praktizierten, einfachen Unterrichtsmethode führte der vortragende Lehrer in das betreffende Fach ein und gab die einschlägige Literatur an, die sich jeder in der Bibliothek beschaffen konnte. Zweimal in der Woche stand der Lehrer den Studenten zur Verfügung, man konnte ihn aufsuchen, ausfragen, konsultieren, sich anleiten lassen. Je nach Bedarf oder Übereinkunft mit dem Lehrer kam die ganze

Abteilung mit ihm zu einer Diskussion des Themas zusammen. Die Debatten, Fragen, Problemerörterungen waren meist sehr lebhaft. Vierteljährlich erfolgte eine Art Zwischenexamen, in dem die Arbeit der Studenten sowie die der Professoren kritisiert und geprüft wurde. Allzu lernfaule Studenten wurden verwarnt und in besonders krassen Fällen in die Fabrik geschickt. Mit den Professoren gingen die Studenten hart ins Gericht; sie beleuchteten und bekrittelten die Arbeitsmethoden und Leistungen der Pädagogen. Im Verlaufe der drei Jahre wurde in der deutschen Abteilung auf unsere Kritik hin ein halbes Dutzend Lehrer ausgewechselt, weil sie unseren Anforderungen nicht genügten.
Im allgemeinen waren unsere Professoren – unter ihnen Russen, Ungarn, Deutsche – ausgezeichnet. Als Umgangssprache diente das Deutsche. In die Wirtschaftsgeographie führte uns der Ungar *Bereny* trotz seinem etwas gebrochenen Deutsch ganz hervorragend ein. Über Geschichte der Arbeiterbewegung referierte der Deutschrusse *Luriel* und im letzten Jahr *Max Levien*. Materialistische Geschichtstheorie trug der Ungar *Rudas* vor, ein souveräner Könner auf seinem Gebiet. Über Sowjetwirtschaft las der damalige Leiter der Staatsbank, *Goldstein*. Jeder dieser Professoren war als Parteimitglied außerhalb der Universität beschäftigt, jeder irgendwie in die Fraktionskämpfe der Partei verstrickt. Rudas gehörte zu einer Fraktion der ungarischen Partei, die mit der von seinem Landsmann *Landler* geführten Fraktion in offener Fehde lag, wobei sich diese Richtungskämpfe stets am Stand der russischen Parteidiskussion orientierten.
Mit Max Levien, der später (nach Rudas) über Dialektik referierte, verband uns drei Schweizer bald eine etwas engere Gemeinschaft. Dieser interessante Mann hatte als russischer Emigrant in Zürich studiert und sprach den Zürcher Dialekt geläufig. Als Teilnehmer an der bayrischen Räterepublik mußte er aus Deutschland fliehen und kehrte nach Moskau zurück. Nachdem das Eis gebrochen war, lud uns Levien oft zum Tee bei sich zu Hause ein. Da konnte man dann offen über die sich abzeichnende, verhängnisvolle Entwicklung sprechen. Levien machte kein Hehl aus seiner Opposition gegen die Stalinsche Politik, er sympathisierte mit den zahlreichen oppositionellen Strömungen, ohne sich endgültig mit einer zu identifizieren. Immer wieder schärfte

er uns ein: «Stalin schreckt vor nichts zurück, er wird uns alle umbringen.» Levien konnte nur ahnen, daß seine Prophezeiung von 1927 in Erfüllung gehen würde, aber nicht wissen, welche ungeheuren Ausmaße der Mahlstrom der Tyrannei annehmen sollte, in dem auch er verschwand.

Die materielle Versorgung der Studenten war ziemlich dürftig, das Essen mehr als mittelmäßig: zum Frühstück Tee oder Kaffee, die schwer von einander zu unterscheiden waren, sowie Schwarzbrot mit Margarine und als Hauptnahrung noch immer die schwarze Kascha, serviert mit einigen etwas suspekten Fleischknödeln. Die Qualität des Essens wurde von den Studenten nicht beanstandet, hingegen führte die ganze Universität einen monatelangen Kampf gegen die Administration wegen des unsauberen, blechernen Eßgeschirrs, bis sich die Universitätsleitung endlich gezwungen sah, das Blechzeug durch Steingut zu ersetzen.

Einmal im Jahr bekam jeder Schüler einen Anzug aus einfachem, grauen Drillich, haltbar, aber nach des Teufels Maß zugeschnitten. Die fünf Rubel Taschengeld im Monat reichten nicht mal für Zigaretten. Bald machten wir es wie viele Studenten und versilberten den neuen Anzug auf dem Schwarzmarkt. Erwischen lassen durfte man sich nicht; ein ungeschriebener, aber strenger Parteikodex verbot jeden Schwarzhandel. Wer ertappt wurde, zog sich eine schwere Rüge der Parteizelle zu. Trotzdem konnte man auf der Sucharewka, dem riesigen Flohmarkt Moskaus, oft Mitschüler antreffen, die etwas zum Kauf feilboten, um ihr Taschengeld aufzubessern.

Im ersten Studienjahr schickte man die Studenten noch üblicherweise für einen Tag die Woche zur Fabrikarbeit. Wir drei Schweizer wurden einem großen Textilwerk zugeteilt, wo wir zum hellen Vergnügen der Arbeiter schwere Stoffballen herumschleppten. Besondere Vorliebe brachten uns die Arbeiter nicht entgegen, die «Intellektuellen» galten als Fremdkörper. Diese Fabrikarbeit wurde als Parteiarbeit bewertet, die für jedes Parteimitglied obligatorisch war.

Wir Westeuropäer in der deutschen Abteilung führten mit der Universitätsleitung einen langen, homerisch-tragikomischen Kampf um eine eigene, abschließbare, abgeschlossene Toilette. Die Aborte in der Universität waren kollektiv; auf jeder Wandseite des großen Raumes standen sechs Klosettbecken ohne Deckel. Da saßen die Jungen oft stundenlang, lasen die Zeitung, diskutierten, einige brachten es fertig, seelenruhig ein Sandwich zu verzehren. An diese Öffentlichkeit konnten wir uns nicht gewöhnen und zogen es vor, eine halbe Wegstunde ins Hotel «Lux», zu Schaffner oder zu Sigi Bamatter zu laufen. Nach einigen schriftlichen Eingaben an die Leitung der Uni empfing uns endlich die Rektorin *Frumkina*. Sie war uns von den allgemeinen Studentenversammlungen her bekannt und erfreute sich keiner besonderen Beliebtheit. Die Frumkina kam vom polnischen Bund, war nach der Revolution zur bolschewistischen Partei übergetreten und zeichnete sich jetzt durch speziellen Eifer aus. Mit einem sturen Fanatismus verteidigte sie in der Universität die Richtung der Stalinschen Mehrheit und verfolgte alle anderen Auffassungen mit tödlichem Haß. Auf unsere Einwendungen und den Vorschlag, zwei einfache Holzverschläge errichten zu lassen, ging sie nicht ein.

«Oh, ihr Deutschen habt andauernd irgendwelche Anliegen. Ihr müßt euch wie alle anderen an die hier herrschenden Sitten anpassen.» Damit wimmelte sie uns ab, doch wir gaben nicht nach. Als 1926 Fritz Wieser zu einer Sitzung der Exekutive kam, suchten Illi und ich ihn auf, um ihn zu einer Intervention von oben zu bewegen. Zuerst lehnte Wieser entrüstet ab: «Ihr seid wohl vollkommen verrückt, ich kann doch die Exekutive nicht für eure Scheiße mobilisieren!» Auf unsere eindringlichen Vorstellungen unternahm er aber doch bei irgendeiner Instanz Schritte, jedenfalls erhielten wir auf höhere Weisung ein eigenes Häuschen. Frumkina hat uns diesen «Sieg» über sie nie verziehen und schadete uns fortan, wo es nur möglich war.

Sommer in Sibirien

In den Monaten Juni, Juli, August schloß die Universität ihre Pforten, die Studenten konnten in die Ferien reisen und ihren Aufenthaltsort selbst nach freiem Ermessen bestimmen. Einzige Bedingung: man mußte einen Monat Parteiarbeit ableisten. Der Student bekam die Bahnfahrt bezahlt und eine kleine Summe Zehrgeld ausgehändigt. Erb, Illi und ich wählten Sibirien. Unser Parteiauftrag lautete, am Bestimmungsort Untersuchungen über die Lage der Landwirtschaft, Struktur und Arbeit der Kolchosen zu führen, wenn irgend möglich bei der Arbeit lokaler Parteizellen mitzuhelfen und nötigenfalls solche zu bilden. Unser Ziel war Irkutsk am Baikalsee. Da unser Russisch viel zu primitiv war, vollzog sich unsere Parteiarbeit in den Dörfern der deutschen Kolonien.

Am Bahnhof in Moskau standen wir abwechselnd zwei Tage und zwei Nächte um die Fahrkarten an. Die breiten russischen Wagen waren geräumig, jedes Abteil bot Schlafplätze für sechs Personen – wenn auch nur einfache ungepolsterte Holzpritschen, auf denen man sich recht und schlecht ausstrecken und mit einer mitgebrachten Decke zudecken konnte. In jedem Wagen, wie auch auf jeder Station, gab es «Kipjatok», heißes Wasser zum Teeaufbrühen. Die Züge mit ihren Holzfeuerungsloks fuhren unendlich langsam, hielten an den kleinsten Orten, wo die Bevölkerung sofort zusammenlief und ihre Waren zum Verkauf anbot. – Eier, Milch, Brote, Backwaren und Früchte. Unser Zug war überfüllt mit Bauernfamilien, die sich, mit sämtlichem Hausrat bepackt, in die Abteile und Gänge zwängten. Kinder, Matratzen, Teekessel, Körbe, Riesenbündel mit undefinierbarer Habe – alles schleppten sie mit, und alles verstopften sie. Woher und wohin diese Familien reisten, blieb uns dunkel.

Nach achttägiger Bahnreise erreichten wir Omsk. Dort meldeten wir uns beim Parteikomitee und bekamen die vorgesehene Parteiarbeit zugewiesen. Erb schickte man irgendwo in die Nähe von Irkutsk, Illi und mich zusammen in zwei deutsche Siedlungen fünfzig Kilometer von Omsk entfernt. Die Fahrt dorthin im Zweiräderkarren rüttelte uns tüchtig durch. Wir mieteten uns bei Bauern ein, denen wir einen Rubel pro Tag bezahlen konnten. Das war finanziell offenbar attraktiv, denn der Dorfsowjet beschloß sofort, wir hätten das Quartier alle acht Tage zu wechseln, um keine Unzufriedenheit aufkommen zu lassen.

Die deutschen Bauern in Sibirien stammten fast ausnahmslos aus Süddeutschland, viele hatten noch ihren Dialekt bewahrt, wenn die Sitten, natürlich, schon russisch waren. Sie gehörten meist der lutherischen

Kirche an, Gottlosenbewegung und Partei hatten einen schweren Stand, die Bauern politisch aufzuklären. Das Produktions- und Lebensniveau der deutschen Bauern war bedeutend höher als das der russischen Bauern. Dennoch ergab sich nach einer ersten Aussprache mit dem Lehrer, einem ehemaligen deutschen Kriegsgefangenen, als unsere wichtigste Hilfeleistung, den Leuten Lesen und Schreiben beizubringen. So mußten wir wider Erwarten als einfache Dorfschullehrer improvisieren und in den drei uns zugeteilten Dörfern dreimal wöchentlich unterrichten. Auf Initiative des Lehrers hin hatten die drei Dörfer gemeinsam eine Milchgenossenschaft gebildet, die aber noch ganz in den Kinderschuhen steckte. Alle unsere Bemühungen um Verbesserungen stießen auf den hartnäckigen passiven Widerstand der Bauern. Uns Neulingen war das Dorfleben mit seinen Nöten Neuland. Für die drei Dörfer gab es eine einzige Schule, ein altes Bauernhaus, das notdürftig für diesen Zweck hergerichtet war. Mit dem Dorflehrer begannen wir den Bau einer neuen Schule. Aus einer Grube fuhren wir Lehm heran. Nachdem er gut durchnäßt, mit Stroh und Kuhmist vermischt und von uns mit den bloßen Füßen stundenlang gestampft worden war, formten wir aus der Masse eine Art roher Backsteine, die wir einige Tage lang an der Sonne trocknen ließen und dann zu Hauswänden zusammenfügten, deren Fugen mit nassem Lehm ausgestrichen wurden. Schon zwei Wochen später stand das Schulhäuschen; und nun zimmerten wir mit einigen Bauern aus Holz und Weidengeflecht das Dach. Es war wohl die nützlichste Arbeit, die wir in dieser Zeit geleistet haben.
Sibirien war ein wunderbares Land. Wir halfen den Bauern bei der Erntearbeit, und es machte ihnen viel Spaß, uns zu zeigen, wie man mit der Sense das Gras schnitt, auf die hohen Wagen lud und in die Scheunen einbrachte. In der weiten Steppe gab es große Flächen, wo wir mit der Sense Erdbeeren mähten, die dann in großen Körben eingesammelt wurden. Am Abend kamen sie in Riesenschüsseln mit dicker Milch auf den Tisch.
In den deutschen Siedlungen wimmelte es von religiösen Sekten, was nicht nur für Sibirien galt, wie ich später in der Ukraine und im Kaukasus feststellen konnte. Doch hier hatten wir es mit einer ganz bestimmten Sekte zu tun, die eifrig ihren Glauben an sieben Himmel

propagierte. Und mindestens ebenso viele Tugenden waren notwendig, um in den siebten Himmel zu gelangen. Gegen diese raffinierte Dialektik kamen wir mit rationalen Argumenten nicht an.

Nach einem Monat dieser nicht sehr ergiebigen Parteiarbeit kehrten wir mit einer etwas realistischeren Einstellung zum Landleben nach Omsk zurück.

Omsk war damals eine typische Provinzstadt. Nur im Zentrum gab es Steinbauten – vornehmlich administrative Gebäude –, während der Rest aus solide gehauenen Blockhäusern bestand. Holzplanken entlang den Häuserfronten stellten die Bürgersteige dar und waren nach oder bei einem Gewitter wahre Rettungsbalken. Im Parteihaus konnten wir uns gratis einquartieren, um auf die Ankunft von Erb zu warten. Nach zwei Tagen erschien er, völlig abgerissen, verschmutzt, mit kohlschwarzem Bart. Seine Hosen reichten knapp bis an die Knie, sie waren sichtlich mit der Schere abgeschnitten worden, als Weste trug er eine alte zerschlissene Uniformjacke. Kurz vor dem Ende seiner Parteiarbeit war ihm eines Nachts alles gestohlen worden, außer seinen Papieren. Um wenigstens bekleidet nach Omsk zu kommen, bettelte er sich ein paar alte Lumpen zusammen. Obendrein war er völlig verlaust. Zu allererst rannte er zu einer gründlichen Wäsche ins russische Bad. Illi und ich machten unterdessen einen Besichtigungsgang durch Omsk und plauderten munter miteinander.

Plötzlich hielt uns ein gut gekleideter Mann an: «Ah, Sie sprechen Deutsch!» Er stellte sich vor als Ingenieur und ungarischer Kriegsgefangener: «Ich bin hier verheiratet, freut mich, wieder mal Deutsch zu sprechen. Oh, ich war auch schon ein paar Tage in der Schweiz. Darf ich Sie für heute abend zum Essen einladen? Meine Frau würde es sich zur Ehre anrechnen, Ihnen einen echt ungarischen Gulasch zu servieren.»

Wir akzeptierten mit Freuden, vergaßen dabei aber ganz unseren Freund Erb. Als er aus dem Bad kam, setzten wir ihn ins Bild und ersannen folgende Kriegslist: Wir zeigten ihm das Haus, wo wir eingeladen waren, und verabredeten, daß er zur bestimmten Zeit davor pfeifen solle, woraufhin wir unserem Gastgeber erklären würden, daß wir zu dritt seien. Um ihn einigermaßen hoffähig auszustaffieren, lieh ich ihm meine schneeweißen Sommerhosen.

Illi und ich dinierten mit dem Ungarn und seiner Frau herrlich, jedoch das Pfeifen von Erb wollte und wollte nicht ertönen. Als wir ins Parteihaus zurückkehrten, lag er bereits im Bett und war verärgert. Der arme Kerl hatte sich in der Straße geirrt, vor dem falschen Haus gepfiffen und gepfiffen, bis sein Getue verdächtig wurde und die Miliz ihn abführte; dank seiner Parteiausweise ließen sie ihn wieder laufen.

Unsere restlichen sechs Ferienwochen wollten wir am Baikalsee zubringen. Die Bahnfahrt Omsk–Irkutsk dauerte nochmals drei Tage. Von dort benützten wir eine Nebenbahn zum See. Auf dem Parteikomitee in Irkutsk hatte man uns eine Adresse in einem kleinen Nest am Baikal angegeben, wo wir Quartier machen konnten. Die 24stündige Fahrt nach Missowaja gehörte zu unseren schönsten Erlebnissen. Durch zahlreiche Tunnel dampfte der Zug langsam an dem weiten, klaren, im Mondschein blinkenden Gewässer entlang. Mit jeder Biegung, jeder Tunnelausfahrt wechselte das Bild, bald fuhren wir auf hohen, steilen Felsen am Ufer dahin, bald durch den Wald, durch dessen Bäume von Zeit zu Zeit der glitzernde Spiegel herüber leuchtete. In Missowaja war der Lehrer unser Quartiergeber, auch er ein ehemaliger deutscher Kriegsgefangener. Er gab uns gründlich Auskunft über die Gegend, und wir unternahmen wundervolle Wanderungen durch den Wald, wo wir uns an Heidelbeeren satt aßen. Wir kehrten nicht jeden Abend nach Missowaja zurück, sondern nächtigten einige Male in alten Holzfällerhütten. Alles hat ein Ende, wir mußten an die Umkehr denken.

Um Platz und Billett für den Zug von Missowaja nach Irkutsk mußten wir wieder zwei Tage und zwei Nächte vor dem Schalter anstehen. Der ganze Bahnhof war vollgestopft mit reisenden Bauern oder Arbeitern mit ihren Familien, die hier schon seit Tagen auf einen Zug warteten.

In Irkutsk bot der Bahnhof dasselbe Bild, ganz Rußland schien auf Reisen befindlich. Der große Wartesaal war ein einziges Wallensteinsches Nachtlager, die Menschen schliefen auf dem Boden, auf Matratzen oder Decken, entlausten sich, kochten ihren Tee. Für die lange Fahrt nach Moskau hatten wir von unserem letzten Geld einige Eier, einen großen gedörrten Fisch sowie einige Laibe Brot erstanden. Die

Lebensmittel auf den Märkten in Omsk und Irkutsk waren außerordentlich billig und von bester Qualität. Für einige Kopeken bekam man eine Vierliterflasche Milch, für fünf Kopeken ein Dutzend Eier, für etwa zehn Kopeken ein Kilo fetten sibirischen Käse.

Auf dem Bahnhof in Irkutsk hatten sich Erb und Illi Läuse geholt; sie konnten sich nur mit viel Mühe und dank hilfreicher Erklärungen der Mitreisenden von der Plage befreien. Ich blieb glücklicherweise stets von Läusen verschont. Diese ganze Rückreise nach Moskau war strapaziös, unser Eßvorrat reichte nicht, nach wenigen Tagen fing unser Fisch an zu stinken und mußte zum Fenster hinausgeworfen werden. Die letzten zwei Tage waren eine kleine Hungerkur.

Schule in demokratischem Zentralismus

Die Fraktionskämpfe in der russischen Partei gingen weiter und schlugen an unserer Universität hohe Wellen. Ende 1926 nahmen sie dramatischen Charakter an. Das Dreigespann Stalin-Sinowjew-Kamenew, das zwei Jahre lang einen erbitterten Kampf gegen Trotzki geführt hatte, fiel auseinander. Stalin duldete keine gleichberechtigten Mitarbeiter neben sich; er hatte im Apparat nun eine genügend starke Machtposition, um sich der beiden lästigen Nebenbuhler entledigen zu können. In einer hundertprozentigen Kehrtwendung schlossen sich jetzt Sinowjew und Kamenew dem bisher von ihnen verfemten Trotzki an, und der akzeptierte diese unheilige Allianz. Die vereinigte Opposition holte zu heftigen Angriffen auf die Parteilinie aus, ihre Führer gingen direkt in die Betriebe, sprachen dort zu den Arbeitern. Die Sprengung des Parteirahmens wurde ihnen schwer angekreidet. Die Führer der Opposition konnten nur mit Hilfe ausgesuchter Stoßtrupps bis in die Betriebe vordringen, da sich die Parteimehrheit dagegen jedesmal mit Gewalt auflehnte. Stalin setzte rücksichtslos die Polizei gegen die Opposition ein.

An der Universität befanden sich die Anhänger der Opposition in der Minderheit, hatten aber eine starke Stellung im jüdischen und polnischen Sektor. Die Verbreitung oppositionellen Materials war durch Parteibeschluß verboten; die Thesen, Artikel und Erklärungen wurden unter der Hand verteilt, gelesen und kommentiert. Der Richtungskampf fand neue Nahrung im tragischen Verlauf der chinesischen Revolution. Stalins Mehrheit, die immer wieder für die von Tschiang Kai-schek geleitete Politik der Kuomintang eintrat, erlitt einen schweren Rückschlag nach dem Massaker der Schanghaier Arbeiterschaft durch Tschang Kai-schek.

An den Versammlungen der Universität – sie wurden immer stürmischer – mußten wir als Parteimitglieder teilnehmen. Da die Debatten in Russisch geführt wurden, war ein aktives Mitwirken unsererseits ausgeschlossen. Auf der Tribüne in ihren drei Unterröcken thronend, leitete Frumkina den Verlauf der Versammlung. Die Opposition, deren Auftreten im Prinzip verboten war, mußte sich den Weg zur Tribüne gewaltsam erkämpfen. Sobald ein Redner gegen die Parteimehrheit auftrat, gab Frumkina mit gellender Stimme das Signal zum Pfeifkonzert. Die so erzielten Abstimmungen erbrachten eine erdrückende Mehrheit für Stalin.

Obwohl wir uns nicht aktiv einschalteten, war es nicht unbemerkt geblieben, daß wir uns (mit Ausnahme von Bernhard Ensner und Robert Krebs) jedesmal der Stimme enthielten. Das brachte uns eine Vorladung vor die Parteizelle der deutschen Abteilung ein. Es entspann sich folgendes Verhör: «Genossen, wir haben festgestellt, daß Sie sich an den Abstimmungen nicht beteiligen, sich jedesmal der Stimme enthalten. Wollen Sie uns bitte diese Haltung erklären.» Darauf erwiderte jeder einzelne von uns ganz einfach: «Wie soll man sich eine Meinung bilden über Ideen, die man nicht kennt, nicht lesen darf? Gebt uns die Möglichkeit, auch das Gedankengut der Opposition zu studieren, und wir werden Stellung nehmen.»

«Nein, nein, so geht das nicht, Genossen. Sie wissen genau, daß die Partei das Material der Opposition verboten hat, daran müssen sich auch die ausländischen Genossen halten. Für Ihr parteiwidriges Verhalten wird Ihnen eine Rüge ins Parteibuch eingetragen. Sie wissen, was das heißt.»

Wir wußten es. Drei Rügen im Parteibuch bedeuteten den Ausschluß.

Der Deutsche Klub in Moskau

Da jeder Student neben dem Studium irgendeine Parteiarbeit in seiner Freizeit ableisten mußte, wurden wir dem Deutschen Klub zugeteilt. Er bestand schon etwa zwei oder drei Jahre; man hatte ihm ein zweistöckiges Haus mit einer Anzahl Zimmer, einem größeren Klubraum, einer umfangreichen Bibliothek und einem Lesesaal, in dem auch die meisten ausländischen Zeitungen auflagen, zur Verfügung gestellt. Hier mußten wir die Leninecke ausgestalten helfen, an der Wandzeitung mitarbeiten, das Inventar der Bibliothek instand halten, Diagramme über die Entwicklung der Sowjetwirtschaft verfertigen.
Alle ehemaligen und bestehenden Fraktionen der deutschen Kommunistischen Partei waren im Klub vertreten: Brandlerianer, Trotzkisten, Versöhnler, Ultralinke der Richtung Maslow-Ruth Fischer und natürlich Vertreter der Stalinschen Mehrheit. Einmal in der Woche fand eine allgemeine Klubversammlung mit Aussprache über politische Probleme statt. Das Moskauer Parteikomitee hatte zur Überwachung der Parteilinientreue einen Vertreter im Klub, eine kleine, schmächtige Frau, die treu und energisch ihre Pflicht erfüllte. Jedesmal, wenn innerparteiliche russische Fragen aufs Tapet kamen, griff die Dame sofort ein und beendete ihre Intervention unweigerlich mit den Worten: «Genossen, Sie wissen ganz genau, daß Sie sich zu diesen Fragen nicht öffentlich äußern dürfen. Widrigenfalls muß ich dem Parteikomitee Bericht erstatten.»
Das verfing aber keineswegs immer, denn im Unterschied zur russischen Partei bestanden im Klub noch gewisse demokratische Spielregeln. Die verschiedenen Richtungen waren sich meist darin einig, alle Strömungen zu Worte kommen zu lassen. Die Opposition im Klub versuchte natürlich, ihre Meinung zu vertreten, und verlangte eine diesbezügliche Abstimmung. Trotz der Ermahnungen des Vertreters des Moskauer Parteikomitees wurde die Abstimmung durchgesetzt und mit vier Stimmen Mehrheit beschlossen, einen Sprecher der russischen Opposition anzuhören. Der vorgesehene Redner war Karl Radek. Er kam aber nicht. An seiner Stelle übernahm Fritz Platten die schwere Aufgabe. Platten gehörte in alter Freundschaft zur Gruppe Sinowjew;

er sprach leidenschaftlich, doch sachlich und aus genauer Kenntnis der vielschichtigen Probleme. Kaum hatte er eine halbe Stunde gesprochen, da rückte endlich Radek an, und Platten überließ ihm sofort das Wort. Radek wurde mit einem Pfeifkonzert und Geheul empfangen. «Ich warte, bis die Pfeifer müde sind, pfeifen ist leichter als argumentieren, wenn es auch für die Pfeifer die einzige geistige Anstrengung ist, derer sie fähig sind», meinte er.
Endlich legte sich der Sturm, und Radek begann. Er komme gerade aus einer großen Betriebsversammlung, wo er gesprochen habe und von der Parteimehrheit arg vermöbelt worden sei. Mit seinen zerknautschten Kleidern, der im Gerangel zerbrochenen Brille, den hervorquellenden, blutunterlaufenen Augen, dem wirren Haarschopf, dem roten Bart unter dem Kinn bot er den Anblick eines wütenden Stiers, der sich in die Arena stürzt. Radek war einer der belesensten Journalisten, stets glänzend informiert. Er verfügte über einen beißenden Witz sowie ein glänzendes Gedächtnis und schenkte seinen Gegnern nichts. Die Theorie vom Sozialismus in einem rückständigen Lande geißelnd, opponierte er vehement gegen das Fehlen einer wahrhaften Parteidemokratie und wies auf die Gefahr hin, daß die Bürokratie im Begriff stehe, alle Errungenschaften der Revolution zu ersticken. Zu jener Zeit noch Leiter der Sun Yat-sen-Universität in Moskau und mit den chinesischen Problemen intim vertraut, richtete Radek seine schärfsten Pfeile auf die Politik der Stalinschen Mehrheit in der chinesischen Revolution. Drei Stunden sprach er, ohne Notizen, bissig, schlagfertig auf alle Zwischenrufe eingehend. Seine Rede hinterließ trotz dem Gebrüll der Majorität tiefen Eindruck.
Inzwischen hatte die Mehrheit ihre Leute mobilisiert. Sofort nach Radek trat als Vertreter der Mehrheit Lazar Schatzkin auf und redete geschlagene zwei Stunden, wobei er unzählige Lenin-Zitate einstreute. In der Abstimmung ergab sich natürlich, was von vornherein feststand, eine Mehrheit für Stalin. Die deutschen Emigranten und jene, die noch Parteifunktionen bekleideten, konnten sich keine offene Kritik erlauben; die wenigen, die es wagten, mußten schwer büßen. Auch hier enthielten wir uns bei der Abstimmung unseres Votums. Das trug uns eine neue Vorladung vor die Parteizelle und die zweite Rüge im Parteibuch ein.

Im Herbst 1927 fand eine Sitzung der erweiterten Exekutive der Kommunistischen Internationale im Kreml statt. Zum letztenmal gelang es den Führern der Opposition, öffentlich aufzutreten und sich vernehmlich zu machen. Wir drei gingen als Zuschauer hin. Über das Resultat gab es keinen Zweifel, die Sitzung war vorbereitet, die russische Opposition sollte international verurteilt und zerstört werden.
Die Entmachtung der Opposition wurde deutlich in der beschränkten Redezeit, den tumultuösen Szenen, den tätlichen Angriffen. Bucharin hatte das Präsidium der Internationale nach Sinowjews Sturz übernommen und leitete die Angriffe der Stalinschen Mehrheit. Als einziger konnte Leo Trotzki ungeachtet allen Pfeifens, Gejohles und der Prügelszenen seine kurze Rede beenden. Um die Tribüne hatte sich ein Häuflein der Opposition geschart und balgte sich mit den Sturmtrupps der Mehrheit herum. Trotzki sprach wie immer brillant und vehement; mit kalter Verbissenheit entwickelte er das Programm der Opposition, zerpflückte die Argumente der Gegner und warnte vor der bürokratischen Entartung der Partei. Gegen Schluß seiner Ansprache kam es zu schweren Zwischenfällen. Jaroslawski, der Führer der Gottlosenbewegung, warf ihm ein Buch an den Kopf. Sarkastisch bemerkte Trotzki: «Lesen und verstehen könnt ihr die Bücher ja nicht, darum benützt ihr sie als Wurfgeschosse.»
Auf den Stufen der Tribüne saßen zusammengeduckt, bleich und nervös Sinowjew, Kamenew, Radek und andere Persönlichkeiten der Opposition. Weder Sinowjew noch Kamenew konnten ihren Standpunkt zu Ende formulieren, ihre Worte erstickten im systematischen Gebrüll der sorgfältig vom Apparat gesiebten Delegierten.

Die Opposition wird zerschlagen

Die Kämpfe um die Macht spitzten sich zu und näherten sich ihrem dramatischen Ende. Der Graben wurde tiefer und unüberbrückbar. Zum erstenmal in der Parteigeschichte setzte Stalins Apparat die Geheimpolizei rücksichtslos gegen die Parteimitglieder ein. Er verstand es, Spitzel in die Reihen der Opposition zu schleusen, ehemalige Weißgardisten, die schon längst der Partei angehörten, deren soziale Herkunft und schwarze politische Vergangenheit aber in den Archiven sorgfältig aufgezeichnet waren. Auf Stalins Geheiß wurden diese Spitzel unvermittelt verhaftet und ihre konterrevolutionären Machenschaften enthüllt. So bläute man der Partei und dem Volk aktenmäßig ein, daß die Opposition insgeheim mit der kapitalistischen Konterrevolution zusammenarbeitete. Dagegen konnte die Opposition ihre Wahrheit kaum durchsetzen. Der endgültige Bruch war greifbar in Sicht, die Opposition hatte nur noch die Wahl, schmählich zu kapitulieren oder an das Volk zu appellieren und die Spaltung der Partei in Kauf zu nehmen.

Am 7. November 1927, dem zehnten Jahrestag der Revolution, versuchte die Opposition bei der großen Kundgebung, deren Teilnehmer sich durch die Straßen Moskaus zum Roten Platz bewegten, offen zu demonstrieren. Es war die entscheidende Machtprobe. Im Riesenzug der Manifestanten erhoben geschlossene Gruppen der Minderheit plötzlich Transparente mit ihren Losungen und fingen an, in Sprechchören ihre Forderungen zu skandieren. Am Arbat erschienen auf einem Balkon Trotzki, Kamenew, Sinowjew sowie andere bekannte Gestalten der Opposition und begannen, zu den vorbeimarschierenden Massen zu sprechen. Ein ungeheurer Tumult brach aus, die Gruppen der Oppositionellen waren im Nu von Polizei umstellt, wurden in Nebenstraßen abgedrängt und verhauen. Das Haus, von dem aus die Führer der Opposition sprachen, wurde abgeriegelt, die GPU holte die Sprecher heraus und führte sie ab. Die Opposition war zerschlagen, Kapitulationsstimmung verbreitete sich, die Angst vor der Parteispaltung und den daraus resultierenden Konsequenzen führte zum Abbröckeln jener Elemente, die mangels Charakterfestigkeit den Drohungen des Apparats nicht zu widerstehen vermochten.

In der Demonstration mitlaufend, fand ich mich unversehens an der Seite von Karl Hofmaier. Seine Anwesenheit in Moskau war mir bekannt, da er im Hotel «Lux» logierte; bisher jedoch hatten wir einander gemieden. Nun sprach er mich plötzlich an, forderte mich auf, am Abend zu ihm auf sein Zimmer zu kommen, um die «alten Geschichten» zu bereinigen. Ich ging hin. Bei unzähligen Tassen Tee eröffnete er mir: «Natürlich war damals die Affäre im Zentralkomitee der Jugend eine Gemeinheit von mir. Das gebe ich offen zu. Ich mußte aber irgendwie meinen Bruder unterbringen, der lag mir dauernd auf meinem schmalen Geldbeutel. Freilich hat er auf dem Jugendsekretariat nicht viel verdient, doch ich war ihn los. Ziehen wir den Schlußstrich, und Schwamm darüber.»

Das war es also. Ziemlich kühl entgegnete ich ihm: «Einverstanden, die Sache hat sich ja von selbst erledigt – durch die Flucht deines Bruders mit der Jugendkasse.» Damit verließ ich ihn, und weitere Kontakte gab es nicht mehr.

Die wirklichen Funktionen Karl Hofmaiers blieben lange Zeit verborgen, niemand wußte genau, in welchem Apparat er steckte. Seine Tätigkeit wurde erst bekannt, als er 1928 in Italien von der italienischen Geheimpolizei verhaftet und zu fünfzehn Jahren Kerker verurteilt wurde. Hofmaier war mit Ercoli *(Togliatti)* gut bekannt, und die Komintern verwendete ihn als geheimen Kurier zwischen Stalin und der illegalen Kommunistischen Partei Italiens. Er operierte dabei so ungeschickt, daß nicht nur er selbst bald verhaftet wurde, sondern auch eine ganze Reihe illegaler Funktionäre der Partei in die Fänge der Mussolinischen Geheimpolizei geriet. Hofmaier wurde nach sieben Jahren amnestiert.

Nach dem öffentlichen Auftreten der Opposition wagte es Stalin noch nicht, die bekannten Führer aus der Partei auszuschließen; sie wurden analog dem Muster der zaristischen Regierungen nach Sibirien, in den hohen Norden oder nach Zentralasien verbannt, wo sie unbedeutende Posten bekamen oder einfach überwacht wurden.

Wie ein Lauffeuer hatte es sich in Moskau herumgesprochen, unter welchen Umständen Radek den Kreml verließ. Originell wie immer, verschaffte sich Radek einige Zweiräderkarren, fuhr seine ganze umfangreiche Bibliothek, die er nicht in die Verbannung mitnehmen konnte, hinaus auf den Roten Platz. Hier begann er, wie der Billige Jakob vor einer schaulustigen Menge seine Bücher zum Verkauf anzubieten. Er wurde dabei von einigen Freunden unterstützt, und das Publikum hatte seine helle Freude an Radeks derben Witzen, seinen vergifteten Pfeilen gegen die Bürokratie. (Schon damals zirkulierten in Moskau zahlreiche Radekwitze. Drei Oppositionelle sitzen im Gefängnis der Lubjianka. Der eine frägt den anderen: «Na, warum sitzt du denn?»

«Oh, ich habe für Radek gestimmt.» – «Und du?» wird der zweite gefragt. «Ich sitze, weil ich gegen Radek stimmte.» Der dritte geht schweigend in der Zelle auf und ab. Endlich fragen ihn seine zwei Mitgefangenen: «Was hast denn du verbrochen?» – «Ich? Ich bin Karl Radek.») Leo Trotzki wurde nach Alma Ata verbannt. Dabei kam es zu machtvollen Demonstrationen gegen die Parteibürokratie. Trotzkis zahlreiche Freunde bewachten seine Wohnung Tag und Nacht, bereit zum Widerstand gegen die Polizei, sollte sie eindringen. Erst auf Trotzkis ausdrücklichen Wunsch gaben sie den Widerstand auf. Da Trotzki sich weigerte, freiwillig zu gehen, trugen ihn die Polizeiagenten hinaus ins bereitstehende Auto. Die Kunde verbreitete sich in Moskau mit Windeseile. Auf dem Bahnhof, wo Trotzki in den Zug gesetzt werden sollte, versammelte sich eine Menge von über zehntausend Menschen. Viele Trotzki-Anhänger legten sich auf die Schienen und verhinderten so die Abfahrt des Zuges. Zusammen mit Illi war ich zum Bahnhof gepilgert, denn das wollten wir uns nicht entgehen lassen. Die Geheimpolizei mußte passen, man führte Trotzki wieder in seine Wohnung zurück. Aber Stalin vergaß diese Lektion nicht. Einige Nächte darauf wurde der Führer der Roten Armee ohne Voranzeige verhaftet, und diesmal gelang der Streich.

Auf Parteiarbeit in der Ukraine

Bei Universitätsschluß im Winter 1926/27 schickte man mich für zwei Monate auf Parteiarbeit in die Ukraine: Ich sollte die deutschen Kolonisten über die Beschlüsse des 15. Parteitages der KPdSU aufklären. Mein Bestimmungsort war Lugansk, das spätere Woroschilowgrad. Ich hatte sowohl vom Zentralkomitee der Partei als auch von der Universitätsleitung eine Bescheinigung erhalten. Für das Zentralkomitee hatte Molotow gezeichnet.
Es war ein böser, kalter und windiger Winter. Auf irgendeiner kleinen Station mußte ich den Zug wechseln. Einen vollen Tag wartete ich auf die Weiterreise. Mit meinem rötlichen Vollbart, den ich mir seit

Monaten hatte wachsen lassen, und in meinem dicken Lammfellmantel sah ich wohl nicht sehr vertrauenerweckend aus; denn nach einigen Stunden interessierte sich die Bahnhofs-GPU für mich. Zwei Uniformierte näherten sich und nahmen mich mit auf die Wache. Der Offizier dort verlangte meine Papiere, prüfte sie, wurde bleich, stand auf und begann, sich zu entschuldigen. Er reichte meine Dokumente den beiden Soldaten, und mit Staunen und Ehrfurcht betrachteten sie die Bescheinigung des Zentralkomitees. Ungeachtet meines sehr dürftigen Russisch wurde ich von ihnen zum Abendessen eingeladen, und sie blieben bis zur Ankunft des Zuges an meiner Seite. In einer Reihe stehend, salutierten die drei auf dem Perron in strammer Haltung, als der Zug abfuhr.
Auf dem Luganser Parteibüro empfing mich der Sekretär der deutschen Abteilung, ein ehemaliger österreichischer Kriegsgefangener, der von meiner Ankunft unterrichtet war, und wies mir vier Dörfer in einem Umkreis von hundertfünfzig Kilometern zu. Der Österreicher gab mir nebst einiger dortiger Adressen und der bewilligten Geldsumme ein paar Auskünfte über seines Erachtens besonders vertrauenswürdige Personen. Auf meine Frage, ob denn die Bauern für die Beschlüsse des 15. Kongresses Interesse hätten, sagte er kaltschnäuzig: «Keine Spur, die Hälfte sind doch Analphabeten, teils dem Regime feindlich gesinnt, teils zumindest indifferent. Sieh zu, wie du damit fertig wirst.»
Tags darauf fuhr ich mit meinem Kutscher in einer Troika los, einem kleinen, von drei Steppenpferden gezogenen russischen Bauernwagen. Ich kuschelte mich tief ins Stroh ein, und das Gefährt sauste über die Schneefelder. Ein beißend kalter Wind fegte die ukrainische Ebene, trotz des dicken Pelzmantels fror ich erbärmlich, mein Bart war ein einziger Eiszapfen. Am Abend bei der Ankunft im Dorf spuckte ich Blut und konnte kein Wort mehr hervorbringen. Angesichts meines elenden Zustands führte mich der brave Kutscher zu einem recht stattlichen Haus und sagte: «Hier wohnt ein früherer Gutsherr. Er ist Bienenzüchter und wird dir helfen.» Auf sein Klopfen öffnete ein hochgewachsener, älterer Herr mit schneeweißen Haaren. Mein Kut-
Monaten hatte wachsen lassen, und in meinem dicken Lammfellmantel sah ich wohl nicht sehr vertrauenerweckend aus; denn nach einigen

erwies sich rasch als ein liebenswürdiger Gastgeber. Er traktierte mich sofort mit viel heißer Milch und Unmengen von Honig.

«In zwei Tagen ist diese Erkältung verschwunden, solange müssen Sie eben hierbleiben», versicherte er mir. Der Kutscher hatte indessen auf meine Veranlassung den Dorfsowjet von meiner Ankunft unterrichtet.

Tatsächlich verschwand nach drei Tagen meine Heiserkeit, ich konnte wieder reden und fühlte mich wohl. Der Alte stammte aus Riga, erzählte viel aus seinem Leben; an den langen Winterabenden spielte er auf dem Klavier klassische Musik; wir unterhielten uns über Literatur und örtliche Begebenheiten, jede politische Andeutung vermeidend. Nach drei Tagen, beim Abschiednehmen, verweigerte er entrüstet jegliche Entschädigung.

Beim Parteikomitee, das mit dem örtlichen Sowjet identisch war, erhielt ich erste Auskünfte über die Dorfbevölkerung: Das neunhundert Einwohner zählende Dorf sei noch von den Kulaken (Großbauern) beherrscht, die Parteizelle umfasse ganze sieben Mitglieder. Der Lehrer verschaffte mir Quartier, wobei er Rücksicht auf die armen Bauern nahm: Auch hier mußte ich alle acht Tage das Quartier wechseln, damit mehrere Familien von dem Kostgeld profitierten. Betreffs meiner zu leistenden Arbeit war der Sowjet sehr skeptisch. Die Mehrheit fand es das beste für mich, die Bauern im Lesen und Schreiben zu unterrichten; eventuell seien Versammlungen möglich, auf denen ich über die Parteitagsbeschlüsse orientieren könne. Verstehen würden sie es zwar nicht, aber ich müsse ja meine Aufgabe erfüllen – so etwa und so wenig ermutigend klangen ihre Hinweise.

Es zeigte sich, daß meine Tätigkeit als Schullehrer die wichtigste Aufgabe wurde. Zweimal in der Woche erschienen immerhin an die zwölf Bauern mit ihren Frauen, denen ich Lesen und Schreiben beizubringen versuchte. Eine Konferenz über die Beschlüsse zum Aufbau des Sozialismus wurde für mich zur Katastrophe. Von der Organisierung von Kollektivgütern und der Ausschaltung der Kulaken wollten sie nichts wissen oder nichts verstehen. Dafür bombardierten sie mich mit ihren Alltagssorgen.

«Warum kriegen wir so hohe Steuern aufgebrummt? Warum zahlt Michel weniger als Moritz?» Und wieso man ihnen so wenig Saatgetreide gebe, und wie man diese oder jene Insektenplage bekämpfen solle... Verlegen um Antworten auf diese konkreten Fragen, fühlte ich mich sehr unbehaglich.

Die einfachen Holzhütten waren zum Glück gut geheizt, Holz gab es in Massen, das Essen war vorzüglich. Die hygienischen Verhältnisse ließen zu wünschen übrig, Toiletten fehlten völlig, dafür ging man schnell hinter das Haus, was bei der strengen Kälte kein besonderes Vergnügen war.

Nach zehn Tagen besuchte ich das zweite, etwas kleinere und etwa achtzig Kilometer entfernte Dorf. Meine Troika, wieder von drei Pferden gezogen, flog leicht über den Schnee. Im Stroh duselte ich vor mich hin, als mich plötzlich ein heftiger Ruck aufschreckte. Die Pferde waren unruhig, scheuten, mein Kutscher konnte sie nur mit Mühe im Zaum halten. Er drehte sich zu mir um und schrie: «Es müssen Wölfe in der Nähe sein, halt dich gut fest, wir müssen rasch ins Dorf!» Von meinem Schlitten aus blickte ich forschend in die weite Ebene, konnte aber nichts sehen. Indessen hatten die Pferde den Weg verloren. Unter den wütenden Peitschenhieben des Kutschers rasten sie vorwärts. Der leichte Schlitten schleuderte und tanzte wie toll. Mit Händen und Füßen mich festklammernd und stemmend, spähte ich nach hinten und sah in der Ferne schwarze dunkle Punkte, die sich schnell näherten. Wölfe. Lautlos, wie Schatten, in unheimlichem Tempo huschten sie heran. Sie waren bald gut erkennbar, große Hunde mit grauem Fell und heraushängender Zunge. Bald hatten sie uns bis auf vielleicht fünfzig Meter eingeholt. Der Kutscher schrie wild um Hilfe, die Pferde bockten und wieherten, und ich hatte Angst, Angst...

Da erschien die Rettung. Das Gebrüll des Kutschers war im nahen Dorf gehört worden, berittene Miliz kam uns entgegen und verjagte mit einigen Schüssen das ganze Rudel.

Kaum war ich drei Tage im Dorf, da tauchte unerwartet der Luganskler Parteisekretär auf. Seine erste Frage war: «Mensch, weißt du, was gespielt wird?» Ich wußte von nichts. «Na, komm heute abend in die Parteizelle und den Sowjet, da werde ich die Sache vorbringen.»

Am Abend setzte er uns in einer stundenlangen Rede auseinander: «Genossen, das Zentralkomitee der bolschewistischen Partei hat entscheidende Beschlüsse gefaßt. Die internationale Lage ist bedrohlich,

der englische Imperialismus bereitet eine militärische Intervention gegen unser Sowjetland vor. Um diesem Angriff zu begegnen, muß auch die russische Bauernschaft ihren Beitrag leisten, ihre Treue zur Sowjetrepublik beweisen. Es geht darum, für den Fall eines Angriffs der englischen Imperialisten genügend Lebensmittel aufzuspeichern. Deshalb hat das Zentralkomitee beschlossen, unter der Bauernschaft eine Selbstbesteuerungs-Kampagne durchzuführen. Es gehört zu unserer Aufgabe, das den Bauern zu erklären, und sie zu bewegen, einen Teil ihrer Getreidevorräte an die Regierungsstellen abzuliefern. Das wird auf Widerstand stoßen, die Bauern hier sind geizig, obwohl ziemlich wohlhabend, und kommen von ihrer Kulakenideologie nicht los. Partei und Sowjetbehörden zusammen müssen die Aufgabe lösen, die wir ab morgen in Angriff nehmen.»
Ich war bestürzt, konnte mir auf die ganze Sache keinen Reim machen. Von einer militärischen Bedrohung wußte ich nichts. Nach der Sitzung unterhielt ich mich mit dem Österreicher und gab meine Bedenken zur Kenntnis.
«Kümmere dich nicht darum, mir ist das völlig schnuppe, ob eine Intervention droht oder nicht. Ich habe den Befehl erhalten, aus dem deutschen Gebiet hier ein bestimmtes Soll an Getreide ranzuschaffen, alles andere zählt nicht. Als Parteimitglied mußt du dich tatkräftig für den Beschluß einsetzen.»
Am nächsten Tag wurde eine allgemeine Dorfversammlung einberufen. Der Lehrer, Parteimitglied und Sowjetvorsitzender, leitete sie, und der Sekretär aus Lugansk entwickelte die Richtlinien der Partei. Die rund 120 anwesenden Bauern hörten sich alles schweigend an. Zur Diskussion wollte sich zunächst niemand melden, bis endlich eine Frau die Frage stellte: «Wir haben doch schon unsere Steuern abgeführt, warum sollen wir jetzt noch mal bezahlen, das ist ungerecht!» Damit war das Eis gebrochen. Langsam und vorsichtig begann einer nach dem andern, wenn auch nicht zu kritisieren, so doch Einwände zu erheben, sich zu beklagen, darzulegen, daß nur noch Saatgetreide vorhanden sei.
Der Österreicher legte nochmals los, drohte diesmal, schimpfte. Die Redner, die sich etwas vorgewagt hatten, wurden namentlich aufgeschrieben.

«Wir werden jetzt abstimmen. Ihr müßt aber wissen, das Sowjetvaterland ist in Gefahr, wer nicht den festen Willen hat, es zu verteidigen, wird als Sowjetfeind entsprechend behandelt.»
Dann ernannte er mich und ein Parteimitglied zu Stimmenzählern. Die offene Abstimmung ergab wider Erwarten eine Mehrheit gegen die «Selbstbesteuerung». Zornig erklärte der Parteisekretär: «Das war keine richtige Abstimmung, ihr habt falsch gezählt, wir stimmen nochmals ab. Die Neinsager werden etwas erleben.»
Da meldeten sich andere Bauern zu Wort. Sie versicherten, treu zur Sowjetunion zu stehen; «doch was geschieht, wenn man uns das Saatgetreide wegnimmt?»
Der Sekretär tobte und keifte hinter seinem Tisch herum und schrie jeden Sprecher an: «Wie ist dein Name? Du bist ein Feind der Republik!» Danach kam er zur mir und flüsterte mir erregt zu: «Kannst du nicht mal richtig zählen? Zähl jetzt so, daß wir eine Mehrheit bekommen.»
Im zweiten Wahlgang und nach den massiven Drohungen ergab sich dann auch richtig eine Mehrheit für die «Selbstbesteuerung», so daß ich es gar nicht nötig hatte, falsch zu summieren.
Die Vorräte an Korn und Futtermitteln sollten auf dem Sowjet (im Schulhaus) abgeliefert werden. Sie trafen nur spärlich ein. Der Sekretär ging persönlich nach einer vom Lehrer erstellten Liste zu einzelnen Bauernfamilien, die als «reich» bekannt waren, und drohte ihnen harte Maßnahmen an. Zu mir wurde er ziemlich unfreundlich, ich tat für seinen Geschmack nicht genug zur Unterstützung der Aktion. «Du hast es gut, du trägst keine Verantwortung. Erfülle ich aber das verlangte Soll nicht, geht es um meinen Kopf.»
Jetzt war keine Rede mehr davon, ins dritte Dorf zu gehen. Daher beschloß ich meine Abreise, trotzdem der Österreicher dagegen Einwendungen erhob. Bevor ich das Dorf verließ, erschien eine Abteilung berittener Miliz und nahm Quartier im Ort. Das war eine nicht mißzuverstehende Drohung an die Adresse der renitenten Bauern. Noch auf der Rückfahrt nach Lugansk hörte ich, daß zahlreiche Bauern ins Spritzenhaus eingesperrt wurden und Haussuchungen nach Getreidevorräten stattfanden.
Monate später in Moskau erfuhren wir mehr über diese Aktion, die

sich auf das ganze Land erstreckt hatte. An vielen Orten war den Bauern auch das Saatgetreide beschlagnahmt worden, örtlich brachen Hungersnöte aus, die Ernte war schwer gefährdet. Unter dem Druck des Parteiapparates verstärkten die Gebietssekretäre ihre Anstrengungen um die Beitreibung des von ihnen verlangten Solls mit allen Mitteln; sie wußten, ihre Karriere, ja ihr Kopf stand auf dem Spiel. Manche, die nicht energisch genug durchgriffen, wurden von ihrem Posten verjagt, in entlegene Gebiete verbannt. Nach dem Ende der «Selbstbesteuerungskampagne» wurden einige, die «zu weit» gegangen waren, deportiert oder erschossen, da sie die Anordnungen mit zu großer Brutalität durchgeführt hatten.

Auf uns Schweizer Studenten wirkte der Parteikampf bedrückend. Mehr denn je vergruben wir uns in unsere Bücher und das Studium. Manchen Abend saß ich mit Edwin Schaffner zusammen im Hotel «Lux». Er liebte einen guten Tropfen, bei einer Flasche Chablis und beim Schachspielen unterhielten wir uns. Schaffner, resigniert, gehörte keiner Opposition an, war aber glühender Anti-Stalinist.

«Wir treiben mit Stalin einer asiatischen Unkultur entgegen, die alle unsere alten Freiheitsbegriffe ausrotten wird. Wir Älteren werden alle untergehen, da dieser Machtkampf mit Terror und Polizeimethoden geführt wird, während das Volk davon nichts begreift und sich abseits hält. Trotzki ist ein gescheiter Mann, ein Idealist mit vielen Ideen, aber er hätte nie der bolschewistischen Partei beitreten sollen. Daß er es tat, das war ein Unglück, denn damit wurde er der Gefangene dieser Ideologie. Sie werden auch ihn physisch liquidieren. Was ihr Jungen tun könnt, ist, in die Schweiz zurückzukehren und dort zu berichten, was sich hier abspielt. Hoffentlich gelingt es euch. Ich bleibe hier, mag kommen was will.»

In der Roten Armee

Im Sommer 1928, es war unser letztes Jahr an der Universität, beschloß ich zwei Monate «Ferien» in der Roten Armee als Rotarmist

zu verbringen. Nur drei Studenten der deutschen Abteilung hatten sich dazu gemeldet. Wir wurden ganz in der Nähe von Moskau in einem riesigen Waldlager empfangen, eingekleidet und einer Zelteinheit zugeteilt. Warum wir in eine koreanische Einheit kamen, weiß der Teufel. In den herrlichen Kiefern und Buchenwäldern besaß die Rote Armee ein Ausbildungslager. Die Rotarmisten waren teils in geräumigen Blockhäusern, teils in großen Zelten untergebracht. Das Camp entpuppte sich als eine Art Universität: Tausende von Rotarmisten, meist Bauern, lernten hier lesen und schreiben, erhielten ihren ersten politischen Unterricht. Zahlreiche Abendschulen lehrten allgemeine und Spezialfächer, es gab eine Menge Freiluftkinos und Sportanlagen.
Die ersten zwei Wochen im Waldlager dienten der militärischen Instruktion – Geländeausnützung, Marschübungen, Bajonettfechten und Waffenkunde. Offiziere und Unteroffiziere waren von den gemeinen Soldaten kaum zu unterscheiden. Die übliche Anrede lautete Genosse Kommandant, es gab schon Offiziersabzeichen, doch nur an der Ausgangsuniform. Militärisches Grüßen war unbekannt, man stand etwas stramm vor dem Vorgesetzten.
In der zweiten Woche vernichtete ein Waldbrand mit rasender Schnelligkeit einige Blockhäuser und Zelte. Die Löscharbeiten wurden rasch organisiert, doch es waren keine Schläuche, keine Leitungen, keine Spritzen vorhanden. Vom kleinen Fluß her reichten sich Soldaten in langer Kette Eimer um Eimer zu, während eine Abteilung Rotarmisten fieberhaft eine breite Waldschneise auszuhauen begann, um dem Feuer Einhalt zu gebieten. Einige Schritte neben mir, mitten in der Kette, stand *Klim Woroschilow*, der populäre Oberbefehlshaber der Roten Armee. Auch er reichte emsig die gefüllten Eimer weiter.
Für uns Studenten war der Dienst mit dem koreanischen Marschbataillon sehr anstrengend. Die meist kleinen oder mittelgroßen Koreaner marschierten wie Teufel, legten in kurzen, schnellen Schritten ein unheimliches Tempo vor und waren von einer zähen Ausdauer. Ende der dritten Woche begannen die großen Manöver; es setzte tagelange Märsche mit Sack und Pack in sengender Hitze. Jeder zweite hatte neben Sack und Gewehr ein kleines Zweimannzelt auf dem Rücken. Am Abend waren diese kleinen Zelte im Handumdrehen aufgebaut und dienten als Schlafstelle. Decken gab es nicht, dafür in der Nähe

von Dörfern manchmal Stroh, aber meist schliefen wir auf dem nackten Boden. Bei Regen, wenn die Erde durchnäßt war, erkrankten viele und wurden rasch in irgendein Lazarett abgeschoben. Zwischen Offizieren und Mannschaft herrschte ein kameradschaftliches Verhältnis. Oft kam es bei den schweren Märschen vor, daß ein Soldat den Sack nicht mehr tragen konnte, und dann erschien garantiert ein Offizier, um ihm die Last abzunehmen. Wenn es sich aber um ein Parteimitglied handelte, hieß es dann gewöhnlich: «Aber Genosse, du bist doch Parteimitglied, du mußt den parteilosen Rotarmisten ein gutes Beispiel geben, reiß dich zusammen.» Stundenlang konnte ein Offizier neben einem schwach gewordenen Rotarmisten herlaufen und ihn ermuntern. Meist wurde dann ein russisches Volkslied oder Marschlied angestimmt.

Die Manöver hatten kriegsähnlichen Charakter. Eines Nachts geriet unsere Kolonne während des Biwakierens in einen Feuerüberfall «feindlicher Artillerie». Ein wirres Durcheinander entstand, eine ohrenbetäubende Knallerei setzte ein, Pferde wieherten, Hurragebrüll ertönte, der Überfall war geglückt.

Wir biwakierten häufig in der Nähe von Dörfern, ohne dort einquartiert zu werden. Am Abend, bevor wir in unsere Kleinzelte krochen, gingen wir gern ins Dorf, meist aber kam die Dorfbevölkerung in unser Zeltlager zum Tanzen und Singen, bis um elf Uhr der Zapfenstreich erklang. In dieser ganzen Zeit wurde nie Alkohol ausgeschenkt, es gab keine Betrunkenen, die Offiziere hielten da streng auf Ordnung. Eine Erholung waren die zwei Monate für uns Studenten nicht, wenn wir auch gesundheitlich profitierten. Vor allem vermittelten sie uns neue Gesichtspunkte über die Beziehungen zwischen der Armee und der Bevölkerung. Zu jener Zeit war die Armee zweifellos eine echte Volksarmee.

Abschied von Moskau

Die drei Studienjahre näherten sich ihrem Ende. In den Abschlußprüfungen standen wir drei Schweizer an der Spitze. Goldstein, der Leiter der russischen Staatsbank, gab eine sehr ausgewogene Beurteilung der Schüler. Uns dreien wurde freigestellt, in Rußland zu bleiben und ein höheres Studium bis zur Professur fortzusetzen. Jedoch wir drei wollten in die Schweiz zurückkehren, was übrigens einer Abmachung mit der Kommunistischen Partei der Schweiz entsprach.
Bei den Vorbereitungen zur Heimfahrt ergaben sich mannigfache Schwierigkeiten. Ein Jahr vorher hatte ich einem österreichischen Emigranten, der bei uns studierte und für zwei Monate nach Wien in Ferien wollte, meinen Paß ausgeliehen. Die Kominternabteilung für Falschpässe richtete ihn entsprechend her. Leider kam weder der Schüler noch der Paß zurück. Da ich ohne ein solches Dokument nicht reisen konnte und es zwischen der Schweiz und Rußland noch keine diplomatischen Beziehungen gab, mußte ich mich ans Rote Kreuz wenden, die einzige Instanz, die sich für konsularische und diplomatische Belange einsetzte. Nach langen Verhandlungen (ich erklärte natürlich, meinen Paß verloren zu haben) erhielt ich einen provisorischen Paß ausgestellt.
Beim Einholen des polnischen Durchreisevisums erlebten wir einen peinlichen Zwischenfall. Illi und ich trugen selten eine Kopfbedeckung, Erb hatte dauernd eine einfache Schirmmütze auf. In Rußland war es nicht üblich, beim Betreten von Büroräumen die Kopfbedeckung abzunehmen. Ahnungslos stiefelte Erb mit uns in das Vorzimmer des polnischen Konsulats. Doch kaum war die Tür hinter uns geschlossen, erhielt Erb von einem Beamten eine kräftige Ohrfeige. Die Mütze wurde ihm vom Kopf geschlagen mit der bissigen Bemerkung: «Hier sind Sie nicht in Rußland, hier ist polnisches Gebiet und herrschen polnische Gebräuche!» Erb stand bleich und fassungslos da, doch eine Schlägerei konnten wir unter den ungünstigen Umständen nicht wagen. –
Sehr schwer fiel mir der Abschied von Edwin Schaffner. Wir wußten es beide, es war für immer. Am Abend vor der Abreise saßen Erb

und ich mit ihm lange zusammen. Danach spazierten wir drei gemächlich über den Roten Platz, da Erb und ich unsere Wohnung jenseits der Moskwa hatten. Vor der Basiliuskathedrale verabschiedete sich Erb. Schaffner und ich jedoch überqueren, in lebhafte Diskussionen verstrickt, mehrmals den weiten Platz. Es war gegen ein Uhr nachts, als wir eine heftige Explosion hörten, der wir keine besondere Bedeutung beimaßen. Mitten in unser Gespräch hinein platzend, forderten uns plötzlich zwei Milizionäre auf, ihnen zu folgen. Schaffner hatte seine Papiere zu Hause gelassen (er arbeitete als Dolmetscher in der Komintern), ich hatte die Abgangsbelege der Universität und die Fahrkarte nach Berlin bei mir.
So ging es schnurstracks zur Lubjianka. Auf dem Platz vor dem berüchtigten Gebäude wimmelte es von Polizisten und Soldaten, der Boden war in weitem Umkreis mit Glasscherben bedeckt, die Lubjianka wies Beschädigungen auf, die von einer Explosion herrühren mußten. Wir konnten darüber aber nicht mehr nachdenken, denn im Gebäude wurden wir sofort von Bewaffneten umringt, mußten mit über den Kopf gelegten Armen eine Treppe hochsteigen und wurden streng bewacht in ein Zimmer gesetzt. Jede Unterhaltung war uns verboten.
Nach kurzer Zeit wurden wir *Menschinski* vorgeführt, dem damaligen Leiter der Staatspolizei, den wir sofort erkannten. Sein gelblich-bleiches Gesicht trug Spuren von Übernächtigung. Ungeduldig erwarteten wir seine Erklärung.
«Setzt euch, Genossen», begann er. «Sie wurden hergeführt, weil Sie spät in der Nacht herumspazierten und Ihre Unterhaltung in fremder Sprache führten. Inzwischen haben wir uns über Ihre Personalien erkundigt. Bei Ihnen, Genosse Thalmann, ist die Sache völlig klar, für den Genossen Schaffner haben wir jetzt eben die nötigen Angaben erhalten. Es handelt sich um einen Irrtum unserer Milizionäre, Sie können ruhig nach Hause gehen, doch bitte ich Sie, über alles, was Sie hier gesehen haben, strenges Stillschweigen zu bewahren.»
Wir wurden entlassen, ohne zu wissen, was geschehen war. Erst in Berlin erfuhren wir aus den Zeitungen, polnische Nationalisten hätten auf die Lubjianka ein Sprengstoffattentat verübt, das einige Todesopfer gefordert und schweren Schaden angerichtet hatte.
Bei der Kontrolle unserer Koffer an der polnischen Grenze stellten

wir fest, daß jeder von uns unabhängig vom anderen eine kleine Marx-Büste gekauft hatte. Wir sahen uns an und lachten ...

Links der Kurs

Im Bahnhof von Basel trennten wir uns nach dreijähriger kameradschaftlicher Zusammenarbeit. Hermann Erb kehrte nach Schaffhausen zurück, Ernst Illi nach Zürich. Die Basler Parteileitung beschloß, mich als dritten Redakteur am «Basler Vorwärts» unterzubringen.
Die drei Jahre Aufenthalt in Rußland hatten uns in jeder Beziehung umgeformt. Der primitive Enthusiasmus der ersten Jahre war verflogen, an seine Stelle eine nüchterne Betrachtung getreten. Das Erlebnis der russischen Gesellschaft sowie der Probleme und Methoden des Parteikampfes mit all den tiefen Einblicken in das innere Getriebe der sozialen Umwälzung hinterließen Spuren, die auf eine neue Weichenstellung wiesen. Keiner von uns gehörte einer Richtung an; was uns verband, war eine innere Ablehnung der Stalinschen Politik, weil sie den Charakter der Revolution in nationale Bahnen zwängte, die sozialistische Idee russifizierte und sich zum alleinseligmachenden Glaubensbekenntnis aller kommunistischen Parteien aufschwang.
Lage und Aussichten der Kommunistischen Partei der Schweiz schienen wenig rosig. Die Partei verfügte über drei Tageszeitungen, den «Kämpfer» in Zürich, die «Arbeiterzeitung» in Schaffhausen und den «Basler Vorwärts». Von den drei Blättern besaß nur die Schaffhauser «Arbeiterzeitung» eine solide finanzielle Grundlage und eine ansehnliche Abonnentenzahl. Die wirtschaftliche Unabhängigkeit sollte sich bald als unschätzbar wertvoll erweisen. Das Zürcher Blatt kam mit seinem Leserkreis nicht über die Mitgliederzahl der Partei hinaus, stak dauernd in Geldschwierigkeiten und konnte sich nur mit regelmäßigen Zuschüssen aus Moskau über Wasser halten. Die Partei war in der Arbeiterschaft nicht verankert, ihr relativer Einfluß in den Gewerkschaften beschränkte sich auf einige Gewerkschaftsfunktionäre, die zwar über einen persönlichen Anhang verfügten, aber von dem

einsetzenden ultralinken Kurs, der auf die Spaltung der Gewerkschaften abzielte, rasch abgestoßen wurden und mit der kommunistischen Politik brachen.

In der Industriestadt Basel hatte die Partei einen treuen Stamm von Funktionären und beträchtliche Geltung bei den Gewerkschaften. Der Einfluß des alteingesessenen «Basler Vorwärts» war enorm, das Blatt die beste Waffe der Partei.

Der Sozialdemokratischen Partei war es gelungen, mit der «Arbeiterzeitung» ein Tagesorgan herauszugeben, und als Friedrich Schneider und seine Anhänger in die Sozialdemokratische Partei zurückkehrten, änderte sich das Kräfteverhältnis langsam, aber stetig zu ihren Gunsten.

In den Gewerkschaften tobte ein heftiger Richtungskampf zwischen Kommunisten und Sozialdemokraten. Oft führten die stürmischen Debatten zu Schlägereien. Von diesen Kämpfen angewidert, blieb die breite Masse der organisierten Arbeiter den Versammlungen fern. Das gab ein total falsches Bild der wirklichen Verhältnisse. Der tatsächliche Einfluß offenbarte sich bei Urabstimmungen in den Gewerkschaften, wo regelmäßig die sozialdemokratische Richtung überwog, oder bei allgemeinen Wahlen, in denen die Sozialdemokraten die Kommunisten bei weitem überflügelten.

Nachdem wir kaum einige Wochen aus Rußland zurück waren, traf die Meldung von Trotzkis Ausweisung aus Rußland ein. Diese Nachricht konnte uns nicht überraschen; denn nach der Verbannung der Oppositionsführer war das ein logischer Abschluß. Mit wenigen Ausnahmen kapitulierten die Führer der Opposition, allen voran Sinowjew, Kamenew, Radek und andere. Um ihre Parteizugehörigkeit zu wahren, versicherten sie Stalin ihrer Treue und durften auf völlig untergeordneten Posten im Partei- oder Staatsapparat bleiben, solange es dem neuen Herrscher behagte.

Zwischen mir, Erb und Illi entwickelte sich ein regelmäßiger brieflicher Gedankenaustausch; wir waren uns darüber einig, daß Stalins Parteibürokratie der Revolution das Genick brechen werde. Gegen diese Entartung der Revolution, das stereotype Nachäffen der Stalinschen Politik seitens der kommunistischen Parteien in aller Welt wollten wir innerhalb der Partei entschlossen Widerstand leisten.

Mit zynismusgetränkter Frivolität verkündeten die Machthaber im Kreml, die Weltsituation sei in ein akut revolutionäres Stadium eingetreten, es gelte die Massen zum Endkampf gegen die kapitalistische Gesellschaft zu mobilisieren. Die amerikanische Wirtschaftskrise, die eben die Weltwirtschaft zu erschüttern begann, lieferte den bequemen Vorwand für diesen Gedankengang. Der Kampf gegen die Sozialdemokratie wurde bis zur Siedehitze gesteigert und die famose Idee des «Sozialfaschismus» ausgeklügelt. In einer seiner monotonen Reden erklärte Stalin, daß Sozialdemokraten und Faschisten Zwillingsbrüder seien und unterschiedslos bekämpft werden müßten. Linksstehende Sozialdemokraten fanden keine Gnade, sondern wurden im Gegenteil als gefährlichste Feinde der Arbeiterklasse angeprangert.
Der 1. Mai 1929 war – außer in Berlin – in ganz Deutschland ruhig verlaufen. Hier kam es zu schweren Zusammenstößen. In Neukölln und Wedding, den radikalsten Arbeitervierteln, wurden Barrikaden errichtet. Der sozialdemokratische Polizeipräsident, Zörgiebel, erließ ein Demonstrationsverbot. Es kam zu Schießereien. Die Berliner Ereignisse waren Anlaß für die ultralinke Politik von KPD und Komintern.
In der Schweiz versuchte die Kommunistische Partei ebenfalls, diese ultralinke Linie zu verfolgen. Im «Basler Vorwärts» schrieb Rosa Grimm unter dem Titel «Links der Kurs» Artikel auf Artikel, schmähte alle, die zögerten, überschüttete die Sozialdemokraten-Sozialfaschisten mit Hohn, Gift und Galle, forderte zu Manifestationen auf. Die Partei organisierte einige sogenannte «Rote Treffen», Demonstrationen, die von der Regierung verboten wurden. Es kam zu argen Keilereien mit der Polizei und zahlreichen Verhaftungen. Im Basler Parlament spielten sich stürmische Szenen ab. Unter den Augen der verblüfft und manchmal erfreut zuschauenden bürgerlichen Parlamentarier verprügelten sich Sozialdemokraten und Kommunisten. Einige Monate später schuf Marino Bodenmann getreu dem deutschen kommunistischen Vorbild die «Arbeiterwehr», einen elenden Abklatsch des Roten Frontkämpferbundes. Da stolzierten einige Dutzend Arbeiter in Khakikluft mit Lederkoppel und Schirmmütze durch die Straßen, eine Schalmeienkapelle voran. Die Superrevolutionäre in Uniform, namentlich Bodenmann, wußten aber gar nicht, gegen wen sie sich wehren wollten; kurz, die Maskerade mutete zu fasnächtlich

an, um ernst genommen zu werden. Das von Moskau befohlene Revolution-Spielen vollzog sich unter Ausschluß der Öffentlichkeit.
Meine Redaktionstätigkeit am «Basler Vorwärts» dauerte nicht lange. Die beiden Redakteure Fritz Wieser und Emil Arnold bildeten ein ungleiches Paar. Zwischen den beiden gab es zwar keine ausgesprochene Feindschaft, aber auch nicht die Spur einer freundschaftlichen Zusammenarbeit. Beide waren wenig erfreut über das Kuckucksei in ihrem Nest. Wie gewöhnlich in solchen Fällen, mußte ich die notwendige Kleinarbeit besorgen, die Nachrichten sortieren, kürzen, umarbeiten. Als ich selbst einige Artikel schrieb, stieß ich auf passiven Widerstand. Eine kurze Serie über Kollektivwirtschaft lockte den außenpolitischen Redakteur der «Basler Nachrichten», *Albert Oeri,* aus dem Busch. Oeri war ein über die Landesgrenzen hinaus angesehener Journalist und Spezialist für Völkerbundsfragen. Auf meine Artikel antwortete er sehr sachlich und stellte eingangs fest, daß sich jetzt zum erstenmal eine Diskussion mit dem «Vorwärts» lohne. Ganz auf dem Boden der Privatwirtschaft bleibend, lehnte er die kollektivistischen Überlegungen natürlich rundweg ab. Die Tatsache, daß sich Oeri auf eine Debatte einließ, wurde als kleines Ereignis empfunden. Wieser und Arnold, deren Polemik Oeri nie einer Antwort würdigte, waren erbost und neidisch, was meiner Naivität unverständlich blieb. Emil Arnold entgegnete Oeri auf jene schnoddrig-saloppe Art, die seinen Stil kennzeichnete, und damit war jede weitere Diskussion abgewürgt. So hatte ich mir die Arbeit auf einer kommunistischen Redaktion nun nicht vorgestellt! Aber der ersten Enttäuschung sollten bald weitere folgen. Die ultralinke Linie der Kommunistischen Internationale wurde von der Schweizer Partei trotz zaghafter Einwendungen munter mitgespielt. Meine Bedenken dagegen, die Sozialdemokraten als Faschisten zu titulieren, wurden unter den Tisch gefegt. In Moskau hatte man längst mit der Gründung der «Roten Gewerkschaftsinternationale» begonnen und zielte eindeutig auf die Spaltung der Gewerkschaften ab. In den Funktionärsversammlungen griff ich diese Politik kräftig an, womit ich bei vielen Gewerkschaftsarbeitern Widerhall fand. Langsam wurde ich in der Partei Mittelpunkt einer Opposition, die sich unklar und mühselig einen Weg suchte. Als ich mich bemühte, meine Ideen in der Parteizeitung zu vertreten, stieß ich auf Ablehnung.

In den ersten Monaten des Jahres 1929 kamen zwei «Turkestaner» in die Schweiz. So hießen in der Kominternsprache die Emissäre, die Moskau in die kommunistischen Parteien entsandte mit dem Auftrag, die «Generallinie» reinzuhalten und linke, rechte, zentristische Abweichungen schonungslos auszumerzen. (Der Begriff «Turkestaner» hat seine Geschichte. *Bela Kun*, einstiger Führer der ungarischen Räterepublik, spielte im russischen Bürgerkrieg als politischer Kommissar eine Rolle. Bei der Liquidierung der letzten Reste der Weißen Truppen auf der Krim leitete Bela Kun die Waffenstillstandsverhandlungen. Man sicherte der Weißen Armee bei Niederlegung der Waffen das Überleben zu, doch nachdem die Bedingung akzeptiert worden war, ließ Bela Kun den größten Teil der Leute niedermetzeln. Lenin und Trotzki waren darüber derart empört, daß sie Kun ins Exil nach Turkestan verbannten. Dort blieb Kun einige Jahre, bis man ihn wieder zur politischen Arbeit zuließ. In Deutschland gehörte er zu denjenigen Emissären, die am meisten Unheil anrichteten.)
Der erste «Turkestaner» war ein deutscher Kommunist, ein Arbeiter. Stur, von keinen Kenntnissen beschwert, konnte er stundenlang reden, ohne etwas Verständliches zu sagen, wozu er unaufhörlich mit der geballten Faust auf den Tisch hämmerte. Gustav – mehr als diesen Vornamen wußte niemand von ihm – redete nicht, sondern brüllte nur. Im Kreis von einem Dutzend Personen wähnte er sich in einer Massenversammlung, drohte den Sozialfaschisten, behauptete steif und fest, die deutschen Arbeiter seien zur Revolution reif und gerüstet, die Machtübernahme sei nur eine Frage der Zeit.
Die Funktionäre hörten sich seine Tiraden an, baß erstaunt über so primitive Argumente, doch Gustav, von der Aureole der Internationale umflossen, imponierte ihnen, ohne daß sie ihn ernst nahmen. Mit Gustav hatte ich keinen persönlichen Kontakt, ich mied ihn, und er kümmerte sich nicht um mich.
Der zweite Abgesandte Moskaus, ein Pole, war kein Gustav, vielmehr ein kultivierter, durch und durch seriöser Mann, der seinen Marx und Lenin auswendig kannte und in der Kommunistischen Partei Polens eine starke Stellung als Führer der linken Fraktion innehatte. *Lenski*, dies sein Name, packte seine Aufgabe anders an. Er hatte sich offensichtlich gut über die internen Verhältnisse in der Partei

informiert und glaubte zu wissen, wo er den Hebel seiner Kritik ansetzen sollte.

Die Kommunistische Partei der Schweiz galt, obwohl sie den ultralinken Kurs mitmachte, in der Internationale als eine ziemlich rechtsstehende Partei, weil sie wenigstens anfänglich nicht alles schluckte, vor allem aber, weil sie noch an «demokratischen Kinderkrankheiten» litt.

So hatte das Zentralkomitee der Partei in der *Wittorf*-Affäre eine Haltung eingenommen, die den Absichten Stalins total widersprach. Ende 1928 platzte in Deutschland ein Skandal um den Führer der Kommunistischen Partei Deutschlands, *Ernst Thälmann*. Thälmann war Stalins Schoßkind und wurde von ihm der Partei oktroyiert, dabei wußte jeder, daß seine geistigen Fähigkeiten bestenfalls zur Leitung einer Kreispartei ausreichten. Thälmann war Hafenarbeiter gewesen und durch seine Teilnahme am Hamburger Oktoberaufstand 1923 bekannt geworden. In Wahrheit leitete «Teddy» (das war sein Spitzname in der Partei) die Partei keineswegs – das wurde von Hermann Remmele und Heinz Neumann besorgt. Teddy war nur das proletarische Aushängeschild. Aus seiner Hamburger Hafenarbeiterzeit hatte er einen Sauf- und Raufkumpan, Wittorf, der später sein Schwager wurde. Als Parteiführer machte Thälmann Wittorf zum Parteileiter des Bezirks Wasserkante, obschon Wittorf politisch eine Null war. Bei einer Kassenrevision stellte man ein erhebliches Manko in der Parteischatulle fest, das zu Lasten von Thälmanns Schwager ging. Thälmann suchte den Skandal zu vertuschen, doch die innerparteiliche Opposition hatte davon Wind bekommen und trug die Angelegenheit in die Öffentlichkeit. In der Partei brach ein Proteststurm los, die verschiedenen Fraktionen, Intriganten und Karrieristen bliesen tüchtig ins Feuer und liefen gegen Thälmann Sturm. Er hielt den Angriffen nicht stand und demissionierte. Kaum war die Nachricht nach Moskau gelangt, griff Stalin ein und verfügte kurzerhand: Thälmann bleibt Parteiführer. Damit war die Sache für die deutsche Partei geregelt. Alle Mitglieder des Zentralkomitees, die Thälmanns Rücktritt gefordert hatten, wurden ausgemerzt und durch Trabanten von Teddy ersetzt. Nicht so einfach ging es in den anderen Parteien. Das Zentralkomitee der Kommunistischen Partei der Schweiz bezog in der Wit-

torf-Affäre eine Stellung entsprechend der ersten Reaktion in der deutschen Partei. Grund genug für Stalin, den Eidgenossen seine Turkestaner zu schicken, um die bolschewistische Linie durchzusetzen.
Lenski nahm sofort überall persönliche Kontakte auf. In Zürich, Basel, Schaffhausen bearbeitete er zuerst die ihm wichtig erscheinenden leitenden Funktionäre. Lenski wußte, daß Erb, Illi und ich erst seit kurzem aus Rußland zurück waren, und vermutete in uns willfährige Handlanger, mit denen er die Partei wieder auf Kurs bringen konnte. Aber er stieß bei uns dreien auf unerwartete Ablehnung. Erstaunt und verärgert, intrigierte er bei Welti, Wieser und Bodenmann, bei Hermann Bobst in Zürich, bei Walter Bringolf in Schaffhausen. Sehr bald hatte er die Parteiinstanzen auf seine Position festgelegt. Vom Zentralkomitee der Kommunistischen Jugend eingeladen, erläuterte ich meine kritische Stellung zur Wittorf-Affäre und gewann die Mehrheit für meine Auffassung. Das ging der Parteileitung und Lenski gegen den Strich. Eine zweite Sitzung wurde einberufen, an der Lenski teilnahm. Ich war ebenfalls wieder eingeladen worden. Der Pole sprach geschlagene vier Stunden wortgewaltig über den ultralinken Kurs: Wirtschaftskrise, Ende des Kapitalismus, imperialistische Gegensätze, Sozialfaschismus, Gewerkschaftsspaltung, revolutionäre Lage, Stalin als gewiegter Taktiker der Internationale, als der große Denker und Stratege der Revolution. Nach Mitternacht war gut die Hälfte der Jungkommunisten eingeschlafen oder völlig übermüdet, als mir Lenski gnädigst erlaubte, in zehn Minuten meine Meinung zu sagen. Ich tat, was ich konnte. Das Resultat war klar, das Zentralkomitee der Jugend gab klein bei, stimmte für Lenski.
(Einige Jahre später fiel Lenski, dessen richtiger Name Leszinsky war, als Führer der polnischen Linksfraktion Stalin zum Opfer. Das gesamte Zentralkomitee der Kommunistischen Partei Polens, in drei Fraktionen gespalten, wurde zur Schlichtung der Differenzen nach Moskau eingeladen. Stalins Geheimpolizei verhaftete das ganze Zentralkomitee und ließ alle Mitglieder erschießen.)
Während meiner Redaktionstätigkeit befreundete ich mich mit *Clara Ensner*. Eigentlich kannten wir uns schon lange. Sie entstammte einer deutschen sozialistischen Arbeiterfamilie, deren zehn Kinder zuerst in der kommunistischen Jugendbewegung, später in der Partei eine

Rolle spielten. Clara hatte die ganze Schule der Jungpioniere durchlaufen, war nun in der Jugendbewegung aktiv und ungefähr zur selben Zeit aus Frankreich zurückgekehrt wie ich aus Moskau. So kamen wir uns näher. In Paris hatte sie in der Jugendbewegung sowie am Zentralblatt der französischen Partei «L'Humanité» mitgearbeitet, manchen Einblick in die Parteiverhältnisse gewonnen und einige der leitenden Persönlichkeiten, zum Beispiel Jacques Doriot und Paul Marion, kennengelernt. Die große, schlanke, goldblonde Clara besaß ein tolles Temperament, dazu den ungestümen Optimismus und Weltverbesserungsdrang der Jugend. Es wurde die große Liebe unseres Lebens. Meinen politischen Ideen stand sie erst ablehnend gegenüber, es brauchte wochenlange, heftige Diskussionen, bis sie sich zu meinem Standpunkt bekannte.

Die Unmöglichkeit, meine eigene Meinung im «Basler Vorwärts» darzulegen, und meine kritische Einstellung zur Partei hatten mich zum Austritt aus der Redaktion bewogen. Ich fand im Baugeschäft Burckhardt-Wenk Arbeit als Bauhandlanger. Anläßlich der Vorbereitungen zu einem «Roten Treffen» glaubte die Polizei, in mir einen der Verteiler von Flugblättern mit Aufrufen zu der verbotenen Demonstration entdeckt zu haben. Wieder einmal tauchte Kriminal-Korporal Jud auf, verhaftete mich vom Arbeitsplatz weg und führte mich auf den Lohnhof. Mit der Verteilung hatte ich nichts zu tun, sondern in der Partei sogar gegen die «Roten Treffen» opponiert. Kaum war ich auf dem Lohnhof angelangt, erschien Franz Welti, der energisch gegen meine Verhaftung Protest einlegte, worauf ich auch prompt entlassen wurde.

Mit Ernst Illi und Hermann Erb hatte ich die ganze Zeit über in eifriger Korrespondenz gestanden. Unsere Meinungen deckten sich. Mitten in der heftigsten Parteidiskussion sandte ich Illi ein langes Schreiben, in welchem ich die gesamte stalinistische Politik verurteilte, jedoch zur taktischen Vorsicht riet und das in einem Satz ausdrückte, der den Parteipolizisten besonders auf die Nerven ging: «Wir müssen das antistalinistische Gift den Parteimitgliedern langsam, tropfenweise einflößen.»

Mein Brief fiel auf merkwürdige Weise in die Hände des sozialdemokratischen «Volksrecht». Wie in Basel, hatte die Kommunistische Partei auch in Zürich zu verbotenen «Roten Treffen» aufgerufen. Man verhaftete Illi bei einer derartigen Manifestation, veranstaltete bei ihm eine Hausdurchsuchung und beschlagnahmte verdächtiges Material. Das Material, darunter auch mein Brief, wurde dem Untersuchungsrichter vorgelegt. Der Magistrat war entweder Mitglied der Sozialdemokratie oder stand ihr nahe, kurz, er begriff die politische Bedeutung meines Schreibens und spielte es dem «Volksrecht» zu. Die Redaktion erkannte gleich die Chance, den Kommunisten eins auszuwischen, und brachte den Brief mit einem bissigen Kommentar, betitelt «Kommunisten unter sich», auf der ganzen ersten Seite des Blattes ohne die leiseste Andeutung, wieso dieses private Schriftstück auf ihrem Schreibtisch gelandet war. Die Publikation wirkte wie eine Bombe. In einem Expreßbrief hatte mir Illi sofort die näheren Umstände der Veröffentlichung mitgeteilt. Da sie in einer Samstagnummer erfolgt war, konnte ich bis Montag keine Erklärung abgeben. Am Sonntag nach der Publikation im «Volksrecht» fand in Basel eine Funktionärskonferenz statt, bei der ich gegen die parteipolitische Linie auftreten sollte. Die Konferenz verlief stürmisch; der Parteivorstand wollte mich erst überhaupt nicht reden lassen, es bedurfte des Protestes der Funktionäre, die immerhin meine Meinung hören wollten. Man beschnitt meine Redezeit auf zehn Minuten, dann polterte es gegen mich los. Marino Bodenmann hatte das «Volksrecht» in der Hand und ging geradewegs zu verleumderischen Angriffen über.

«Da seht her, was Thalmann unter dem Deckmantel sachlicher Diskussion angeblich im Interesse der Partei tut. Er schreibt an das sozialdemokratische ‹Volksrecht› parteifeindliche Artikel. Da endet jede Diskussion, Thalmann entpuppt sich als parteischädigendes Element, darauf gibt es nur eine Antwort, er gehört ausgeschlossen.» Gegen den von den Parteibonzen dirigierten Tumult kam ich nicht auf; ich konnte den Sachverhalt nicht wahrheitsgemäß darstellen und mußte den Saal verlassen. Jedem, der meinen Brief gelesen hatte, mußte ersichtlich sein, daß er nicht an das «Volksrecht» gerichtet war, daß es sich um einen privaten Brief handelte. Aber darum kümmerte sich niemand. Ich war mit dem Stigma der Parteifeindlichkeit behaftet, ein Aussätziger, die Parteimitglieder schnitten mich in den Versammlungen, wichen mir auf der Straße aus. In einer letzten Sitzung des Parteivorstandes durfte ich erläutern, wie der Brief in die sozialdemokratische Zeitung gelangt war, sollte jedoch die darin entwickelten Gedanken rundweg widerrufen. Die Parteileitung gab mir einige Tage Bedenkzeit und stellte mir ein Zwölf-Punkte-Ultimatum mit der Forderung, meine Ansichten zu verleugnen und ein Bekenntnis zur Parteilinie abzulegen. Darauf antwortete ich mit dem bekannten Zitat von Götz. Am Tage darauf stand mein Ausschluß aus der Partei im «Basler Vorwärts». Vergeblich hatte mich Emil Arnold in letzter Stunde zu bekehren versucht: «Sei nicht blöde, siehst du nicht, daß man dich einfach zum Prügelknaben macht?»

Clara, die in der Jugendorganisation eine Zelle der Metallarbeiterjugend leitete, bekam ähnliche Schwierigkeiten. Sie verfügte in der Zelle über einen starken Anhang, die Mehrheit der Jungen stand hinter ihr. Nur mit Gewaltmethoden gelang es der Parteibürokratie, ihren Einfluß auszuschalten. Ein Kommando strammer Parteifunktionäre drang in die Versammlung der Metallarbeiterjugend ein, tobte, lärmte und stimmte, ohne von den Satzungen dazu berechtigt zu sein, die Jugendlichen nieder. Clara wurde vor die Wahl gestellt, mit dem Renegaten unverzüglich zu brechen, ihre Opposition aufzugeben oder ausgeschlossen zu werden. Sie wurde ausgeschlossen.

Ernst Illi, der Empfänger meines kritischen Schreibens, wurde aufgefordert, sich von den Ideen meines Briefes zu distanzieren, lehnte ab und flog prompt aus der Partei hinaus. Gegen Hermann Erb in Schaffhausen, der auch zum Kreis der Verdächtigen gehörte, konnte die Parteipolizei nichts unternehmen, da die Schaffhauser Verhältnisse anders lagen. Dort war, vornehmlich unter dem Einfluß von Walter Bringolf, beinahe die ganze Sozialdemokratische Partei zu den Kommunisten übergetreten, die Sozialdemokraten blieben ohne nennenswerten Einfluß. Unentschlossen, zögernd und vorsichtig lavierte Bringolf in der Partei; ihm war der ultralinke Kurs zuwider, eine offene Frontstellung dagegen wagte er nicht.

Die Schaffhauser Opposition

Mit Ernst Illi in Zürich war auch Moritz Mandel aus der Partei entfernt worden. Zusammen mit Erb verabredeten wir eine Zusammenkunft in Schaffhausen, um die ganze Entwicklung zu besprechen. Erb bereitete die Konferenz heimlich und ohne Wissen Bringolfs vor. Außer Erb erschienen einige der wichtigsten Parteiarbeiter von Schaffhausen, die sich dem wahnsinnigen Kurs entgegenstemmen wollten. Mein Ausschluß war in Deutschland nicht unbemerkt geblieben. Die ehemalige Parteiführung unter Heinrich Brandler und August Thalheimer war anläßlich der Wittorf-Affäre aus der Partei ausgestoßen worden; sie konstituierte sich zur KPO (Kommunistische Partei Opposition), besaß vielerorts im Lande einflußreiche Gruppen und verfügte auch in einer Reihe anderer Länder über einige Wirkungsmacht. Ohne mein Zutun setzten sie sich mit mir in Verbindung und schickten *Erich Hausen* zu mir. Hausen war ein alter Spartakist aus Offenbach; nach dem Bruch mit der KPD kehrte er in seinen Beruf als Elektriker zurück. Hausen und ich sympathisierten politisch wie menschlich sofort miteinander. Wir vereinbarten seine Teilnahme an der Geheimkonferenz in Schaffhausen. Um die Parteipolizei irrezuführen, streute ich das Gerücht aus, ich sei nach Berlin gefahren, um dort mit den «rechten Renegaten» Fühlung zu nehmen. Prompt fiel der «Vorwärts» darauf hinein und wütete gegen mich. Ich verließ meine Arbeitsstelle und fuhr per Anhalter nach Schaffhausen. In der Wohnung eines Funktionärs waren dank Erbs guter Vorarbeit ein Dutzend Schaffhauser Parteifunktionäre anwesend. Erich Hausen, Mandel, Illi und ich sprachen über die Aufgaben der Opposition, den notwendigen Kampf um eine Parteidemokratie, gegen die Gewerkschaftsspaltung und die verheerende «Theorie» des Sozialfaschismus. Die Parteimitglieder aus Schaffhausen teilten durchweg unseren Standpunkt, wollten aber unter allen Umständen versuchen, Walter Bringolf für die Opposition zu gewinnen. Nach Erbs Meinung war Bringolf ohne Zweifel gegen die unsinnige Politik der Partei und der Internationale, jedoch noch nicht bereit, mit der Partei zu brechen: Bringolf hoffe noch immer auf eine mögliche Kursänderung und warte ab. Die Konferenz beschloß, in Basel und Zürich einen Versuch mit der Bildung oppositioneller Gruppen zu unternehmen, in Schaffhausen indessen damit abzuwarten und Walter Bringolf entsprechend zu bearbeiten.

Wenige Wochen nach der Besprechung in Schaffhausen bat mich Erb in einem Eilbrief, ich solle sofort nach Schaffhausen kommen und vorübergehend die Redaktion der «Arbeiterzeitung» übernehmen. Deren alleiniger Redakteur war bisher Walter Bringolf gewesen; nun hatte ihn das Exekutivkomitee der Komintern nach Moskau eingeladen, um mit ihm den Kurs der Partei festzulegen. Seinen Schaffhauser Freunden hatte Bringolf anvertraut, er werde sich nicht nach Moskau, sondern nur nach Berlin zum Westeuropäischen Büro begeben, er habe keine Lust, sich in Moskau breitschlagen zu lassen.

Sofort gab ich meine Arbeit auf und fuhr wieder per Autostopp nach Schaffhausen. Kurz hinter Basel erwischte ich einen Kleinlastwagen der bekannten Gemüse- und Früchtefirma Artaria mit Bestimmungsort Zürich. Der Fahrer erklärte mir sogleich, er mache mit einem Kollegen aus der Firma gerade ein kleines Wettrennen nach Zürich. Im Moment hielt er die Spitze vor seinem Konkurrenten; deshalb drehte er sich öfters um, weil er sehen wollte, wie dicht ihm sein Kollege auf den Fersen war. Das wurde uns zum Verhängnis. Der Wagen sauste in den flachen Straßengraben, überschlug sich zweimal und landete auf dem Acker. Verdutzt und leicht benommen steckte ich meinen Kopf durch das zerbrochene Türfenster. Der Wagenlenker lag unter mir, stöhnte und fluchte. Bauern, die auf dem Felde arbeiteten, eilten herbei, mit ihrer Hilfe krabbelte ich aus dem Wagen. Gemeinsam bargen wir dann den Chauffeur. Er war am Körper nur leicht verletzt, aber seine linke Hand wies arge Quetschungen auf. Indessen traf sein Kollege mit dem zweiten Wagen ein. Mein verunglückter Fahrer bat ihn, mich nach Zürich mitzunehmen, unter keinen Umständen wollte er die Versicherung wissen lassen, daß er einen Autostopper bei sich hatte. Er wurde in einem Privatwagen ins nächste Spital gebracht. Mit dem zweiten Laster kam ich glücklich in Zürich an. Da es infolge des Unfalls inzwischen reichlich spät geworden war, hatte ich Mühe, von Zürich nach Schaffhausen einen Wagen zu finden. Erst gegen Mitternacht langte ich in der Rheinfallstadt an und wollte bei Erb absteigen. Daraus wurde nichts, ganz Schaffhausen war auf den Beinen, der altehrwürdige Schwabentorturm brannte lichterloh. Ich gesellte mich zu den Schaulustigen und stieß sofort auf Erb.

Am anderen Morgen trat ich die Redaktion der «Arbeiterzeitung» an. Erb führte mich beim Personal der Druckerei ein. Die schleichende Krise in der Schaffhauser Partei war inzwischen akuter geworden, die Mehrzahl der Mitglieder wollten von dem ultralinken Kurs nichts wissen. Wir beschlossen, eine Parteiversammlung einzuberufen, um die Probleme offen zu besprechen. Mein Amtsantritt auf der Redaktion war den parteitreuen Kommunisten nicht verborgen geblieben; im «Kämpfer», im «Basler Vorwärts», auch durch Flugblätter in der Stadt, entfalteten sie eine wüste Hetze gegen mich. An der Schaffhauser Parteiversammlung nahm ich nicht teil. Es kam dort zu den erwarteten Tumulten, Erb und die bekanntesten Funktionäre vertraten unverhüllt den Standpunkt der Opposition. In einer Kampfabstimmung entschied die Versammlung mit überwältigender Mehrheit, die Kommunistische Partei zu verlassen und sich zur kommunistischen Opposition zu konstituieren. Einige Tage später erschien die «Arbeiterzeitung» mit dem Untertitel: «Organ der kommunistischen Opposition». Dazu schrieb ich einen Einführungsartikel, der mit der Stalinschen Politik hart ins Gericht ging.

Als ich zum Umbruch des Artikels in die Druckerei hinunterstieg, traf ich zu meiner Überraschung *Hermann Schlatter* dabei, wie er mein Elaborat studierte. Einigermaßen verlegen meinte er, ob «wir Jungen es nicht doch etwas zu eilig» hätten. Schlatter stellte so etwas wie die graue Eminenz in der Schaffhauser Arbeiterbewegung dar, an deren Gründung er mitgewirkt hatte. Zur Zeit war er Verwalter des Konsumvereins. Als altes Parteimitglied, enger Freund von Walter Bringolf und Anteilscheinbesitzer der Druckerei war er selbstverständlich an der Entwicklung in Schaffhausen sehr interessiert.

Die Redaktionsarbeit erwies sich als schwer. Mit den lokalen Verhältnissen unvertraut, war ich stark auf Erb und seine Freunde angewiesen. Die der Kommunistischen Partei noch ergebenen Mitglieder blieben nicht untätig; neben den üblichen Verunglimpfungen versuchten sie mehrmals, in die Redaktionsräume einzudringen. Täglich mußte ich mich einschließen und ein paarmal mit Hilfe des Druckereipersonals die Radaubrüder aus dem Haus werfen. Die kommunistischen Nachrichtenagenturen hatten sofort eine Sperre gegen uns verhängt und sandten uns keinerlei Material mehr zu.

Es war nur zu begreiflich, daß die schweizerische Sozialdemokratische Partei da Aufwind verspürte. Für sie war die Industriestadt Schaffhausen wichtig; sie hatte in der Stadt eine kleine Sektion und einigen Einfluß auf die Gewerkschaften, der aber dank der Wirksamkeit von Erb, nunmehr Arbeitersekretär, unbedeutend blieb. Um von der kommunistischen Spaltung zu profitieren, gab der schweizerische Parteivorstand den Schaffhauser Sozialdemokraten die finanziellen Mittel für eine Tageszeitung. Sie bestand in einer Schaffhauser Beilage zum Zürcher «Volksrecht». Ähnliches versuchten die Kommunisten mit dem «Kämpfer», allein ohne großen Erfolg.

Von entscheidender Bedeutung blieb die Haltung Walter Bringolfs. Seit zehn Jahren war er Redakteur der Parteizeitung, Mitglied des Nationalrates, Mitarbeiter in den städtischen und kantonalen Behörden und der anerkannte Führer der Schaffhauser Arbeiterbewegung. Verständlicherweise wollten Parteimitglieder, Abonnenten der Zeitung und Wähler wissen, wie sich Bringolf zu der Spaltung verhielt. Aber auch wir wußten nichts Genaues, sondern nur, daß er mit dem Westeuropäischen Büro in Berlin verhandelte. Gegenüber Erb hatte ich meinen Argwohn ausgesprochen, Bringolf werde eventuell doch noch nach Moskau fahren, und er teilte meine Vermutung. Wenige Tage später traf aus Berlin ein Telegramm ein: «Fahre doch nach Moskau. Nichts unternehmen vor meiner Rückkehr.»

Wir alle, auch die engsten Freunde Bringolfs, beurteilten seine Chancen, die Parteilinie ändern zu können, sehr pessimistisch. Unterdessen bemühten wir uns nicht ohne Erfolg um die Bewahrung unseres Abonnentenbestands. Trotz der durch den offen ausgetragenen Parteikonflikt erschwerten Lage konnten wir die Zeitung über Wasser und den unvermeidlichen Abonnenten-Rückgang in erträglichen Grenzen halten. Das alles gelang aber nur, weil die «Arbeiterzeitung» von Moskau finanziell vollkommen unabhängig war und sich aus eigenen Mitteln hielt.

Nach zwei Wochen kam das erste Telegramm von Walter Bringolf aus Moskau. Der Text: «Zeitung sofort der Partei zurückgeben, die Politik der Internationale ist richtig.»

Große Bestürzung bei uns. War das Telegramm echt oder gefälscht? Wir wußten es nicht. Nach Beratung beschlossen wir die Veröffentlichung der Nachricht in der Zeitung mit einem kurzen Kommentar des Inhalts, es sei wahrscheinlich gefälscht. Unter uns aber, die wir aus eigener Erfahrung Moskaus Methoden und Druckmittel kannten, neigten wir eher zur Annahme, Bringolf habe kapituliert. Es folgten weitere, immer dringlichere Telegramme. Als das letzte schließlich die Rückkehr anmeldete, waren wir schon gut vorbereitet. Bringolf hatte seine Ankunft auf einen Sonntag terminiert, woraufhin wir für diesen Tag eine allgemeine Funktionärskonferenz einberiefen und zu ihr August Thalheimer aus Berlin einluden. Die zwei Reisenden kamen im selben Zug aus Berlin, ohne voneinander zu wissen. Erb holte Bringolf ab, ich den mir aus Moskau bekannten Thalheimer. An der Versammlung nahmen alle kantonalen Funktionäre sowie eine kleine Gruppe aus Zürich mit Illi und Mandel teil. Kurz vor Beginn erschien Erb und informierte uns, Bringolf weigere sich, einer Versammlung beizuwohnen, die den Renegaten Thalheimer auftreten lasse. Seine Frau war kurz bei uns aufgetaucht und wieder verschwunden. Wir begannen die Konferenz ohne ihn, doch schon zehn Minuten danach erschien Bringolf. Offenbar hatte ihm seine Frau klargemacht, daß alle seine Freunde und Mitarbeiter anwesend waren. Nach knapper Diskussion beschloß die Konferenz, erst Bringolfs Bericht aus Moskau und dann August Thalheimer anzuhören.

Bringolf stand vor einer schweren Aufgabe. In einer einstündigen Rede verteidigte er die Politik der Kommunistischen Internationale, forderte die sofortige Rückgabe der Zeitung an die Partei und die Auflösung der Opposition. Schon während seinen Ausführungen kam es zu vielen heftigen Zwischenrufen und Unterbrechungen seitens seiner engsten Freunde. Thalheimer wurde ruhig angehört und machte seine Sache sehr geschickt. In der folgenden Diskussion standen sämtliche engsten Freunde Bringolfs gegen ihn auf, versuchten, ihn von seiner Haltung abzubringen, beschworen die langjährige Zusammenarbeit, wiesen auf die verheerende Politik Moskaus hin. Ich sprach als letzter Redner und erklärte unumwunden, Bringolf habe vor Moskau kapituliert, aber die Opposition sei formiert und ein Zurück zu den alten Positionen ausgeschlossen, worüber die Parteimehrheit demokratisch entschieden habe. In der anschließenden Abstimmung erhielt Bringolf nicht eine einzige Stimme. Da erklärte er erbittert, das sei alles auf die Wühlarbeit von Thalmann hin geschehen, und lief wütend davon.

Früh am Morgen stürmte Bringolf in die Redaktion, wo ich bereits arbeitete. Barsch fuhr er mich an: «Was willst du hier, hier bin ich Redakteur.» Ruhig erwiderte ich ihm: «Nein, du weißt genau, die ganze Partei hat gegen dich entschieden, hier bin und bleibe ich Redakteur der kommunistischen Opposition.»

Bringolf wurde fuchsteufelswild, gestikulierte erregt, schrie mich an. Der Lärm lockte den Geschäftsführer der Druckerei, *Hermann Huber*, herbei, einen alten Freund Bringolfs. Auch Huber wurde angebrüllt, hier sei er, Bringolf, Redakteur. Ohne Umschweife antwortete ihm Huber: «Walter, du hast gestern gesehen, wie die Parteimitglieder denken. Solange du deine Auffassung nicht änderst, kannst du die Zeitung nicht führen. Du brauchst nichts weiter zu tun, als dich der Opposition anzuschließen, und Thalmann wird dir die Redaktion abtreten.»

Bringolf weigerte sich eisern. Nach langen Verhandlungen forderte er vom Geschäftsleiter zweitausend Franken mit der Begründung, er fahre für einige Wochen in die Ferien. Huber lehnte energisch ab, er habe kein Geld. Nach einigen Telefongesprächen erschien Hermann Schlatter auf der Redaktion, knöpfte sich Bringolf in einem Gespräch unter vier Augen vor und lieh ihm dann die gewünschte Summe. Nur wir Eingeweihten wußten, daß er nach Wien zu seinem dort wohnenden Bruder fuhr.

Wochenlang hörten wir nichts von ihm. In der Öffentlichkeit wurde die Frage nach seinem Verbleib immer lauter. Die parteifrommen Mitglieder und die Parteizeitungen verstiegen sich zu der Behauptung, wir hätten Bringolf irgendwo sequestriert, da er treu zur Internationale halte. Auf diese Anwürfe antworteten wir nicht. Ich war überzeugt, daß Bringolf bald nach Schaffhausen zurückkommen würde. Im Oktober 1931 sollten nämlich die Nationalratswahlen stattfinden, und nimmermehr würde Bringolf freiwillig auf seine Wiederwahl verzichten. Meine Annahme erwies sich als richtig. Einige Wochen vor den Nationalratswahlen begann Bringolf, unter einem Pseudonym für die Zeitung zu schreiben. Seine Freunde und Bekannten merkten es sofort am Stil der Beiträge. Doch selbst für seine intimsten Freunde blieb es fraglich, in welcher geistigen Verfassung er wieder auftauchen würde. Für mich persönlich war es am schwersten, da Bringolf, nachdem er heimatlichen Boden unter den Füßen spürte, mich anfänglich wie die Pest mied.

Zu jener Zeit flog die sogenannte Bassanesi-Affäre auf. Ein Tessiner Antifaschist hatte einen kleinen Aeroplan gechartert, damit Italien überquert und antifaschistische Flugblätter abgeworfen. Der Pilot stürzte ab, erlitt Verletzungen und wurde in Haft genommen. Die liberale und die sozialistische Öffentlichkeit führte eine aktive Kampagne für seine Freilassung. Die Schaffhauser KP-Opposition organisierte eine große Protestkundgebung. Ich regte an, Bringolf als Redner einzuladen. Erb unterbreitete ihm den Vorschlag, kam aber bald mit dem Bescheid wieder, Bringolf könne und wolle auf einer von der Opposition veranstalteten Kundgebung nicht sprechen. Als Redner waren Erb und ich vorgesehen. Wider unser Erwarten versammelten sich zur Kundgebung annähernd eintausend Menschen. Diese für Schaffhausen erhebliche Zahl bewies unter anderem deutlich, daß die KPO im Leben des Kantons zu einem politischen Faktor geworden war. Nicht zuletzt das mag Bringolf zu einer plötzlichen Sinnesänderung bewogen haben. Seine Freunde und seine Frau (die kurz auf der Kundgebung zu sehen waren) hatten ihm von dem starken Besuch berichtet. Noch während Erb sprach, erschien er auf der Tribüne und wurde sofort bemerkt. Nach Erb ergriff er das Wort, sprach ausschließlich zum Fall Bassanesi und wurde stürmisch begrüßt. Am Tag darauf stand sein Ausschluß aus der Kommunistischen Partei in der Presse. Der Hürdensprung war gelungen.

Redakteur in Schaffhausen

Die Beziehungen zwischen Bringolf und mir waren nach alldem nicht die besten. Ich überließ ihm wieder die Redaktion der «Arbeiterzeitung» und arbeitete in Schaffhausen sowie teils auch in Zürich als Bauhandlanger. Im Oktober fanden die Wahlen zum Nationalrat statt. Der

Wahlkampf war in dreifacher Hinsicht einzigartig: 1. Bringolf kandidierte zum erstenmal nach der schweren Parteikrise als Vertreter der kommunistischen Opposition; 2. Ihm stand nicht nur der traditionelle bürgerliche Kandidat gegenüber, da sowohl Sozialdemokraten wie linientreue Kommunisten je einen Kandidaten in den Wahlkampf schickten; 3. Die Zahl der Nationalratsmandate war für den Kanton Schaffhausen von drei auf zwei herabgesetzt worden. Überall schätzte man Bringolfs Wiederwahlchancen gering ein. Der sozialdemokratische und der kommunistische Kandidat hatten gar keine Aussicht, sie waren nur als Sprengkandidaten gegen den Vertreter der kommunistischen Opposition gedacht. Nach einem außerordentlichen heftigen Wahlkampf, an dem ich mich in der Zeitung und in Versammlungen beteiligte, wurde Bringolf mit 91 Stimmen Vorsprung vor dem zweiten bürgerlichen Kandidaten gewählt. Sozialdemokraten und parteitreue Kommunisten erhielten je einige hundert Stimmen.

Die Schaffhauser Arbeiterschaft und ein weiterer Wählerkreis hatten die kommunistische Opposition gewissermaßen adoptiert. Was wollte diese Opposition? Was waren ihre Ziele? Schon ihr Name enthielt ihr Programm: Opposition, die zur Erneuerung der kommunistischen Bewegung ansetzte und nicht nur eine taktische, sondern in gewissen Grenzen auch eine strategische Kursänderung forderte. Rußland wurde in dieser Optik als ein Arbeiterstaat mit gewissen Degenerationserscheinungen betrachtet, die es auszumerzen galt. Weitere Forderungen waren: Keine bedingungslose Unterordnung unter Moskau, wohl aber Wiederherstellung einer freien Diskussion und der demokratischen Prinzipien. Die von Stalin und seinen Gefolgsleuten vertretene Linie den Sozialismus in einem einzigen Lande aufzubauen, wurde nicht bestritten, im Unterschied zur tiefergehenden Kritik der trotzkistischen Richtung.

Als Ausdruck der schweren Krise im kommunistischen Lager war die kommunistische Opposition international verwurzelt. In Deutschland gruppierte sie sich um die ehemalige Parteiführung von Heinrich Brandler, August Thalheimer, *Paul Frölich*, Jakob Walcher und andere. Sie hatte im ganzen Reich starke Gruppen und gab die Wochenzeitung «Arbeiterpolitik» heraus. Ähnliche Gruppen bildeten sich in Frankreich, Amerika und anderen Ländern. Bemerkenswert kraftvoll war die kommunistische Opposition zeitweilig im Elsaß, in Straßburg, Mülhausen und Colmar. In Straßburg eroberte die KPO unter der Führung von *Charles Hueber* die Mehrheit. Hueber wurde für einige Zeit Bürgermeister der Stadt. Im Elsaß mit seinen tiefsitzenden nationalen Eigenheiten wirkten sich die Nachäffung der russischen Politik, die Gewerkschaftsspaltung und die Theorie vom Sozialfaschismus besonders verheerend aus. Wie überall, blieben der Masse die inneren Parteistreitigkeiten fremd; der unsinnige Bruderkampf zwischen Sozialdemokraten und Kommunisten widerte sie an, sie lehnten ihn instinktiv ab.

Im Herbst 1932 erhielt Walter Bringolf als Kantonsrat die höchste Stimmenzahl, die anderen Vertreter der KPO wurden ebenfalls mit hohen Stimmenzahlen gewählt. Die Kommunistische Opposition war und blieb die Partei der Schaffhauser Arbeiterschaft.

Im November sollte die Wahl des Stadtpräsidenten stattfinden. Wir hatten nicht die geringste Absicht, uns daran zu beteiligen. Da entstand durch den Rücktritt des amtierenden Stadtpräsidenten Dr. Pletscher eine neue Situation, in der es nicht darum ging, einen bürgerlichen Kandidaten zu stürzen, sondern eine Vakanz auszufüllen. Von den bisherigen Erfolgen ermuntert nominierten wir Walter Bringolf. Nach einem scharfen Wahlkampf wurde er mit 113 Stimmen Vorsprung als Stadtpräsident gewählt. Hermann Erb zog in den Stadtrat ein und übernahm dort das Fürsorgewesen.

Diese ungeahnte Wende hatte Konsequenzen. Als Stadtpräsident und Nationalrat konnte Bringolf die Redaktion der «Arbeiterzeitung» nicht beibehalten. Ich hatte mir in schwerster Zeit meine journalistischen Sporen verdient, und meine Ernennung war nicht zu umgehen. Doch mir allein, dem Kantonsfremden noch dazu, wollte man das Blatt nicht anvertrauen. Es war auch zu viel Arbeit. So wurde eine Zweierredaktion gewählt, bestehend aus mir und *Georg Leu*. Im Impressum der Zeitung stand Leus Name vor dem meinen, was den Eindruck erwecken sollte, er sei Hauptredakteur. Als «Ausländer» aus Basel nahm ich das lächelnd in Kauf, nachgerade kannte ich die Schaffhauser Subtilitäten zur Genüge. Leider aber – und das hatten die Verantwortlichen gewußt – verfügte mein Redaktionskollege nicht über die allergeringste journalistische Begabung, was viel schwerer zu ertragen war. Mit Erbs Einzug in den Stadtrat verwaiste das Arbeitersekretariat, das er zwei Jahre lang gut geleitet hatte. Das Schaffhauser Gewerkschaftskartell berief provisorisch Ernst Illi auf den Posten von Erb. So fügte es sich, daß wir drei «Moskauer» zusammen in einer Provinzstadt Funktionen ausübten. –

In Deutschland nahm das Verhängnis seinen Lauf. Für jeden, der sehen wollte, stand die Machtübernahme der Nationalsozialisten bevor. Die Gräben infolge des mörderischen Bruderkampfes zwischen Sozialdemokraten und Kommunisten waren zu tief, als daß sie in letzter Stunde hätten überbrückt werden können. Die Stalinsche Abenteurerpolitik verstieg sich 1932 bis zu Bündnissen zwischen Kommunisten und Nationalsozialisten, die in holder Eintracht gemeinsam Streiks gegen die Gewerkschaften provozierten. Sozialdemokratie und Gewerkschaften hatten nicht einmal die Kraft und den Willen zur Selbstverteidigung, wohl, weil sie sich über das Ausmaß einer faschistischen Machtergreifung unklar waren und noch demokratischen Illusionen nachhingen, mit denen Hitler dann schnell Schluß machte. Die Kommunisten, vollkommen desorientiert, faselten von Sowjets, von «Rotdeutschland», proletarischer Revolution und ähnlichen Unsinn.

Am 30. Januar war der Spuk zu Ende und Hitler Reichskanzler. Parteien und Gewerkschaften wurden aufgelöst, der Reichstagsbrand lieferte den gewünschten Vorwand, die gesamte Arbeiterbewegung zu zerschlagen. Die ersten politischen Emigranten erschienen in der Schweiz. Schaffhausen als Grenzkanton befand sich in einer schwierigen Lage. Aus der nahen deutschen Nachbarschaft waren viele deutsche Arbeiter in der Schaffhauser Industrie beschäftigt. Zudem bestand im Kanton die deutsche Enklave Büsingen, die sich bald zu einem richtigen Nazinest entwickelte. Die Vorgänge in Deutschland hatten auf Teile des schweizerischen Bürgertums abgefärbt, vor allem in bürgerlichen Kreisen entstand rasch eine gewisse nazifreundliche Bewegung. Unter dem Namen «Neue Front» bildete sich nach dem Vorbild des verehrten Lehrmeisters Hitler eine Frontenbewegung zur Eneuerung der Schweiz. In der Stadt Schaffhausen griff diese Bewegung rasch um sich. Junge Freisinnige, weite Teile der akademischen Jugend und die bürgerlichen Turnvereine wanderten sozusagen über Nacht zu den Fronten ab, ein Herz und eine Seele gegen Sozialisten, Kommunisten, Gewerkschaften, Genossenschaften, Arbeiterbildungsvereine, kurz, gegen den Marxismus. In Schaffhausen wurde die Front von dem jungen Advokaten *Rolf Henne* geleitet, in Zürich stand der Akademiker *Tobler* an der Spitze. Um ihren Frontenfrühling gebührend zu feiern, veranstalteten die Frontisten ihre erste öffentliche Kundgebung im Schaffhauser Landhaus. Es war meines Wissens das erste Auftreten dieser Art in der Schweiz. Das durfte nicht ohne Gegenreaktion der Arbeiterschaft bleiben. Stadtpräsident Bringolf weilte zur Nationalratssitzung in Bern. In der «Arbeiterzeitung» und rasch verbreiteten Flugblättern rief ich zur Gegenkundgebung auf.

Etwa fünfzig Arbeiter, standen wir vor dem Landhaus, um an der Kundgebung teilzunehmen. Nach deutschem Vorbild hatten die Frontisten einen Ordnerdienst aufgezogen und wollten uns am Betreten des Saales hindern. Wir formierten uns zu einem Keil, überrannten im Schwung die Ordner und gelangten in den Saal. Er war überfüllt, die Atmosphäre erhitzt. Dr. Tobler und Rolf Henne sprachen. Sie wiederholten die nationalsozialistischen Schlagworte, schimpften auf Juden, Gewerkschaften, Marxisten, Sozialisten und Kommunisten, das jüdische Finanzkapital. Am Schluß seiner Rede fragte Tobler stolz, ob ein Gegner das Wort wünsche. Lautes Gelächter. Ich meldete mich und betrat unter vielen Buhrufen das Podium. Meine Ausführungen wurden fortwährend tumultuös unterbrochen, immer drohender klang das Gebrüll «Schlagt den Sauhund tot!» Bevor mir Tobler das Wort erteilte, hatte er Henne schnell gefragt: «Willst du den Kerl abschlachten?» Für die Herren war das Ganze offenbar ein Sport.

Indessen waren auf unseren Aufruf, wenn auch mit einiger Verspätung, zahlreiche Arbeiter angerückt und demonstrierten vor dem Gebäude. Es kam mit dem Ordnerdienst rasch zu Tätlichkeiten. Noch während ich sprach, stürzten Frontler mit blutverschmierten Gesichtern in den Saal, der Tumult wurde allgemein, die Versammlung endete in wildem Durcheinander. Auf der Straße standen sich Arbeiter und Frontisten in feindlichen Gruppen gegenüber, die angerückte Polizei konnte sie nur mit Mühe trennen. Unsere Absicht, zwar nicht die Versammlung zu verhindern, wohl aber den frischgebackenen Faschisten das Feld nicht widerspruchslos zu überlassen, war erreicht.

Von der Leitung der deutschen kommunistischen Opposition kamen

Paul Böttcher und *Arthur Lieberrasch,* beide aus Sachsen, nach Schaffhausen. Böttcher wirkte seit langem im Führungsstab der KPO. In der kurzlebigen sächsisch-thüringischen Arbeiterregierung von Kommunisten und Linkssozialisten 1923 hatte er als Finanzminister amtiert. Böttcher war ein bedächtiger Mensch, der seine Ideen ruhig überlegte, bevor er sie äußerte. Es fehlte ihm jegliches Temperament; er gehörte zu den in meinem Leben selten gebliebenen Menschen, die alles und jedes «versachlichten», jedem Ereignis Salz und Pfeffer entzogen, es entwürzten. Böttcher begann sofort seine Tätigkeit an der «Arbeiterzeitung», doch befaßte er sich ausschließlich mit «Sachfragen». Lieberrasch war aus anderem Holz, hatte Herz, verfolgte und beurteilte die Dinge mit Leidenschaft, mit ihm konnte man lachen. Zu ihm stellte sich ein guter Kontakt her, und zwar auf menschlicher Basis, zu Böttcher dagegen bestand er nur aus kalter Vernunft.

Auch Emigranten der Kommunistischen Partei Deutschlands kamen nach Schaffhausen. Kurz nach dem Reichstagsbrand veranstalteten wir eine öffentliche Versammlung mit Erb und mir als Rednern. In der Diskussion erklärte ein deutscher Kommunist in der für damals typischen Weise: «Hitlers Sieg ist ein Pyrrhussieg, das wird einige Wochen dauern, dann verjagen wir ihn. Die deutsche Arbeiterklasse ist nicht geschlagen, sie steht Gewehr bei Fuß und wird mit dem Hitlerspuk im gewollten Moment Schluß machen.» Gegen diesen stumpfen Starrsinn verpuffte jede Argumentation wirkungslos.

Einige Wochen nach Hitlers Machtergreifung hatten wir in Straßburg eine Konferenz der internationalen KPO. Sie fand in den Räumen des Straßburger Stadthauses statt, Bürgermeister Charles Hueber als Gastgeber traktierte uns mit den auserlesensten Leckerbissen der elsässischen Küche. Hueber fehlte es nicht an Zivilcourage. Da er die Führer der deutschen Opposition in Gefahr wußte, organisierte er die Flucht von Brandler, Thalheimer, Leo Borochowitsch aus Deutschland. Auf seine Art. Mit seinem Auto und flatternder Trikolore fuhr er über die Kehler Brücke und holte seine Kameraden nach Frankreich.

Aus Amerika war *Jay Lovestone* gekommen, Bringolf und ich vertraten die Schweizer Opposition. Es ergab sich ein Gedankenaustausch über die Weltsituation, die Stalinsche Politik, die Entwicklung in Rußland. Die deutsche Opposition hielt ehern fest am «Arbeiterstaat» in Rußland, der nur durch Stalins Politik Degenerationserscheinungen aufweise, welche durch eine andere klügere Führung der Partei ausgemerzt werden könnten. Ich wagte es, an diesen Auffassungen einige Zweifel verlauten zu lassen und wies darauf hin, daß praktisch das Sowjetsystem in Rußland nicht mehr existiere, sondern die Diktatur einer einzigen Partei bestehe, die sich mehr und mehr zu einer Einmann-Diktatur entwickle. Diese Gedanken wurden von Thalheimer, vor allem aber von Borochowitsch angegriffen und trugen mir das Etikett «Trotzkist» ein.

Je mehr sich Hitlers Macht festigte, desto frecher wurden Frontisten und deutsche Nazis in Schaffhausen. Besonders ausgewählte provokatorische Elemente versuchten, die Grenze in Naziuniform zu überschreiten, und mußten mit Polizeigewalt daran gehindert werden. Es gelang uns, mit verschiedenen Gruppen der deutschen Arbeiteropposition in Deutschland selbst Verbindung herzustellen und bei uns in der Schweiz gedrucktes Material nach Deutschland hineinzuschmuggeln. Letzteres übernahm häufig Clara. Bei dieser Arbeit kam es sogar zu einer stillschweigenden Kooperation mit den parteitreuen Kommunisten aus Schaffhausen.

Die heimliche Wühlarbeit der Nazis, oft im Zusammenspiel mit den Frontisten, blieb uns nicht verborgen. In den Kneipen der Stadt tauchten oft Deutsche auf, die sich an Schaffhauser Bürger heranmachten und vor allem herausfinden wollten, durch welche Personen und auf welchen Wegen das politische Material gegen Hitler über die Grenze gelangte. So hatten zwei deutsche Zivilisten eine Serviertochter über diese Tätigkeit ausgeforscht. Das Mädchen erzählte die Sache ihrem Freund. Der war bei uns Mitglied und kam auf die Redaktion, um uns darüber zu berichten. Mit Hilfe des Stadtpräsidenten, dem das städtische Polizeikommando unterstand, stellten wir den Spitzeln eine Falle: Die Serviertochter verabredete mit den zwei Deutschen einen neuen Treff, wir mobilisierten einige kräftige Arbeiter. Die Sache klappte über Erwarten gut. Die zwei Spitzel kamen zur vereinbarten Zeit in die Kneipe. Dabei mußten sie durch einen engen Korridor gehen, wo unsere Leute sie elend verdroschen. Erst danach rückte unter Führung des Stadtpräsidenten ein kleines Polizeikommando an, um die Leute in Gewahrsam zu nehmen. Daraus wurde nichts. Die Arbeiter

hatten so kräftig zugeschlagen, daß die beiden statt in Polizeihaft ins Krankenhaus verbracht werden mußten.
Es gab ein gerichtliches Nachspiel. Einige der Arbeiter wurden mit leichten Geldbußen bestraft; es stellte sich heraus, daß die zwei Deutschen höhere Zollbeamten waren. Nach ihrem Spitalaufenthalt wurden sie zu einer Gefängnisstrafe verurteilt.
Um diese Zeit tauchte auf der Redaktion *Ignazio Silone* auf, der schon seit einiger Zeit als Emigrant in Zürich lebte. Silone war einer der Mitbegründer der Kommunistischen Partei Italiens. Mit der Stalinschen Politik geriet er ungefähr zur gleichen Zeit und aus denselben Gründen in Konflikt wie unsere Richtung; sofern ich mich nicht täusche, gehörte Silone, wenn auch nur am Rande, einige Zeit der KPO an. Er kam zu uns, weil er hier, in einem Blatt, das ihm in Ideen und Haltung nahestand, seinen ersten Roman «Fontamara» veröffentlichen wollte. Die Verhandlungen verliefen günstig, als erste Zeitung publizierten wir den ersten großen Roman Silones im Feuilleton. Er wurde ein Welterfolg.
Die einzigartige Situation, daß die kommunistische Opposition über eine Tageszeitung verfügte, war auch im Ausland nicht übersehen worden. Es mag um diese Zeit (Ende 1933) gewesen sein, als bei mir trotzkistische Abgesandte erschienen und meine Einstellung sondierten. Der erste war *Karl Retzlaw* (der unter dem Pseudonym Karl Gröhl das Buch «Spartakus. Aufstieg und Niedergang. Erinnerungen eines Parteiarbeiters» veröffentlichte). In meiner redaktionellen Arbeit hatte ich kein Hehl daraus gemacht, wie sehr meine Ideen der linken, trotzkistischen Opposition nahestanden. Das war verständlich. Die faszinierende Gestalt des Schöpfers der Roten Armee, des engsten Mitarbeiters Lenins in den entscheidenden Jahren, sein politischer Kampf im Exil gegen den russischen Diktator, meine persönlichen Erinnerungen beeinflußten meine politische Überzeugung nachhaltig. Eine trotzkistische Bewegung bestand hierzulande noch nicht. Einzig in Zürich hatten sich einige Leute um den Lehrer *Walter Nelz* gesammelt, die begannen, die Ideen Trotzkis zu verbreiten. Die Schaffhauser Arbeiterschaft brachte kein Verständnis für die subtilen Fraktionskämpfe auf und stand ihnen begreiflicherweise ablehnend gegenüber. Die Aussichten der KPO, in der Schweiz eine wirkliche Reform der

Kommunistischen Partei zu erzwingen, waren mehr als gering. Angesichts der drohenden faschistischen Gefahr bedurfte es nötiger denn je einer einigen, geschlossenen Arbeiterschaft. Schon immer war eine Tendenz vorhanden gewesen, wieder Anschluß an die Sozialdemokratische Partei zu finden. Jetzt wurde sie täglich stärker. Zu dieser Entwicklung war ich noch nicht bereit. In der Führungsspitze in Schaffhausen vertrat Walter Bringolf diesen Standpunkt, anfänglich zögernd, unter dem Druck der Ereignisse und seiner parlamentarischen Arbeit jedoch immer prononcierter. Ohne jeden Zweifel stand die Mehrheit der KPO Schaffhausens auf seiner Seite. Um meine weiter nach links abgleitenden Ideen zu vertreten, hätte es einer gründlichen Diskussion bedurft, einer neuen Auseinandersetzung, deren Nutzen mehr als fraglich war. Dazu verspürte ich nicht die geringste Lust.
Hinzu kamen die unerfreulichen Arbeitsverhältnisse in der Redaktion. Obwohl ich jegliche Zusammenstöße mit meinem Redaktionskollegen vermied, gelang uns nie eine gute Zusammenarbeit. Die Kluft zwischen meinen Gedanken und denjenigen der Mehrheit in der KPO verbreiterte sich, ohne daß das nach außen sichtbar wurde. Verwunderlich war es also nicht, wenn ich den Besuch Gröhls begrüßte. Gröhl war schwerhörig und trug einen Hörapparat. Seine vierschrötige Gestalt wirkte wie die eines Schwerarbeiters. Gröhl war alter Spartakist, hatte im illegalen Apparat der KPD wichtige Missionen erledigt und war frühzeitig zur linken Opposition gestoßen. Er verfügte über direkte Verbindungen zu Trotzki, kam aber nicht in dessen Auftrag. Was er wollte, war klar: Ich sollte die «Arbeiterzeitung» mit der KPO zusammen ins trotzkistische Lager führen. Da dazu sozusagen alle Voraussetzungen fehlten, konnte ich ihn von der totalen Aussichtslosigkeit dieses Planes überzeugen. Anderseits bestärkten mich die Gespräche mit Gröhl in meinen Zweifeln, ob ein weiteres Verbleiben in der KPO, vor allem in der Redaktion, noch sinnvoll sei. Die politische Courage, die Zivilcourage meinen Freunden gegenüber, in der Partei eine neue interne Diskussion zu entfesseln, fehlte mir einfach. Mit Freunden in Zürich hatten wir seit einiger Zeit eine Reise durch den Balkan geplant. Ohne einen Menschen zu informieren, beschloß ich, bei Nacht und Nebel zu verschwinden, nachdem ich Claras anfängliche Widerstände ausgeräumt hatte. Auf der Redaktion hinterließ

ich einen Brief, der meine Haltung begründete, und so verdrückten wir uns eines frühen Morgens für immer aus der Rheinstadt.

«Genossenschaft Kiste»

Schon bei meinem Parteiausschluß in Basel hatten sich junge Leute aus dem linksbürgerlichen Freibund für meinen Fall interessiert. Da es zumeist Studenten waren, luden sie mich zu einem Vortrag von Professor von Salis ein, in dem der Gelehrte die Existenz der Klassen und des Klassenkampfes bestreiten wollte. Darauf sollte ich erwidern und den marxistischen Standpunkt darlegen. Das gelang mir so gut, daß die Studenten einen weiteren Vortrag an der Universität organisierten, anläßlich dessen ich über Entstehung und Bedeutung der materialistischen Geschichtsauffassung sprechen konnte. Aus diesen Verbindungen erwuchs im Herbst 1934 nach unserer Rückkehr vom Balkan die «Marxistische Aktion». Neben den Studenten gesellten sich auch einige Arbeiter zur Gruppe, die mit der kommunistischen Politik nicht einverstanden waren, darunter der gebürtige Italiener und Steinmetz *Oreste Fabbri*. Wir nahmen mit der trotzkistischen Gruppe in Zürich Verbindung auf und fanden zu einer guten Zusammenarbeit. Einige von unserer Gruppe waren Mitglieder der Sozialdemokratischen Partei und im damaligen linken Flügel tätig, der sich in der «Sozialistischen Arbeitsgemeinschaft» organisiert hatte. Diese Linkssozialisten standen stark unter dem Einfluß des deutschen Emigranten *Fritz Sternberg*, eines vielgelesenen Wirtschaftstheoretikers und Mitglied der Sozialistischen Arbeiterpartei Deutschlands. Die Sozialdemokratische Partei der Schweiz begann zu jener Zeit langsam und zögernd ihre Wandlung von einer Oppositionspartei zu einer Regierungspartei. Die Partei hatte bisher, einer alten Tradition folgend, alle Militärkredite abgelehnt und wollte von der Verteidigung des Vaterlandes nichts wissen. Diese oppositionelle Haltung wurde nun von der Parteiführung unter Robert Grimm als überholt betrachtet. Angesichts der neuen Lage in Deutschland, die die schweizerische Unabhängigkeit unmittel-

bar bedrohte, hieß es, könne dieser Standpunkt nicht mehr vertreten werden. Aber große Teile der Mitgliedschaft wollten an der alten Tradition festhalten und sträubten sich gegen diese politische Wendung. In der französischen Schweiz widersetzten sich namentlich *Paul Graber* und *Leon Nicole* einer Abkehr von der bisherigen Einstellung. Dies allerdings mit verschiedenen Motiven: Graber war überzeugter Pazifist und lehnte Militärkredite aus moralischen Grundsatzerwägungen ab; Nicole blieb der alten Tradition treu und wollte von einer reformistischen Burgfriedenspolitik nichts wissen.
Unter Sternbergs Einfluß wandte sich auch die «Sozialistische Arbeitsgemeinschaft» gegen alle Versuche, die Partei auf den Burgfrieden mit der Bourgeoisie umzustellen. Unsere «Marxistische Aktion» hieb kräftig in die gleiche Kerbe. Um unseren Ideen Nachhall und Geltung zu verschaffen, gaben wir in Zusammenarbeit mit der Zürcher Gruppe monatlich das Blatt «Trotz Alledem» heraus. Gedruckt wurde es in Mülhausen, da dort die Kosten wesentlich niedriger waren. Einige Flugblätter ließen wir auch in der kleinen Druckerei von Gustav Hofmaier herstellen.
Durch einen Jugendgenossen hatten wir in der Davidsbodenstraße eine Dreizimmerwohnung gefunden. Das ganze Haus war seiner Familie durch Erbschaft zugefallen; undurchsichtige Erbschaftsstreitigkeiten verhinderten sowohl das Vermieten wie den Verkauf des Hauses. «Bis wir uns geeinigt haben, könnt ihr ruhig die ganze Wohnung benützen, ihr braucht keine Miete zu bezahlen», versicherte unser Freund. So zogen wir als einzige «Mieter» in das leerstehende Haus und belegten den ersten Stock. Aus Harassen und Kisten zimmerten wir uns einige Möbel, was uns den Spitznamen «Genossenschaft Kiste» eintrug. Wir beherbergten im Haus zahlreiche deutsche Emigranten, die zu uns zum Essen kamen, mit unseren Ideen sympathisierten und teilweise auch mitarbeiteten. Als Notstandsarbeiter hatte ich beim Straßen- und Wegebau eine recht schwere Beschäftigung gefunden. Clara machte Büroräume sauber.
Im Herbst 1934 erschien bei uns unverhofft *Jan Frenkel*, Trotzkis Sekretär in Prinkipo (Türkei). Frenkel war Tscheche, sprach fließend Deutsch, Französisch, Russisch, Englisch und war ein umgänglicher, fröhlicher Mensch. Wir logierten ihn sofort für einige Wochen bei

uns ein. Er brachte mir einen handschriftlichen Brief von Trotzki, in dem er die Gründe darlegte, warum für die Anhänger der IV. Internationale der Eintritt in die Sozialdemokratische Partei politisch zweckmäßig sei. (In den turbulenten Kriegsjahren ging der Brief leider verloren.) Nach langen Unterhaltungen mit Frenkel sowie einer offenen Aussprache in der Gruppe beschlossen wir den Eintritt in die Sozialdemokratische Partei unter Aufrechterhaltung der «Marxistischen Aktion». Der Beitritt vollzog sich ohne Schwierigkeiten, jeder einzelne wurde im zuständigen Quartierverein aufgenommen. Auf eine wirklich fraktionelle Tätigkeit hatten wir es nicht abgesehen. Wir wollten den linken Flügel stärken und die sich abzeichnende Burgfriedenspolitik in Partei und Gewerkschaften bekämpfen.

Seit fast fünfzehn Jahren war die Arbeiterschaft Basels gespalten. Die verheerende Politik der Moskauhörigkeit und die Gewerkschaftsspaltung hatten die anfänglichen Erfolge der Kommunistischen Partei wie Märzenschnee dahinschmelzen lassen. Die kommunistischen «Roten Gewerkschaften» blieben Krüppelorganisationen, die alten Gewerkschaften standen weiterhin unverrückbar unter sozialdemokratischem Einfluß, im kantonalen Parlament war die Fraktion der Kommunisten lebensunfähig und attackierte zuerst nicht etwa das Bürgertum, sondern die Gewerkschaften und Sozialdemokraten.

Das Basler Bürgertum wollte diesen Krieg in der Arbeiterschaft zu seinen Gunsten ausnutzen und die sozialdemokratische Vertretung im Regierungsrat reduzieren. Ihre Hauptangriffe zielten gegen den sozialdemokratischen Erziehungsdirektor *Fritz Hauser*, dessen fortschrittliche Erziehungs-Schulpolitik ihnen längst ein Dorn im Auge war. Auf diesen Versuch, einen Sozialdemokraten zu stürzen, antwortete die Sozialdemokratische Partei mit einem kühnen Gegenstoß. Angefeuert von Friedrich Schneider, einer echten Kämpfernatur, beschloß die Partei den Griff nach der Mehrheit. Es entwickelte sich eine einzigartige Kampfsituation, in der es galt, klar Stellung zu beziehen. Nach einigem Widerstreben – der Kremlwind blies jetzt in Richtung Einheitsfront – mußte die Kommunistische Partei mitmachen; der Kampfgeist der Arbeiter riß auch ihre Anhänger mit. Da der allbürgerliche Vorstoß mit einem Lohnabbau beim Staatspersonal verbunden war, half der soziale Aspekt des Wahlkampfes breitere Schichten zu mobilisieren. Unsere Gruppe trat sofort tatkräftig für die Eroberung der roten Mehrheit ein.

Die der Arbeiterschaft verhaßten bürgerlichen Vertreter waren der Katholik *Niederhauser* und Professor *Ludwig,* der die Interessen der liberalen Partei vertrat. Gegen diese beiden reaktionären Bourgeois richtete sich der Hauptangriff.

Mitten im Wahlkampf erhielt ich von den zahlreichen, bei uns verkehrenden deutschen Emigranten Mitteilungen über enge Beziehungen Professor Ludwigs zu deutschen nationalsozialistischen Kreisen. Bei ihm gingen Personen ein und aus, die entweder Nazis waren oder mit diesen offen sympathisierten, wobei es nicht klar war, ob es sich dabei um verwandtschaftliche oder politische Beziehungen handelte. Das Material genügte jedenfalls, um die exponierte Persönlichkeit heftig unter Beschuß zu nehmen. Ich schrieb einen längeren, groß aufgemachten Artikel und brachte ihn persönlich auf die Redaktion der sozialdemokratischen «Arbeiterzeitung». Friedrich Schneider befand sich in Bern im Nationalrat, sein Stellvertreter war *Ernst Weber.* Er erkannte sofort die Bedeutung des Artikels für den wildwogenden Wahlkampf, wollte aber allein nicht die Verantwortung übernehmen. In meiner Anwesenheit telefonierte er nach Bern, las Schneider die wichtigsten Stellen vor und erhielt unverzüglich dessen Einverständnis zur Veröffentlichung. Mein Elaborat war mit «Marxistische Aktion» gezeichnet, was dem stellvertretenden Redakteur mißfiel. Weber drang in mich, diese Unterschrift wegzulassen oder den Artikel persönlich zu unterzeichnen. Ich lehnte ab, und schließlich verzichtete Weber, da ja der Hauptredakteur seine Einwilligung erteilt hatte.

Der Artikel erschien auf der ersten Seite der «Arbeiterzeitung» und darüberhinaus als Sondernummer des «Volkswillen», eines sozialdemokratischen Wahlblatts, das gratis an 40 000 Haushaltungen der Stadt verteilt wurde. Dieser Angriff wirkte wie eine Bombe, und da er am Freitag vor dem Wahlgang erfolgte, konnte das Bürgertum ihn auch nicht mehr abwehren. Der belastete Professor Ludwig berief am Samstagmorgen noch rasch eine Pressekonferenz ein, auf der er die ganze Sache als üble Verleumdung bezeichnete und verkündete, er werde den Verfasser des Artikels verklagen. Doch den Wahlgang beeinflußte das kaum mehr. Aus der Stimmenschlacht ging eine eindeutige sozialdemokratische Mehrheit hervor. Der Katholik Niederhauser war auf der Strecke geblieben. In einem Abwehrreflex hatten viele bürgerliche Wähler für den so befehdeten Ludwig votiert.

Unser Eingreifen in den Wahlkampf hatte zweifellos zum Sieg an den Urnen beigetragen. Das wurde selbst von einem Teil der sozialdemokratischen Führung und der Mitgliederschaft anerkannt, wiewohl nie offiziell bestätigt. Die Eroberung der roten Mehrheit löste in der Basler Arbeiterschaft Begeisterungsstürme aus. Am Montag nach dem Wahlkampf flatterte auf dem höchsten der beiden Münstertürme die rote Fahne.

Sofort nach der Wahl übernahm ich die Verantwortung für den Artikel. In der darauffolgenden Gerichtsverhandlung wurde ich zu zehn Tagen Gefängnis verurteilt. Für die erhobenen Anschuldigungen konnte ich die Beweise nicht erbringen, denn meine Quellen stammten aus Emigrantenkreisen, die ich aus verständlichen Gründen nicht preisgeben durfte. Das hatten wir beim Publizieren des Artikels auch einkalkuliert.

Bei der Gerichtsverhandlung kam es zu einem amüsanten Zwischenfall. Der Gerichtspräsident, ein *Dr. Ruckhäberle*, war für seine deftigen Urteile bekannt. In eingeweihten Kreisen munkelte man, diese Urteile seien jeweils Funktion seiner Gicht, von der er geplagt wurde. Gicht oder nicht, der Präsident behandelte mich, einen Bauhandlanger, derart schofel, daß ich in Wut geriet. Der beschwerdeführende Professor Ludwig wurde jedesmal mit allen ihm gebührenden Amts- und sonstigen Titeln angeredet, mir gewährte der Präsident nicht einmal das übliche Herr, sondern knurrte einfach: «Thalmann, stehen Sie auf.» Das reizte mich. Beim dritten Aufruf antwortete ich lakonisch: «Jawohl, Ruckhäberle.»

Das Gesicht des Präsidenten wurde rot wie eine Tomate, er schnappte nach Luft und fand mit Mühe seine Fassung. Auf der Tribüne ertönte lautes Gelächter und Bravorufe. Wütend drohte der Präsident mit der Räumung der Tribüne; im weiteren Verlauf der Verhandlungen nannte er mich dann «Herr Thalmann». Nun ja, meine zehn Tage hatte ich weg.

Rupft die Millionäre

Ein Hauptthema der Sozialdemokratischen Partei im Kampf um die rote Mehrheit war die Ablehnung des von den bürgerlichen Parteien geforderten massiven Lohnabbaus von zwölf Prozent beim Staatspersonal. In den dreißiger Jahren herrschte in der Stadt noch eine große Arbeitslosigkeit. Um das Budgetdefizit zu verringern, forderte das Bürgertum demagogischerweise einen Lohnabbau bei den Öffentlichen Diensten, darauf verweisend, daß deren Personal zu hoch bezahlt werde und überdies anstellungsmäßig abgesichert sei. Nicht zuletzt war die rote Mehrheit durch den massiven Einsatz der Gewerkschaft des Personals der Öffentlichen Dienste (VPOD) unter der Leitung ihres Sekretärs *Fritz Brechbühl* errungen worden. Brechbühl wurde denn auch zum Regierungsrat gewählt und übernahm das Polizeidepartement.
Einmal an der Macht, vergaßen die sozialdemokratischen Regierungsräte und Parlamentarier ihre Wahlversprechen. Plötzlich entdeckten sie nun das «staatsmännische Interesse». Im kantonalen Parlament besaßen die bürgerlichen Parteien noch eine Mehrheit und konnten der roten Regierungsmajorität folglich Schwierigkeiten bereiten. Ungesäumt kündigten sie eine scharfe Opposition an. Unter diesem «Druck» kapitulierten die roten Regierungsvertreter ziemlich rasch. Die bürgerliche Parlamentsmehrheit verlangte weiterhin den Lohnabbau bei den Staatsbediensteten und stellte die Regierungsmehrheit vor die Alternative, entweder zu willfahren oder eine schwere Krise zwischen Regierung und Parlament heraufzubeschwören. Die sozialdemokratische Führung gab nach und beugte sich dem Ansinnen des Bürgertums, wenn sie auch anstelle der zwölfprozentigen Senkung den Kompromiß von «nur» sechs Prozent herausschlug. Nicht einmal die demokratischen Spielregeln wurden gewahrt, keine Partei- oder Wählerversammlung wurde über die stillschweigenden Abkommen zwischen Regierung und Parlament unterrichtet. Erstaunlicherweise erhob sich gegen diese Haltung in der Partei kaum Widerspruch.
Aber wir wollten gegen diese jämmerliche Haltung Sturm laufen. In der «Marxistischen Aktion» überlegten wir unser Vorgehen. Die

Diskussion meines Vorschlags, eine stärkere Besteuerung der hohen Einkommen und Vermögen zu fordern, erbrachte kein konkretes Resultat. Wie konnten der Lohnabbau und die Kapitulation der Sozialdemokratischen Partei gekontert beziehungsweise ausgeschlachtet werden?
Nach einigem Blättern im Statistischen Jahrbuch der Stadt fand ich heraus, daß es mehr als einhundert Millionäre gab; ihnen standen dreitausend Arbeitslose gegenüber. Warum die Herren Millionäre nicht kräftiger zur Ader lassen? Ich setzte den Text einer Gesetzesinitiative für eine fünfprozentige Vermögensabgabe der millionenschweren Bürger auf. Ohne die Parteiinstanzen zu orientieren, begannen wir für die Initiative Unterschriften zu sammeln.
Die Aktion fand in den Reihen der Arbeiter volle Zustimmung. Besonders zündend wirkte sie auf die Arbeitslosen, mühelos mehrten sich gerade bei ihnen die Unterschriften. In knapp zwei Wochen hatten wir über zweitausend Unterschriften zusammen, fünfhundert mehr als damals notwendig waren. Die Sozialdemokraten schwiegen anfänglich die ganze Sache tot, die Kommunisten wandten sich heftig gegen das vom Trotzkisten Thalmann eingefädelte Abenteuer. Wir reichten die Unterschriften ein, die Initiative hatte die erforderliche Zahl von Unterschriften bekommen und war somit zur Volksabstimmung zu stellen. Jetzt erst gerieten die Instanzen der Sozialdemokratischen Partei in Bewegung. Nun mußten sie zunächst im Parlament zur Aktion Stellung beziehen. Sie taten das auf ihre Weise. Auf der sozialdemokratischen Bühne rollte ein Schauspiel in fünf Akten ab.
1. Akt. Unerwartet besuchte mich der zweite Redakteur der «Arbeiterzeitung», *Walter Hungerbühler.*
«Sag mal», begann er die Unterhaltung, «du bist doch arbeitslos, ich hätte da was für dich. Wir brauchen einen Berichterstatter für die Verhandlungen des basellandschaftlichen Landrates. Willst du das nicht übernehmen?»
Sofort erklärte ich mich dazu bereit.
«Ja, weißt du, daraus könnte eine feste Anstellung werden, aber natürlich müßtet du diese Initiative zurückziehen, die sowieso keine Aussichten in einer Volksabstimmung hat.»
Das war es also. Kühl erwiderte ich ihm, so etwas käme nicht in

Frage, zudem stünde es gar nicht mehr in meiner Macht, nachdem über 1500 Stimmberechtigte ihre Unterschrift gegeben hätten. Belämmert zog er ab.

2. *Akt.* Ebenso unerwartet flog mir etwas später eine polizeiliche Vorladung ins Haus. Was hatte ich verbrochen? Ich trollte mich auf das Polizeidepartement und wurde sofort zu Regierungsrat Brechbühl geführt.

Brechbühl drückte mir die Hand, dirigierte mich in einen tiefen Ledersessel und bot mir eine dicke Zigarre an. Dann sprach er: «Genosse Thalmann, soeben haben einige Industrielle mein Büro verlassen, die zahlreiche Arbeiter beschäftigen. Sie sind über deine Initiative sehr beunruhigt und haben mir zu verstehen gegeben, daß sie ihre Betriebe nach Baselland verlegen und dort ihren Wohnsitz nehmen würden, falls dieser Vermögenssteuervorschlag Gesetzeskraft erlangte. Du siehst doch ein, daß das für die Stadt eine schwere Belastung wäre, eine Kapitalflucht würde ja nur die Zahl der Arbeitslosen vermehren. Als Initiant kannst du das Nötige veranlassen und die ganze Sache abblasen. Danach können wir uns ja über dein Weiterkommen unterhalten.»

Schroff lehnte ich ab, indem ich ihm das gleiche erwiderte wie seinem Parteifreund von der Redaktion. Brechbühl wurde böse und drohte abschließend: «Nun, du wirst die Verantwortung zu tragen haben.»

3. *Akt.* Man hatte mich vor den Parteivorstand zitiert. Parteipräsident *Herzog* eröffnete die Gerichtssitzung. Er bezeichnete mein Vorgehen als undemokratisch, da ich die Parteiinstanzen nicht vorher orientiert hätte, mein Verhalten sei ein krasser Verstoß gegen die Parteidisziplin und die Statuten. Ich solle die Initiative zurückziehen. Regierungsrat *Wenk* hingegen war der Meinung, ein Rückzug der Initiative käme nicht mehr in Frage, sie sei eingereicht, die Partei müsse dazu Stellung beziehen und der Initiant die Verantwortung übernehmen.

4. *Akt.* Beim Quartierverein St. Johann, wo ich Mitglied war, stellte der Parteivorstand das Begehren auf Ausschluß. Ich verteidigte meinen Standpunkt im Quartierverein wie zuvor. In der hitzigen Debatte waren die Meinungen geteilt. Schließlich wurde der Ausschlußantrag mit großer Mehrheit abgelehnt, mir aber wegen parteiwidrigen Verhaltens eine Rüge erteilt.

5. *Akt.* Der letzte Akt spielte in der städtischen Parteiversammlung.

Diese sollte zu meiner Initiative und zugleich zum schweizerischen Parteitag Stellung nehmen. Als Redner des Parteivorstandes sprach Regierungsrat Hauser gegen meine Aktion, ohne auch nur ein einziges Mal meinen Namen zu nennen; er entledigte sich seiner Aufgabe ruhig und sachlich. Nun mußte ich antworten. Inzwischen war ich im Besitze einiger Informationen über die Verhandlungen der roten Regierungsmehrheit mit den bürgerlichen Parteien hinter den Kulissen.

Ich legte abermals die Gründe meines Vorgehens dar und schilderte dann humorvoll und ironisch alle Versuche der Bonzen, mich mürbe zu machen. Darauf Unruhe in der Parteiversammlung. «Skandalös!» hieß es, ein Teil der Mitglieder klatschte, die Versammlungsleitung wurde sichtlich nervös.

Abschließend stellte ich fest: «Wie Sie wissen, wurde vom Bürgertum ein zwölfprozentiger Lohnabbau gefordert. Dazu kommt es nicht. Warum nicht? Ganz einfach. In den Verhandlungen mit den bürgerlichen Regierungsmitgliedern erklärten unsere Vertreter: ‹Wir können niemals einen Lohnabbau in diesem Ausmaß annehmen; wenn die bürgerlichen Parteien darauf bestehen, wird unsere Partei in der Volksabstimmung für die Initiative Thalmann stimmen.› Um diese Gefahr zu bannen, erklärten sich die bürgerlichen Vertreter mit einem Lohnabbau von sechs Prozent einverstanden. Mein angeblich parteischädigendes Verhalten hat also noch vor der Volksabstimmung einen viel drastischeren Lohnabbau verhindert.»

Die Enthüllung schlug ein. Das schwerste Geschütz wurde aufgefahren, doch meine Behauptungen waren nicht zu entkräften. Man konzentrierte sich vor allem auf mein statutenwidriges Verhalten und malte die Kapitalflucht an die Wand. Von einem Parteiausschluß in dieser Versammlung wagte niemand zu sprechen. Natürlich wurde mit großer Mehrheit beschlossen, die Millionärssteuer-Initiative dem Volk zur Ablehnung zu empfehlen.

An der Parteiversammlung nahm als Redner zum schweizerischen Parteitag der Parteipräsident *Reinhard* teil. Er vertrat die Mehrheit des schweizerischen Parteivorstandes, der die Programmrevision im Sinne der Landesverteidigung und der Bewilligung der Militärkredite guthieß. Auf Antrag aus der Versammlung wurde entschieden, daß je zwei Redner pro und contra gehört werden sollten. Wider Erwarten wurde ich zusammen mit *Dr. Mattmüller* von der «Sozialistischen Arbeitsgemeinschaft» als Redner gegen die Befürworter der Programmrevision aufgestellt.

Drei Richtungen waren vertreten: die Mehrheit des städtischen Parteivorstandes, die für die Programmänderung eintrat, eine mittlere Richtung um Friedrich Schneider, die noch mit einer Beschlußfassung zuwarten wollte, und eine Minderheit, die am alten Programm festzuhalten gedachte. Die Redner der Minderheit ernteten viel Beifall, und meine sehr angriffslustige Rede wurde teilweise stürmisch beklatscht. Das ärgerte den schweizerischen Parteipräsidenten Reinhard derart, daß er mich einen «dummen Buben» nannte. Dieser Fauxpas entfesselte einen Proteststurm und hat wahrscheinlich zu dem ganz unerwarteten Abstimmungsresultat beigetragen. Zum Entsetzen der Parteileitung ergab die Abstimmung eine Mehrheit gegen die Programmrevision (nicht wenige von Schneiders Parteigängern entschieden sich in letzter Minute für die Linke). Dem Resultat entsprechend wurden die Delegierten zum Parteitag bestimmt. Ich gehörte dazu.

Die Parteiversammlung hatte die heftige, aber saubere Debatte genossen, und am Schluß der Versammlung wurde – welche Seltenheit! – die «Internationale» gesungen. Beim Verlassen des Saales sah ich mich zufällig neben Gustav Wenk und Ernst Herzog gedrängt; Regierungsrat Wenk kaute verbittert an seiner Brissago und knurrte Herzog zu: «Wir hätten diesen Kerl nie in die Partei aufnehmen dürfen!»

Der Initiative gegen die Basler Millionäre das Genick zu brechen, waren alle Mittel recht. Die Kommunistische Partei hatte erst eine wütende Hetze gegen mich entfacht, doch acht Tage vor der Abstimmung mußte sie sie unter dem Druck ihrer Mitglieder befürworten. Die Sabotage erstreckte sich bis auf das Abstimmungsdatum – es wurde mitten in den Sommer verlegt. Die bürgerlichen Parteien und die Sozialdemokraten betrieben eine wüste Propaganda gegen uns, der wir wenig gegenüberstellen konnten. Mittel hatten wir keine, und mit den Kommunisten hatten wir nichts zu tun. Wir begnügten uns mit einem breiten Klebestreifen, den wir nachts über alle Propagandaplakate pappten. Er trug den schlichten Text «Rupft die Millionäre».

In der Volksabstimmung wurde die Initiative mit einer knappen Mehrheit von 600 Stimmen verworfen.

Der Parteitag der schweizerischen Sozialdemokratie tagte in Zürich, gut vorbereitet von der Parteileitung, die überzeugt war, die Delegierten fest in der Hand zu haben. Es kam anders. Trotz der hervorragenden Rede von Robert Grimm und des Einsatzes der gesamten Geschäftsleitung war die Opposition gegen eine Änderung der Parteilinie viel stärker als vorgesehen. Welscherseits wurde sie getragen von Paul Graber und Leon Nicole; aus der deutschen Schweiz trat keine bekannte, führende Persönlichkeit gegen die Burgfriedenspolitik auf, doch war sich die Mitgliederschaft über den einzuschlagenden Weg noch gar nicht schlüssig. Nach hitzigen und oft konfusen Debatten, in denen sich alle Richtungen durcheinandermischten, wurden die Anträge der Geschäftsleitung überraschend mit fünf Stimmen Mehrheit abgelehnt. Von diesen Stimmen kamen zwei aus der trotzkistischen Richtung, zwei aus Basel und eine aus Zürich. Das unerwartete, nicht einkalkulierte Resultat löste einen unsäglichen Tumult aus. Die Hälfte der Delegierten stand auf, um die «Internationale» zu singen, die andere Hälfte blieb bestürzt sitzen.

Nach einigen Minuten kam ein bleicher Robert Grimm auf die Bühne und verkündete mit erregter Stimme seine Demission. Neue Bestürzung, neuer Theatercoup. Sofort nach Grimm trat der alte *Friedrich Adler*, Sekretär der Zweieinhalbten Internationale, auf und beschwor Grimm in bewegten Worten, seinen Entschluß rückgängig zu machen. Die halbstündige Rede Adlers gab den Drahtziehern die gewünschte Atempause; so konnten sie sich von der Überraschung erholen und neue Manöver einleiten.

Das knappe Abstimmungsresultat wurde angefochten. Ein erneuter Wahlgang erbrachte wieder eine Mehrheit, diesmal von sechs Stimmen, gegen die Geschäftsleitung. Der Parteitag stak in einer Sackgasse. Am Montag, der dem Parteitag folgte, sollte im Nationalrat über die Militärkredite abgestimmt werden. Aufgrund geheimer Absprachen zwischen der Fraktion sozialdemokratischer Nationalräte und den bürgerlichen Parteien hatte es schon so ausgesehen, als würden die Kredite sozialdemokratischerseits erstmals bewilligt werden. Nun hatte der Parteitag genau das Gegenteil beschlossen. Ohne bindende Erklärungen abzugeben, ging der Parteitag zu den anderen Geschäften über. Die heterogene Mehrheit des Parteitages nutzte ihre Chance nicht aus, von der Nationalratsfraktion die verpflichtende Zusage zu verlangen, daß man sich an die Beschlüsse des Parteitages halten werde.

Die Mehrheit der Nationalratsfraktion pfiff dann auch auf den Parteitagsbeschluß und stimmte – bei einigen wenigen Enthaltungen – glatt für die Militärkredite. Die Reaktion auf den offenen Verstoß gegen einen Parteitagsbeschluß war in den Sektionen stark. In Basel erhielt ich den Auftrag, gegen diese Entgleisung eine kleine Broschüre zu schreiben, die dann an die Sektionen versandt wurde. In Biel, Solothurn, Grenchen und anderen Sektionen konnte ich über den Disziplinbruch der Fraktion sprechen und fand Anklang. Unsere Forderung nach Einberufung eines außerordentlichen Parteitages erweckte breite Zustimmung. Dennoch verlief die Aktion im Sande, denn die in Pazifisten, Reformisten, Revolutionäre und religiöse Sozialisten gespaltene Opposition konnte sich nicht zu einer einheitlichen Auffassung durchringen. Taktisch geschickt hatte der schweizerische Parteivorstand eine Urabstimmung der Mitgliedschaft zwar gebilligt, aber um Monate auf später verschoben. Als diese Abstimmung dann endlich durchgeführt wurde, waren wir nicht mehr dabei. Hinter den Pyrenäen waren Wetterwolken heraufgezogen, die für die nächsten Jahre unsere Zukunft bestimmen sollten. Die Stürme im helvetischen Wasserglas waren vergessen.

IM SPANISCHEN BÜRGERKRIEG

Von der Schwierigkeit, nach Spanien zu reisen

Anfang Juli 1936 tippelte Clara mit einem Freund nach Barcelona. Sie wollte als Schwimmerin an der «Spartakiade» teilnehmen, einem Gegenstück zur bürgerlichen Olympiade in Nazi-Berlin. In den Jahren 1932 bis 1934 hatten wir ganz Südspanien von Barcelona bis nach Las Lineas und Gibraltar und anschließend das spanisch-marokkanische Rifgebiet durchwandert. Land und Leute waren uns nicht fremd, wir hatten das spanische Volk kennen und lieben gelernt und von der unendlichen Armut der spanischen Bauern und Tagelöhner in den kleinen Dörfern Andalusiens und Kastiliens unauslöschliche Eindrücke empfangen.

In der Nacht vom 17. auf den 18. Juli sollte die «Spartakiade» in Barcelona eröffnet werden. Die spanischen Generäle begannen ihren Putsch gegen die Republik. Die Nachrichten überstürzten sich. Die spanischen Arbeiter und Bauern, die Republikaner, setzten dem Coup hartnäckigen Widerstand entgegen; große Teile der Iberischen Halbinsel, die Hauptstadt Madrid, die Städte Valencia und Malaga, ganz Katalonien, weite Gebiete Nordspaniens und das Baskenland blieben in den Händen der legalen republikanischen Regierung. Mittelspanien sowie die südspanischen Städte Sevilla, Granada und Córdoba gehörten nach hartem Kampf zum Bereich der meuternden Generäle, und Spanisch-Marokko, von wo der Putsch seinen Ausgang nahm, stand völlig unter ihrer Fuchtel. Mit Unterstützung der spanischen Fremdenlegion und der «Moros», den marokkanischen Truppen, marschierten die Aufständischen gegen die spanische Hauptstadt. Aus den verwirrenden Nachrichten schälte sich nur eine Gewißheit heraus: In Spanien begann ein blutiger Bürgerkrieg, dessen Ausgang nicht abzusehen war.

Was tun? Von Clara und unserem Freund fehlte jede Kunde. Waren sie noch vor dem Putsch nach Spanien gekommen? Konnte man dem Freiheitskampf aus der Ferne tatenlos zusehen? Zwei Tage wartete und zögerte ich, dann quittierte ich meine Arbeit auf dem Bau, löste eine Karte nach Cerbère und fuhr nach Spanien.

Im Bahnhof von Toulouse wehte mir der Gluthauch der Ereignisse entgegen. Hunderte von Spaniern drängten sich ungestüm in den Zug, sangen Lieder ihrer Heimat, schwangen rote und schwarz-rote Fahnen und die Farben der Republik. Vor dem großen Tunnel nach Cerbère standen französische Mobilgarden, alles mußte aussteigen und den Tunnel zu Fuß durchqueren. Die spanische Grenze war von Arbeitern und Bauern besetzt, die, mit alten Jagdflinten bewehrt, Revolver am Gürtel, eine strenge Kontrolle ausübten. Für spanische Bürger gab es keine Schwierigkeiten, die meisten konnten sich mit einem Mitgliedsbuch einer spanischen Organisation ausweisen. Für Ausländer wurde es problematischer. Nach stundenlangem Herumstehen kam ich mit einem jungen Franzosen, der sich zu mir gesellt hatte, an die Reihe. Die Grenzkontrolleure sahen unsere Papiere kaum an. Konnten sie lesen? Mit meinen wenigen spanischen Brocken versuchte ich zu erklären, daß ich am Kampf gegen die aufständischen Generäle teilnehmen wolle. Sie blieben mißtrauisch. Aus ihren Unterhaltungen hörte ich heraus, daß sie keine «Marxistas» ins Land lassen wollten. Wir hatten es mit katalanischen Anarchisten zu tun, deren Abneigung gegen alles, was nach Marxismus roch, mir nur zu gut bekannt war. Mit dem Franzosen zusammen quälte ich mich stundenlang mit den braven Männern ab; sie gaben nicht nach und verweigerten uns hartnäckig die Einreise.

Gegen Abend zogen wir durch den Tunnel zurück. Gemeinsam mit dem Franzosen versuchte ich in der Nacht, durch die bewaldeten Höhen über die Grenze zu schleichen. Es war ein aussichtsloses Unterfangen, wir kannten uns nicht aus, verirrten uns hoffnungslos im Wald, irgendwo wurde dauernd geschossen; wir gaben auf. Erschöpft, hungrig, enttäuscht traten wir den Rückweg nach Toulouse an. Dort hoffte ich, mit Hilfe des Schweizer Konsulats nach Hause fahren zu können. Auf einen zweiten Versuch wollte ich mich besser vorbereiten! Mein Gefährte erwischte bald einen Landsmann, der ihn in seinem Wagen mitnahm. Zwei Stunden später glückte es mir ebenfalls, und am Abend kam ich in Toulouse an. In einem Postbüro fischte ich mir die Adresse des schweizerischen konsularischen Vertreters heraus und marschierte stracks hin. Pech. Es war Samstag, das Büro geschlossen, bis Montag hieß es warten. Bis zur Dunkelheit trieb ich mich in der Stadt herum und legte mich dann vor einer Kirche im Gebüsch aufs Ohr. Ein Tritt in den Hintern weckte mich unsanft auf. Vor mir standen zwei

französische Polizisten und verlangten meine Papiere. Sie schleppten mich auf ein Kommissariat, dort durfte ich in einer Zelle weiterschlafen. Am Morgen mußte ich dem Kommissar meine Situation erklären.
«Na ja», sagte er schließlich zu seinen Untergebenen, «der Mann ist in Ordnung, am Montag wird ihm sein Konsul weiterhelfen, es hat keinen Sinn, ihn in eine verlauste Zelle zu stecken. Lassen wir ihn laufen.»
Draußen war ich, verflogen der Traum von einem warmen Kaffee und einem Stück Brot.
Hungrig und ohne Zigaretten, trieb ich mich den ganzen endlosen Sonntag an den Ufern der Garonne herum. Nach einer langen Nacht erschien ich Montagfrüh als erster und einziger Kunde auf der schweizerischen Vertretung, einem kleinen Büro mit einem einzigen Schalter und Beamten. Freundlich war der Herr nicht. Da ich meinen Hunger eingestand, gab er mir Eßcoupons für eine Volksküche.
«Und meine Rückreise?» fragte ich.
«Gehen Sie zurück, wie Sie gekommen sind, Geld geben wir prinzipiell nicht.»
Erst ging ich mal essen, mit vollem Bauch läßt sich besser verhandeln. Am Nachmittag rückte ich dem Herrn wieder auf die Bude.
«Na, was wollen Sie denn noch?» erkundigte er sich leutselig.
«Ein Rückreisebillet nach Genf, von dort helfe ich mir selbst weiter.»
«Wir haben kein Geld für Touristen, die sich in fremde Händel einmischen», erwiderte er trocken.
«Ich werde mein Billet zurückbezahlen», versicherte ich.
Er lachte hämisch: «Das sagen sie alle, hab' aber noch nie was davon gesehen.»
Energisch ließ er das Schalterfenster niederrasseln. Da stand ich. Von Toulouse nach Genf ist kein Katzensprung. Ich blieb sitzen. Klopfte wieder an seine Scheibe. Hartnäckig. Mit bösem Blick öffnete er abermals.
«Und wenn ich Ihnen meine Armbanduhr als Pfand da lasse?»
Er wurde schwankend, wollte endlich den unbequemen Gast loswerden. Ich hinterlegte meine Uhr und erhielt eine Fahrkarte nach Genf. Von Genf kam ich mit Hilfe von Freunden rasch nach Basel. Stolzer Spanienfahrer war ich nicht.

Zu Hause fand ich eine Karte von Clara aus Barcelona vor: Ich solle sofort nachkommen! Dazu war ich mehr denn je entschlossen.

In der Basler «Arbeiterzeitung» erschien eben ein Bericht von Chefredakteur Schneider über Spanien, der mir allerlei Aufschlüsse gab. Schneider war als Mitglied des Organisationskomitees für die «Spartakiade» nach Barcelona gefahren, mußte aber trotz all seiner Papiere als Nationalrat, Redakteur und Mitglied des Spartakiadekomitees an der Grenze die gleichen Erfahrungen machen wie ich. Ausführlich schilderte Schneider, wie er wütend an der Grenze herumirrte, erbittert, daß ihn nur wenige, aber offenbar unüberwindliche Bahnstunden von den geschichtlichen Ereignissen trennten. Plötzlich stieß er an der Grenze auf Clara.

«Was treiben Sie denn hier?» fragte er sie erstaunt.

«Ich gehe nach Barcelona in die Milizarmee, ich warte nur noch auf eine Mitfahrmöglichkeit», gab sie ihm zur Antwort.

«Wie zum Teufel stellen Sie denn das an, über die Grenze zu kommen, mich weisen diese verrückten Anarchisten doch dauernd zurück!»

Clara lachte und versprach, ihm zu helfen. Sie war mit den anarchistischen Grenzwachen schon gut bekannt, diskutierte und scherzte mit ihnen. Als «rubia», die Blonde, sah man sie überall gern, die Männer waren sehr beeindruckt von ihrem Entschluß, zur Miliz zu stoßen. Aber wie nach Barcelona kommen? Die Bahn verkehrte nicht mehr, es gab keine Autos. Doch Clara lag auf der Lauer. Da wurde an der Grenze ein französischer Automobilist zurückgehalten. Der Mann war verzweifelt, seine Frau und zwei Kinder weilten in Barcelona in den Ferien, er wollte sie aus dem Hexenkessel herausholen. Clara mischte sich ein. Sie versprach dem Franzosen den Grenzübertritt, sofern er bereit sei, drei Personen mitzunehmen. Der Handel wurde sofort akzeptiert, rasch überredete Clara die Grenzwachen – und gondelte stolz mit Armin und Friedrich Schneider in dem französischen Wagen nach der katalanischen Metropole...

Auf diesen Bericht hin ging ich sofort in die Redaktion zu Friedrich Schneider.

«Holen Sie Ihre Frau zurück, es ist heller Wahnsinn, in die Miliz einzutreten. An Mut fehlt es ihr nicht, ich werde nie im Leben vergessen, wie sie mich nach Barcelona brachte. War ein ganz tolles Abenteuer.»

Ich lachte und schlug ihm vor: «Mit Ihrer Hilfe will ich versuchen, sie zu erreichen. Geben Sie mir einen Ausweis als Korrespondent der ‹Arbeiterzeitung›, damit ich nach Spanien hineinkomme.»

Er tat mehr. Zwei Tage später fuhr ich als Berichterstatter der INSA, der schweizerischen sozialistischen Presseagentur, zum zweitenmal Richtung Cerbère. Diesmal in Begleitung von Hans Wirz, einem Freund, der für die Basler «Nationalzeitung» einen Auftrag hatte.

Mit klopfendem Herzen ging es wieder durch den schwarzen Tunnel an die Grenze. Ein amerikanischer Journalist der Hearstpresse hatte sich uns angeschlossen. Händereibend malte er uns die Stories aus, die er seiner Agentur kabeln würde. Noch war es nicht soweit. Unsere Korrespondenten-Papiere erweckten nicht den geringsten Eindruck, fast achtlos schob man sie uns zurück. Wir verlangten einen Übersetzer oder Lesekundigen. Schließlich kam jemand und prüfte unsere Dokumente sorgfältig. Daraufhin entspann sich unter den Männern eine lebhafte Diskussion, aus der wir immer wieder die Worte «Marxistas», «Periodistas» heraushörten. Die Leute lehnten uns ab, kategorisch. Weder von Marxisten noch von Journalisten wollten sie etwas wissen. Es war zum Verzweifeln. Da hatten wir nun unsere prächtigen Ausweise präsentiert – doch die Anarchisten zuckten nur desinteressiert die Achseln, für sie waren das wertlose Papierfetzen. Wütend überschüttete der Amerikaner die Leute, die ihn verständnislos angafften, mit einem englischen Redeschwall.

Unverhofft kam die Wendung. Mein Freund Hans hatte zufällig den Reisebericht von Friedrich Schneider in der «Arbeiterzeitung» mitgenommen; darin waren einige Stempel der anarchistischen Grenzkontrolle abgedruckt. Wir hielten ihnen die deutlich lesbaren Initialen der CNT und der FAI vor die Nase. Ah, das verstanden sie, kannten sie alle. Die Zeitung machte die Runde, mit kindlicher Freude wurden die anarchistischen Zeichen immer wieder bestaunt. Das Eis war gebrochen. Ihre Gesichter wurden freundlicher, sie klopften uns auf die Schultern, als Freunde der «rubia» wollten sie uns passieren lassen. Wir wurden mit Wein traktiert, mit Sardinen und Tomaten versorgt. Noch zwei Stunden mußten wir uns gedulden, bis sie uns in einem halb zerschossenen Lastwagen, der mit Milizionären nach Barcelona fuhr, Platz verschafften. Der Hearstkorrespondent hatte sich wie ein Schoßhündchen an uns gehängt und von der ganzen Prozedur nichts mitgekriegt. Nun stieg er strahlend mit uns ein.

Barcelona 1936

Wilde Fahrt durch Katalonien. Unsere Milizionäre sangen begeistert ihre Kampflieder. Am Straßenrand lagen ausgebrannte Autos und Lastwagen. Vor jedem Dorfeingang und Ausgang versperrten, von Bauern bewacht, Barrikaden den Weg. Erst nach Kontrolle der Papiere durften wir weiterfahren.
Im Hafen von Barcelona wurden wir sofort ins Propagandaministerium geführt. Von *Jaime Miratvitles,* einem Vertreter der katalanischen Links-Republikaner, erhielten wir Ausweise zum Besuch der Front.
In der Stadt waren die Spuren der schweren Kämpfe überall sichtbar: zerschossene Häuser, verbrannte Autos, aufgerissene Straßen. Aus vielen Fenstern der Wohnhäuser hingen weiße Tücher – Zeichen der Ergebenheit, der Waffenruhe oder der Loyalität? Ich kannte Barcelona von meinem früheren Besuch her und steuerte schnurstracks die Rambla de las Flores an, die zu Barcelonas Hauptstraße gehört. Wenn irgendwo, mußte ich da meine Clara treffen. An der Kolumbussäule, dem Eingang zur großen Verkehrsader, empfing uns ein Höllenbetrieb. Eine dichte Menschenmenge drängte sich auf der Straße, die Uniformen der Miliz (einfacher blauer Overall, buntfarbene Mütze) überwogen. An den Farben der Fahnen, der Mützen oder Armbinden erkannte man die Richtung. Schwarz-Rot, die Farbe der Anarchisten, dominierte bei weitem. Lastwagen und Privatautos, mit bis an die Zähne bewaffneten Milizionären besetzt, durchrasten die Straßen in waghalsigem Tempo. Vor Partei- und Gewerkschaftshäusern formierten sich militärische Einheiten mit primitiver Bewaffnung zum Abmarsch an die Front. Jede abrückende Abteilung wurde vom Publikum begeistert gefeiert.

Aus einem Halbdutzend Lautsprechern dröhnten Gesänge, Ansprachen und Nachrichten in die Luft. Alles sah schrecklich martialisch und doch irgendwie gemütlich aus. Ziellos schlenderten Hans und ich auf der Rambla umher und schauten uns den Betrieb an. Plötzlich erblickten wir dicht vor uns Clara. Im blauen Overall, das Gewehr umgehängt, stand sie mitten in einer Gruppe diskutierender Männer.

«Endlich bist du da, ich habe dir schon ein Interview mit *André Nin* organisiert. Du mußt noch heute zu ihm, denn morgen fahre ich mit Armin und unserer Gruppe an die Front.»

«Nur langsam, wir kommen ja eben an, wissen noch nicht, wo wir schlafen, essen, wohin wir an die Front fahren.»

«Ach was, das ist schon alles geregelt, ich war überzeugt, daß du kommst. Ihr schlaft im Hotel Falcon. Die POUM hat das Hotel besetzt und als Unterkunft für ausländische befreundete Organisationen, für Journalisten und Parteivertreter eingerichtet. Jetzt gehen wir gleich zu Nin, ich hab ihn vorbereitet und kann zu ihm, wann ich will.»

André Nin war einer der Führer der POUM. Als jahrelanger Mitarbeiter der Roten Gewerkschaftsinternationale hatte er einige Jahre in Moskau geweilt. Er kannte die Männer der bolschewistischen Partei und der Kommunistischen Internationale ausgezeichnet. Mit Trotzki hatten ihn freundschaftliche und politische Bande verbunden; sie brachen, als Nin in Spanien die trotzkistische Gruppe auflöste und gemeinsam mit *Joachim Maurin* und *Juan Andrade* die POUM gründete. In Moskau hatte ich Nin öfters gesehen, aber keinen Kontakt mit ihm gehabt.

Das politische Hauptquartier der POUM befand sich direkt gegenüber dem Hotel Falcon in einem ehemaligen Theater. Nun stand er vor mir im weiten Saal, in dem noch Theaterrequisiten herumlagen, ein halbes Dutzend Schreibmaschinen klapperten. Dauernd stürmten Milizionäre herein und hinaus. Auch Nin trug die einfache Uniform der Miliz, am Gürtel den Revolver umgeschnallt. Seine pechschwarzen Haare, straff zurückgekämmt, kontrastierten mit seinem bleichen, etwas eingefallenen Gesicht. Nin schien übernächtigt, müde und nervös. Es war ihm anzumerken, daß er zu Interviews wenig Lust verspürte, aber dank Claras intensiver Vorarbeit konnte er sich dem gegebenen Versprechen nicht entziehen. Claras Optimismus und Tatendrang hatten ihn beeindruckt. Nun gab er uns einen knappen Situationsüberblick.

«Zunächst, wir haben Krieg. Es wird ein richtiger langer Krieg werden. Wir sind schlecht organisiert, unser Volk weiß nicht, was Krieg ist. Im Vordergrund stehen der Aufbau einer Armee und die Versorgung der Front. Die Regierung in Madrid ist unfähig, sie wird bald abtreten müssen. Hier in Katalonien hat der Krieg einen absolut revolutionären Einschlag. Praktisch ist die katalanische Regierung unter *Luis Companys* eine Schattenregierung, eine Fassade. Die wirkliche Macht liegt in den Händen des zentralen antifaschistischen Milizkomitees. In ihm sind die CNT, die FAI (die gewerkschaftliche und politische Organisation der Anarchisten), die UGT und die POUM je mit drei Mitgliedern vertreten, die PSUC und die katalanischen Republikaner mit je einem Mitglied. Diese Vertretung entspricht keineswegs den tatsächlichen Verhältnissen. Die Anarchisten müßten entsprechend ihrer Stärke im Komitee die absolute Majorität besitzen; sie verzichten aber darauf, weil sie genau wissen, daß sie über eine sichere Mehrheit im Volk verfügen, und weil sie getreu ihrer Theorie den politischen Machtmitteln keine Bedeutung zumessen. Dieses Komitee ist unsere ‹Räteregierung›. Sie unterscheidet sich aber von allen historischen Vorbildern, da die Anarchisten bekanntlich keine ‹Politik› betreiben wollen und gegen den Staat in jeder Form sind. Gelingt es uns, die anarchistischen Massen zu überzeugen und nicht nur die Wirtschaft, sondern auch die politische Macht zu übernehmen, kommen wir ein gutes Stück weiter. Das wird nicht leicht sein, die anarchistische Tradition ist in Spanien verwurzelt und die russische Politik mit ihren autoritären Allüren behindert diesen Annäherungsprozeß. In den übrigen Provinzen Spaniens ist die Lage anders. In Madrid sind die Sozialisten ausschlaggebend, POUM und Anarchisten schwächer. Im Baskenland werden die Probleme wie bei uns in Katalonien durch die Nationalitätenfrage kompliziert. Auf keinen Fall werden wir in eine künftige Volksfrontregierung eintreten. Die revolutionären Errungenschaften in Katalonien, nämlich die Enteignung der herrschenden Klasse, die Übernahme der Wirtschaft durch die Gewerkschaften, die Kollekti-

vierung des Landes, die Arbeitermiliz und die katalanische Autonomie, sind nicht mehr rückgängig zu machen. Wir bemühen uns, die Entwicklung in Katalonien so zu gestalten, daß sie für das ganze Land richtungweisend wird. Jetzt müssen wir vor allem den Krieg gegen Franco gewinnen. Die beginnenden Einmischungen von Italien und Deutschland in unseren Konflikt können unabsehbare internationale Konsequenzen haben. Im Prinzip ist unser Kampf nur durch revolutionäre Maßnahmen ohne Kompromisse und Zweideutigkeiten zu gewinnen.»
Dieser Darstellung hatten wir, die wir erst ein paar Stunden in Barcelona weilten, nichts hinzuzufügen.

Clara führte uns ins Hotel Falcon. Dort schwirrte ein Schwarm von Journalisten, Politikern, Emigranten aus aller Welt herum, gaben sich sämtliche sozialistischen und kommunistischen Oppositionsgruppen ein Stelldichein. Die SAP, vertreten durch *Max Diamant* und *Willy Brandt*, Funktionäre der KPO – Richtung Brandler, Rätekommunisten aus Holland, Trotzkisten aus Amerika, Frankreich, England, Südamerika, italienische Maximalisten, deutsche Anarcho-Syndikalisten, der Jüdische Bund, sie waren alle da. Als einzige bildeten die italienischen Maximalisten und die SAP eigene militärische Einheiten, die sich der POUM-Miliz eingliederten. Viele dieser Emigranten hatten im Weltkrieg als Soldaten gedient, besaßen militärische Erfahrung, brannten in echter Begeisterung darauf, der spanischen Revolution politisch und militärisch beizustehen. Die Leiter der POUM hatten weder Zeit noch Lust, an den Diskussionen und Fraktionsintrigen dieser Gruppen teilzunehmen. Deshalb bestellten sie den Österreicher *Kurt Landau*, den Leiter der Gruppe «Funke», zum Koordinator und Ratgeber, der die brauchbaren Kräfte dieser Freiwilligen sammeln und organisieren sowie die internationalen Beziehungen ausbauen sollte.

Im Hotel Falcon trafen wir den Österreicher *Franz Borkenau*, einst Leiter des roten Studentenbundes in Deutschland. Nervös, dauernd in Debatten über die Perspektiven des Konfliktes verstrickt, ständig auf der Jagd nach Informationen, schrieb er für englische Zeitungen. Er verfaßte eines der ersten und besten Bücher über den Bürgerkrieg, das unter dem Titel «Spanish Cockpit» erschien. (Erst nach dem Zweiten Weltkrieg lernten wir Franz Borkenau näher kennen und befreundeten uns mit ihm. Er war ein anerkannter Soziologe. Von seinem politischen Temperament ließ er sich dazu hinreißen, sich speziell mit russischen Fragen zu beschäftigen – leider, denn seine Abscheu vor der inhumanen Politik in Rußland trieb ihn oft zu antikommunistischen Positionen und zu einigen Fehlleistungen. Trotzdem sind seine Bücher über den europäischen Kommunismus heute noch lesenswert. Bei Ausbruch des Koreakrieges setzte er sich und seine Familie, da er überzeugt war, ein weltweiter Konflikt stehe bevor, aus Berlin nach Paris ab. Die Familie logierte einige Monate bei uns. Sein früher Tod war ein Verlust für die soziologische Wissenschaft. Er hinterließ einige unvollständige Manuskripte über die Rolandsage, die Geschichte und die Kunst der französischen Kathedralen.)

In dem jungen rumänischen Arzt *Felix Ippen*, den wir aus seiner Basler Studienzeit kannten und der sich der SAP anschloß, verbarg sich unter physischer Trägheit eine lebendige Intelligenz; Ippen ist später als Arzt der Internationalen Brigaden in der Schlacht von Brunete gefallen.

Alle diese Ausländer schliefen in einem großen Saal auf Strohsäcken. Schon in der ersten Nacht brachte uns ein donnerndes Schnarchen um den Schlaf. Der Ruhestörer wurde aufgespürt, wir verschlossen ihm den Mund mit Klebestreifen, ohne daß er erwachte. Wie wir am Morgen lachend feststellten, handelte es sich um den amerikanischen Trotzkisten *Mark Sharron*, der später in Mexiko zur Leibgarde Trotzkis gehörte.

Am dritten Tag unseres Aufenthalts in Barcelona wohnten Hans und ich dem Abmarsch der Gruppe bei, mit der Clara an die Front zog. Stolz marschierte sie in den Reihen der Männer mit und winkte uns fröhlich zu. Sie rückten in ihre Kaserne ein, von wo sie mit Lastwagen an die Front fuhren.

Mit der Verpflegung hatten wir Ausländer in den ersten zwei Wochen keine Schwierigkeiten. Einige Tage lang durfte die gesamte Bevölkerung in den Restaurants und Hotels gratis essen und trinken. Alle diese Betriebe waren kollektiviert und standen unter Leitung der Gewerkschaften. Später konnten sich die Korrespondenten einfach in den Milizkantinen verköstigen; es gab noch keinen Schwarzmarkt, und mit Geld war kein Essen zu kaufen. Bargeld übrigens spielte auch später an der aragonesischen Front, in Madrid, auf all unseren

Frontfahrten eine untergeordnete Rolle. Wir wurden stets von der Miliz verpflegt und sogar mit Tabak und Zigaretten versorgt.

In der zweiten Woche unseres Aufenthaltes in der katalanischen Hauptstadt fand der Prozeß gegen die beim Militärputsch gefangenen Generäle und Offiziere statt. Die Verhandlung war öffentlich. André Nin, der im zentralen Milizkomitee der Justizabteilung vorstand, leitete souverän die Verhandlungen. Hauptangeklagter war General Godet, Militärkommandant von Barcelona, der sich dem Putschisten Franco angeschlossen hatte. Angeklagte und Verteidiger kamen trotz der dauernden stürmischen Unterbrechungen durch das zahlreiche Publikum ausgiebig zu Wort. General Godet wurde zum Tode verurteilt, eine Anzahl höherer Offiziere erhielt Freiheitsstrafen, ein erheblicher Teil der unteren Chargen kam mit Freisprüchen davon. Beim Verlesen der Urteile gab es dramatische Szenen, da Verwandte der Verurteilten und Freigesprochenen im Saal anwesend waren.

Wenige Tage später begann in Moskau der große Schauprozeß gegen Sinowjew und Kamenew ...

Feuertaufe am Monte Aragon

Durch Vermittlung von André Nin konnten wir an die Front von Huesca fahren. Bei Morgengrauen starteten wir; in unserem Wagen saß neben dem Chauffeur ein Mitglied der POUM. Die rötlichen Hügel Aragoniens gleißten in der aufsteigenden Sonne. Unser Mitfahrer war voll Begeisterung und fest überzeugt, die POUM werde in den kommenden Ereignissen eine größere Rolle spielen. Sein einfacher Gedankengang: Nur unsere Partei verfügt über ein ähnliches politisches Dreigestirn wie es die bolschewistische Partei in Lenin, Trotzki, Bucharin besaß. Ihnen entsprachen für die POUM Joachim Maurin, der Organisator, André Nin, der politische Führer, und *Juan Andrade*, der Theoretiker. (Über das Schicksal Maurins, des eigentlichen Begründers der POUM, allerdings herrschte damals Ungewißheit. Er war beim Ausbruch des Bürgerkrieges auf einer Propagandafahrt in Mittel-

spanien vom republikanischen Landesteil abgeschnitten worden. Nun zirkulierten zahlreiche Gerüchte – einmal hieß es, er organisiere in Francos Hinterland Partisanengruppen, dann wieder hörte man, er sitze im Gefängnis von Burgos. Erst nach Kriegsende wurde bekannt, daß Maurin tatsächlich den ganzen Krieg in besagtem Gefängnis verbracht hatte.) Auf diese vereinfachten Thesen war – zumal bei unseren geringen sprachlichen Verständnismöglichkeiten – schwer etwas zu erwidern. So hörten wir denn schweigend zu.
Die zwei Männer lieferten uns in Barbastro, einem Hauptquartier der Anarchisten, ab. Dort wurden wir erneut verladen und erreichten nach einigen Stunden ein kleines Dorf, wo uns Capitán *Medrano* empfing, ein Artillerieoffizier der regulären Armee.
Seiner Einheit wurden wir als Berichterstatter zugeteilt. Medrano, ein junger, schlanker Mann in den Dreißigern, begrüßte uns mit der gewohnten spanischen Grandezza. Um seine Schultern wallte ein Mantel, unter der Nase guckte keck ein Menjoubärtchen hervor. Trotz seiner Höflichkeit fühlten wir, daß wir nicht sehr willkommen waren. Medrano wußte einfach nichts mit uns anzufangen. Er übergab uns einem Unteroffizier, mit dessen Gruppe wir die Kampagne erleben sollten. Medranos Streitmacht bestand aus einer leichten Artillerieabteilung, verstärkt durch eine Kompanie Infanterie und eine Abteilung der Guardia de Asalto, einer Schutztruppe zur Verteidigung der Republik. Zwei «Panzerwagen», in Wirklichkeit mit dickem Blech bestückte Lastwagen, unterstützten die Abteilung. Von den Offizieren abgesehen, waren Artilleristen wie Infanteristen ungediente Arbeiter aus Barcelona und Umgebung. Politisch gehörten sie zur syndikalistischen Richtung von *Angel Pestaña*, einer anarcho-syndikalistischen Abzweigung.
Gruppenführer unserer Einheit war der dicke Lopez, ein rundlicher, gemütlicher Knabe, eher für ein Komiker-Kabarett geschaffen als für den Kriegsschauplatz. Lopez besaß aber organisatorisches Talent, verstand es ausgezeichnet, mit Witz und Geschrei seine Leute zusammenzuhalten. Die zwölf Mann der Gruppe – mit Hans und mir war das Dutzend voll – logierten im Landhaus eines geflohenen Gutsbesitzers. Der Weinkeller war reichhaltig, zu jedem Essen gab es einen guten Roten und Weißen. Wir freundeten uns mit den Männern rasch an, Gebärden und Gesten überbrückten die Sprachlücken.

Am dritten Abend flüsterte sich das Gerücht herum, in der Nacht werde eine Aktion gestartet. Geheimnisvolle Vorbereitungen begannen. Um zwei Uhr morgens gab es Alarm. Die ganze Formation bestieg ein Dutzend Lastwagen, auf die bereits einige Feldgeschütze verladen worden waren. Alles vollzog sich schweigsam. Medrano tauchte hie und da in seinem schwarzen Mantel wie ein Nachtgespenst auf. An der Spitze fuhren die zwei «Panzerwagen», den Schluß bildeten einige Autos mit Medrano und seinen Offizieren.
In der Frühe parkten wir auf einer bewaldeten Hügelkuppe. Man brachte die sechs Geschütze in Stellung, schleppte Munition in die Nähe, traf alle Vorbereitungen zum Feuern. Gegenüber, auf einer etwas höher gelegenen Bergspitze, zeichneten sich in der Morgendämmerung die Umrisse der Bergfestung Aragon ab. Die Entfernung mochte sieben bis acht Kilometer Luftlinie betragen. Im Schutze unseres Hügels stellten sich unsere Infanterie und die Guardia Asalto zum Vormarsch auf. Die beiden «Panzerwagen» sollten den Angriff vortragen. Um fünf Uhr ging die Infanterie hinter den beiden plattenbewehrten Ungetümen im Gelände vor.
Hans und ich hatten uns ganz vorne am Hügelrand bei Capitán *Iglesias*, der das Scherenfernrohr bediente, eingenistet. Von unserem Standort aus konnten wir das Vorrücken der Infanterie gut beobachten. Sie arbeitete sich vorsichtig hinter den zwei blechernen Lastwagen vor, jede noch so geringe Deckung durch die Olivenbäume ausnutzend. Punkt sechs Uhr gab Medrano das Feuerzeichen, und nacheinander donnerten die Geschütze los. Mit bloßem Auge konnten wir die Einschläge feststellen, die Kanoniere zielten viel zu kurz. Salve auf Salve krachte. Capitán Iglesias dirigierte am Scherenfernrohr das Feuer. Nach zehn Minuten saßen die Schüsse besser, einige mußten mitten ins Ziel getroffen haben. Von Zeit zu Zeit ließ uns Iglesias durch das Fernrohr schauen. Von vorne ertönte Gefechtslärm, die Infanterie hatte Feindberührung. Ein plötzliches Sausen in der Luft schreckte uns auf – der Gegner vom Monte Aragon antwortete. Seine Schüsse gingen erst viel zu weit, doch bald hatte sich die feindliche Artillerie von ihrer höheren Stellung aus eingeschossen und faßte unsere Batterie. Zwei oder drei Granaten platzten dicht in der Nähe unserer Geschütze, die Bedienungsmannschaft wurde unruhig. Capitán Iglesias, sehr

nervös, verließ öfters sein Fernrohr. Als die Einschläge präziser wurden, einige Artilleristen Splitter abkriegten, brach Panik aus. Die Kanoniere waren nicht mehr zu halten, Medrano mußte den Rückzugsbefehl geben. In wilder Hast wurden die Geschütze zurückgerollt und wieder auf die Lastwagen verladen. Hans und ich blieben verwaist beim Scherenfernrohr zurück, abwechselnd das Terrain beobachtend. Unsere Infanterie befand sich auf dem Rückzug. Wir warteten auf die Wiederkehr von Capitán Iglesias – vergeblich, er ließ sein Instrument im Stich. Die Panik steckte auch uns an; das Gefühl, allein im Gebüsch zu sitzen und die ganze Kolonne abfahren zu sehen, war unangenehm. Kurzerhand packten wir das Scherenfernrohr trotz der sich mehrenden Einschläge zusammen, rannten damit zum Wagenpark und konnten gerade noch rechtzeitig auf die anfahrenden Wagen aufspringen.

Im ersten Dorf hinter der Hügelkuppe hielten wir an. Medrano versammelte alle Offiziere in einem Bauernhaus zur Beratung, an der wir beide teilnahmen. Er hatte sich beim Laufen einen Fuß verstaucht, den ließ er sich während der Beratung von seinem Adjutanten massieren. Die Aktion hatte Artillerie und Infanterie einige Leichtverletzte gekostet. Die Infanterieoffiziere behaupteten, ein weiteres Vordringen sei unmöglich gewesen, die Truppe sei auf mehrere starke Maschinengewehrnester gestoßen. Der ausgedehnte Kriegsrat erbrachte keine weiteren Erkenntnisse, und nach einem ausgiebigen Mittagessen zog sich die ganze Mannschaft zum obligaten Mittagsschläfchen bis vier Uhr zurück. Besonders aufregend war unsere Feuertaufe nicht ausgefallen.

Bei den Anarchisten in La Zaida und Gelsa

Wir langweilten uns in dem Nest zu Tode. Dauernd hinter der Weinflasche und dem Kochtopf zu sitzen, war ja ganz angenehm, doch wenig interessant. Von den anderen Fronten kamen Nachrichten über harte Kämpfe, die Gerüchte über eine Regierungsumbildung in Madrid

wurden deutlicher. Wir beschlossen, nach Barcelona zurückzugehen. Ich wollte Clara von der Front wegholen und mit ihr zusammen nach Madrid fahren. Dort waren, alles wies darauf hin, bald wichtige politische und militärische Ereignisse zu erwarten.
Aber ich hatte noch einen besonderen Grund. Ich wußte aus Erfahrung, was es bedeutet, eine blonde Frau zu haben, vorausgesetzt, daß die Blondheit echt ist. Auf echte Blondinen sind die spanischen Männer wild. Oft hatten wir, weil Clara eine «Rubia» war, die Bahn gratis benützen können, alle Türen zu den höchsten Amtsstellen hatten sich vor ihr ohne Ausnahme geöffnet. Ihre Zivilcourage, ihr Sinn für tägliche Realitäten, gepaart mit einer oft berückenden Naivität, ihre Verachtung aller offiziellen Autoritäten waren unersetzliche Hilfsmittel. Franz Borkenau drückte das später während der Belagerung von Madrid mit den Worten aus: «Sie wissen ja nicht, was für Gold Sie in Händen haben, mit dieser Frau ist alles möglich.» Ich wußte es nur zu gut.
In Barcelona fand ich nach etlichen Mühen die Verpflegungsabteilung, die Claras Einheit in La Zaida versorgte. Jeden dritten Tag ging ein Lebensmitteltransport dorthin, und wir konnten mitfahren. Hans Wirz, ein passionierter Schürzenjäger, verliebte sich in Barcelona in eine hübsche deutsche Emigrantin und blieb da hängen. Felix Ippen, der noch keinen Frontbesuch hinter sich hatte, schloß sich mir an. Unser Vehikel war voll beladen mit Fleisch, Gemüse, lebenden Hasen und Hühnern in Kisten und Körben, Mehlsäcken, Konservenbüchsen, kleinen Wein- und Olivenölfässern. Drei bewaffnete Milizionäre begleiteten uns. Den ganzen Vormittag fuhren wir in sengender Hitze durch die Ebenen Aragoniens, durstig, müde, gerädert, die Ohren taub vom ewigen Gegacker der Hühner und die Hosen voll Hühnerdreck. Kaum in La Zaida angelangt, suchten wir unverzüglich die Wasserstelle auf, um uns zu waschen und den Durst zu löschen. Sie war belagert von Milizionären, die sich ihre Feldflaschen, Krüge und Fässer mit dem köstlichen Naß füllten.
Ein breiter Sombrero, unter dem blonde Locken hervorquollen, zog mich an: Clara. Stürmische Begrüßung. Sie war braun gebrannt und kerngesund, schleppte uns sofort zu ihrer Gruppe. Ihre Einheit setzte sich aus Spaniern, Italienern, Franzosen und Deutschen zusammen.

Im weiten Hof eines großen Bauernhauses befand sich die Küche; in riesigen Kesseln, bis an den Rand mit Olivenöl gefüllt, brodelten mächtige Hammelkeulen. Koch war der Italiener *Antonio*, militanter Anarchist, fünfzig Jahre alt. Weil er Bombenattentate gegen faschistische Parteihäuser organisiert hatte, mußte er zwei Jahre ins Gefängnis. Nach einigen Jahren Verbannung auf den Liparischen Inseln konnte er entfliehen. Er gelangte nach Paris und zog bei Ausbruch des Bürgerkriegs sofort nach Spanien. Clara und er waren gute Freunde.
Sehr herzlich aufgenommen wurden wir nicht; die Männer hatten eine gesunde Abneigung gegen Journalisten und Fronttouristen. Clara half uns über diese Schwierigkeiten hinweg, es war zu spüren, daß sie Ansehen genoß und auf ihre Stimme gehört wurde.
Die paar Tage in La Zaida wurden hervorragend langweilig. Außer dem Wacheschieben in den Schützengräben geschah gar nichts. Mit viel Überredungskunst kriegte ich Clara herum, mit mir nach Madrid zu fahren. Vor der Abreise wollten wir noch das Hauptquartier der anarchistischen Kolonne *Durutti* in Gelsa besuchen.
Gelsa lag am anderen Ebroufer, ungefähr zehn Kilometer von La Zaida entfernt. Ohne Waffen war eine Flußüberquerung gefährlich, aber nach langen Verhandlungen durften wir Gewehre mitnehmen. Zwei Milizionäre setzten uns in einem Boot über den Fluß und versprachen, uns am Abend zu abgesprochener Stunde zu holen. In der sengenden Sonne zogen wir am Ebroufer entlang. Von irgendwo knallten Schüsse, Kugeln sausten uns um die Köpfe. Unsere in der Sonne aufblinkenden Gewehrläufe hatten uns verraten, wir umwickelten sie mit unseren Taschentüchern und marschierten vorsichtig weiter.
In Gelsa führte man uns in ein schönes altes Kloster, in dessen langgestrecktem, kühlem Refektorium an schweren Tischen über hundert bunt uniformierte Männer der FAI saßen. Sie hatten eben eine Konferenz hinter sich und hockten nun beim Wein zusammen. Ohne Umstände nahmen sie uns in ihren Kreis auf, bewirteten uns, um uns dann mit zahlreichen Fragen zu überschütten. Unter ihnen befand sich *Michel Michaelis*, ein deutscher Anarcho-Syndikalist, der sich bereitwillig als Übersetzer betätigte. Aus seinen Darlegungen ging hervor, daß diese Leute fest überzeugt waren, der iberische Anarchismus werde diesen Kampf mit den Marxisten oder gegen sie siegreich been-

den. Es beflügelte sie eine unüberwindliche Kampfmoral. Aus rauhen Männerkehlen ertönten die Kampflieder der spanischen Anarchisten, oft vom fernen Donner der Kanonen untermalt. Die hartgeschnittenen, von der Sonne gebräunten Gesichter, die kräftigen Gestalten, den Revolver umgeschnallt oder das Gewehr neben sich stehend, boten in dem klösterlichen Raum einen unwirklichen, phantastischen Anblick. Die zwei in ihrem Kreis erlebten Stunden sagten uns über den Kampfgeist und die Ziele der spanischen Anarchisten mehr als alle dicken Wälzer.

Die Rückkehr nach La Zaida gestaltete sich schwierig. Unsere Fergen waren nicht da. Zum Glück entdeckten wir im Ufergebüsch versteckt ein altes Boot, mit dem wir uns über den Fluß hinübertreiben ließen. Mitten im Fluß begegnete uns ein anderes Boot. Freund oder Feind? Wir machten unsere Gewehre schußbereit. Zurufe klärten uns auf, es waren unsere verspäteten Bootsleute.

Clara erhielt nach ausgiebiger Diskussion in ihrer Hundertschaft einen längeren Urlaub bewilligt. Sie war traurig, ihre Kameraden verlassen zu müssen. Die Autobusfahrt nach Barcelona vollzog sich ohne Zwischenfälle.

Madrid, September 1936

Einige Tage vor der Bildung der Volksfrontregierung unter dem Sozialisten *Largo Caballero* trafen wir in Madrid ein. Die politische Atmosphäre unterschied sich von der in Barcelona grundlegend, da hier die Sozialistische Partei und die von ihr beeinflußte UGT den Ton angaben. Das Straßenbild der Hauptstadt war dafür ein ausgezeichnetes Barometer. Hier überwogen die roten Fahnen, die roten Mützen und Armbinden bei weitem; manchmal trugen die roten Fahnen Hammer und Sichel. Die Spanische Kommunistische Partei war noch schwach, ihr Anteil an der Niederwerfung des Militärputsches kaum ins Gewicht gefallen. Jetzt aber konnte sie dank der russischen Hilfe mit einem raschen Wachstum rechnen. Auch in Madrid basierte die Milizarmee noch auf Freiwilligkeit und gliederte sich in politische Richtungen auf. Sozialisten, Republikaner, Kommunisten, Anarchisten und die POUM hatten ihre eigenen militärischen Einheiten. Doch in Madrid war der Einfluß der Zentralregierung deutlich spürbar. Die Volksfrontregierung setzte sich aus Sozialisten, Kommunisten und Republikanern zusammen; Anarchisten und Poumisten waren darin nicht vertreten. Die Regierung unternahm Anstrengungen, um eine straffere militärische Führung, eine Art Oberkommando zu schaffen, stieß aber auf starke Widerstände. Der betont revolutionäre Charakter, der Barcelona prägte, trat in Madrid mehr in den Hintergrund. Die Enteignung der Bourgeoisie hatte sich hier auf die Beschlagnahme von Betrieben und Gütern beschränkt, deren Besitzer geflüchtet waren. Wer sich der Republik ehrlich zur Verfügung stellte, wurde nicht enteignet, eine Arbeiterkontrolle der Gewerkschaften überwachte in diesen Fällen das reibungslose Funktionieren. Auf dem flachen Lande bot sich allerdings ein anderes Bild. Der Boden war kollektiviert und in den Händen der Bauern. Die Mehrheit der Landarbeiter stand unter anarchistischem Einfluß. Außerhalb der Hauptstadt, ja bereits in den großen Vororten mit Arbeiterbevölkerung herrschten fast unumschränkt die lokalen Komitees der Gewerkschaften, der Parteien und der Miliz; ohne ihre Erlaubnis war nichts zu unternehmen, auch Erlasse der Regierung wurden nicht beachtet.

Mit den Papieren der katalanischen Regierung und des zentralen antifaschistischen Milizkomitees präsentierten wir uns auf dem Kriegsministerium. Die Organisation der Kriegskorrespondenten, von denen es knapp ein Dutzend in Madrid gab, lag in den Händen von *Miguel*, einem schweigsamen, undurchsichtigen, aber seine Arbeit beflissen ausführenden Berufsoffizier. Er verfügte über einen kleinen Wagenpark mit Chauffeuren, den die Korrespondenten unter der Bedingung benützen konnten, dem Capitán nach jedem Frontbesuch einen Bericht über den besichtigten Frontabschnitt zu liefern. Capitán Miguel wies uns im Hotel Savoy Quartier an; dort sollten wir auch verpflegt werden. Das Hotel war von der Miliz requiriert. Wir meldeten uns in der Kantine des Hotels, wo man uns erklärte, Verpflegung werde nur gegen Eßcoupons der Miliz abgegeben. Wir mußten die Bons einige Straßen weiter in einer Kirche abholen, die in ein Lebensmittel-

depot umgewandelt worden war. Wir speisten mit den Milizionären zusammen und hörten aus deren turbulenten Unterhaltungen heraus, daß sie eine Höllenangst vor den «Moros» hatten. Über die Grausamkeit dieser marokkanischen Truppen gingen zahlreiche Gerüchte um.
Als Ehepaar erhielten wir ein Zimmer für uns allein, die Milizionäre schliefen auf Strohsäcken, Betten und Decken in den Hotelzimmern. Obwohl die Milizionäre oft von der Front zurückkamen, herrschte eine tadellose Sauberkeit im ganzen Hotel.
Es drängte uns nun zu einem ersten Frontbesuch. Die Nachrichten waren schlecht, der Feind rückte überall gegen Madrid vor. Die erste Fahrt unternahmen wir weit über Toledo hinaus nach Talavera de la Reina, wo der Vormarsch der Franquisten besonders fühlbar war. Unser Chauffeur, ein kleiner, sehniger Andalusier mit einem riesigen Revolver, wagte sich nicht zu weit vor. Er fuhr uns ins Hauptquartier, ziemlich weit hinter der Font. Dort empfing uns sehr höflich der kommandierende General *Asensio*, ein Soldat der alten Schule; er offerierte uns Bonbons, die er selbst eifrig lutschte. Auf einer großen Landkarte zeigte er uns die «Frontlage» und behauptete, der auf der Gegenseite kommandierende General sei sein Bruder. Außer dieser pikanten Einzelheit ernteten wir keine weiteren Informationen.
Schließlich konnten wir unseren widerstrebenden Wagenfahrer überreden, uns weiter nach vorne zu kutschieren. Ohne vom Feind etwas zu hören oder zu sehen, gelangten wir weit über Talavera de la Reina hinaus. Das Städtchen wimmelte von Truppen aller Parteirichtungen, die großen Straßenzüge waren von riesigen Barrikaden versperrt. Sobald wir ein Dorf oder ein Städtchen verließen, wähnte man sich im tiefsten Frieden. Wo war da Krieg? Es gab weder Schützengräben, Patrouillen noch irgendwelche Stellungen. Immer wieder knüpften wir mit den Milizionären hinter den Barrikaden in den Dörfern Gespräche an, erkundigten uns nach der «Front».
«Da, wo geschossen wird», erklärten sie lachend.
«Warum sind lediglich die Dörfer und Städte bewacht? Der Gegner braucht doch nur daran vorbeizumarschieren», fragten wir ahnungslos. Und jedesmal lautete die Antwort: «So etwas gibt es bei uns in Spanien nicht, wir führen den Krieg um unsere Häuser.»
Auf dem Rückweg kamen wir durch das von den republikanischen

Truppen besetzte Toledo. Rund um die Felsenfestung des Alcazar war ein Kordon von Barrikaden und besetzten Häusern gezogen. Die Belagerten schossen sich mit der Miliz in der Stadt herum.

Anfang September begannen zahlreiche ausländische Korrespondenten in Madrid einzutreffen. Die Kriegsberichterstattung organisierte sich, die Regierung richtete eine Zensurbehörde ein, der die Auslandsnachrichten unterbreitet werden mußten. Viele der Journalisten reisten direkt aus Moskau an; beinahe ausnahmslos waren sie Parteikommunisten oder Mitläufer. Die Berichterstatter wurden zusammengefaßt und alle im Hotel Gran Via im Zentrum von Madrid untergebracht. Vorbei war es mit den schönen Tagen im Hotel Savoy, wo wir ständig unmittelbaren Kontakt mit den Milizionären gehabt hatten. Für uns bedeutete die Maßnahme eine einschneidende Änderung, unsere Bewegungsfreiheit schränkte sich ein, wir ahnten Schwierigkeiten. Sie blieben auch nicht aus. Beim ersten gemeinsamen Abendessen der Korrespondenten im Hotel knüpften wir Bekanntschaft mit dem deutschen Schriftsteller *Gustav Regler* an; Regler schrieb Berichte für die «Deutsche Zeitung» in Moskau. Bedingungslos unterstützte er die Stalinsche Politik, beurteilte die Moskauer Schauprozesse als verdiente Abrechnung mit Verrätern und Spionen. Von ihm unzertrennlich war der deutsche Kommunist *Stern*; ihre Gespräche lebten von der Hoffnung auf die einsetzende russische Hilfe, von überquellender Begeisterung über Stalins geniale Politik. Keinen Moment zweifelten die beiden am Sieg. Der Amerikaner *Louis Fisher* schrieb für die «Nation», er repräsentierte den damals häufigen Typ des Fellow-travellers, der, wenn auch ausgeglichener und reservierter, die russische Politik unterstützte. Von Zeit zu Zeit tauchte das fahle Mondgesicht von *Michael Kolzow*, dem Korrespondenten der «Prawda», auf. Kolzow verfügte in Madrid über eine eigene Wohnung und über beste Beziehungen zu den damals schon anwesenden russischen Technikern und Offizieren. Auch Franz Borkenau war dort – übrigens der einzige, mit dem wir offen reden konnten. Er warnte uns vor allzu freien Meinungsäußerungen, da Stalin bereits begonnen habe, seinen Polizeiapparat in Spanien aufzubauen. Borkenau wußte, daß wir längere Zeit der trotzkistischen Richtung angehört hatten. Das taten wir (offiziell) noch und doch schon nicht mehr; der ideologische Bruch war für uns bereits

zu tief, um uns noch als Mitglieder der Vierten Internationale zu betrachten. Wir glaubten nicht mehr an die «verratene Revolution», an die sozialistischen Grundlagen der Oktoberrevolution. Für uns war mit Stalins Herrschaft die offene Konterrevolution ausgebrochen. Von freien Sowjets bestand in Rußland nichts mehr, dafür gab es ein mit Terror wie geschmiert funktionierendes Einparteiensystem. Und dann Kronstadt: Immer wieder hatten wir versucht, die Erklärungen Trotzkis zu verstehen, aber es wollte nicht gelingen. Es gab keine plausible Erklärung für die plötzliche Umwandlung der revolutionären Matrosen von Kronstadt in wilde Gegenrevolutionäre. Nein, diese Männer hatten sich gegen den Parteienterror der Bolschewiki erhoben, sie wollten freie Sowjets, in denen sich alle Parteien und Richtungen ungehindert äußern konnten. Darüber, über die Schauprozesse und die Massendeportationen in die Konzentrationslager Sibiriens, entzweiten wir uns endgültig mit den Trotzkisten.
Diese geistige Haltung hätten die von Stalins Gnaden befeuerten Journalisten nie verstehen können. Schon an einem der ersten Abende kam es zum Disput.
Mit viel Verve und Erbitterung griffen Stern und Regler den Sozialisten *Léon Blum* an, der als französischer Ministerpräsident den ominösen Nichtinterventionspakt zusammen mit England veranlaßt hatte. Die Kritik war um so berechtigter, als bereits bekannt war, daß Hitler und Mussolini Francos Truppen massiv unterstützten. Deutsche und italienische Flugzeuge beherrschten den Luftraum um Madrid, italienische Truppen waren in Cadiz gelandet. Ich fand die Angriffe gegen Blum zu primitiv und schaltete mich ein.
«Ihr habt tausendmal recht, Blum anzugreifen, doch ist er der Alleinschuldige?»
«Was soll das heißen?» riefen Stern und Regler entrüstet.
«Nun, wir haben doch in Frankreich eine von den Kommunisten unterstützte Volksfrontregierung, wie sie sich für die baldige Zukunft auch hier in Spanien abzeichnet. Die französischen Arbeiter besetzen die Betriebe, zwingen die Unternehmer zu großen sozialen Zugeständnissen. Doch weiter geht ihr Kampfwille nicht. Fast drei Monate steht Spaniens Volk nun schon im schwersten Abwehrkampf, ohne daß sich die französischen Arbeiter gerührt hätten. Nicht ein einziger Solidari-

tätsstreik hat stattgefunden. Die Arbeiter, die mit den Fabrikbesetzungen die Unternehmer in die Knie zwangen, sollen nicht stark genug sein, um die Regierung Blum zu zwingen, die Grenzen zu öffnen, materielle und politische Hilfe zu leisten?»
Einige Minuten Schweigen, dann brach der Sturm los, alle redeten durcheinander. Borkenau starrte betroffen auf seinen Teller.
«Unerhört, es sind doch die Führer, die die Arbeiter am Handeln hindern! Zudem haben wir auf Veranlassung der Kommunistischen Partei bereits französische Freiwillige hier!» schrie mir Regler empört entgegen.
Langsam ebbte die Erregung ab. Doch Clara und ich waren fortan suspekt. Das hinderte Regler keineswegs, Clara aufdringlich den Hof zu machen, wobei es zu komischen Intermezzos kam. Es gab im Hotel zwei Aufzüge; fuhren wir nach dem Essen auf unser Zimmer, so drängte sich Regler jedesmal in den Lift, den Clara benützen wollte. Im letzten Moment entschlüpfte sie, und verärgert fuhr er allein hinauf.
Eines Morgens tranken wir an der Hotelbar unseren Kaffee. Ein uns unbekannter Journalist kam herein, der sich sofort für Clara interessierte. Er stellte sich vor: *Arthur Koestler*. Koestler kam gerade aus Sevilla, im letzten Augenblick hatte er das republikanische Lager erreichen können. Koestler schrieb für den «Manchester Guardian». Lebhaft und geistreich schilderte er uns, wie er den in Sevilla kommandierenden Franco-General *Queipo de Laño* auf eine Art interviewt hatte, die diesen sturen und dummen Haudegen vor aller Welt bloßstellte. (Koestler sollte das Interview teuer bezahlen. Der faschistische General hatte geschworen, diesen Kerl am nächsten Baum aufzuhängen, falls er ihn je erwische. Bei der Eroberung von Malaga geriet Koestler in die Hände der Franco-Truppen, kommandiert von Queipo de Laño. In seinem «Spanischen Testament» hat er ein erschütterndes Dokument hinterlassen.)
Rasch hatte sich die Nachricht verbreitet, Talavera de la Reina, das wir wenige Tage vorher noch besucht hatten, sei gefallen. Wir wollten nochmals in die Gegend fahren, um uns zu vergewissern. Die Chauffeure von Capitán Miguel, von denen uns einige gut kannten, liebten uns nicht sonderlich. Sie hatten keine große Lust, für unsere, wie sie fanden, viel zu kühnen Frontexpeditionen ihre Haut zu Markte zu

fahren. Nach einigen Verhandlungen ließ sich José, der uns das erste Mal nach Talavera gebracht hatte, ein zweites Mal überreden.

Wieder ging es an Toledo vorbei. Hinter der Stadt drosselte José das Tempo beträchtlich, reckte seinen dünnen Hals nach rechts und links. Es war nichts zu sehen und zu hören. Silbern leuchteten die Olivenbäume in der herbstlichen Sonne. Vorsichtig nahm José eine scharfe Kurve auf dem etwas schmalen Weg, stoppte unverhofft. Zwei dicht mit Milizionären besetzte Lastwagen näherten sich langsam. Hinter den Wagen, zur Seite, zu Fuß und auf Eseln, eine Kolonne Menschen in wilder Flucht.

«Los Moros, los Moros!» schrien uns die Männer entgegen. Wir stiegen aus. Mit einer raschen Bewegung riß Clara dem verdutzten José den Revolver aus dem Gürtel, sprang vor die Männer, und die Waffe schwenkend, rief sie laut: «Atraz» (Zurück). Wie von Zauberhand gebannt, blieb alles stehen, starrte fasziniert auf die blonde Frau, die ihnen den Weg versperrte. Sie redeten und gestikulierten durcheinander, umringten uns. Wir alle drei, auch José war mutig genug, beruhigten die Männer, wiesen darauf hin, daß kein Schuß fiel, weit und breit keine Mauren zu sehen seien. Hingegen seien doch hier ein kleiner Fluß und Anhöhen, gut geeignet für eine Verteidigung. Allmählich kehrte Ruhe ein und die Vernunft zurück. Einige beherzte Milizionäre übernahmen das Kommando, verteilten ihre Leute zu beiden Seiten des Flusses, postierten sie hinter Felsbrocken und Olivenbäumen. Die Lastwagen wurden auf der Straße quergestellt. Die Panik war vorbei. José, verlegen und beschämt, zugleich stolz, die Flucht seiner Landsleute gebremst zu haben, nahm seine Waffe wieder in Empfang. Wir machten kehrt, wollten rasch Capitán Miguel informieren. Auf dem Rückweg mußten wir die Straße für drei Autobusse freigeben, die mit einigen Offizieren, Milizionären und Abgeordneten der Cortes auf der Suche nach der Front waren. Unter ihnen befand sich die sozialistische Abgeordnete *Marguerita Nelken*. Wir berichteten kurz über unser Erlebnis, dann fuhren die drei Busse bis zum Schauplatz weiter.

Rund um den Alcázar

Wird Toledo in die Hände Francos fallen, oder werden die republikanischen Truppen die Festung Alcázar vorher erobern? Die Bedrohung Toledos erhöhte sich täglich, es war ein Wettlauf mit der Zeit. Mit dem kubanischen Journalisten *Brea*, dessen Sprachkenntnisse für uns wertvoll waren, fuhren wir wieder nach Toledo.
Mitten in der Stadt, auf einer Anhöhe tief in den Fels gemauert, ragte der Alcázar empor, die Militärschule der Kadetten. Die dort verschanzten Rebellen – Kadetten, Offiziere, Guardia Civil – hatten bisher jeden Angriff abgeschlagen. Die Belagerten wurden durch die Luft, wahrscheinlich von deutschen Flugzeugen, verproviantiert. Die Stadt befand sich in den Händen der Republikaner. Rund um die Festung, in Häusern, auf Dächern, hinter Straßenbarrikaden, schossen sich die Milizionäre mit einem unsichtbaren Gegner herum. Da lagen und standen sie hinter den Barrikaden in ihren buntscheckigen Fantasieuniformen: rote Hemden, rot-schwarze Hosen und Halsbinden, Baskenmützen oder breite Sombreros tragend, knallten die Männer von Zeit zu Zeit ihre Büchsen ab. Hinter den Barrikaden kochten sie sich am Holzfeuer ihren Kaffee, in den Schenken der Umgebung klatschten die Dominosteine auf die Marmortische.
In den dem Alcázar ferner gelegenen Stadtteilen war es ruhig. Wäre nicht das Artillerie- und Gewehrfeuer gewesen, so hätte man sich vor der hohen, majestätischen Kathedrale im tiefsten Frieden gewähnt. Kinder spielten auf der Straße, Frauen wuschen ihre Wäsche am Trog, besorgten ihre Einkäufe, Katzen räkelten sich träge in der warmen Sonne.
Wie überall zerfielen die republikanischen Einheiten in politische Richtungen; es gab bürgerliche Republikaner, Anarchisten, Sozialisten, Kommunisten. Ein Oberkommando war nicht festzustellen. Immerhin traten die militärischen und politischen Führer von Zeit zu Zeit zu einem Kriegsrat zusammen, mühten sich um bessere Koordination, um wirksamere militärische Aktionen. Wir durften an einem solchen Kriegsrat teilnehmen. Es gab unüberwindliche Probleme zu bewältigen. Der völlige Mangel an schweren Waffen, zum Beispiel Artillerie,

und an Flugzeugen verhinderte eine gemeinsame, aussichtsreiche Unternehmung. Die Rivalitäten zwischen den verschiedenen politischen Gruppen verbesserten die Atmosphäre nicht. Wohl standen auf einem Hügel vor der Stadt zwei alte, leichte Feldgeschütze, die alle zehn Minuten losböllerten – mit viel Lärm und ohne Wirkung. In langen, stürmischen Verhandlungen, die wir dank Breas Dolmetschen gut verstanden, begriffen wir, um welche Schwierigkeiten es ging. Die in der Festung eingeschlossenen Rebellen hatten bei ihrem Rückzug aus der Stadt eine erhebliche Zahl von Zivilpersonen, Frauen, Kinder, Männer, als Geiseln mitgeschleppt. Konnte man das Leben dieser Gefangenen aufs Spiel setzen? Alle bisherigen Verhandlungen waren ergebnislos geblieben, die Angehörigen dieser Gefangenen indes für größere Aktionen nicht zu haben. Trotzdem beschloß der Kriegsrat, unter der Festung einen Tunnel zu graben und in die Mauern mit Dynamit eine Bresche für einen Angriff zu sprengen.

Wir gingen mit Brea zur «Artillerie» vor den Stadtmauern. Wie immer fühlten sich die spanischen Milizionäre durch die Anwesenheit von Ausländern geehrt. Sie wollten ihre Kriegskunst und ihre Grandezza vorführen. Kaum waren wir bei den Geschützen angelangt, kam der befehlende Offizier zu uns und ließ sofort schneller schießen.

«Will uns die Señorita das Vergnügen machen und selbst einen Schuß abfeuern?» sagte er mit eleganter Verbeugung zu Clara. Lachend willigte sie ein. Die Kanoniere bereiteten alles vor, dann gab ihr der Offizier die Zündschnur in die Hand, kommandierte laut «Fuego», und der Schuß krachte los.

Der Offizier lud uns gleich zum Mittagessen ein. Ab zwölf Uhr war, wie überall üblich, der Krieg bis vier Uhr zu Ende. Die Mittagspause wurde geheiligt; es dauerte monatelang – Marokkaner, Fremdenlegionäre, deutsche und italienische Truppen hielten sich nicht an diese Tradition –, bis die Spanier sich an den «ununterbrochenen Krieg» gewöhnten.

Im Kriegsrat hatten wir gehört, die asturischen Bergarbeiter, von denen eine Gruppe in Toledo weilte, die «dinamiteros», würden am Abend ein Unternehmen starten. Wir wollten dabei sein. In einer Weinschenke verfolgten wir die Vorbereitungen. Ein halbes Dutzend Männer stopften Konservenbüchsen mit Dynamit voll und befestigten ihre Zündschnüre. Jeder hängte sich zwei bis drei Büchsen an den Bauchriemen, dann zogen wir mit ihnen los. Vorerst ging es durch einige leerstehende Häuser, vorsichtig durch Hinterhöfe, wir überkletterten ein paar Mauern und stiegen zuletzt durch eine Dachluke auf ein Hausdach. Schweigend, jeden Lärm vermeidend, krochen wir mit ihnen über mehrere Dächer, uns näher und näher an den Alcázar heranpirschend. Hinter einem Kamin auf hohem Giebeldach blieben wir liegen. Von hier konnten wir hinter die Mauern der Festung blicken. Im Schutze des Kamins wurden die Zündschnüre angesteckt. Eine Minute später flog im hohen Bogen die erste Büchse durch die Luft. Es gab einen Donnerkrach, sofort wurden wir unter Gewehrfeuer genommen. Eine Konservenbüchse nach der anderen landete hinter den Festungsmauern, die Explosionen rissen nicht ab. Die Aktion war geglückt, befriedigt zog sich alles zurück.

Siguenza

Mit Brea unternahmen wir eine Fahrt nach Siguenza. Nachrichten zufolge sollten dort italienische Truppen im Vormarsch sein. Das Städtchen war noch von den legalen Truppen besetzt. Unsere Frage nach der Front wurde ausweichend beantwortet, mit einer Handbewegung nach vorne. Deutlich hörten wir in der Ferne Kanonendonner. Links und rechts der Hauptstraße nach Zaragoza lagen Milizionäre in kaum knietiefen Schützengräben, Gewehr im Anschlag. Es war eine anarchistische Hundertschaft, Bauern aus der Provinz unter dem Kommando einer Frau, *Mica Etschebehere*. Ihr Mann war vor wenigen Tagen in einem Gefecht gefallen. Im Einverständnis mit der Mannschaft übernahm Mica das Kommando. Sie war Argentinierin und mit einem Basken verheiratet. Spanien wurde ihre zweite Heimat.
In einer Unterredung äußerte sie ihre Befürchtung, den gut ausgerüsteten Gegner nicht lange aufhalten zu können. Es fehlte an Waffen, ihre Leute besaßen großenteils nur alte Jagdflinten, jegliche Verbindung nach hinten fehlte, es gab keinen Nachschub. Ohne Hilfe aus

Madrid Siguenza halten, einen wichtigen Riegel in Richtung Zaragoza? Sie zweifelte. Ihre Männer, der Waffen ungewohnt, flüchteten sich bei jedem Fliegerangriff in die nahen Bauernhäuser.

«Die Italiener setzen Tanks ein, jedesmal, wenn die Miliz die Ungetüme sieht, laufen sie wie die Hasen davon. Wir haben nichts, um sie zu bekämpfen. Wenn Sie nach Madrid zurückkehren, berichten Sie, was Sie hier gesehen haben.»

Auf der Rückfahrt wurden wir von Fliegern überrascht; eilig retteten wir uns aufs freie Feld. Unser Chauffeur und Brea warfen sich in den Acker, wickelten sich fest in ihre Decken, um nichts zu sehen und zu hören. Die Maschinen flogen über uns hin und bestrichen uns mit Maschinengewehrfeuer. Clara und ich konnten die Köpfe nicht in die Erde stecken, wir mußten einfach das Hin und Her der Vögel über uns beobachten. Bald war es ohne großen Schaden vorbei. Unser Auto, wir hatten es auf der Straße stehenlassen, wies einige Einschüsse auf, die uns aber an der Weiterfahrt nicht hinderten.

Wenige Tage später fiel Siguenza in die Hände der Italiener. Mica wurde mit etwa dreißig Mann in der Kirche eingeschlossen. Nach wenigen Tagen peinigten sie Durst und Hunger, auf Entsatz war nicht zu hoffen. In heftigen Debatten entschloß sich die Mehrheit der noch kampffähigen Männer zum Ausbruch, eine Minderheit wollte bleiben und sich ergeben. Mica und ihre Männer seilten sich aus einem Kirchenfenster ab, es gelang ihnen, mit geringen Verlusten sich in die nahen Berge zu schlagen. Da die Bauern jeden Weg und Steg der Gegend kannten, entkamen sie glücklich in das republikanische Gebiet.

Radio POUM

Am 30. September fiel Toledo, der Alcázar war befreit. In regelloser Flucht zogen sich die Milizionäre auf die Hauptstadt zurück. Die Franco-Truppen, voran Marokkaner und Fremdenlegionäre, näherten sich unaufhaltsam Madrid; die feindlichen Flugzeuge, unbehindert, begannen die Stadt zu bombardieren. Die ersten Fliegerangriffe richteten heillose Verwirrung an, die Sirenen heulten, die Menschen flüchteten in ihre Keller oder in die U-Bahn. Eine nennenswerte Flugabwehr existierte noch nicht, die wenigen veralteten Flugzeuge, die den Kampf mit den deutschen und italienischen Fliegern aufnahmen, waren Todeskandidaten. Durch die Stadt rasten Feuerwehrautos, Ambulanzen, in zahlreichen Stadtteilen brannten Häuser. Mit einigen Journalisten stiegen wir auf das Dach unseres Hotels, um den wenigen Luftkämpfen zuzusehen, was man uns bald verbot.

Anfang Oktober wurden wir ausländische Journalisten beim gemeinsamen Abendessen von einem heftigen Fliegerangriff überrascht. Pausenlos Einschläge in der nächsten Umgebung. Das große Gebäude zitterte, Fenster barsten, alles sprang verstört und bleich auf.

«In den Keller, rasch», riefen einige.

«Nein, sitzen bleiben, Ruhe bewahren», schrien andere. Manche verschwanden im Keller, die Mehrzahl harrte auf ihren Stühlen still und bedrückt des nächsten Einschlags. Bleich, nervös, sein Taschentuch zwischen die Zähne geklemmt, wanderte Franz Borkenau zwischen unseren Tischen und der Kellertür hin und her. Dann entwarnten die Sirenen. Wir stürzten hinaus; in der Nähe brannten mehrere Häuser. Vor einem Lebensmittelgeschäft war eine Bombe mitten in eine Schlange von Frauen und Kindern gefallen, grünlich-gelb lagen die Leichen auf dem Bürgersteig und der Straße. Verwundete jammerten und schrien, dichte Rauchwolken wogten über den Häusern. Feuerwehr, Sanitäter und Freiwillige arbeiteten fieberhaft. Hilflos standen wir dem Leid und Tod gegenüber.

Mit *Gomez*, einem der Leiter der Madrider POUM-Organisation, hatten wir Freundschaft geschlossen. Kaum vierundzwanzig Jahre alt, Madrilener, gelernter Metallarbeiter, hatte er viel für die Aufstellung einer schlagfertigen Milizabteilung geleistet, die vor Madrid kämpfte. Bei der Niederschlagung der Militärrevolte in Madrid war es der POUM gelungen, ein Hochhaus in der Stadt zu besetzen, in dem sich eine Sendestation befand. Mit Hilfe dieses Senders gab die POUM Nachrichten ins Ausland durch und stellte die Entwicklung des Bürgerkrieges von ihrem Standpunkt aus dar. Der Sender war den Kommunisten und der Regierung ein Dorn im Auge. Mehrmals versuchten die Kommunisten, ihn durch Überfall zu kapern, was dank der Wachsamkeit der Besatzung mißlang.

Wir schlugen Gomez vor, über den Sender auch Texte in deutscher und französischer Sprache ins Ausland zu funken. Ein polnischer Trotzkist, der seit wenigen Tagen in Madrid weilte, wollte Berichte in polnischer Sprache beisteuern. Wir einigten uns mit Gomez über den Inhalt, und Clara sprach in Deutsch und Französisch die von mir verfaßten Sendungen.

«Hier Madrid, Radio POUM. An alle, alle.» Darauf folgte eine genaue Darstellung der Lage Madrids, ein Appell an die Solidarität der ausländischen Arbeiter. Der Hauptparole der Kommunisten: «Erst den Krieg gewinnen, dann die Revolution machen», stellten wir die Losung gegenüber: «Durch die Revolution den Krieg gewinnen.» Schon die ersten zwei Sendungen wirkten. Beim Abendessen der Korrespondenten tobten Regler, Stern und andere Parteitreue wütend gegen den «verräterischen trotzkistischen» Sender.

«Dieses Weib gehört an die Wand gestellt, wir werden sie noch erwischen, mit dieser konterrevolutionären Station räumen wir auf!» schrie Stern außer sich. Wir stocherten schweigend in unseren garbanzos (Knallerbsen). Bei einer unserer Sendungen organisierten die Kommunisten wieder einen Überfall auf das Hochhaus. Wir konnten das Haus nicht verlassen, am Eingang hatte sich die POUM-Wache verbarrikadiert und schoß sich mit den Angreifern herum. Sie kamen nicht durch und traten den Rückzug an.

Als wir eines Tages mit dem Lift in den Senderaum hinauffuhren, stieg mit uns Michael Kolzow ein. Er erkannte uns nicht, verließ den Aufzug einige Stockwerke tiefer. War es Zufall? Oder kundschaftete Moskaus offizieller Berichterstatter den Ort aus?

Aranjuez

Auf der Zensur und im Hotel Gran Via, wo er ebenfalls logierte, lernten wir den Deutsch-Russen *Rodolfo Selke* kennen. Seine vielseitige Sprachbegabung prädestinierte ihn zum Zensorenamt. Sowohl dienstlich wie im persönlichen Verkehr war er ein umgänglicher Mensch. Seit einigen Tagen fand Clara in ihrem Hotelfach jedesmal entweder ein Bündel Spargel oder eine Tafel Schokolade, wahre Leckerbissen in der belagerten Stadt. Der aufmerksame Spender blieb nicht lange unbekannt, Selke war in Clara verliebt und machte daraus bald kein Geheimnis mehr.

Mit ihm und einem polnischen Journalisten beschlossen wir, nach Aranjuez zu fahren. Nach dem Fall Toledos hatte sich ein Teil der republikanischen Truppen nach Aranjuez abgesetzt und sollte jetzt neu organisiert werden. An einem herrlichen Herbsttag starteten wir. Unser Fahrer José hatte sich inzwischen an unsere Frontsucherei gewöhnt. Durch Alleen hoher, sich leise im Wind wiegender Ulmen näherten wir uns dem alten, in ockergelben Farben gehaltenen Schloß. Am Algodor, einem Nebenfluß des Tajo, ist die neue Front, erzählten uns versprengte Milizionäre. Da wollten wir denn hin, an den Algodor. Zuvor wies man uns in den Schloßpark, wo ein Kommandoplatz bestehen sollte. Im weiten Park, unter Büschen und Bäumen, lagen und standen sie, die Geschlagenen von Toledo, ein buntgemischter verlorener Haufen. Einige Offiziere und Unteroffiziere der alten Armee versuchten, Ordnung herzustellen, die zerstreuten Verbände zu reorganisieren. Ein Leutnant, schwarze Binde über dem linken Auge, las von einer Liste langsam die Namen der Kolonnen ab: «Löwen von Valencia», «Schrecken der Sierra», «die Unbesiegbaren» antworteten durch Zurufe, stellten sich zusammen, ihre Ausrüstung wurde geprüft und ergänzt, Instruktoren übernahmen ihre Unterweisung.

Der Leutnant lud uns ein, am Nachmittag an einer Kundgebung der Schriftsteller-Allianz im Schloß teilzunehmen. Der katholische Philosoph *José Bergamin* werde eine Vorlesung über Thomas von Aquino halten, der Schriftsteller *Rafael Alberti* Kriegsgedichte rezitieren und seine Frau *Theresa León* Märchen aus ihrem Kinderbuch vortragen. Wir schauten uns schweigend an, Clara schnitt eine Grimasse. War dazu Zeit? Wir wollten doch die neue Front sehen, wissen, ob sie bestand, ob sie hielt. Unser Zaudern und Widerstreben entging dem Offizier nicht.

«Nun ja, Freunde, das würde Ihnen vielleicht helfen, alles besser zu

verstehen, glauben Sie nicht? Sie sehen den Krieg aus einer anderen Perspektive, und das kann nie schaden, doch wie Sie wollen, Freunde.»
Uns zog es an den Fluß, den Algodor, die neue Front. Wir fuhren weiter, durch langgestreckte Pappelalleen, die zum Schloß hinaufführten. Hinein in die kastilische Ebene, durch sanfte Hügelwellen, blühende und duftende Obstgärten. Kein Laut durchbrach die Morgenstille. José fuhr immer langsamer und vorsichtiger. An einer Wegkreuzung stand eine Tafel. Algodor, 500 Meter, stand da. Fluchend drehte José um, hastete zurück zum Wagen, kurbelte den Motor an und wendete. Wir stürzten in den Wagen, Clara, auf dem Trittbrett, schrie wütend auf José ein: «Die Front, wir wollen wissen, wo die Front ist!» José war bockbeinig, mochte nichts hören, nichts wissen, in diesem Moment haßte er uns, wollte zurück.
Im Schloßpark stand immer noch der Leutnant und rief Namen aus. Der weite Park hatte sich in ein wimmelndes Heerlager verwandelt; eine Feldküche rauchte, Milizgruppen exerzierten, Instruktoren erklärten den Mechanismus der Maschinengewehre, unterwiesen im Gebrauch der Handgranaten.
«Nein, zur Schriftstellertagung wollen wir nicht», antworteten wir auf eine nochmalige Einladung des Offiziers. Er blieb freundlich und zuvorkommend.
«Gehen Sie sich ausruhen. Lassen Sie sich in die Flußschenke fahren, da gibt es einen feinen Wein, einen guten kastilischen Schinken, so etwas finden Sie in Madrid nicht mehr.»
José saß mit einem Kollegen aus dem Kriegsministerium am Wegrand. Sie tranken ihren Wein, dazu ihre Choritza schmatzend. Unbekümmert wetteiferten sie, wer es besser verstehe, aus dem bauschigen Flaschensack den dünnen Weinstrahl in den offenen Mund spritzen zu lassen ...

Franco vor Madrid

Die Lage Madrids wurde täglich bedrohlicher, Francos Truppen standen wenige Kilometer vor der Stadt. Madrid war umzingelt. Nur die Straße über Aranjuez nach Valencia und Katalonien befand sich noch fest in der Hand der legalen Regierung. Im Guadarramagebirge rannte sich der Gegner an inzwischen stark befestigten Stellungen den Kopf ein. Die technische Überlegenheit der Putschisten war eindeutig, vernichtend. Die «Moros», die «Bandera» (Fremdenlegion), die italienischen Einheiten, artilleristisch und fliegerisch gut ausgerüstet und ausgebildet, die Macht der deutschen Messerschmittmaschinen wirkten auf die Kampfmoral der Regierungstruppen niederschmetternd. Die Republik hatte alldem nichts oder doch nur veraltetes Material entgegenzustellen. *André Malraux*, der von Zeit zu Zeit bei den Berichterstattern auftauchte, versuchte mit leidenschaftlicher Energie, die republikanische Luftwaffe zu organisieren. Francos Artillerie, vor der Stadt zusammengezogen, hämmerte nun Tag und Nacht ins Häusermeer. Unter der doppelten Wucht der Fliegerangriffe und des Artilleriefeuers begann Madrids Leidensweg.
Ende Oktober setzten sich Francos Vorhuten in den Vororten von Madrid fest. Im Kreise der ausländischen Korrespondenten begannen nervöse Diskussionen. Wird Madrid fallen? Bleibt die Regierung in der Hauptstadt? Viele bereiteten eine überstürzte Abreise vor, forderten Flugzeuge, um schnell wegzukommen.
Ohne die Initiative der schwankenden Regierung abzuwarten, dekretierten Gewerkschaften und Parteien die allgemeine Mobilmachung. Die Sirenen heulten, die Lautsprecher forderten die Einwohner auf, die Verteidigung der Stadt selbst in die Hand zu nehmen. Das Volk von Madrid erhob sich. Männer, Frauen, Kinder marschierten in langen Kolonnen, Lieder singend, Waffen und Werkzeuge tragend, in die bedrohten Stadtviertel, hoben Gräben aus, schleppten Sandsäcke, bauten Barrikaden aus Steinen und Möbeln, verschanzten sich in den Häusern. Eine neue Energiewelle riß die Bevölkerung mit, die Hauptstadt zu retten. Niemand wußte genau, wo die feindlichen Truppen angriffen, wichtig war nur, sie aufzuhalten, nicht durchzulassen. «No

pasaran» («Sie kommen nicht durch») wurde zur Losung des Tages. Langsam kam Ordnung in den bislang chaotischen Abwehrkampf, nahm die Verteidigung militärische Formen an. Im Hotel wurden wir Berichterstatter nicht mehr bedient, die Kellner hatten ihre Schürzen abgebunden, lagen irgendwo im Schützengraben, hinter Barrikaden, organisierten die Verpflegung für die vorderste Linie. Die Kommunistische Partei, von der russischen Propaganda geführt, von russischen Offizieren geleitet, baute ihr fünftes Regiment auf, aus dem sie in wenigen Wochen eine moderne und schlagkräftige Einheit schuf. General *Miacha*, Offizier der alten republikanischen Armee, wurde zum Oberbefehlshaber von Madrid ernannt. Das Volk brauchte eine Gestalt, ein Symbol, das seinem Verteidigungswillen konkreten Ausdruck gab. Von unserem bisher verschonten Hotel sahen wir nachts die Feuersbrünste, hörten das Sirenengeheul der Feuerwehr und Ambulanzen, das Einschlagen der Geschosse.
Aus Katalonien eilte der anarchistische Führer *Buenaventura Durutti* mit zweitausend Mann Madrid zu Hilfe. Durutti, der populärste Leiter der FAI, fiel schon in den ersten Abwehrkämpfen. Seinen Tod umwitterten dunkle Gerüchte; seine Anhänger ließen durchblicken, er sei von den Kommunisten liquidiert worden.
Die ersten ausländischen Freiwilligen, vier- bis fünfhundert deutsche Emigranten, meist Kommunisten, im Bataillon «Thälmann» organisiert, marschierten Anfang November unter dem Jubel der Bevölkerung durch die Straßen von Madrid. Das Bataillon hatte an der Aragonfront, bei Tardienta, schwere Verluste erlitten. Jetzt krallte sich die kriegsgewohnte Einheit in den Gräben und den zerstörten Häusern des Universitätsviertels fest, schlug die wilden Angriffe der marokkanischen Truppen zurück. Der deutsche Kommunist *Hans Beimler*, ehemaliger Reichstagsabgeordneter, waltete als politischer Kommissar. Beimler fand einen raschen Tod. Auch um ihn wurde gemunkelt, er sei innerparteilichen Intrigen zum Opfer gefallen und hinterrücks erschossen worden.
Das Bataillon «Thälmann», daneben aber auch Tausende von polnischen, jugoslawischen, italienischen und deutschen Antifaschisten mit und ohne Parteibuch, waren die Keimzelle der internationalen Brigaden. In die anarchistischen und sozialistischen Formationen der Volks-

miliz, der POUM, selbst in die bürgerlich-republikanischen Militärverbände reihten sich Freiwillige ein, um die sich keine Legenden woben.

Volksfrontregierung Largo Caballero

Anfang September wurde die bürgerlich-republikanische Regierung durch die Volksfrontregierung des Sozialisten Largo Caballero ersetzt. Der Wechsel war fällig und erwartet. Für den weiteren Verlauf des Bürgerkrieges sollte er entscheidend werden. Das wirtschaftliche, politische und militärische Gewicht des Kampfes trugen die Arbeiterschaft und die Bauern. Sie hatten den Putsch der Rebellengeneräle niedergeschlagen, die Milizarmee gebildet; die Komitees und die Gewerkschaften brachten unter größten Schwierigkeiten die Wirtschaft in Gang, bauten die Verpflegung der Milizarmee und der Zivilbevölkerung auf, versuchten die Landwirtschaft zu kollektivieren. All das hatte in den ersten Monaten gegen die bürgerliche Regierung durchgesetzt zu werden. Die neue Regierung mußte die wirklichen Machtverhältnisse im Lande repräsentieren.
Nach Verhandlungen hinter den Kulissen, an denen der russische Konsul *Marcel Rosenberg* entscheidenden Anteil nahm, wurde die Volksfrontregierung gebildet. Largo Caballero, Präsident der UGT, wurde Ministerpräsident und Kriegsminister. Sein Gegenspieler in der sozialistischen Partei, *Indalecio Prieto*, erhielt das Marine- und Luftfahrtministerium. Zwei Vertreter der kleinen Kommunistischen Partei traten in die Regierung ein: *Uribe* für die Landwirtschaft, *Jesus Hernandez* für Erziehung und Kultur. Fünf bürgerliche Republikaner saßen in diesem Kabinett, das bei einer solchen Zusammensetzung den Volkswillen nur teilweise widerspiegelte. Die starke anarchistische Bewegung wurde gar nicht erst gefragt; es war klar, daß eine Regierungsbeteiligung der Anarchisten nicht in Frage kam. Die Volksfrontregierung sollte den legalen Rahmen der Republik nicht sprengen, die Beziehungen zum Ausland aufrechterhalten. Das konnte aber nur gelingen,

wenn auch im Innern und nicht nur nach außen die Legalität gewahrt wurde. Die Regierung Caballero wollte und sollte eine «starke» Regierung sein. Sie war es nicht und wurde es nicht. Ihre Bildung erweckte in den kämpfenden Massen keinen starken Widerhall, wurde mit Mißtrauen aufgenommen. Die Macht lag bei den Gewerkschaften und den lokalen und regionalen Komitees der Arbeiter, Bauern und der Miliz. Auf diese Unzahl von Gruppen hatte die Regierung wenig Einfluß, sie waren beherrscht von Anarchisten und Sozialisten, die sich um Legalität keinen Deut kümmerten und ohne Rücksicht auf die Regierung ihren Kampf um eine soziale Umwälzung fortsetzten, so wie sie ihn verstanden. Diese «Unkontrollierbaren», wie sie von den Kommunisten genannt wurden, mußten der Regierungskontrolle unterstellt werden. Die russischen Inspiratoren der spanischen Kommunisten versuchten es mit der bewährten Devise «Teile und herrsche» sowie mit politischer Erpressung. Um den Ausschüssen die Macht zu entreißen, forderten sie energisch den Eintritt der Anarchisten in die Regierung. Damit hofften sie, die anarchistische Bewegung zu spalten, ihren Einfluß zu brechen. Das Manöver gelang einige Monate später. Mit der Drohung, sie würden keine Waffen und Lebensmittel mehr liefern, erzwangen sie den Eintritt anarchistischer Führer in die Regierung Caballero. Mit dem Wachsen des russischen Einflusses nahm der Kampf gegen die Komitees scharfe Formen an: Das Bürger- und Kleinbürgertum sollte durch revolutionäre Maßnahmen nicht erschreckt werden. Ziel war die Bildung einer bürgerlichen Republik unter russischer Steuerung. Als «unkontrollierbar» galt den Russen alles, was sie selbst nicht lenken konnten, ob es sich nun um anarchistische, sozialistische oder andere Gruppierungen handelte.

Mit dem Eintritt von *Carcia Oliver* und *Federica Montseny* in die Regierung wurden die Anarchisten die Gefangenen der kommunistischen Politik. Getreu ihrer jahrzehntelangen staatsfeindlichen und antiparlamentarischen Tradition hatten die spanischen Anarchisten sich nie weder an Wahlen noch am Parlamentsbetrieb beteiligt und auch nie Bündnisse mit marxistischen Parteien geschlossen. Die einzige Ausnahme bildeten die Volksfrontwahlen von 1936, als es darum ging, durch einen Wahlsieg die Gefängnistore für über 30 000 Arbeiter zu öffnen, die nach dem asturischen Aufstand verurteilt worden waren.

Das anarchistische Ideal war eine freie Gesellschaftsordnung, aufgebaut auf föderativer Basis von unten nach oben, ohne jedes staatliche Gefüge, durch gesellschaftliche Selbstverwaltung. Jetzt wirkte die Regierungsbeteiligung ihrer Führer wie eine Bombe auf die anarchistischen Arbeiter und Bauern. Die Organisationen der CNT und FAI wurden in ihren Grundlagen erschüttert, zersetzten und zerrieben sich in unaufhörlichen Kämpfen und Zänkereien. Damit war für die Kommunisten der Hauptfeind, auf den sie bisher gar keinen Einfluß ausübten, weitgehend lahmgelegt. Der Feldzug der Kommunisten mit Regierungshilfe gegen die Komitees und die revolutionären Errungenschaften führte innerhalb der anarchistischen Bewegung zu zahlreichen Neugruppierungen. So entstand vor allem in Katalonien die Richtung der «Amigos de Durutti», die am alten anarchistischen Gedankengut festhielt, sich jedoch in der Folge marxistischen Ideen annäherte. Besonders aber wandte sich die «Juventud libertario», die anarchistische Jugendorganisation, gegen die Volksfrontpolitik ihrer Führer.

Es kam in allen Teilen des republikanischen Gebietes zu scharfen Zusammenstößen zwischen anarchistischen und kommunistischen Gruppen. Dem bürgerlichen Flügel der Volksfront behagte die Unterstützung der kommunistischen Strategie; diesen mehr oder weniger republikanischen Vertretern konnte es nur nützen, wenn die Anarchisten und mit ihnen alle revolutionären Elemente ausgerottet wurden. Die Rückgabe der Betriebe an ihre alten Besitzer, des Landes an privatwirtschaftliche Unternehmen ging parallel mit der Zerstörung der landwirtschaftlichen Kollektiven, selbst der Genossenschaften, soweit sie nicht kommunistischer Kontrolle unterstanden. Kurz, die Wahrung der Legalität um jeden Preis mußte zum Konflikt mit all den Elementen führen, die eine revolutionäre, soziale Umwälzung anstrebten. Gleichzeitig mit dem politischen Angriff auf die «Unkontrollierbaren» setzte die polizeiliche Unterdrückung ein. Stalins Sicherheitspolizei etablierte ihren eigenen Apparat neben dem Regierungsapparat, um die physische Liquidierung aller unbequemen Rivalen in die Wege zu leiten. Mit ihrer Erfahrung gelang es ihnen, dafür zahlreiche Teile der Regierungsmaschinerie einzuspannen, zumal sie in ihr überall ihre Vertrauensleute hatten und auf die wirksame Mithilfe ihrer bürgerlichen Partner rechnen konnten.

Die russischen Flugzeuge

Das belagerte und bombardierte Madrid wurde für das Volk zu einer wahren Hölle. Für die Korrespondenten gab es nun keine Frontfahrten mehr, dafür genügte die U-Bahn. Im Hotel kamen wir mit einem Italiener ins Gespräch, der sich an unseren Tisch setzte. Er war Flugzeugtechniker und arbeitete in Alicante. Vertraulich und etwas naiv erzählte er uns, in Alicante ständen seit über einem Monat mindestens fünfzig russische Flugzeuge einsatzbereit.

«Und warum erscheinen sie nicht über Madrid?» war unsere erstaunte Frage.

«Oh, sie werden kommen, glauben Sie mir! Nach allem, was ich gehört habe, werden die Flugzeuge am 7. November, dem Jahrestag der russischen Revolution, da sein. Sie werden sehen, ob ich recht habe.»

Er behielt recht. Am 7. November tauchten zum erstenmal die russischen Flugzeuge am Madrider Himmel auf. Die Bevölkerung erlebte das Schauspiel heftiger Luftkämpfe. Wir sahen sie wieder vom Hoteldach aus mit an. Der Jubel war unbeschreiblich. Auf den Straßen wurde getanzt, demonstriert, musiziert. Die leise Hoffnung, die Stadt werde von nun an nicht mehr unter den feindlichen Fliegerangriffen leiden, erfüllte sich allerdings nicht. Doch wenigstens mußte der Gegner jetzt schwere Verluste in Kauf nehmen, seine Raids wurden vorsichtiger und seltener. Mit dem Einsatz der russischen Flugzeuge und Tanks gewann die Verteidigung Madrids, ja der ganze Kriegsverlauf neue, hoffnungsvollere Perspektiven. Die Regierung Caballero proklamierte ihre Siegeszuversicht, denn jetzt schien zumindest die materialmäßige Überlegenheit Francos ausgeglichen. Diese Hoffnung stützte sich auf die in Volk und Regierung weit verbreitete Meinung, die russische Hilfe werde nun mit voller Wucht einsetzen, die italienische und deutsche Einmischung gebührend beantworten.

Die politischen Wirkungen der russischen Hilfe waren sofort zu spüren. Sprunghaft stieg die Mitgliederzahl der schwachen Kommunistischen Partei an, ihre Forderungen wurden schärfer, ihr militärisches Potential verdoppelte sich. Die russischen Flugzeuge, die Artillerie, die Tanks und die Techniker standen ausschließlich ihren Einheiten zur Verfügung. Von Moskau aus geleitet, organisierten die kommunistischen Parteien der ganzen Welt den Zustrom von Freiwilligen nach Spanien. Freiwillige waren sie wohl alle jene, die in Spanien dem Faschismus Einhalt gebieten wollten; hingebungsvoll, enthusiastisch und naiv, dabei ahnungslos, von welchen Kräften sie gesteuert wurden. Schon im Ausland, vor allem in Paris, wurden die Freiwilligen auf ihre politische Zuverlässigkeit geprüft und dann in Spanien nochmals durchleuchtet, bevor man sie in die internationalen Brigaden schleuste. Anfänglich bildeten sich die Brigaden nach sprachlichen, später als gemischte Gruppen. Ihre militärischen Leiter waren entweder treue Parteikommunisten oder bewährte Mitläufer, die politischen Kommissare ausgewählte kommunistische Parteiführer. Die Kader der Brigaden bestanden zu sechzig Prozent aus Kommunisten, im Hintergrund agierten die russischen Offiziere, Techniker, Spezialisten und Ausrottungsagenten.

Mit den russischen Offizieren, Technikern und Spezialisten konnte kein Kontakt hergestellt werden. Die Leute wohnten in besonderen, jedem Unbefugten streng verschlossenen Gebäuden; mit der Bevölkerung hatten sie kaum Berührung: Die Militärpersonen kamen nicht einmal mit ihren militärischen Einheiten zusammen. Letztere wurden aus dem Generalstabszimmer dirigiert, die Befehlsübermittlung erfolgte durch spanische oder ausländische nichtrussische Kommunisten. Mit den Fachleuten erschienen aus Moskau und dem Westen die Praktiker der Geheimpolizei mit dem Auftrag, alle Gegner der kommunistischen Politik auszumerzen. Den geheimen Polizeiapparat, der mit seinen Tribunalen, Privatgefängnissen und Überfallkommandos unabhängig von der spanischen Polizei und Justiz funktionierte, leiteten die Russen nicht direkt; vielmehr benützten sie auch dazu spanische und ausländische Kommunisten. Die Gegner der Kommunisten sollten diesen Apparat bald zu spüren bekommen und fürchten lernen.

Bei unseren Besuchen an der Stadtfront von Madrid, in Gesprächen mit deutschen und italienischen Freiwilligen auf Urlaub in Madrid merkten wir nur zu oft die feindliche Einstellung dieser Leute gegen alles, was nicht russisch oder nicht kommunistisch war. Auf meine Frage, wie es denn komme, daß nicht ein einziger russischer Soldat, von Infanterieeinheiten ganz abgesehen, in den Brigaden diene, erhielt

ich von diesen Freiwilligen die Antwort: «Bringen Sie Ihre antikommunistische Propaganda woanders an!»
Auf meinen Hinweis, bei Franco stünden doch eine ganze italienische Armee und starke deutsche Einheiten im Einsatz, kam die Erwiderung: «Keine Angst, die Russen kommen noch.» Es war pure Zeitverschwendung. Die moralische Wirkung der russischen Hilfe, die geschickte Propaganda der Kommunisten, die diesen Beistand politisch auszunützen wußte, zauberten das krasse Mißverhältnis zwischen der deutsch-italienischen Waffenhilfe für Franco und der politisch genau dosierten russischen Unterstützung für die Republik glatt hinweg. Voller Mißtrauen, teils zu Tode erschreckt, wandten sich unsere Gesprächspartner von uns ab, mieden uns künftig wie die Pest.
Rodolfo Selke, verliebt wie er war, warnte Clara. Da er öfters mit Russen zusammentraf, hörte und sah er vieles, was anderen verborgen blieb. Er hatte mitgekriegt, wir beide seien sehr verdächtig.
Am 8. November beschloß die Regierung Caballero, ihren Sitz von Madrid nach Valencia zu verlegen. Zur ungehinderten Abwicklung der Regierungsgeschäfte war das wohl notwendig, aber auf das spanische Volk, die Bevölkerung von Madrid wirkte der Entschluß niederschmetternd. Das Volk wollte die Regierung in der Stunde der Gefahr auf ihrem Posten in der bedrohten Hauptstadt wissen.
Selbstverständlich mußte die ganze Kohorte der ausländischen Journalisten mit dem Regierungsapparat umziehen. Das paßte uns nicht, denn wir wollten in Madrid bleiben und in der Miliz aktiv sein. Wir sprachen darum bei der POUM vor, die sofort bereit war, mich aufzunehmen. Frauen allerdings durften laut Regierungsbeschluß jetzt nicht mehr mitkämpfen. Wir waren unentschieden, konnten keinen raschen Entschluß fassen. Rodolfo Selke suchte uns auf, beschwor uns, Madrid den Rücken zu kehren. Wir ließen uns überzeugen. Am 9. und 10. November setzte sich eine lange Autokolonne von Madrid nach Valencia in Bewegung. Es wurde scheußlich. Immer wieder hielten uns örtliche Kontrollen auf, unterzog man die Papiere einer genauen Prüfung und reichte sie dann mit finsterem Gesicht zurück. Einige Male mußten wir ausgiebige Beschimpfungen als Feiglinge hinnehmen. *Rubio Hidalgo*, dem Chef der Zensur, wurde ins Gesicht gespuckt, da er jeweils die Papiere vorzeigte. Den Ministern erging es nicht besser; erst nach langen

Verhandlungen und Telefonaten mit Madrid wurde die Regierungskolonne durchgelassen. Die Arbeiter und Bauern verstanden nur eines: Die Regierung flieht...

Valencia war keine Frontstadt, hier ging das ruhige Provinzleben gemächlich weiter. Wohl wimmelte die Stadt von Militär, doch wußte niemand etwas Genaues über ihre Verwendung. Im Hotel einquartiert, fragten wir uns: Was wird nun? In den Büros herumlungern, die letzten Nachrichten aufschnappen, das lag uns nicht. Wir beschlossen, Spanien für eine gewisse Zeit zu verlassen. Mit Selke und Rubio Hidalgo hatten wir eine lange Aussprache. Da aus Madrid und anderen bedrohten Gebieten Frauen und Kinder zu Tausenden evakuiert worden waren, baten uns Selke und Hidalgo, in der Schweiz die Möglichkeiten zu sondieren, dort spanische Kinder und Waisen unterzubringen. Hinzu kam, daß ich unbedingt über den bisherigen Verlauf des Bürgerkrieges eine kurze Darstellung geben wollte. Aber eines war für uns ausgemacht – wir würden wieder nach Spanien zurückkehren.

Um diese Rückkehr zu sichern, gingen wir in Perpignan auf das Grenzbüro der FAI. Mit unseren Frontpapieren der zahlreichen anarchistischen Kolonnen, die wir besucht hatten, wurden wir gut empfangen, und es half auch, daß Clara blond war.

Während wir uns auf dem Büro mit den anarchistischen Kameraden unterhielten, hörten wir aus einem Nebenzimmer schweizerdeutsche Laute. Zwei junge Schweizer versuchten mühselig, den Anarchisten klarzumachen, daß sie an der Verteidigung der Republik teilnehmen wollten. Als Ausweisdokumente legten sie ihre Militärpapiere vor. Die Spanier verstanden einen blauen Dunst und lehnten mißtrauisch ab. Wir verwickelten die zwei in ein Gespräch. Sie kamen beide aus dem Tessin; der jüngere lebte dort bei seiner Mutter und war Rußlandschweizer, der ältere, ein Zürcher, trieb sich arbeitslos im Tessin herum. Beide waren politisch unbeschriebene Blätter, 21 und 23 Jahre alt, offenbar aufrechte Antifaschisten. Sie wollten sich in das Abenteuer des spanischen Krieges stürzen und verteidigten ihre Absicht energisch. Wir rieten ihnen davon ab, stellten ihnen vor, Spanien benötige eher Waffen und Lebensmittel als Menschen, brauche mehr die revolutionäre Unterstützung der europäischen Arbeiter. Es war

in den Wind gesprochen, sie blieben jeglichen Vernunftsgründen unzugänglich, verlegten sich auf Bitten um unsere Intervention. Die naive Begeisterung rührte uns; wir rieten ihnen, die Sache zu überschlafen und verabredeten mit ihnen nochmals eine Zusammenkunft für den anderen Tag.
Sie waren pünktlich zur Stelle, entschlossener denn je, nach Spanien zu gehen.
«Wenn ihr beide beim Komitee interveniert, lassen sie uns sicher hinein», bettelten sie. Wir taten es. Die Anarchisten kannten uns, auf unsere Bitte hin stellten sie den beiden die Grenzpapiere aus. Wir gaben ihnen verschiedene Adressen in Barcelona und überließen es ihnen, sich einer anarchistischen Organisation oder der POUM anzuschließen.

Helvetisches Intermezzo

Kaum in Basel angelangt, erfuhren wir von Freunden, Clara werde von der Polizei gesucht. Obwohl wir keine blasse Ahnung hatten, was die Polizei von uns wollte, hielten wir es für besser, Clara bei einer Freundin unterzubringen, indes ich unsere Wohnung bezog. Um acht Uhr früh klopfte ein Bote der Hermandad bei mir an und erkundigte sich nach meiner Frau.
«Sie ist noch in Barcelona», log ich ihn ruhig an.
«Ja, dann müssen Sie eben mitkommen, Herr Jud will Sie sprechen.»
Wir zogen gemeinsam auf den Lohnhof. Herr Jud, mein alter «Bekannter», der mich schon etliche Male verhaftet und verhört hatte, begrüßte mich mit saurem Lächeln.
«Na, aus Spanien zurück. Und Ihre Frau?»
«Sie ist noch in Spanien.»
«Wann kommt sie zurück?»
«Das weiß ich nicht.»
Der Kommissar betrachtete mich forschend.
«Kennen Sie einen Herrn Wollenberg?»

«Ja, den kenne ich.»
«Wann haben Sie ihn zuletzt gesehen?»
«Gesehen habe ich ihn noch nie.»
«Wieso wollen Sie ihn dann kennen?»
«Wollenberg ist ein bekannter kommunistischer Journalist, sein Name ist ein Programm.»
«Und Ihre Frau kennt ihn?»
«So wie ich – wenn Sie das kennen heißen.»
«Aber Herr Wollenberg war doch vor einiger Zeit hier in Basel.»
«Keine Ahnung, Herr Jud.»
«Geben Sie mir eine Probe Ihrer Handschrift.»
Ich kritzelte meinen Namen auf einen Fetzen Papier, er verglich ihn schnell mit einem Schriftstück. Ich wußte, daß es ein Grenzschein war. Herr Jud schien enttäuscht, die Regie klappte offenbar nicht ganz. Er zögerte und fragte nochmals: «Wann kommt Ihre Frau zurück?»
«Wahrscheinlich nicht so bald, denn ich gehe auch wieder nach Spanien.»
Damit war ich entlassen.
Erich Wollenberg, den wir natürlich gut kannten, war tatsächlich bei uns in Basel gewesen, bevor wir nach Spanien reisten. Er wollte nach Paris und besaß keinen Paß. Clara holte ihm einen Grenzpassierschein, den Wollenberg mit meinem Namen unterzeichnete, und Clara brachte ihn sicher über die Grenze. Bei seiner Rückkehr aus Frankreich wurde er erwischt, in seiner Rocktasche fand sich noch der Passierschein. Im Verhör mußte ihm entschlüpft sein, daß ihn Clara über die Grenze geleitet hatte. Da das Papier nicht von mir unterschrieben war, konnte Herr Jud gegen mich nichts unternehmen.
Inzwischen sprach Clara in Genf, Lausanne und Neuenburg in gut besuchten Versammlungen über Spanien. In Genf hatte sie eine scharfe, aber sachliche Kontroverse mit *Paul Graber*, dem sozialistischen Nationalrat des Kantons. Graber war ein überzeugter Pazifist. Er gestand auf der Tribüne unumwunden, es falle ihm schwer, gegen diese junge und ehrliche Begeisterung anzutreten.
Während Clara in der französischen Schweiz stürmisch gefeiert wurde, sprach ich in Basel auf vom Gewerkschaftskartell und der Sozialdemokratischen Partei organisierten Versammlungen. Aus Spanien hat-

ten wir eine Menge Plakate der revolutionären Graphiker mitgebracht, die anläßlich der Versammlungen ausgestellt wurden.
Die Stalinisten versuchten jedesmal zu stänkern, erlitten aber überall eine Abfuhr. In Zürich sprach ich im Kreis der Freunde von Fritz Brupbacher. In der zweiten Reihe saß Jules Humbert-Droz, damals noch einer der leitenden Männer der Schweizer Kommunisten. Als die Diskussion begann, verschwand Humbert-Droz stillschweigend.
Am Schluß einer Versammlung in Basel klopfte mir jemand auf die Schulter: *Joseph Burckhardt*. Mit ihm und seiner Freundin Friedel waren wir 1934 durch den Balkan gewandert, in Belgrad hatten wir uns von ihnen getrennt. Wir kannten das Gerücht, Joseph und Friedel hätten sich in seine Vaterstadt Frankfurt am Main verzogen.
«Wo kommst du denn her?» fragte ich ihn.
«Aus Deutschland», sagte er, verlegen lachend.
«Aus Deutschland? Bist du Nazi geworden?»
«Ja und nein. Ich werde dir das erklären. Friedel und ich hatten von der Globetrotterei die Nase voll. Ich wollte wieder nach Spanien zurück, wo ich vorher drei Jahre weilte. Sie lehnte ab. So blieb uns nichts übrig, als nach Deutschland zu gehen. Meine geschiedene Frau verhalf mir zu einer Anstellung bei einer Nazi-Zeitung. Um als Journalist zu arbeiten, mußte ich natürlich in die Partei eintreten, auch Friedel trat ein. Im Herzen war ich alles andere als ein Nazi, aber ich heulte mit den Wölfen. Alles schien gutzugehen. Leider erwachten bei meiner ersten Frau eifersüchtige Regungen, sie wollte wieder mit mir zusammenleben, ich sollte mich von Friedel trennen. Da ich mich weigerte und sie wußte, daß ich früher Mitglied der Kommunistischen Partei gewesen war, drohte sie, mich zu denunzieren, gab mir aber eine kurze Bedenkzeit. Da brach der spanische Konflikt aus, wir entschieden uns, Deutschland zu verlassen und wieder nach Spanien zu gehen. Gestern bin ich in Basel eingetroffen und hörte von deinem Vortrag. Ich hoffe, du hilfst uns, nach Spanien hineinzukommen. Wir wollen dort ehrlich mitanpacken und gutmachen, was wir gesündigt haben. Friedel wird in einigen Tagen eintreffen.»
Schweigend hatte ich der Beichte zugehört.
«Weder für dich, noch für Friedel kann und will ich etwas unternehmen. Für Leute, die zu den Nazis laufen, rühre ich keinen Finger.

Zudem, aus Nazideutschland ins rote Spanien, das könnte euch den Kopf kosten. Jedenfalls rate ich euch ab, nach Spanien zu reisen, du wirst verstehen, unsere Wege gehen radikal auseinander.»
Knapp zwei Monate blieben wir in der Schweiz. Unter dem Decknamen *Franz Heller* schrieb ich eine kleine Broschüre mit dem Titel «Für die Arbeiterrevolution in Spanien». Darin sparte ich nicht mit herber Kritik an der Stalinschen Politik, die eine im Gang befindliche soziale Revolution verhindern wollte und in der zweideutigen Waffenhilfe für Spanien ein Alibi für die Schauprozesse und Massendeportationen suchte. Die Broschüre wurde im Dynamoverlag in Zürich gedruckt, dessen Leiter der Trotzkist Walter Nelz war.
Unsere Verhandlungen mit der schweizerischen Arbeiterkinderhilfe betreffs der spanischen Kinder hatten Erfolg: Die Aktion lief an, und tatsächlich fanden im Verlauf des Bürgerkrieges Hunderte von Kindern in der Schweiz eine Heimstätte.
Nun waren wir bereit, nach Spanien zurückzukehren. Diesmal wollten wir aktiv in der Milizarmee mittun. Die Berichterstattung für die INSA hatte nie richtig geklappt. Nur ein Teil meiner Berichte war erschienen; offenbar hatte die Agentur Siegesnachrichten erwartet, womit ich nicht dienen konnte. Geld hatte ich ein einziges Mal erhalten.
Der Pole *Moulin*, der in Genf Soziologie studierte, wollte uns begleiten. Er gehörte in Genf zur trotzkistischen Gruppe, war vierundzwanzig Jahre alt, groß und hager, mit stark gelichtetem Haar, ein fanatischer Anhänger der 4. Internationale und, wie er nie zu betonen vergaß, ein eiserner Bolschewik. Mit ihm hatte ich schon in der Schweiz harte politische Kämpfe ausgefochten, da wir für seinen Geschmack nicht stubenrein waren. Er brauchte uns aber, um nach Spanien hineinzukommen. Wir gingen über Paris nach Barcelona.

Bei der DAS in Pina

Bei unserem ersten Aufenthalt in Barcelona hatten wir die Bekanntschaft von *Augustin Souchy* gemacht. Souchy war deutscher Anarcho-Syndikalist, übte in der IAA leitende Funktionen aus. Er kannte die spanische Arbeiterbewegung und ihre Geschichte gut. Souchy war mit einer temperamentvollen Pariserin verheiratet, die an Clara viel Gefallen fand. Für uns war durchaus klar, wo wir mitkämpfen wollten. Niemals hätten wir bei den internationalen Brigaden Unterschlupf gefunden. Uns interessierte auch höchlichst die anarchistische Bewegung in Spanien.
Die spanischen Anarchisten, ganz in der Tradition von *Michael Bakunin* lebend, begannen schon 1920 mit einer heftigen Kritik an der russischen Revolution. In Rußland saßen ihre Freunde im Kerker. Seit der Parteiherrschaft der Bolschewiki wurden sie zu erklärten Todfeinden der Theorien von Lenin und Trotzki, sie lehnten überhaupt den Marxismus als Theorie des Klassenkampfes ab. In der blutigen Unterdrückung des Kronstädter Aufstandes, der Vernichtung aller nichtbolschewistischen Richtungen, den Verstaatlichungen, die die Ausbeutung des Menschen nicht aufhoben, dem Aufbau des ungeheuren Armee- und Polizeistaates sahen sie das Konterfei der kapitalistischen Welt. Dem autoritären Sozialismus stellten sie den freiheitlichen Sozialismus entgegen. Staatliche Institutionen und Gewalt waren ihnen in jeder Form ein Greuel. Sie wollten eine freie Gesellschaft, basierend auf den Gemeinden, den Arbeiter- und Bauernorganisationen, auf Körperschaften, die in freier Volkswahl den gesellschaftlichen Aufbau sichern sollten.
Würden sich die Anarchisten im Bürgerkrieg gegen die marxistischen Parteien durchsetzen? Würde die anarchistische Theorie in der Praxis den täglichen Anforderungen des Kampfes, der Organisierung einer Armee, der Wirtschaft und des Verkehrs, der Kollektivierung der Landwirtschaft, kurz all den gewaltigen Problemen des sozialen Umbaus gewachsen sein? Das alles bewog uns zum Anschluß an eine anarchistische Truppe in Katalonien oder an der Aragonfront.
Souchy empfing uns zuvorkommend. Wir setzten ihm unser Anliegen

auseinander. Sofort entspann sich mit ihm eine hitzige Diskussion über den weiteren Verlauf des Kampfes, die Aussichten einer revolutionären Lösung. Auf unsere Kritik der anarchistischen Regierungsbeteiligung entgegnete er unwillig: «Ja, ihr lieben Leute, wie ihr jetzt redet, habe ich vorher auch gesprochen. Steht man aber hinter dem Bürotisch und nicht davor wie ihr, so stellen sich die Probleme anders.»
Das war für uns eine kalte Dusche.
Hinsichtlich unseres Eintritts in die Miliz wies er uns an die DAS (Deutsche Anarcho-Syndikalisten). Die Gruppe unterhielt an der Aragonfront eine Hundertschaft; daß Frauen noch in der Miliz würden mitkämpfen dürfen, bezweifelte er sehr. «Ihr wißt ja, die Regierung in Valencia hat dagegen ein Dekret erlassen. Nun, bei uns in Katalonien entscheiden die Komitees, in eurem Fall das zuständige Milizkomitee. Viel Glück.»
In der uns angegebenen Kaserne trafen wir den Verantwortlichen der DAS, Michel Michaelis. Auch er gehörte zu jenen deutschen Anarchisten, die vor Hitler in Spanien Zuflucht fanden. Michel war überzeugter Anarchist, kannte seinen Bakunin und Kropotkin, für die Marxisten aller Schattierungen hatte er nichts übrig. Doch die Empfehlung von Souchy, unsere Frontpapiere aus Madrid minderten sein Mißtrauen. Nur sei fraglich, ob er Frauen mitnehmen könne. Auf Claras Drängen erklärte er endlich, sie möge immerhin mitfahren, an Ort und Stelle werde die Hundertschaft entscheiden. In wenigen Tagen ziehe er mit dreißig Neuankömmlingen an die Front.
Als wir aus der Kaserne auf die Straße traten, marschierte eine Gruppe ausländischer Freiwilliger unter dem Beifall der Spanier vorbei. Auffällig an dieser ansonsten alltäglichen Schau war, daß eine Frau an der Spitze die Fahne der Republik vorantrug. In der Bannerträgerin erkannten wir Friedel. Also waren sie und Joseph doch hereingekommen. Noch bevor wir an die Front fuhren, hatten wir mit ihr eine Aussprache. Dank ihrer vielseitigen Sprachkenntnisse arbeitete sie seit einigen Tagen als Sekretärin bei der POUM. Sie versicherte uns, sie hätte ihr Abenteuer in Deutschland gebeichtet, was, wie wir feststellten, der Wahrheit entsprach. Joseph Burckhardt hatte sich bei den internationalen Brigaden in Madrid engagiert.
Während der zwei Monate unseres Schweizer Aufenthaltes hatte sich

in Spanien vieles geändert. Beinahe gleichzeitig mit der Bildung der Regierung Caballero war Badajoz gefallen und Spanien in zwei Teile getrennt. Im Norden hatte Franco das ganze Baskenland erobern können, im Süden war Malaga bedroht. Die Aussichten eines Sieges über die Faschisten standen schlechter, das Volk bereitete sich auf eine lange Kriegsdauer vor.

Moulin, der keineswegs beabsichtigte, an die Front zu gehen, nahm sofort Verbindung mit der kleinen trotzkistischen Gruppe auf.

Vor der Abfahrt – wir schliefen in der Kaserne – wurden wir eingekleidet, erhielten Gewehre und Munition. Zu den Gewehren tschechischer Herkunft bekamen wir je fünfzig Patronen. Unser Ziel war das Dorf Pina an der Aragonfront, vor den von den Franco-Truppen besetzten Städten Huesca und Zaragoza.

In einem alten Autobus brachen wir, etwa vierzig Leute, an einem Nachmittag auf. Niemand nahm Anstoß daran, daß Clara mitfuhr. Die neugebackenen Milizionäre waren in der Mehrzahl deutsche Emigranten ohne parteipolitische Bindung, nur wenige waren überzeugte Anarchisten. Wie gewöhnlich gab es unterwegs eine Menge lokaler Kontrollen; Clara versteckte sich jedesmal unter den Bänken, um nicht zurückgewiesen zu werden.

In Pina wurden wir mit großem Hallo von der dort stationierten Hundertschaft begrüßt. Alle zeigten sich begeistert von unserer Ankunft und neugierig auf Nachrichten aus dem Ausland und aus Barcelona. Es war ein bunt zusammengewürfelter Haufen von Antifaschisten aus allen Ländern. Der Stamm bestand aus Deutschen, doch hatten sich auch Holländer, Schweizer, Luxemburger und einige Spanier eingefunden, die sich bei den Ausländern wohl fühlten. Clara wurde gebührend bestaunt und akzeptiert. Außer ihr gab es da noch eine einzige Frau, *Pepita*, eine Spanierin, die gemeinsam mit einem spanischen Arzt den Sanitätsdienst versah.

Als provisorischer militärischer Leiter fungierte ein Saarländer, ein gedienter Frontsoldat des Ersten Weltkrieges. Die endgültige Wahl sollte erst nach der Neukonstituierung der Hundertschaft erfolgen. Michel Michaelis versah die Aufgaben des politischen Leiters, die Bezeichnung Kommissar war verpönt. Er war der weitaus aufgeklärteste von allen und bemüht, aus den Männern überzeugte Anarchisten zu machen, wozu ihn jene unumgängliche moralische Autorität befähigte, die allein Ansehen und Geltung verschaffen kann. Michaelis lebte genau wie jeder andere Milizmann, ohne irgendwelche Vorrechte. Jeder, aber auch jeder einzelne Beschluß in der Formation wurde vorher von der gesamten Mannschaft besprochen, ehe eine Abstimmung dann definitiv entschied.

Unsere Hundertschaft gehörte zu der großen anarchistischen Kolonne Durutti, die in Katalonien und Aragonien eine Milizarmee von dreißig- bis vierzigtausend Mann stellte. Buenaventura Durutti war der in Spanien bekannteste anarchistische Führer gewesen; sein früher Tod bedeutete für die anarchistische Bewegung einen schweren Verlust.

Pina, ein typisches aragonesisches Bauerndorf von etwa zweitausend Einwohnern, lag an den Ufern des Ebro. Unsere Hundertschaft hatte sich in zwei großen, leerstehenden Bauernhäusern einquartiert. Wir schliefen alle im Stroh, jeder bekam zwei Decken. Die Hundertschaft gliederte sich in Zehnergruppen, deren jede einer Bauernfamilie zugeteilt wurde, wo sie essen konnte. Der Verantwortliche der Zehnergruppe – gewählt nach einem bestimmten Turnus – holte das Essen im Verpflegungsmagazin ab und mußte dort jeweils den genauen Bestand der Gruppe angeben, sowie die Zahl der Köpfe der Bauernfamilie, bei der gekocht und gegessen wurde. Täglich erhielten drei Mann den Auftrag, mit der Bauernfamilie gemeinsam das Essen vorzubereiten. In den geräumigen Küchen der aragonesischen Bauernhäuser wurde am offenen Kaminfeuer gekocht. Die betreffenden Bauernfamilien fanden dabei ihren Profit, aßen sie doch auf Kosten der Miliz mit. Das System hat während unseres dreimonatigen Aufenthaltes in Pina nie zu Unzuträglichkeiten geführt.

Alles Land war kollektiviert. Ein von den Bauern gewähltes Dorfkomitee organisierte die Arbeit und die Verteilung der Produkte. Jeden Morgen um sechs Uhr versammelten sich die arbeitsfähigen Bauern mit ihren Geräten und Eseln auf dem Dorfplatz; die zu leistende Arbeit wurde festgelegt und jedem zugewiesen. Der größte Teil des Ertrages an Gemüse, Wein, Früchten, Kartoffeln, Oliven, dazu eine Unmenge Hammelfleisch, wurde von der Armee aufgekauft, der Rest in Barcelona und kleineren Städten des Hinterlandes vertrieben. Als

Arbeitslohn erhielten die Bauern in der Hauptsache Coupons im Wert der abgeleisteten Werkstunden; sie konnten damit alles kaufen; Lebensmittel, Wein, Tabak, Kleider und Schuhe und sogar zum Friseur gehen. Auch für die Kranken, Kinder und Alten war gesorgt. Ein kleiner Teil der Löhnung wurde in Pesetas ausbezahlt, für persönliche Bedürfnisse und falls einer zum Beispiel bestimmte Samen, Pflanzen oder Gemüse besonders gern haben wollte. Natürlich ging so manches Entgelt auch für eine Reise nach Barcelona, Kinos, Restaurants und so weiter drauf.

Das Couponsystem funktionierte auch in der Milizarmee. Hier bestand die Besoldung aus zehn Pesetas pro Tag. Jeder erhielt täglich ein Päckchen Zigaretten oder Tabak; wem es nicht genügte, der konnte zukaufen. Wein und Tabak blieben beschränkt, und mehr als ein Liter Wein pro Mann wurde nicht ausgegeben.

Da nichts im Dorf zu irgendwelchen Sonderausgaben verlockte, sparten die Milizionäre einen schönen Batzen vom wöchentlich ausbezahlten Sold. Der Wunsch, Geld auszugeben, war groß, doch Gelegenheit dazu bot einzig Barcelona. Das Urlaubssystem aber war streng geregelt. Alle drei Monate hatte jeder Anrecht auf eine Woche Urlaub. Wer mehr verlangte, mußte das vor einem Urlaubskomitee begründen, das aus dem politischen und militärischen Leiter und drei Milizionären bestand. Im allgemeinen wurde mit dem Urlaub kein Mißbrauch getrieben.

In unserem Frontabschnitt gab es keine Kämpfe, und so zogen oft einige Trupps Milizionäre mit den Bauern zur Landarbeit aufs Feld. Unsere militärische Ausbildung bestand in Ausmärschen, Schießübungen, Unterweisung im Gebrauch der Handgranaten und im Ausheben von Schützengräben längs dem Ebroufer. Auf der anderen Flußseite lag der Gegner, von dem selten etwas zu sehen war. Gegenüber von Pina, auf der Feindseite des Ebro, hatten Franco-Truppen ein großes, weißes Haus besetzt. Mit den unsichtbaren Insassen des weißen Hauses schossen wir uns gelegentlich herum. Oft war von ferne Kanonendonner zu hören, auch der Lärm von Fliegerangriffen drang manchmal zu uns. Außer einigen Patrouillengängen erfolgten keine militärischen Aktionen. Größere militärische Unternehmungen standen nicht in unserer Kompetenz und waren bei unserer rudimentären Bewaffnung auch vollkommen ausgeschlossen. Es gab in der Hundertschaft vier verschiedene Gewehrmodelle, nämlich tschechische, spanische, französische und mexikanische, meist veraltet. Zu unseren täglichen Beschäftigungen gehörte es, die zu den Gewehren passende Munition zu sortieren. Wir hatten sehr viele Eierhandgranaten zur Verfügung, deren Behandlung nicht ungefährlich war und deren Wirkung beschränkt blieb. Unsere einzige schwere Waffe bestand in einem Maschinengewehr vom Typ Maxim.

Jede Funktion in der Abteilung wurde durch demokratische Wahl besetzt. Die Gewählten konnten jederzeit durch Beschluß der Hauptversammlung abgelöst werden. Die erste große Debatte entstand um die Frage, ob Clara in der Hundertschaft bleiben dürfe. Michaelis hatte das Problem zur Diskussion gestellt. In unserer Zehnerschaft erhob sich keine Opposition gegen sie. Mehrere Abende lang zog Clara von einer Zehnergruppe zur anderen, um ihre Sache zu verteidigen. Als es schließlich in der allgemeinen Versammlung zur Abstimmung kam, siegte sie mit einigen Stimmen Mehrheit – in Anbetracht des bestehenden Regierungsverbotes ein bemerkenswertes Resultat.

An den Feuerstellen, in den Schlafhütten und auf den Hauptversammlungen wurde die Entwicklung des Krieges eifrig besprochen. Manchmal gab Michaelis Informationen und seinen Kommentar dazu. Die Nachrichten waren schlecht. Der Verlust des Baskenlandes wirkte sich militärisch und moralisch katastrophal aus. Italienische Truppen rückten auf Malaga vor. Der zunehmende Einfluß der Kommunisten war unleugbar, mit aller Kraft operierten sie gegen die Milizarmee, forderten die Bildung einer regulären Armee mit Einheitskommando. Im Prinzip waren viele Anarchisten damit einverstanden, doch wollten sie unter keinen Umständen einen russisch-kommunistischen Oberbefehl.

Gerade zu dieser Zeit kam unverhofft unser Zürcher Freund *Heiri Eichmann* in Pina an. Eichmann hatte uns in Zürich gebeten, ihm die Einreise nach Spanien zu erleichtern, wo er mitkämpfen wollte. Da er nicht sofort mit uns reisen konnte, ließen wir ihm die Adresse der Grenzkontrolle in Perpignan zurück. Schon mehrfach hatten wir uns seines Ausbleibens wegen Sorgen gemacht, aber letzten Endes vermutet, er habe seine Absicht geändert. Nun erschien er in Begleitung eines deutschen Emigranten und erzählte seine Geschichte.

Sie waren beide, ohne es zu ahnen, der kommunistischen Grenzkontrolle in die Hände gefallen und sofort wie alle Freiwilligen nach Albacete transportiert worden. Dort regierte der französische Kommunist *André Marty* als Oberkommissar der Brigaden. Im obligaten politischen Verhör entdeckten die kommunistischen Agenten die beiden rasch als unsichere Kantonisten. Statt sie an die Front zu schicken, setzte man sie ohne Federlesen in einer Kaserne fest. Ihr Glück war, daß Marty in seinem blinden Wüten gegen politisch Andersdenkende seit Wochen rücksichtslos alle einkerkerte, denen er politisch mißtraute. In der in ein Gefängnis umgewandelten Kaserne saßen bereits über hundert Anarchisten, Sozialisten, oppositionelle Kommunisten, Freiwillige ohne Parteizugehörigkeit, die alle verdächtig schienen. Die Atmosphäre in Albacete war wie mit Sprengstoff geladen, die gegenseitigen Überfälle und Morde zwischen Anarchisten und Kommunisten häuften sich. Die Explosion erfolgte spontan. Ein Kommando der FAI stürmte nach kurzem Feuergefecht mit den kommunistischen Wachen das Gefängnis und befreite alle Inhaftierten. Eichmann und Gernsheimer konnten nach Barcelona zurückfahren, meldeten sich bei der DAS und fanden den Weg zu uns nach Pina.

An den langen Winterabenden wurden für Interessierte Kurse und Vorträge gehalten. Es ging dabei oft ruppig zu, sobald die Rede auf den Kriegsverlauf kam. Die meisten Mitglieder der Hundertschaft waren weit entfernt davon, Anarchisten zu sein; sie hatte entweder der Zufall oder die Abneigung gegen die Kommunisten in diese Ecke des Kriegsgeschehens verschlagen. Einige zwanzig bekannten sich zu marxistischen Lehren und bildeten einen ziemlich kompakten Block.

Ein kleiner Teil der Milizionäre spielte Karten. Als sich herausstellte, daß dabei um Geld gespielt wurde, setzte es einen großen Skandal. Eine Hauptversammlung befaßte sich mit der Angelegenheit, verurteilte die Schuldigen und bestrafte sie mit vermehrtem Wachdienst. Ein einziges Mal kam es zu einer Sauferei und Prügelei; den Betroffenen wurde bei Wiederholung mit dem Ausschluß aus der Militz gedroht.

Auf einer Hauptversammlung der Hundertschaft lernten wir den Spa-

nier *Manuel* kennen. Manuel, von Beruf Schiffsheizer, hatte alle Meere befahren. Er kauderwelschte in sechs Sprachen und war ein altes, überzeugtes Mitglied der FAI. In irgendeiner Abstimmung votierte Manuel als einziger gegen den von allen unterstützten Vorschlag. Seelenruhig erklärte der Versammlungsleiter: «Also die Sache ist mit einer gegen alle Stimmen beschlossen.» Wie ein Teufel sprang Manuel auf und schrie schrill: «Nichts ist beschlossen, ich bin gegen Diktatur, das ist eine Vergewaltigung!»
In unserer Zehnerschaft befanden sich ein Berliner und ein Sachse. *Willi Joseph* war ein Arbeiter aus den Markthallen von Berlin. Bärenstark, einsneunzig groß, besaß er einen unverwüstlichen, bissig-skeptischen Humor, den er, der keiner Partei angehörte, gerecht auf alle Fraktionen und Fraktiönchen verteilte. Willi war undenkbar ohne seine Mundharmonikas, von denen er stets ein halbes Dutzend in allen Größen bei sich trug. Er ergötzte uns alle mit seinen lustigen Weisen, doch bei entsprechender Laune konnte er auch klassische Sachen blasen. Dauernd zu den tollsten Streichen aufgelegt, erhielt er in der Hundertschaft den Spitznamen «Dorfnarr». Er kannte aber seinen Heine, Goethe und Lessing auswendig, fand in jeder Unterhaltung die passenden Verse, die den Nagel auf den Kopf trafen.
Sein Gegenstück war der «Giftzwerg», ein kleiner, lebendiger, giftspritzender Sachse aus Dresden. *Garlanty* gehörte politisch zur KPO, Richtung Brandler und Thalheimer, und verfügte über ein solides marxistisches Rüstzeug. Die zwei waren unzertrennlich, nahmen an allen Debatten regen Anteil und unterstützten meist die von uns vertretenen Anschauungen.
Die freiwilligen Kurse und Vorträge besuchten regelmäßig dreißig bis vierzig Milizionäre. Neben kulturellen und künstlerischen Problemen stand selbstverständlich das Kriegsgeschehen im Vordergrund. Michaelis verteidigte den offiziellen anarchistischen Standpunkt der CNT und FAI. Seinem ganzen Temperament gemäß, neigte er eher zu einer revolutionären Einstellung, doch in seiner Position konnte er sich mit der marxistischen Kritik nicht identifizieren. Seine Argumentation ließ sich etwa so zusammenfassen: «Um dem spanischen Volk die russische Hilfe zu erhalten, müssen wir mit den Kommunisten wohl oder übel bestimmte Kompromisse eingehen. Aber solange

wir die Betriebe beherrschen, uns auf die Arbeiter- und Bauernkomitees stützen, die Milizarmee auf unserer Seite haben, sind wir in der Lage, den kommunistischen Einfluß zu kontrollieren und weitgehend unschädlich zu machen.»

Unsere Kritik richtete sich gegen die ungenügende Verteidigung und den ungenügenden politischen Ausbau der Komitees als der Basis einer revolutionären Umwälzung, die bereits begonnen hatte. Der Eintritt der Anarchisten in die Volksfrontregierung hemme, ja zerstöre diese revolutionäre Entwicklung; mit ihm sei die anarchistische Bewegung auf die Linie der Kommunisten eingeschwenkt, deren Losung: «Erst den Krieg gegen Franco gewinnen, dann mit der Revolution beginnen» die sozialrevolutionäre Umwälzung verhindere. Der Krieg lasse sich nur durch revolutionäre Methoden und Ziele gewinnen. Die Kompromisse mit der kommunistischen Politik seien heute so tiefgehend, die revolutionären Kräfte bereits so weit geschwächt und zersetzt, daß sich der Bürgerkrieg langsam, aber unaufhaltsam in einen simplen imperialistisch-militärischen Konflikt verwandle.

Michaelis wollte seine Autorität stärken und holte sich aus Barcelona einen versierten anarchistischen Theoretiker, um unsere Kritik zu entschärfen. Die dauernden Niederlagen gegenüber den Franco-Truppen, der Fall Malagas, der sich mitten in unserer Diskussion ereignete, gaben den Debatten einen immer herberen Charakter. Eines Tages lud uns Michaelis vor und erklärte uns, so könne das nicht weitergehen. Nun wußten wir, was die Glocke geschlagen hatte. Da er durchblicken ließ, er könne nicht länger für unsere Sicherheit garantieren, hielten wir Rat. Fünfzehn Mitglieder der Hundertschaft beschlossen, gemeinsam die Front zu verlassen. Michaelis war mit dieser Entscheidung sehr zufrieden und bereitete unserem Abmarsch keine Schwierigkeiten. Er ließ uns sogar die Gewehre mitnehmen, die wir erst kurz vor Barcelona abgeben mußten. Da er uns auch ein Schreiben an die Milizinstanzen aushändigte, das uns berechtigte, im Milizheim zu Barcelona eine Woche Urlaub zu verbringen, vollzog sich der Abschied reibungslos. Michaelis hatte wahrscheinlich übertrieben, als er unsere persönliche Sicherheit gefährdet zu sehen behauptete; ihm ging es mehr darum, unbequeme Kritiker loszuwerden. Immerhin war nicht zu bestreiten, daß die Hundertschaft in Pina im großen Meer der anarchistischen Kolonne Durutti nur ein kleiner Tropfen war, was unserer Kritik natürlich Grenzen setzte.

Eine Woche hausten wir im Milizheim in Barcelona. Für jeden stellte sich die Frage: Sich weiter in Spanien engagieren oder aufgeben? Willi Joseph, Heiri Eichmann, Armin Walter und einige andere hatten die Nase voll und entschlossen sich, Spanien zu verlassen; einige andere traten in ein sogenanntes «Todesbataillon» der Anarchisten ein.

In Barcelona hatte sich vieles verändert. Aus der bisher unscheinbaren PSUC (Katalanische Kommunisten) war eine starke Organisation geworden, deren Hauptaufgabe darin bestand, den Kampf gegen die Trotzkisten, die POUM, die «Unkontrollierbaren» zu führen. Unter Anleitung der russischen Agenten lernte die PSUC ausgezeichnet, wie man das Kleinbürger- und Bürgertum beruhigte und es gegen die revolutionären Elemente aufwiegelte. Im Zusammenspiel mit der katalanischen Generalidad mit *Luis Companys* an der Spitze, die seit Beginn des Bürgerkrieges ein Schattendasein geführt hatte und nur ein Vollzugsorgan des antifaschistischen Milizkomitees gewesen war, gelang es den Kommunisten, eine ganze Reihe von Prärogativen den Milizkomitees zu nehmen und den offiziellen Regierungsstellen zuzuweisen. Die Vertreter der POUM im Milizkomitee waren mit Hilfe russischer Drohungen und Erpressungen aus dem Komitee ausgeschlossen worden. Die führende Rolle der CNT in den Betrieben wurde Stück für Stück abgebaut und kommunistischen Instanzen untergeordnet. Das zentrale Milizkomitee mußte nun wichtige Beschlüsse von der Generalidad bestätigen lassen, deren Bewilligung einholen. Zahlreiche kollektivierte Betriebe wurden den früheren Unternehmern ausgeliefert, die sich «loyal» verhalten hatten.

Die Machtbefugnisse der lokalen Komitees wurden mit allen Mitteln beschnitten. Wo sich Widerstand zeigte, brach man ihn mit legalen und illegalen Methoden. Die vormals dominierende FAI und CNT waren völlig in die Defensive gedrängt, die bislang ungehindert freie anarchistische Presse sowie das Organ der POUM, «La Batalla», sahen sich der strengen Regierungszensur unterstellt und erschienen jetzt öfters mit weißen Stellen.

Die Atmosphäre der Stadt war wie ausgewechselt. Obwohl natürlich noch überall der Milizoverall auftauchte, überwog wieder die Zivilkleidung, die bessere, durchaus bürgerliche Garderobe. Die Ernährungslage verschlechterte sich katastrophal, vor den Lebensmittelgeschäften standen die Frauen in langen Schlangen. Zugleich hatten die feinen Restaurants, wo für Geld alles zu haben war, wieder geöffnet. Da verkehrten Zivilisten mit undurchsichtiger Beschäftigung, viele Offiziere der «Volksarmee» in nagelneuen Uniformen, eine Menge Bürokraten aller Schattierungen. Mit sämtlichen Lebensmitteln außer dem streng rationierten Brot blühte ein schwunghafter Schwarzhandel. Der alte gesellschaftliche Gegensatz, der in der Revolutionsperiode fast ganz verschwunden war, feierte fröhliche Urstände. Die ehemaligen Begrüßungsformeln tauchten wieder auf, das «Salud» der Milizionäre hieß jetzt wieder «Buenos dias», die Anrede nicht mehr «Compañeros»; das alte «Señor» und «Señorita» ließ jeden wissen, daß das Leben wieder «legal» und «normal» geworden war.

Mit Erbitterung mußten die Milizionäre der FAI, der CNT und der POUM die frischgebackenen Offiziere der «Volksarmee» in ihren adretten Monturen herumstolzieren sehen. In geschniegeltem Khaki, glänzenden Schaftstiefeln, moderne Pistolen umgehängt, bildeten sie einen dramatischen Kontrast zu der zerlumpten Kluft der hier urlaubernden Milizionäre. Die Revolutionsbegeisterung war einer dumpfen Resignation gewichen. Sprachen die Leute vom Krieg, und das war jetzt gar nicht so oft der Fall, dann nur um zu fragen: Wann hört er auf?

Politisch befanden wir uns im Niemandsland. Vom Trotzkismus hatten wir uns ideologisch gelöst. Der offiziellen anarchistischen Politik, die, naiv und romantisch, den Kriegsanforderungen wie den russischen Manövern nicht gewachsen war, standen wir kritisch ablehnend gegenüber. Die POUM? Sie war eine Minderheit, von heftigen Richtungskämpfen geschüttelt, den täglichen verleumderischen Angriffen der Kommunisten ausgesetzt, die sie als verbrecherische trotzkistische Organisation denunzierten. Dazu stieß sie, die marxistische Partei, auch bei den Anarchisten auf scharfe Ablehnung. Das änderte sich zum Teil erst, als auch die Anarchisten mehr und mehr Zielscheibe der kommunistischen Angriffe wurden. Trotzdem beschloß ich, in die POUM-Miliz einzutreten.

Bei der POUM

Wir wurden mit zwei Kameraden aus Pina sofort aufgenommen, nicht jedoch Clara. Nun waren die Zeiten endgültig vorbei, da Frauen in vorderster Linie mitkämpfen konnten. Trotzdem fuhr sie mit uns an die Front. Die uns zugewiesene Einheit war ein Stoßtrupp aus Deutschen, Holländern und wenigen Spaniern. Die deutschen Emigranten kamen fast ausschließlich aus der SAP und machten 80 Prozent der Formation aus. Ihr Quartier lag in Fananas, einem Dorf in der Nähe von Sietamo, an der Aragonfront. In einigen Punkten unterschied sich das Leben von demjenigen in Pina. Gegessen wurde in einer Kantine, das Kochen besorgte eine Feldküche. Die Besoldung betrug noch immer zehn Peseten, doch gab es Offiziere mit höherem Sold, überdies auch straffere Disziplin und eine Befehlsausgabe wie in einer regulären Armee. Das Milizsystem der Anarchisten war hier schon stark durchlöchert. Einen Tag lang blieb Clara bei uns, dann kehrte sie nach Barcelona zurück, wo sie mit Moulin wieder Verbindung aufgenommen hatte.
Bataillonschef war der ehemalige deutsche Fremdenlegionär *Hans Reiter*, ein Haudegen ohne jede politische Meinung. Wie sich bald herausstellte, war es auch mit seinen militärischen Kenntnissen nicht weit her.
Schon in der ersten Woche gab es Nachtalarm. Binnen einer Viertelstunde waren wir auf Lastwagen verfrachtet und sausten davon. Nach kurzer Fahrt wurden wir ausgeladen und umstellten in weitem Kreis eine Waldlichtung. Ein seltsames Bild bot sich uns da im Morgengrauen: Auf einer großen Wiese lagerten etwa zweitausend Milizionäre, ohne Waffen, in den buntscheckigen Monturen der FAI. Wir umzingelten diesen Haufen, ohne zu ahnen, für was wir hier eingesetzt wurden. Im Gespräch mit den Männern erfuhren wir, daß es sich um eine Einheit einer anarchistischen Kolonne handelte, die sich geweigert hatte, länger an der Front zu bleiben. Seit Monaten ohne Ablösung in der vordersten Linie, hatten sie mehrere verlustreiche Scharmützel durchgestanden und schwere Einbußen erlitten. Eine größere, gemeinsam beschlossene militärische Aktion scheiterte blutig, da die republika-

nischen und kommunistischen Truppen nicht wie angeordnet zur Unterstützung herbeieilten. Die Männer waren fest überzeugt, daß es sich um Sabotage handelte. Diese «Meuterer» sollten wir bewachen? Scham und Wut packte mich; denn um Polizei zu spielen, war ich nicht gekommen. Den anderen Kameraden ging es ebenso, wir verständigten uns, sandten einen Kameraden zu Reiter und verlangten kategorisch, zurückgenommen zu werden. Reiter wußte natürlich von nichts, setzte sich aber sofort mit dem Oberkommando der POUM in Verbindung. Eine halbe Stunde später konnten wir abziehen. Den anarchistischen Kameraden hatten wir deutlich zu verstehen gegeben, daß unsere Sympathien auf ihrer Seite lagen, und so verabschiedeten wir uns von ihnen herzlich.

In einer dunklen Aprilnacht schob ich am Dorfeingang Wache. Die Dorfkirchenuhr schlug Mitternacht, als ein Motorradfahrer herangerast kam und nach dem Bataillonsbüro fragte.

«Was ist los?» fragte ich ihn.

«Alarm», erwiderte er knapp.

Fünf Minuten später gellte die Trompete, in aller Eile bestiegen wir unsere Wagen und fuhren davon. In der Ferne war Geschützdonner zu vernehmen, dem wir uns rasch näherten. Hinter einer Gruppe Olivenbäume duellierte sich eine leichte Artillerieabteilung mit dem Feind. Der Feuerleitoffizier fiel mir auf, weil er weiße Handschuhe trug. (Später stellte sich heraus, daß es sich um den belgischen Sozialisten *Kopp* handelte; er geriet nach den Maitagen in die Hände der russischen Polizei und konnte erst nach einer internationalen Kampagne befreit werden.)

Wir sprangen ab und formierten uns. Reiter erläuterte kurz: «Der Gegner ist in unsere Stellungen eingedrungen, wir müssen ihn wieder hinauswerfen, in zehn Minuten gebe ich das Zeichen zum Angriff.»

Wir pflanzten die Bajonette auf und warteten. Das Zeichen kam. Die Internationale singend, stürmten wir in das nächtliche Dunkel. Der Kanonendonner dauerte an. In der Finsternis war nichts zu sehen. Neben mir lief Georg Gernsheimer, ein Pfälzer, wir erkannten uns nur an der Stimme. Plötzlich schlugen wir lang hin, beide waren wir über knöchelhohen dünnen Draht gestolpert. Im gleichen Moment setzte von vorne rasendes Maschinengewehrfeuer ein, dicht über unseren

Köpfen sausten die Geschosse dahin. Sich aufzurichten war reiner Selbstmord; keuchend lagen wir nebeneinander im Gras. Rings um uns hörten wir Stimmen, Gebrüll, Explosionen, sahen flüchtige Schatten springender Männer, leblose Gestalten am Boden liegen. Ein starker Schlag ganz in der Nähe ließ den Boden erzittern, ein kurzer Blitz erhellte die Nacht, jemand begann laut zu stöhnen: «Madre, madre...»

«Die Schweine schmeißen uns Handgranaten an den Kopf!» schrie mir Georg ins Ohr. Das Maschinengewehrfeuer brach plötzlich ab, wir konnten uns erheben. Wir rannten zu dem Verletzten, der sein «Madre, madre» in die Nacht jammerte. Es war ein Spanier, von einer Handgranate verwundet, zusammen trugen wir ihn zum Gefechtsstand zurück. Nach und nach kamen die meisten unserer Leute zurück, ein Teil von ihnen hatte sich bis in die – leeren – feindlichen Gräben vorgearbeitet. Zwei Deutsche und ein holländischer Kamerad waren gefallen, es gab mehrere Leichtverletzte, darunter der Spanier, der nicht zu unserer Einheit gehörte.

In Katalonien, der anarchistischen Hochburg, war das Milizsystem im Prinzip intakt geblieben, während es den Kommunisten im übrigen Spanien gelungen war, ein Volksheer unter ihrer Führung zu bilden. Sie konnten allerdings die politisch-militärischen Formationen nicht aufheben, unterstellten sie aber ihrem militärischen Oberkommando. Nun versuchten sie dasselbe mit aller Energie auch in Katalonien. Die FAI, die CNT, vor allem die «Juventud Libertario» leisteten dagegen verzweifelten Widerstand. Die Schaffung einer regulären Armee war ihnen ihrer ganzen Tradition nach verhaßt. Sie wollten am Milizsystem festhalten, seiner Freiwilligkeit, der Wahl der Offiziere, der demokratischen Gleichheit. Keineswegs leugneten sie die Notwendigkeit einer besseren Organisation, einer einheitlichen Kriegsführung, doch glaubten sie, das sei auch auf der Basis der Milizarmee und ohne die Vorherrschaft einer politischen Partei zu erreichen. Mochte die politische Schulung, das intellektuelle Niveau der anarchistischen Arbeiter und Bauern gering sein, sie wußten und fühlten instinktiv, daß die Aufhebung des Milizsystems das Ende der revolutionären Periode einleitete. Dem wachsenden Einfluß der kommunistischen Parteiherrschaft wollten sie sich nicht unterwerfen.

Bei der POUM, einer marxistischen Partei, war der Widerstand gegen eine reguläre Armee geringer, vielleicht auch deshalb, weil ein Teil der POUM stark autonomistisch eingestellt war und ein anderer Teil den überragenden Einfluß der Anarchisten brechen wollte.
Diese Entwicklung spürten wir in der Einheit der POUM sehr deutlich. Die formale Disziplin wurde immer stärker betont, die Besoldung war bereits gestuft, jetzt sollten die Offiziere von der Mannschaft gegrüßt werden. Zum öden Gewehrgriffeklopfen kam, daß man die bisherigen praktischen Übungen durch Kehrtwendungen sowie Sauberkeitsprüfungen der Waffen und Uniformen ersetzte. All diese Erscheinungen wurden in der Gruppe lebhaft diskutiert. Die Mehrheit, Mitglieder der SAP, befürwortete die Bildung einer regulären Armee, hielt das Milizsystem für überholt und veraltet, einer wirksamen Kriegsführung nicht gewachsen. Mit einigen wenigen verfocht ich den Milizgedanken, wies auf die wahren Hintergründe der angeblich nur militärischen Reformen hin.
Inzwischen hatten mehrere Exemplare meiner Broschüre Eingang in Spanien gefunden. Auch in unserem Bataillon wurden die dort vertretenen Gedanken besprochen; viele ahnten wohl, wer hinter dem Pseudonym steckte, obwohl ich es nie lüftete.
Da ich mit meinen Befürchtungen allein auf weiter Flur blieb, stand ich vor der Entscheidung, mich in das von den Kommunisten dirigierte Volksheer einzugliedern oder die Front zu verlassen. Ich entschied mich für das letztere. Reiter, dem ich meine Ansicht vortrug, war bitterböse, warf mir Feigheit vor und erklärte, die Bewilligung zum Verlassen der Einheit müsse ich beim Militärkommando der POUM einholen. Als Reiter einige Tage später ins Hauptquartier von Sietamo fahren mußte, nahm er mich mit. Ganz offen vertrat ich vor dem Militärkommando meine Auffassung. Die Männer hörten mir schweigend zu, berieten sich in katalanischer Sprache, die ich nicht verstand, und erklärten sich dann mit meiner Entlassung einverstanden. Auf der Rückfahrt sagte mir Reiter, er werde bereits am nächsten Tag ganz in die Nähe von Barcelona fahren, um für die Truppe Wein einzukaufen, und ich könne mitkommen.
Die Kameraden nahmen meine Entlassung und Rückkehr nach Barcelona sehr frostig auf. Einige machten kein Hehl aus ihrer Ansicht,

meine politische Begründung sei nur ein Vorwand, um mich zu drücken.

Mit Reiter fuhr ich nach Abgabe der Waffen und Effekten los. In jedem größeren Dorf hielten wir an, und Reiter probierte in den Weinkellern den Wein. Genußvoll sog er aus dem ins Faß getauchten Schlauch tiefe Züge, um die Güte des Weines zu prüfen. Lange vor der Hauptstadt war er schon ordentlich besoffen und wurde gesprächig.

«Weißt du, mein Lieber», vertraute er mir an, dabei dauernd aufstoßend, «ich hätte dich ja unterwegs abknallen können, kein Hahn hätte nach dir gekräht. Schon bei deiner Ankunft im Bataillon wurde mir vom Militärkommando befohlen, auf dich gut aufzupassen, du seist als gefährlicher Trotzkist bekannt. Ich habe ja keine politische Meinung und verstehe von deinen Ansichten nichts, aber persönlich habe ich nichts gegen dich, ich laß' dich laufen. Mach was du willst, sieh zu, daß du einen Wagen bis nach Barcelona bekommst, ich kehre hier um, unseren Wein hab ich bestellt ... »

Schweren Schrittes wankte Reiter davon.

Der Maiaufstand in Katalonien

In Barcelona war Clara inzwischen mit *Fritzchen Arndt,* einem deutschen Emigranten, bekannt geworden. Fritzchen, ein bescheidener, bedürfnisloser und guter Mensch, gehörte seiner ganzen Gemütsart nach zu jenem Typ Anarchisten (ohne Mitglied einer Organisation zu sein), die mit Menschenliebe die Welt verändern wollten. Jede Art Gewalttätigkeit verabscheute er tief, stets war er in tolstoische Meditationen versunken. Dem Geschehen in Spanien stand er hilflos gegenüber, obwohl alle seine Sympathien beim spanischen Volk lagen. Er arbeitete in der Pelzindustrie und hatte weit oben im Quartier Lesseps in einer Villa zwei kleine Zimmer. Die Villa war von *Helmut Rüdiger* und seiner Frau bewohnt. Rüdiger amtierte als Sekretär der anarchistischen Arbeiter-Internationale, schon lange hatte er seine Zelte in Spanien aufgeschlagen. Bereitwillig stellte uns Fritzchen eines seiner Zimmer zur Verfügung, sehr zum Ärger von Rüdiger und dessen Frau.

Mit Moulin hatten wir lange Gespräche. Seine Entwicklung war interessant. Nach Wochen fruchtloser und steriler Diskussionen mit der trotzkistischen Gruppe, die in mehrere Fraktionen und Unterfraktionen zerfiel, gab er es auf, dort weiter zu wirken. Den tatsächlichen Ereignissen konfrontiert, insbesondere der Theorie und Praxis der FAI und CNT (sie stellte für ihn ein absolutes Novum dar), konzentrierte er seine ganze Aktivität auf jene anarchistischen Kreise, die im Kampf mit der offiziellen Führung standen.

Es war ihm gelungen, zu den «Amigos de Durutti» enge Verbindungen zu knüpfen. Diese kleine, aber aktive Gruppe lehnte sich offen gegen die anarchistische Führung auf. Zielscheibe ihrer Kritik war die Regierungsbeteiligung und das ständige Zurückweichen vor den stalinistischen Provokationen, nämlich der Entmachtung der Komitees und der Preisgabe der revolutionären Errungenschaften. Moulin wollte der Auffassung, man sollte einfach zur traditionellen anarchistischen Politik zurückkehren, einen positiven, konkreten Inhalt verleihen. In nächtelangen Diskussionen konnte er das angeborene Mißtrauen der Anarchisten gegen die Marxisten lockern und sie zu einer gewissen Zusammenarbeit bringen. Der wichtigste Mann der «Amigos de Durutti», der in Barcelona bekannte Anarchist *Balius*, war ein durch Kinderlähmung verkrüppelter Invalide, der sich mühselig an Krücken bewegte. Schon bei unserer ersten Begegnung mit Balius und seinen Freunden dominierte der Eindruck, daß Balius eine außerordentliche Begabung in der Behandlung von Menschen besaß. Seine Einschätzung der Lage war einfach: Die anarchistische Leitung hat versagt, durch ihre Beteiligung an der Volksfrontregierung den tragfähigen Boden revolutionär-anarchistischer Politik verlassen und ist zu einem Anhängsel der kommunistischen Strategie geworden. Einziger Ausweg: Wiederherstellung der Macht und Souveränität der Komitees, Verjagen der katalanischen Generalidad mit Companys an der Spitze, Austritt der Anarchisten aus der Regierung, Neubelebung und bessere Organisation der Milizarmee. Auf dieser Linie sollte in Katalonien und in Aragonien, im Gebiet von Valencia, wo starker anarchistischer Einfluß bestand, die Macht ergriffen, mit der Zentralregierung verhandelt und Kontakt mit allen revolutionären Richtungen aufgenommen werden, die sich in Spanien den Einmischungen der Kommunisten entgegenstellten. Nach Balius' fester Überzeugung ließen sich auf dieser Grundlage, von der katalonischen Bastion aus, dem ganzen Land neue, revolutionäre Impulse geben. In diesen Ideen war schon eindeutig das Denken von Moulin spürbar.

Die zahlenmäßige Schwäche der «Amigos de Durutti» wurde wettgemacht durch ihren überragenden Einfluß auf die anarchistische Jugendbewegung, die sich schon seit längerer Zeit einen mörderischen Kleinkrieg mit der PSUC lieferte. Für jeden Mord an einem ihrer Mitglieder, für jeden Überfall auf eines ihrer Heime rächten sie sich mit Überfällen auf kommunistische Funktionäre, stalinistische Kasernen. Allein schon dank dieser energischen und aktiven Abwehrmaßnahmen war die anarchistische Jugendorganisation der offiziellen Führung entglitten, weit nach links abgerutscht und nur zu bereit für revolutionäre Aktionen.

Die Kommunisten wollten den 1. Mai des ersten Kriegsjahres unbedingt mit den Anarchisten gemeinsam begehen, hatten mit ihren intensiven Bemühungen aber nicht überall Erfolg. Im Zeichen verdoppelter Kriegsanstrengungen sollten die Maifeiern allerdings am Abend durchgeführt werden, also ohne Arbeitsruhe tagsüber. Hinter diesem Plan stand auch die Befürchtung der Kommunisten, die anarchistischen Arbeiter könnten die Arbeitsruhe zu Manifestationen benützen. Die Gegensätze zwischen den beiden Lagern waren so stark geworden, daß selbst der gemeinsame Haß gegen Franco sie nur notdürftig zu übertünchen vermochte.

Zusammen mit Moulin, einigen Freunden und den «Amigos de Durutti» verfaßten wir ein Flugblatt, das wir vor den Maifeier-Lokalen verteilen wollten. In ihm wurde die Politik der Stalinisten, die schwankende Haltung der Anarchisten und der POUM angeprangert. Moulin, Bob, ein amerikanischer Trotzkist, und ich übernahmen die Verteilung in dem Industrievorort Sabadell. Meinen Vorschlag, die Flugblätter erst am Schluß zu verteilen, lehnte Moulin kategorisch ab. Er begann sofort damit, während Bob und ich warteten. Nach wenigen Minuten stellten wir Unruhe fest, Männer kamen aus dem Lokal und musterten Moulin kritisch. Sie holten Verstärkung; im Nu war unser Freund von Bewaffneten umringt, die ihm die Flugblätter entrissen. Bob, ein kräftiger Kerl, warf sich in das Gedränge, beschimpfte die Leute auf Englisch, mit dem Erfolg, daß er mit Moulin zusammen abgeführt wurde. Ich war unbemerkt geblieben und benützte das Ende der Versammlung, um ungestört meine Flugblätter zu verteilen. Aus der Unterhaltung der Männer, die Moulin und Bob in einem Auto weggefahren hatten, glaubte ich verstanden zu haben, daß man die beiden auf die Bürgermeisterei des Ortes führte. Ich eilte hin, stand aber vor verschlossenen Türen. Was tun? Der letzte Zug nach Barcelona ging in wenigen Minuten. Fest entschlossen, am nächsten Morgen alles zu unternehmen, um die beiden Kameraden freizubekommen, reiste ich zurück. Frühmorgens machte ich mich auf den Weg zu André Nin, um ihn zu informieren. Als ich eintraf, fand ich Moulin und Bob bereits in lebhafter Aussprache mit Nin vor. Sie hatten Glück gehabt, die Stadtverwaltung von Sabadell lag in den Händen oppositioneller Anarchisten, mit denen sie die ganze Nacht diskutierten und die sie dann in einem Hotel unterbrachten. Nachdrücklich hatten sie Bob und Moulin vor den Stalinisten gewarnt, insbesondere vor Agenten der GPU, mit denen sie schon mehrfach zusammengestoßen waren. Nin selbst mahnte zur Vorsicht; ihm mißfiel die Kritik an seiner Partei, obwohl er einige Vorbehalte seinerseits offen zugab. Der an sich belanglose Zwischenfall bewies uns, wie sehr sich die Anarchisten selbst in der katalonischen Hochburg ihrer Bewegung schon unsicher und bedroht fühlten.

Die gemeinsamen Maifeiern hatten den Konflikt keineswegs aus der Welt geschafft. Die Stalinisten empfanden die Kontrollpatrouillen der Anarchisten und der POUM seit langem als einen Dorn im Fleisch. Die Kontrollpatrouillen – eine Sicherheitstruppe im Hinterland zur Bekämpfung faschistischer Elemente oder Sabotage – waren ausgezeichnet ausgerüstet und für ihre Aufgabe gedrillt. Schon daß diese Kerntruppe von Anarchisten und der POUM gestellt wurde, unter Ausschluß der PSUC oder republikanischer Elemente, beunruhigte die kommunistische Leitung. Auf dem Weg über die Generalidad verlangten sie die Auflösung der Kontrollpatrouillen; sie wollten sie durch die offizielle Polizei ersetzt sehen. Dieser Angriff auf eine der letzten Festungen der revolutionären Epoche schuf viel böses Blut und verschärfte die Spannung. Die politische Atmosphäre war mit

Elektrizität geladen, jeder fühlte das und erwartete den unvermeidlichen Zündfunken. Der Kurzschluß kam überraschend schnell.

Clara und ich hatten mit Moulin ein Rendezvous auf dem Cataluña-Platz verabredet. Moulin ließ auf sich warten. Vor dem großen Eingangstor des stattlichen Telefongebäudes an der Ecke der Rambla de las Flores stand unschlüssig eine Gruppe Guardia de Asalto. Sie war bald von einer Menge Zivilisten umringt, hitzige Diskussionen entwickelten sich. Aus den teilweise in Spanisch und Katalanisch geführten Wortgefechten ergab sich, die Guardia de Asalto habe Befehl, das Telefongebäude zu besetzen, woran die anarchistischen Milizen im Haus sie hinderten. Oben, an der Haupttreppe, sah man die Milizmänner hinter einem aufgestellten Maschinengewehr ruhig abwarten. Die Menschenmenge schwoll an, mehr und mehr bewaffnete anarchistische Arbeiter umringten die Guardia de Asalto und nahmen eine drohende Haltung ein. Fiel ein einziger Schuß, so mußte es losgehen, das war der zündende Funke, mit dem alle rechneten. Da das Nationalkomitee der FAI seinen Sitz in der nahen Laetana hatte, schickte ich Clara dorthin, um das Komitee zu informieren und einen Verantwortlichen zu holen.

Bevor sie zurück war, krachten Schüsse, die Menge stob auseinander, die Guardia de Asalto flüchtete aus dem Torbogen und zerstreute sich. Wie auf Kommando rasselten die Jalousien der Geschäfte und Restaurants nieder, wurden in den Wohnhäusern die Fensterläden geschlossen. An den Fenstern des Hotels Colón, des Hauptquartiers der Kommunisten, erschienen wie auf Zauberschlag Sandsäcke. Offenbar wußte man dort, was die Stunde geschlagen hatte. Als Clara mit einem Funktionär der FAI ankam, war die Knallerei schon im vollsten Gange, überall entstanden Barrikaden, zwischen dem Hotel Colón und dem Telefonamt tobte ein wütendes Feuergefecht. Auf den Dächern der Häuser, in und an den Gebäuden um das Hotel Colón nisteten sich Dach- und Fensterschützen ein, die sich mit den Stalinisten herumschossen. Mit spontaner Wucht und Geschlossenheit brach der Generalstreik aus, die Straßenbahnwagen blieben auf der Strecke stehen und wurden, wo das günstig erschien, in Barrikaden verwandelt, an allen Straßen und Verkehrsknotenpunkten wuchsen Barrikaden wie Pilze aus dem Boden.

Der Versuch, das Telegrafenamt zu besetzen, wurde von der Bevölkerung als eine Provokation betrachtet, die den dünnen Geduldsfaden zerriß. Niemand wußte, ob die Initiative von der Regierung in Valencia ausging oder einfach ein regelrechter Überfall der Stalinisten war. Das von der FAI und CNT kontrollierte Telegrafenamt war schon lange ein Zankapfel zwischen der Regierung und den anarchistischen Verbänden. Für den Verkehr zwischen Valencia und Barcelona und mit dem Ausland mußte die Regierung das Amt von Barcelona benützen. Der Kontrolle durch die Anarchisten überdrüssig, griff die Regierung oft zu einer Kriegslist. Die Frau des ganz unter stalinistischem Einfluß stehenden Außenministers *Alvárez del Vayo* war eine gebürtige Bernerin, ihre Schwester war verheiratet mit dem Botschafter der Republik in Paris, *Aristaquain*. Um Ohren, die nicht mithören sollten, auszuschalten, sprach del Vayos Frau mit ihrer Schwester in Paris in echtem Berndeutsch, das kein Mensch verstehen konnte.

Die Situation war völlig undurchsichtig, die spontane Aktion entlud sich wie ein Gewitter über den Häuptern der stalinistischen Organisationen, denn gegen sie richtete sich der Aufstand. In ganz Katalonien nahmen die Komitees im Namen der FAI, der CNT und der POUM die Macht wieder in ihre Hände, unterstützt von den Kontrollpatrouillen. Auf den Straßen Barcelonas wurden noch ahnungslos herumschlendernde Offiziere der Volksarmee entwaffnet und mit Fußtritten weggejagt. Wir beteiligten uns an diesem Zeitvertreib und begegneten dabei unseren anarchistischen Kameraden aus Pina. Sie wirkten eifrig an der Entwaffnungsaktion mit, bauten Barrikaden, besetzten die den stalinistischen Kasernen gegenüberliegenden Häuser und schossen sich mit deren Verteidigern herum. Wer auf wen feuerte, welche Barrikade von Freund oder Feind besetzt war, konnte vor allem nachts kaum ausgemacht werden. In das Kampfgetöse lärmten die Lautsprecher Nachrichten und anarchistische Kampflieder hinein. Den Nachrichten und Gerüchten zufolge hatte der Aufstand ganz Katalonien erfaßt und die Initiative an sich gerissen. Die Parteihäuser und Kasernen der Kommunisten und Guardias de Asalto waren umzingelt und belagert. Von der Kampffront in Aragonien setzten sich Milizabteilungen in Marsch nach Barcelona, von der Regierung in Valencia war nichts zu hören.

Wir blieben in der ersten Nacht hinter der großen Barrikade auf der Rambla de las Flores und wechselten Schüsse mit einer Gruppe Guardia de Asalto, die sich im Café Mokka versammelt hatte. In den Feuerpausen diskutierten wir mit den Arbeitern über Sinn und Ziel des Kampfes. Sie waren stolz auf ihre spontane Schlagkraft, überzeugt davon, daß nun die Stalinisten in Katalonien ausgespielt hätten. Auf unsere Einwände und Fragen – «Was weiter? Wer wird die Macht übernehmen? Wie soll sich das Verhältnis zur Zentralregierung in Valencia gestalten?» – antworteten sie beruhigend mit einem Schlag auf ihren Gewehrkolben: «Solange wir unsere Waffen besitzen, die Betriebe haben, werden weder die Stalinisten noch Franco durchkommen.»

In dieser ersten Nacht wußte kein Mensch genau, wer auf wen schoß. Von Zeit zu Zeit ertönten laute Rufe, die Barrikadenwachen hielten verspätete Fußgänger an, die verzweifelt ihren Heimweg suchten. Näherten sich diese Nachtwandler den Barrikaden, so mußten sie die Hände hoch über den Kopf halten; die meisten schrien in ihrer berechtigten Angst aus Leibeskräften: «FAI – CNT», um sich als Freunde oder Anhänger kenntlich zu machen. Wer die entsprechenden Ausweise vorzeigte, durfte die Sperre passieren, wer zu seinem Pech eine Karte der PSUC oder der kommunistischen Jugend besaß, wurde abgeführt.

Ein brennendes Problem wurde das Essen. Frauen und Kinder schleppten in Körben und Büchsen Vorräte für die Barrikadenkämpfer herbei. Holzfeuer flammten auf, im Schutz der Barrikaden wurde gekocht, in den großen, mit Olivenöl gefüllten Töpfen brodelte Hammelfleisch, in Bratpfannen brutzelten Eier. Schichtweise lösten sich die Barrikadenkämpfer ab, gingen nach Hause, um zu schlafen, tauchten nach ein paar Stunden wieder auf. Wie es sich gerade traf, aßen wir jeweils hinter der Barrikade mit.

Im Wirbel der Ereignisse hatten wir Moulin nicht gefunden. Am zweiten Tag der Straßenkämpfe begegneten wir ihm bei den «Amigos de Durutti». Hier herrschte ein geschäftiges Treiben, Kuriere kamen und gingen, Anhänger begehrten Waffen, vor dieser oder jener Kaserne der Stalinisten verlangte man Unterstützung. Die Gruppe besaß nur wenige Gewehre, dafür eine Menge kleiner Handgranaten. Ununterbrochen tagten im Nebenzimmer Balius, seine Freunde und Moulin. An der stürmischen Debatte nahmen wir teil. Die Duruttileute glaubten, bereits gesiegt zu haben, waren sich aber über weitere Maßnahmen und Wege unklar; die Vertreter der anarchistischen Jugend drängten sie zu aktiverem Handeln. Wir stritten uns mit ihnen den ganzen Tag, wollten ihnen klarmachen, daß noch nichts gewonnen sei. Gegen Abend einigten wir uns auf die Herausgabe eines Flugblatts, in dem Sinn und Ziel der wirren Kämpfe erklärt werden sollten. Es enthielt im wesentlichen folgende Forderungen:

«Sofortige Bildung einer ‹Junta de Defensa›, eines Verteidigungsrates aus allen revolutionären Elementen der CNT, FAI, der POUM, der Juventud Libertario, den noch bestehenden Milizkomitees und den Kontrollpatrouillen.

Alle Macht den Komitees der Arbeiter und Bauern und den Gewerkschaften; Rückzug der anarchistischen Vertreter aus der Valenciaregierung, Entwaffnung der kommunistischen Parteiorganisationen im Hinterland; schärferer Druck auf die Zentralregierung mit dem Ziel der Anerkennung einer neuen autonomen revolutionären Regierung in Katalonien.»

Unterzeichnet war der Aufruf von den «Amigos de Durutti». Sofort erhob sich das praktische Problem, das Flugblatt in genügender Menge drucken zu lassen. Die Duruttileute wußten Rat: im Barrio Chino kannten sie eine kleine Druckerei. Mit Moulin und zwei bewaffneten Milizionären machten wir uns auf den Weg, ich hatte vorsichtshalber einige Eierhandgranaten in die Taschen gesteckt. Da es schon dunkel war und der Aufstand sowieso keine geregelte Arbeit zuließ, war die Druckerei geschlossen. Wir klopften den Besitzer heraus, der sich zuerst weigerte, sein Haus zu öffnen, dann aber rasch der «bewaffneten Gewalt» nachgab. Mit seinem jungen Sohn und unter unserer Aufsicht setzte er den knappen Text, und kurz vor Mitternacht konnten wir vier- bis fünftausend noch nasse Blätter in Empfang nehmen. Wir einigten uns auf eine sofortige Verteilung hinter den Barrikaden, in den Parteihäusern und Kasernen. Überall wurden wir mit Mißtrauen empfangen, die anarchistischen Arbeiter wollten nichts von Politik wissen. An vielen Orten stießen wir auf schroffe Ablehnung, wurden zurückgewiesen. Bei der Verteilung hinter der Riesenbarrikade, die vom Hotel Falcon bis zum Hauptquartier der POUM die Rambla versperrte, verhafteten POUM-Milizionäre Clara, Moulin und mich. Mit einigen der Leute gerieten wir in heftigen Streit und wurden ziemlich unsanft herumgeschubst. Erst nach dem Eingreifen von Andrade, der uns kannte, wurden wir freigelassen.

Im Verein mit Anhängern der Gruppe Durutti, ja selbst mit Hilfe einiger Mitglieder der POUM, verteilten wir trotzdem den Aufruf weiter. Ohne ersichtlichen Erfolg.

Am dritten Abend des Aufruhrs sprachen Federica Montseny und Carcia Oliver, die anarchistischen Mitglieder der Valenciaregierung, über den Rundfunk zu ihren Anhängern. Mit weinerlichen, bewegten Beschwörungen baten sie die Arbeiter, den verheerenden Bruderkrieg einzustellen, die Arbeit wieder aufzunehmen, es gelte, zuvörderst den Krieg gegen Franco zu gewinnen. Erst wollte ein Teil der anarchistischen Arbeiter nicht glauben, daß da ihre Führer sprachen, dann aber war ihre Erbitterung und Enttäuschung grenzenlos. Aus Wut, Scham und Empörung zerrissen zahlreiche Angehörige der FAI und der CNT ihre Mitgliedsbücher, warfen sie in die Feuer hinter den Barrikaden, über denen noch die Töpfe mit ihrer Suppe brodelte. Haufenweise verließen sie ihre Stellungen und nahmen ihre Waffen mit, um sie in Sicherheit zu bringen. Die gewaltige spontane Bewegung, führerlos, mehr auf instinktive Abwehr als auf Angriff eingestellt, hatte sich totgelaufen. Das Ende war nahe.

Nach einer letzten Zusammenkunft mit den «Amigos de Durutti», die sich auf unser Drängen hin auf die Illegalität vorbereiteten, zogen Clara und ich ebenfalls nach Hause. Zwei Nächte ohne Schlaf und richtiges Essen hatten uns ausruhebedürftig gemacht. Moulin fand bei anarchistischen Freunden Unterschlupf. Noch immer knatterte vereinzelt Gewehrfeuer auf. Auf dem Nachhauseweg überquerten wir den Cataluña-Platz und gerieten stracks in einen Ausfall der kommunistischen Besatzung des Hotels Colón mit Stoßrichtung Telegrafenamt. Es entspann sich ein hartes Feuergefecht. Nach allen Seiten rannten die Menschen in Deckung. Wir warfen uns hinter die vor einem Restaurant aufgestuhlten Tische und Stühle, die nur schlechten Schutz boten.

«Rasch rüber in den Torbogen da», schrie ich Clara ins Ohr, «dort springen schon Leute hinein, ich hab noch die Handgranaten bei mir, wenn sie zu nahe kommen ...»

Sie rettete sich mit ein paar Sprüngen in den Torbogen, hinter die schwere Türe. Nach einigen Minuten setzte ich nach, doch blieb die Türe verschlossen. Wild hämmerte ich gegen das Holz, drinnen hörte ich Clara mit den Menschen schreien, die vor Angst nicht öffnen wollten; die Kugeln prasselten gefährlich um mich herum, bis Clara endlich die Türe aufkriegte und ich hineinschlüpfen konnte. Ein Dutzend Männer und Frauen drängten sich verstört hinter der Pforte, das Ende der Schießerei abwartend. Der Kampflärm verebbte schnell, und wir traten endgültig den Heimweg an. Rüdigers Villa war geschlossen, wir mußten Fritzchen herausklopfen, dabei wurden Rüdiger und seine Frau wach. Sie empfingen uns unfreundlich, unsere Anwesenheit in ihrem Haus ließ sie um die eigene Sicherheit bangen. Das brave Zureden von Fritzchen beruhigte sie schließlich.

Nach ausgiebiger Ruhe begaben wir uns nachmittags ins Stadtzentrum. Die Kämpfe waren vorbei, Barrikaden wurden weggeräumt, und o Wunder, die Straßenbahn fuhr wieder. Auf der breiten Rambla standen erregt diskutierende Gruppen von Menschen. Vor dem Hotel Falcon zankten sich *Kurt Landau, Max Diamant* und *Willy Brandt* heftig um den Sinn des Geschehens; die einen versicherten, jetzt gewinne die Entwicklung neue revolutionäre Aspekte, andere, viel skeptischer, glaubten das Gegenteil. Wir vertraten die letztere Meinung, überzeugt, es werde eine Unterdrückungswelle einsetzen. Noch während dieser Debatten erklang plötzlich der Marschtritt von Truppen; die Hauptstraße hinunter, in strammer Ordnung, in neuen Uniformen und glänzender Bewaffnung, rückten die Ordnungstruppen der Regierung Caballero in Barcelona ein. Die diskutierenden Gruppen zerstreuten sich eiligst.

Zufällig begegneten wir einem uns bekannten englischen Journalisten, der verloren umherirrte. Er war auf Informationen erpicht und wollte unbedingt mit einem leitenden Mann der POUM sprechen. Wir gingen mit ihm zusammen auf die Redaktion der «Batalla», der Tageszeitung der POUM. Während der Unruhen war es einem Überfallkommando der Stalinisten gelungen, in die Redaktionsräume einzudringen und alles kurz und klein zu schlagen. Inmitten von Haufen zerrissener

Zeitungen, zerschmetterter Stühle und Tische saß unbekümmert Chefredakteur *Julian Gorkin* an einem Tischchen und hackte emsig auf eine Schreibmaschine ein. Er kannte uns und war gerne bereit, eine Lageeinschätzung zu geben.

Mit einer Handbewegung auf die Trümmer meinte er: «Sie sehen ja, was hier geschehen ist, aber das hat nichts zu sagen. Die Situation ist jetzt durchaus klar. Seit zwei Tagen rekrutieren wir zahlreiche neue Mitglieder. Es ist nur noch eine Frage der Zeit, von einigen Tagen, und die POUM wird in die Volksfrontregierung eintreten, die Kommunisten können das nicht mehr verhindern, sie müssen uns akzeptieren.»

Konsterniert verabschiedeten wir uns. Beim Hinausgehen fragte uns der englische Journalist: «Woher nimmt dieser Mann seinen Optimismus?»

Am Tage darauf war Julian Gorkin zusammen mit den meisten Mitgliedern des Zentralkomitees der POUM verhaftet und im Gefängnis. André Nin, von Stalinisten entführt, blieb verschwunden.

Moulin, der uns seit Stunden suchte, wollte uns zu einer Sitzung der trotzkistischen Gruppe schleppen, was wir zunächst ablehnten. Doch behauptete er, es sei eine spezielle Angelegenheit, *Erwin Wolf*, zur Zeit Trotzkis Sekretär, sei in Barcelona eingetroffen und müsse uns dringend sprechen. Wir gingen mit. Die Zusammenkunft fand in einer dunklen Kneipe des Barrio Chino statt. Drei Leute erwarteten uns: Erwin Wolf, seine Frau und der Spanier *Munez*. Wolf war gebürtiger Tscheche, etwa fünfunddreißig Jahre alt, sprachenkundig und von lebhafter Intelligenz, seine Frau eine Norwegerin von außerordentlicher Schönheit und Frische, der typisch weiße skandinavische Teint umrahmt von einer Fülle dunkelroter Haare. Während der spanischen Ereignisse wohnte Trotzki, wie wir wußten, in Norwegen. Bei einer sozialistischen Lehrerfamilie untergebracht, arbeitete er dort mit Wolf zusammen. Wolf verliebte sich in die Tochter der Familie, und sie heirateten. Der kleine Vorort der norwegischen Hauptstadt hieß Hönefoss.

Von Munez hatten wir gehört, er sei der wirkliche geistige Führer der Trotzkisten in Spanien. Bei Ausbruch des Bürgerkrieges befand er sich in Mexiko und gelangte erst nach einigen Irrfahrten nach Spanien. Ein harter, kühner und kühler Mann, dem man anmerkte und anhörte, daß er weder Mittel noch Wege scheute, um seinen Standpunkt durchzusetzen.

Beide wollten sie unsere Meinung über die Maikämpfe und die weiteren Perspektiven erfahren. Ungeschminkt stellten wir sie dar, wie wir sie sahen: Vorherrschaft der Stalinisten, Versagen der Anarchisten, zögerndes Verhalten der POUM, die Maiereignisse nur ein letztes revolutionäres Aufflackern; die beginnende Entwaffnung der Arbeiter, die Auflösung der Kontrollpatrouillen bereits Vorboten des kommenden Terrors. Gesamtbild: Rückschlag der Revolution, im Vordergrund Errichtung einer bürgerlichen Republik unter Stalins Obhut.

Wolf lauschte unseren Ausführungen ruhig, Munez unterbrach sie einige Male. Die beiden waren gegenteiliger Meinung. Nach ihrer Auffassung ständen wir vor einem Auftrieb der revolutionären Kräfte. Die Maikämpfe hätten doch den ungebrochenen Elan und die Schlagkraft der Arbeiter ins beste Licht gerückt. Es gehe nun darum, die Positionen auszubauen; die Regierung Caballero sei geschwächt und stehe vor dem Sturz.

«Die Regierung Caballero kann sich nicht halten, einverstanden; wird sie aber gestürzt, dann von rechts, nicht von links», lautete meine Erwiderung. Doch die zwei hatten sich offensichtlich vor der Begegnung mit der trotzkistischen Gruppe ausgesprochen; Wolf reflektierte getreulich die Ideen seines Meisters, wiewohl er das in viel konzilianterer Form vorbrachte als Munez.

Dieser attackierte sofort: «Ihr gehört nicht mehr zur Vierten Internationale. Wo steht ihr eigentlich?»

«Wo wir stehen? Das weiß ich nicht. Ich weiß aber, was geschehen ist. Der Maiaufstand, an dem wir teilnahmen, war das spanische Kronstadt, damit hat der Niedergang begonnen.»

Munez' Gesichtsmuskeln verzerrten sich, hörbar knirschte er mit den Zähnen: «Also naive Anarchisten, gut, daß ihr den Trennungsstrich zieht, mit derartigen Witzbolden arbeiten Bolschewisten nicht zusammen.»

Moulin hatte bisher geschwiegen, nun schaltete er sich ein. «Was wir jetzt erleben, ist natürlich nicht Kronstadt, diese geschichtliche Parallele stimmt nicht. Dagegen trifft zu, daß es sich um eine Niederlage für die revolutionären Kräfte handelt, wir haben eine Unterdrückungswelle zu erwarten. Ich bin aber überzeugt, sie ist vorübergehend, und nach der Ebbe wird die Flut wieder steigen.»

Konkrete Beschlüsse ließen sich aus der Konferenz nicht ziehen. Bezeichnend, daß jeder sich zuerst um eine geeignete, sichere Unterkunft kümmern mußte – wir Revolutionsspieler waren illegal. Dank Moulins Hilfe fanden Wolf und seine Frau im Hafenviertel ein kleines Zimmer, wo keine Gefahr drohte. Wolf war unter seinem wahren Namen nach Spanien gekommen, zu seiner Tarnung schrieb er für englische Zeitungen Berichte. Munez brauchte keine Hilfe, verlangte auch keine. Beim Auseinandergehen nahm uns Moulin zur Seite und teilte uns mit: «Ihr müßt sehr vorsichtig sein; anarchistische Freunde, die in der Polizei sitzen, haben mich gewarnt, daß sie nach dem Verfasser der Broschüre ‹Für die Arbeiterrevolution in Spanien› fahnden. Es ist besser, wir sehen uns für einige Zeit nicht zu oft und ihr wechselt die Wohnung; bei Rüdiger könnt ihr nicht bleiben, der wird bald selbst in Gefahr sein.»

Wir verabredeten eine wöchentliche Zusammenkunft in einer Hafenkneipe.

Wie recht Moulin hatte, erfuhren wir noch am selben Abend. Fritzchen Arndt suchte uns im Café Mokka auf und teilte uns betrübt mit, wir könnten unmöglich zurückkehren, die Polizei sei bei Rüdiger erschienen, um uns abzuholen. Wir verabredeten mit ihm, sobald wir eine neue Wohnung hätten, sollte er unsere Sachen, vor allem meine Reiseschreibmaschine, dorthin bringen.

Wohin? Wir hatten keinen Zufluchtsort. Auf der Straße zu bleiben, war zu riskant, schwer bewaffnete Patrouillen der Regierungstruppen durchkämmten die Stadtviertel, alle Lokale der POUM wurden geschlossen, anarchistische Arbeiter entwaffnet. Wir berieten hin und her. Plötzlich rief Fritzchen aufgeregt: «Natürlich, wir holen Margot, ich glaube, sie hat eine Wohnung, wo ihr vorläufig unterkriechen könnt!»

Illegal

Margot, eine deutsche Jüdin, war immer bereit, Kameraden zu helfen. Wir fanden sie in ihrem Stammlokal. Sie kannte uns gut genug, um zu wissen, um was es ging.
«Das trifft sich ganz günstig», sagte Margot. «Seit einigen Tagen arbeite ich im Spital, da kann ich auch schlafen. Meine Wohnung ist frei, ihr könnt sie sofort beziehen.»
Die Wohnung lag weit oben an der Via Muntañer, einer großen Verkehrsader der Stadt, ein eher behäbiges, bürgerliches Quartier. Sie bestand aus zwei großen Zimmern, Küche und Badezimmer, für uns ein wahres Luxusetablissement. Fritzchen brachte am Abend gemeinsam mit einem Bekannten unsere Sachen aus Rüdigers Villa.
«Oh, wie die froh sind, daß ihr weg seid, das glaubt ihr gar nicht», meinte er freundlich lachend.
Erwin Wolf hatte sich trotz der Verschiedenheit unserer Ansichten sofort nach der Unterredung nach unserer materiellen Lage erkundigt. Wir verheimlichten sie nicht. Wir besaßen gar nichts. Seitdem der Milizsold aufgebraucht war, lebten wir von Tag zu Tag. Er half uns sofort mit einer Summe für die nächsten Tage aus. Auch Margot erklärte, sie werde bei ihrem Freund etwas pumpen, wir müßten ja leben. So war für die nächsten zwei bis drei Wochen gesorgt.
Mit den «Amigos de Durutti» konnten wir keine Verbindung mehr herstellen; ihr Lokal war zerstört und gesperrt, die Leute waren verhaftet oder untergetaucht. Tagsüber vermieden wir möglichst, auf die Straße zu gehen, beschränkten uns auf die nötigen Einkäufe. Erst gegen Abend wagten wir uns hinaus. Noch einmal trafen wir mit Moulin in der Hafenkneipe zusammen, auch er mußte vorsichtig sein, da er gesucht wurde. Nach seinem Dafürhalten und seinen Informationen klang die reaktionäre Welle noch nicht ab. Polizeikräfte waren mit Razzien beschäftigt, es gab immer neue Verhaftungsbefehle, darunter Andrade, Gorkin, Landau. Unter den Festgenommenen sollte auch Friedel sein. André Nin blieb verschwunden, über sein Schicksal wußte man nichts.
Eines Abends, mitten auf der Rambla, stürzte plötzlich ein Unifor-

mierter auf uns zu: Joseph Burckhardt. Er war im Volksheer Offizier geworden. In Madrid hatte er von Friedels Verhaftung gehört und sich unter irgendeinem Vorwand Urlaub erbeten, um sich in Barcelona für ihre Freilassung einzusetzen. Da sich Friedel mit den meisten Funktionären der POUM im offiziellen spanischen Gefängnis Modello befand, hatte er sie sehen und sprechen können, doch von Freilassung war keine Rede. Als Sekretärin der POUM sollte sie im angekündigten Monsterprozeß gegen die POUM auftreten! Joseph war sehr niedergeschlagen, weil er nun unverrichteter Dinge wieder nach Madrid zurück mußte.

Auf dem Heimweg in unsere Wohnung überraschte uns ein heftiges Gewitter. Es dauerte die ganze Nacht und wir legten uns spät zu Bett. Morgens um drei Uhr weckte uns lautes Pochen an der Tür. Ich öffnete. Zwei Männer in Zivil, riesige Pistolen in der Hand, drängten mich ins Zimmer zurück und verlangten unsere Papiere. Dokumente hatten wir genug; sie prüften sie sorgfältig, dann fragte der eine: «Kennen Sie Moulin?» Wir verneinten. «Kennen Sie Franz Heller?» Wiederum verneinten wir. Sie waren beeindruckt von unseren Ausweisen, blieben höflich und filzten die Wohnung nicht.

Diese nächtliche Visite in der ersten Nacht verhieß nichts Gutes. Wieso hatte uns die Polizei in dieser gutbürgerlichen Wohnung aufgestöbert? Wußte sie, daß Margot in der POUM arbeitete? Das war für uns die naheliegende Erklärung. Wir hielten es für ratsam, die zwei Zimmer genauer zu durchsuchen. Im kleineren Zimmer lagen auf einem größeren Schrank dicke Bündel Zeitungen, die wir bisher nicht beachtet hatten. Wir holten sie herunter. Es war eine komplette Sammlung «Völkischer Beobachter», Goebbels' Leiborgan. Entsetzt schauten wir uns an, bekamen hörbares Herzklopfen. Wie war das möglich? Auf jeden Fall mußten die Nazizeitungen weg. Faschistische Blätter bei polizeilich gesuchten Trotzkisten, das war ein gefundenes Fressen für die Stalinisten, so was brauchten sie für ihre Lügengespinste; ihre Propaganda hechelte schon lange über die Zusammenarbeit der Trotzkisten und der POUM mit Franco, Hitler und Mussolini. Bis in den Morgen hinein verbrannten wir die ganze Kollektion im Kamin.

Von Margot erhielten wir dann die Erklärung. Die Wohnung gehörte vor Ausbruch des Bürgerkrieges einem deutschen Lehrer, einem Nazi,

und wurde dann von Mitgliedern der POUM beschlagnahmt. Nie wäre es jemand eingefallen, dort einmal nachzuschauen, die Räume zu säubern, obwohl das in der ehemaligen Behausung eines Nazis nahelag. Offenbar wußte die Polizei auch, daß die Wohnung nun von POUM-Mitgliedern besetzt war, auf die sie Jagd machte. Die Bleibe war unsicher, doch vorläufig wußten wir nicht, wohin.
Wir berichteten Wolf von unserem Pech. Er war entsetzt und der Meinung, wir sollten rasch umziehen, er versprach, sich sofort darum zu kümmern.
Als wir am Abend nach dem Polizeibesuch nach Hause kamen, brannte in der Wohnung Licht. Wir zögerten, traten dann aber doch ein. Im kleinen Vorraum auf dem Stuhl, den Revolver auf dem Tisch, saß zeitunglesend ein Mann. Er erhob sich, wies sich als Polizeimann aus und ersuchte uns, ihm auf das Polizeikommissariat zu folgen. Wir weigerten uns, mitten in der Nacht, nein.
«Es besteht keinerlei Gefahr für Sie, der Chef will Sie bloß sprechen», versicherte er uns.
«Dann können wir auch morgen auf dem Polizeikommissariat vorbeikommen, wir sind ausländische Journalisten, Sie haben kein Recht, uns mitten in der Nacht vorzuladen.»
Er wurde unsicher. «Nun gut», sagte er. «Bleiben Sie hier, ich werde unten mit dem Chef telefonieren.»
Nach wenigen Minuten kam er zurück und erklärte: «Gut, Sie können bleiben. Aber morgen schön auf dem Polizeikommissariat vorbeikommen!»
Damit verschwand er. Nach diesem zweiten Polizeibesuch war unseres Bleibens dort nicht länger. Wir suchten Wolf in seinem Zimmer im Hafenviertel auf. Er hatte noch nichts für uns gefunden und offerierte, wenigstens für einige Tage, sein kleines Zimmer, in dem er mit seiner Frau untergebracht war. Wir akzeptierten.
Am Nachmittag kehrten wir in die Via Muntañer zurück, um unsere Koffer und die Schreibmaschine zu holen. Beinahe gleichzeitig mit uns kam ein Polizeiauto vor Margots Wohnung an. Die drei Agenten, die uns besucht hatten, gingen ins Haus. Ohne zu zögern, setzten wir unseren Weg fort, traten einige Häuser nebenan in den Hausflur. Wir überlegten. Hier stehenbleiben konnten wir nicht. Wir verließen

den Hausflur und marschierten ruhig am Polizeiauto vorbei. Nach wenigen Schritten hörten wir Rufe und Geschrei hinter uns, die Hausschließerin redete heftig auf die Polizisten ein, die vor ihrem Wagen standen, und zeigte auf uns. Wir begannen zu laufen, das Auto mußte erst wenden, setzte sich aber rasch in Fahrt. Ganz in der Nähe lag, wie wir wußten, das Gebäude des Schweizer Konsulats. Ehe uns die Agenten erreichten, verschwanden wir im Gebäude. Dem ersten verdutzten Beamten erklärten wir hastig unsere Situation, er holte den Sekretär herbei. Aufgeregt mit den Armen fuchtelnd, kam er auf uns zu und brüllte: «Wir sind kein Zufluchtsort für Rote. Sie haben das Konsulat sofort zu verlassen, ob Sie verhaftet werden, interessiert mich nicht.»

Clara protestierte energisch gegen diesen Willkomm, schrie wütend auf den Sekretär ein. Ich zog sie weg, sagte: «Laß ihn doch schreien, der Mann hat ja mehr Angst als wir.»

Wir mußten das gastliche Haus verlassen, die Polizisten draußen nahmen uns in Empfang und verluden uns in ihren Wagen. Auf dem Kommissariat durften wir gut zwei Stunden in einem bewachten Zimmer warten. Dann brachte ein Beamter unsere Papiere zurück, die man uns abgenommen hatte, entschuldigte sich, murmelte etwas von Irrtum und ließ uns abziehen. Es war spanische Polizei.

Diese Nacht schliefen wir zum erstenmal bei den Wolfs, auf einer Matratze am Boden.

In den Fängen der GPU

Von Moulin wußten wir nichts, zu den Besprechungen war er nicht mehr erschienen. Wahrscheinlich hielt er sich irgendwo verborgen. Nur am Abend steckten wir die Nase hinaus, verließen aber nie das Hafenviertel. Da hinein wagte sich die Polizei nämlich selten, und wenn, dann nur in größeren Abteilungen.

Überzeugt, daß der revolutionäre Schwung der spanischen Arbeiter und Bauern gebrochen war und der Bürgerkrieg mehr und mehr zu einem seichten Abklatsch imperialistischer Gegensätze geriet, überlegten wir uns, ob es nicht besser sei, Spanien zu verlassen. Wir wollten nicht unbedingt von der russischen Geheimpolizei entführt und dann als unbekannte Opfer aufgefunden werden. Auch Wolf, der jetzt unserer Einschätzung beipflichtete, hielt es für ratsamer, dem Land Valet zu sagen, bevor es zu spät war. Die Tatsache, daß wir dreimal von der Polizei aufgesucht und verhört und freigelassen worden waren, bewies uns, daß wir von den spanischen Behörden nichts zu befürchten hatten. Aller Existenzmöglichkeiten bar, konnten wir in dem kleinen Zimmer der Wolfs nicht bleiben, ohne auch sie in Gefahr zu bringen. Auch ihnen gingen die Mittel aus. Von verschiedenen Seiten hatte man uns gewarnt, die stalinistischen Agenten suchten eifrig nach dem Verfasser der Broschüre «Für die Arbeiterrevolution in Spanien»; früher oder später mußten sie das Pseudonym durchschauen. Die Angabe des Erscheinungsorts «Dynamo-Verlag» Zürich im Impressum erleichterte ihnen ihre Nachforschungen erheblich.

Wenn bei den spanischen Behörden nichts gegen uns vorlag, mußte eine legale Ausreise möglich sein. Dank ihres Pumpgenies beschaffte uns Margot das Geld für die Schiffsreise. Da sich überall im spanischen Polizei- und Staatsapparat die GPU-Agenten eingenistet hatten, ergriffen wir einige Vorsichtsmaßregeln. Schön aufgeputzt, von Wolfs Frau kunstgerecht geschminkt, das Haar prächtig frisiert, ging Clara die Ausreisepapiere besorgen. Es klappte.

Auf einem französischen Dampfer, der in vier Tagen nach Marseille abgehen sollte, belegten wir zwei Plätze. Bewegter Abschied von Wolf und seiner Frau; dann schleppten wir unser Gepäck in den Hafen. Die Hafenbehörden visitierten anstandslos unsere Pässe, die Zollbeamten fanden nichts, weil wir nichts zu verbergen hatten. Vor uns lag das Schiff. Neben der Passerelle, auf der sich schon die Passagiere drängten, prüften zwei Zivilisten an einem Tischchen nochmals die Papiere. Sie verglichen jeden Namen mit ihren auf dem Tisch festgeklemmten Listen. Als die Reihe an uns kam, tuschelten die zwei miteinander. Der eine der Männer entfernte sich. Wir mußten warten. Wenig später kehrte der Mann mit bewaffneten Guardias de Asalto zurück, die uns umringten. Laut und heftig protestierten wir.

«Regen Sie sich nicht auf, es handelt sich nur um eine Formalität.

Sie müssen schnell mit uns auf das Kommissariat kommen. Ihr Gepäck dürfen Sie ruhig hierlassen, Sie können das Schiff noch nehmen», versuchte einer der Agenten uns zu beruhigen.

Wir glaubten ihm kein Wort und verlangten, sofort an Bord gelassen zu werden. Vier Bewaffnete hinderten uns am Betreten der Schiffstreppe, wir wehrten uns, im Strom der Passagiere entstand ein Gedränge. Clara erwischte zufällig den ihr bekannten französischen Vizekonsul am Ärmel, der Landsleute auf das Schiff begleitete, und schrie ihm ins Ohr: «Melden Sie den ausländischen Behörden, daß man uns verhaftet, wir sind die Schweizer Journalisten Thalmann...»

Trotz unseres Widerstandes zogen und zerrten uns die Agenten in einen heranrollenden Wagen und fuhren mit uns davon.

Puerta del Angel

Vor einem großen Gebäude unweit des Hafens wurden wir ausgeladen und durch einen Korridor auf eine Terrasse im Hinterhof geführt. Dort marschierte rauchend und leise flüsternd ein Dutzend Leute umher. Mit Erstaunen und gemischter Freude erkannten wir Michel Michaelis und eine Anzahl seiner Kameraden aus Pina.

«Ah, seid ihr auch angekommen», begrüßte uns Michaelis lakonisch.

«Wer hat denn euch und uns verhaftet?» fragten wir zurück.

«Die Russen, die GPU, wir sitzen hier schon seit acht Tagen ohne Verhör. Es sind mindestens dreihundert Gefangene im Haus, wir haben noch kaum die Hälfte gesehen. Jeden Tag lassen sie uns eine Stunde auf die Terrasse. Wenn uns die FAI nicht herausholt, kommen wir nie frei.»

«Was ist das hier für ein Haus?»

«Es heißt ‹Puerta del Angel› (Tor der Engel) und gehörte einem spanischen Grafen.»

Clara und ich schauten uns an; sie hatten uns also erwischt. Uns blieb keine Zeit, die Situation zu überdenken; denn schon kam ein breiter, gedrungener Mann mit einer zerquetschten Boxernase im Gesicht und forderte Clara auf, ihm zu folgen. Obwohl er sich bemühte, korrekt Spanisch zu sprechen, war der russische Akzent unverkennbar. Michel, den ich fragte, bestätigte mir, daß nach Aussagen aller Gefangenen der «Boxer» der leitende Agent sei.

Knapp eine Viertelstunde später kehrte Clara in Begleitung des «Boxers» zurück. Höflich öffnete er Clara die Tür und ließ sie zuerst auf die Terrasse hinaustreten. So konnte sie mir mit unbewegter Miene rasch zuflüstern: «Broschüre – nein!»

Die Reihe war an mir. Hinter einem langen Tisch saßen fünf Männer, die mich schweigend fixierten. Ein noch junger, hochgewachsener Mann, ragende Stirn, beginnender Kahlkopf, gut geschnittenes Gesicht, führte den Vorsitz. Er leitete das Verhör in deutscher Sprache und war zweifellos deutscher Abstammung.

«Kennen Sie einen Franz Heller?»

«Bevor ich Ihnen antworte, möchte ich wissen, vor welcher Behörde ich stehe», antwortete ich ihm.

Er wurde nervös; der «Boxer», der neben ihm saß, tuschelte ihm etwas ins Ohr.

«Sie stehen vor einem spanischen Gericht, wir haben das Recht, verdächtige Elemente zu verhören.»

«Spanisches Gericht», höhnte ich, «Sie sind doch Deutscher, neben Ihnen sitzt ein Russe, und die anderen sehen genauso spanisch aus wie Sie!»

Da liefen die Köpfe blutrot an, der Vorsitzende schlug auf den Tisch, brüllte wütend: «Ihre Frechheit wird Ihnen wenig helfen, Herr Thalmann, wir werden herausfinden, was Sie in Spanien treiben.»

«Vor einem ordentlichen spanischen Gericht bin ich bereit, auszusagen, vor einem kommunistischen Parteigericht habe ich keine Erklärungen abzugeben.»

«Wir können die Verhandlungen auch auf Spanisch führen, ich wiederhole Ihnen, daß wir hier das spanische Volk vertreten.»

«Das ändert gar nichts, wir sind Schweizer Journalisten und verlangen unsere sofortige Freilassung.»

«Was denken Sie über die Volksfront?» erkundigte sich der «Boxer» plötzlich.

«Darüber habe ich meine eigene Meinung, die ich vor jedem spanischen Gericht vertrete.»

«Sie sind Trotzkist?» fragte der Vorsitzende.
«Ich bin Journalist und protestiere gegen unsere unrechtmäßige Verhaftung.»
Nach kurzer, im Flüsterton geführter Unterhaltung geleitete mich der «Boxer» auf die Terrasse zurück. Clara befand sich dort allein. Sie war in ähnlicher Weise verhört worden, hatte protestiert und nach dem Konsul unseres Landes verlangt. Es blieb uns wenig Zeit zur Unterhaltung, zwei Wächter kamen, uns zu holen. Sie führten uns durch einen Saal, welcher der Wachmannschaft als Schlafraum diente. Im Hintergrund des Saales öffneten sie eine Tür. Wir traten in ein geräumiges Zimmer, unsere «Zelle». Die Tür zum Schlafsaal der Wachen blieb unverschlossen.
Als «Zelle» war das Zimmer groß und komfortabel. Ein breites Bett, zwei Stühle und ein Tisch sowie eine alte, schön geschnittene Kommode bildeten das Mobiliar. Die hohen Fenster an beiden Seitenwänden waren bis in Kopfhöhe mit einem Gitter verziert. Rechts konnte man ein kleines Stück der Terrasse und der Treppe in die unteren Räume sehen; links führte das Fenster auf einen Lichtschacht, aus dem zuweilen Stimmengewirr heraufdrang. Lehnten wir uns weit genug hinaus, so erblickten wir links unter unserem Fenster einen Teil einer Gemeinschaftszelle, in der sich schätzungsweise zwanzig Personen aufhielten. Die Spanier nennen diese Art Haft «Comunicado»: Man lebt gemeinsam in einer großen Zelle, darf lesen und schreiben, Post erhalten, wer über Geld verfügt, kann sich Eß- und Tabakwaren kommen lassen. Auch Besuche der Angehörigen sind erlaubt. «Incomunicado» ist Einzelhaft, der Gefangene lebt von der Außenwelt abgeschnitten.
Neben dem Fenster an der linken Wand ragte ein Erker in das Zimmer hinein. In zwei Meter Höhe befand sich ein kleines Fenster mit bleigefaßtem Buntglas. Neugierig kletterten wir auf die Fensterbrüstung, um durch das Erkerfenster zu gucken. Es ließ sich leicht öffnen und gab den Blick frei in eine kleine Hauskapelle mit Altar und einem Dutzend Betstühlen.
Wo zum Teufel waren wir nur? Was war das für ein merkwürdiges Haus? Clara, neugierig, öffnete die Schubladen der alten Kommode und kramte darin herum. Außer einem alten, zerschlissenen Exemplar des Don Quijote in spanischer Sprache fand sie ein Stück feinsten

Seidentuches, das wahrscheinlich in der Hauskapelle als Altartuch gedient hatte. Daraus zogen wir den Schluß, im Zimmer des ehemaligen Hauskaplans zu logieren.

Abends um sieben Uhr brachte man uns das Essen, eine dicke Reissuppe mit einem großen Stück Brot. Zahllose Fragen bedrängten uns. Warum lassen sie uns zusammen in einem fast feudalen Gemach mit Bett? Wie sollen wir uns verhalten? Was wissen sie über unsere Einstellung und Tätigkeit? Wer sitzt noch in Haft außer den Bekannten, die wir auf der Terrasse getroffen hatten?

Wahrscheinlich wußte die kommunistische Polizei über unsere politische Aktivität nichts Genaues; unsere Papiere waren in jeder Hinsicht einwandfrei, man hatte in unseren Effekten nichts Verdächtiges entdeckt. Also tappte diese Polizei wohl noch im dunkeln und wollte keinen Fehler begehen, bis sie Gewißheit hatte.

Lange besprachen wir das Problem einer voraussichtlichen Trennung. Wir einigten uns, sie gegebenenfalls mit einem Hungerstreik zu beantworten. Bei weiteren Verhören wollten wir jede Auskunft über uns und unsere Bekannten verweigern und unentwegt protestieren.

In den nächsten zwei Tagen ließen sie uns in Ruhe. Wir hatten Muße, uns mit den Gewohnheiten des «Hauses» bekannt zu machen. Am Morgen durfte man nach unten gehen und eine Toilette benützen, die dauernd verstopft war und einen fürchterlichen Gestank verbreitete. Im unteren Raum gab es auch Milchkaffee und Brötchen für die Zahlungskräftigen. Dabei konnte man mit anderen Gefangenen sprechen, obwohl das im Prinzip verboten war, doch drückten die spanischen Wachen gern ein Auge zu. Unter den Gefangenen waren alle Nationen und politischen Richtungen vertreten – Spanier, Deutsche, Franzosen, Engländer, Belgier, Jugoslawen, Italiener, Polen. Sie gehörten entweder zur POUM, zu anarchistischen Organisationen, zur spanischen Sozialistischen Partei oder zu den italienischen Maximalisten, deren Führer *Pietro Nenni* war. Es befanden sich auch waschechte Stalinisten darunter, die dauernd ihre Treue zum großen Führer beteuerten. Mit einem Exemplar dieser Gattung sollten wir auf merkwürdige Weise Bekanntschaft machen. Aus dem Lichtschacht tönten eines Tages deutsche revolutionäre Lieder herauf. Sehen konnte man den wackeren Sänger nicht. Als er eine Pause einlegte, rief ich hinab:

«Hallo, Sänger, bist du Deutscher?»
«Ich bin deutscher Kommunist, hoch lebe Stalin.»
«Nanu, wieso bist du denn hier, was hast du ausgefressen?»
«Gar nichts, eine pure Gemeinheit fraktioneller Elemente. Ich komme bald raus. Diese Schweine haben mich hier in die Zelle neben der verfluchten Scheiße gesteckt, ich ersticke beinahe. Und trotzdem werden wir siegen, mit Stalin an der Spitze.»
Seine Hochrufe auf Stalin entbehrten an diesem Ort nicht der Komik, waren aber nicht nach dem Geschmack mancher anderer Gefangenen. Von verschiedenen Seiten tönte es in den Schacht hinunter: «Halt die Schnauze, du Idiot!»
Jeden Nachmittag durften wir eine halbe Stunde auf die Terrasse und trafen dort mit anderen Gefangenen zusammen. Vor der Tür räkelte sich jeweils eine schläfrige Wache. Auf einem dieser Spaziergänge unterrichtete uns Michel, er sei mit vierzig Kameraden in der Garage eingeschlossen. Ohne Strohsäcke oder Decken schliefen sie auf dem nackten Zementboden. Ein belgischer Sozialist mit einer schweren Beinwunde, der bisher trotz aller Proteste ohne ärztlichen Beistand geblieben war, erschwerte ihnen ihr Los durch seine Fieberfantasien. Ein Teil seiner Gefährten sei entschlossen, in den Hungerstreik zu treten, sofern ihre Lage nicht geändert werde. Weder in der überfüllten Garage noch in den anderen Zellen gab es einen einzigen Faschisten oder Monarchisten, sämtliche Gefangenen waren Antifaschisten aller Richtungen.
In der dritten Nacht holten sie Clara zum Verhör. Ziemlich erschöpft kam sie nach zwei Stunden zurück; bevor sie mir etwas erzählen konnte, wurde ich weggeführt. Dieselben «Beamten» empfingen mich, wollten wissen, was wir während der Maitage getrieben hätten, fragten nach Moulin, nach anderen Bekannten, versuchten, mir politische Bekenntnisse abzulisten. Die Komödie dauerte über eine Stunde, dann führte mich die Wache zurück.
So vorteilhaft unser Zimmer mit dem zweischläfrigen Bett war, es hatte den Nachteil, Hinterzimmer zu sein. Wenn wir auf die Toilette, zum Waschen oder zum Morgenkaffee gehen wollten, mußten wir jedesmal an die Tür klopfen und den Schlafraum der Wachmannschaft durchqueren, was bei den dösenden Wachsoldaten stets einen Entrü-

stungssturm auslöste. Für diese Störungen hatte ich schon einige Fußtritte und Kolbenschläge erhalten, aber an eine Frau wagten sie sich nicht heran.

Drei Nächte hintereinander gab es Fliegeralarm; das Licht ging aus, Schüsse krachten, Gefangene sangen, Frauen kreischten. Das Wachkommando brachte sich in Sicherheit. Bis Sirenen das Ende anzeigten, herrschte ein heilloses Durcheinander.

Ein komischer Zwischenfall bewirkte eine seltsame Veränderung unserer Haftbedingungen. Auch wenn wir die dicke Reissuppe, die wir täglich löffelten, herzlich verachteten, so war sie doch die einzige feste Nahrung. Was wir an wenigem Geld noch besaßen, verwendeten wir für Kaffee und Zigaretten. Eines Abends kam unsere Suppe nicht wie gewöhnlich um sieben Uhr. Wir warteten. Vergeblich. Schließlich verlor Clara die Geduld, stieß die Tür zum Wachraum auf und legte den Wachsoldaten eine Skandalszene hin. Sie warf ihnen spanische Flüche an den Kopf, stieß sie zur Seite, sprang auf die Terrasse hinaus und schrie laut nach dem Chef. Von allen Seiten liefen die Wachen herbei, fragten, wollten sie beruhigen. Schließlich erschien irgendein spanischer Beamter, den wir noch nie gesehen hatten, erkundigte und entschuldigte sich mit dem Versprechen, sofort für Essen zu sorgen. Gespannt harrten wir der Dinge. Um elf Uhr nachts tauchte ein befrackter Kellner auf und tischte uns ein feudales Abendessen auf: Fleisch, Gemüse, Obst und Wein. Derselbe spanische Beamte begleitete den Kellner und entschuldigte sich nochmals für das Versehen. Wir fielen aus allen Wolken.

«Wir haben kein Geld, um dieses Essen zu bezahlen», erklärten wir sofort.

«Sorgen Sie sich nicht darum, das geht auf unsere Kosten.»

Wir schmausten wie die Könige, unterbrachen aber unsere Mahlzeit öfters und lachten laut hinaus.

Es kam noch besser. Tags darauf, punkt zwölf Uhr, trat der Kellner in Begleitung eines Agenten abermals auf und servierte schweigend ein herrliches Mittagessen. Wir vertilgten es mit Appetit, fragten uns jedoch verwundert nach dem Wieso, und ob es wohl auch wieder ein solches Souper geben werde? Und siehe, das Tischleindeckdich kam nun jeden Tag zweimal zu uns, solange wir im Zimmer des Hauskaplans lebten. Zum Überfluß brachte man uns auch noch die dicke Reissuppe, die wir souverän ignorierten.

Mit dieser unerwarteten Verpflegung aus dem Hotel nahm es noch eine andere kuriose Wendung. Als wir aus dem Erkerfenster der Hauskapelle eines Nachmittags Stimmen hörten, kletterte ich auf das Fenstergitter und sah in der Kapelle sechs Leute auf Strohsäcken herumliegen. Ich erkannte unter ihnen *Fred Hünen, Egon Korsch* und einige andere Milizionäre, mit denen wir in der Hundertschaft von Michaelis zusammengewesen waren. Auf meinen Anruf hin stieg Fred auf die Lehne eines Betstuhls, um mit mir zu reden.

«Warum seid ihr hier untergebracht?» fragte ich ihn.

«Wir sind seit gestern im Hungerstreik, darum hat man uns von den anderen in der Garage getrennt und uns hierher verlegt.»

Rasch erklärte ich ihm, Clara und ich hätten massenhaft zu futtern, wir könnten sie glatt heimlich verpflegen. Lachend akzeptierten sie. Jeden Mittag und Abend steckten wir den «Hungerstreiklern» die besten Bissen unserer Mahlzeiten zu. Die groteske Situation amüsierte uns köstlich: Stoisch verweigerten die sechs die Reissuppe und labten sich dann am guten, von der GPU finanzierten Essen. Die Komödie dauerte allerdings nur vier Tage, dann wurden die Insassen der Hauskapelle disloziert. Gerüchtweise verlautete, sie seien nach Valencia gekommen.

Eines Nachts holte man mich zum Verhör. Der deutsche Vorsitzende begrüßte mich grinsend mit den Worten: «Trotz Alledem, Herr Thalmann.»

Er gab mir damit zu verstehen, daß er genau über mich Bescheid wußte – «Trotz Alledem» war ja der Titel der monatlichen Zeitschrift der Schweizer Trotzkisten, an deren Schaffung ich mitgeholfen hatte.

«Sie waren drei Jahre in Rußland, nicht wahr?» bohrte er.

Ich gab keine Antwort.

«Sie kennen doch den Herrn Nelz in Zürich. Sie sind auch der Verfasser der trotzkistischen Broschüre ‹Für eine Arbeiterrevolution in Spanien›, die hier verteilt wurde. Sie sehen, wir sind gut orientiert. Ihr Leugnen und auch Ihr Schweigen nützt Ihnen nichts mehr.»

«Ich habe nichts zu erklären, vor diesem Forum verweigere ich jede Aussage.»

Sie führten mich ab. Ich war kaum drei Minuten bei Clara, da drangen drei Agenten ins Zimmer und schleppten sie trotz unseres Widerstandes hinaus. Daraufhin trat ich gemäß unserer Verabredung in den Hungerstreik.

Von anderen Gefangenen erfuhr ich, Clara sei im vierten Stock in einem Einzelzimmer eingesperrt. Auch sie war sofort in den Hungerstreik getreten. Außer Wasser nahm ich nichts zu mir, rauchte weniger. Die ersten zwei Tage waren verhältnismäßig leicht; erst am dritten Tag begann der Hunger, quälend zu werden. Die GPU, von unserem Hungerstreik unterrichtet, versorgte mich noch immer mit dem herrlichen Essen aus dem Restaurant. Mittags und abends zur gewohnten Stunde kam der schweigende Kellner und deckte unter den wachsamen Augen des Wächters den Tisch. Wie die Katze den heißen Brei, umwanderte ich den Tisch, schnupperte die dampfende Suppe und den Fleischgeruch. Mit Mühe bezwang ich mich, nicht von den köstlichen Birnen und Weintrauben zu naschen. Auch die Reissuppe erhielt ich täglich zweimal. Dem Kalfaktor, der sie brachte, versuchte ich einen Zettel für Clara mitzugeben, aber er verweigerte sich. Dafür steckte er mir am anderen Tag einen Zettel von Clara zu; sie schrieb: «Im Hungerstreik, es geht gut, ich machte die Bekanntschaft von Sundelewitsch.»

Der Name sagte mir nichts. Die folgenden Tage vergingen wie im Rausch, Schwindelanfälle stellten sich ein, die meiste Zeit verdöste ich auf dem Bett. Der Reissuppenträger, den Clara offenbar gut bearbeitet hatte, überreichte mir von ihr gedrehte Zigaretten, die ich aufwickelte, um ihre Botschaften zu lesen. Sie war schwach, jedoch guten Mutes.

Eines Tages, während ich auf dem Bette döste, drangen deutsche Laute aus der Gemeinschaftszelle herauf. Ich fragte am Fenster nach unten: «Sind Deutsche da?»

«Ja, hier ist *Stautz*, ich bin Journalist», tönte es als Antwort.

Ich nannte meinen Namen, da wir uns flüchtig kannten.

«Bist du der einzige Deutsche und warum bist du verhaftet?»

«Die Verhaftung muß ein Irrtum sein, mit mir ist noch der Journalist Wolf verhaftet.»

Ich erschrak. Wolf, Trotzkis Sekretär aus Norwegen! Hatte die GPU seine Identität bereits aufgedeckt?

Um mir Gewißheit zu verschaffen, stieg ich etwas später zur Toilette hinunter. Durch ein kleines Fenster konnte ich im Vorbeigehen einen Teil der Gemeinschaftszelle überblicken. Ich sah Wolf unruhig hin und her wandern, machte ihm ein Zeichen. Er kam ans Fenster, und ich flüsterte ihm zu: «Achtung, wir sind in einem GPU-Gefängnis, in einer Stunde komme ich wieder runter.»
Er nickte mir zu. In meinem Zimmer kritzelte ich mit Bleistift auf einen Fetzen Papier die Worte: «Achtgeben, casus belli deine Frau mit Paß ausgestellt in H.»
Trotzki befand sich zu dieser Zeit in dem kleinen norwegischen Ort Hönefoss, und das wußte die GPU. Der Paß von Wolfs Frau war in Hönefoss ausgestellt, wie ich gesehen hatte. Wies sie ihren Paß vor, um nach ihrem Mann zu fragen, mußte es für die GPU ein Kinderspiel sein, die Identität Wolfs zu enthüllen.
Trotzdem die Wachen im Vorzimmer maulten und mir einige Fußtritte versetzten, ging ich nach einer Stunde wieder hinunter und konnte Wolf meinen Zettel zustecken.
Fünf Minuten später stürzte ein Wachsoldat zu mir ins Zimmer und schrie mir in größter Aufregung auf Spanisch zu: «Sie haben einem Gefangenen einen Zettel zugesteckt, das wird böse Folgen für Sie haben!»
Ich spielte den Sprachunkundigen, zuckte die Achseln. Was werden sie nun unternehmen? Was wird mit Wolf geschehen? Ich fand keinen Schlaf.
Wir standen nun schon zehn Tage im Hungerstreik. Den spärlichen Mitteilungen des Kalfaktors zufolge war Clara sehr schwach und verschiedentlich zu nächtlichen Verhören geholt worden. Der Mann verspürte einen stillen Respekt für sie, in den sich viel Mitleid mischte. Jedenfalls hatte Clara ihn herumgekriegt, daß er mir unter dem Teller der Reissuppe täglich eine Botschaft von ihr brachte. Auf diesem Wege unterrichtete ich Clara über den Zwischenfall mit Wolf, damit man sie in einem Verhör nicht überrumpeln konnte.
Um ein Uhr nachts holten sie mich. Der «Boxer» war diesmal nicht zugegen. Höhnisch lachte der Vorsitzende: «Nun, Herr Thalmann, wollen Sie noch immer nicht reden?»
Ich gab keine Antwort.

«Sie können Ihren Hungerstreik noch lange fortsetzen, uns kümmert das wenig, wir haben Geduld.»
Aus der Tischschublade zog er ein längliches Glasstück heraus, auf dem mein Zettel an Wolf aufgeklebt war. Der Agent hatte versucht, das stark zerknüllte und nasse Stück Papier glattzustreichen.
«Sie haben einem Gefangenen einen Kassiber zugesteckt. Sie geben zu, daß das Ihre Handschrift ist? Wer ist die Frau mit dem Pandurengestell?»
Ich wäre beinahe vom Stuhl gefallen. Frau mit Pandurengestell? Was meinte er wohl damit?
Da ich beharrlich schwieg, ließ er mich abtreten. Auf dem Zimmer grübelte ich über die «Frau mit dem Pandurengestell» nach. Mein Papier war naß und zerknittert gewesen; also hatte Wolf es wohl rasch in die Klosettschüssel geworfen, wo es einer der Agenten herausfischte. Meine schlechte Schrift und das Wasser mußten den Zetteltext unleserlich gemacht haben. Plötzlich kam mir die Erleuchtung: Er hatte «Frau mit Paß ausgestellt in H.» als «Frau mit Pandurengestell» entschlüsselt und witterte dahinter nun irgendein Pseudonym. Da könnt ihr noch lange suchen, freute ich mich.
Als ich am Morgen zur Toilette hinunterstieg, fragte ich nach den zwei deutschen Journalisten. Sie seien alle beide heute früh entlassen worden, versicherten mir die Insassen der Gemeinschaftszelle. Was steckte dahinter? Hatten sie Wolf nicht erkannt oder ihn nur freigelassen, um ihn zu beobachten? Fragen ohne Antworten ...
Trotz des Hungerstreiks ließ man uns – aber mich nie mit Clara zusammen – eine halbe Stunde auf die Terrasse. Während meines Spaziergangs am Tage von Wolfs Entlassung entstand Lärm im Flur. Die Tür zur Terrasse wurde aufgerissen, und ich sah Michel Michaelis, der sich mit einem Wachsoldaten herumzankte. Er wurde auf die Terrasse geschickt. Unter der Wachmannschaft war große Aufregung zu spüren, sie liefen wie aufgeschreckte Hühner umher, einige kamen an die Tür, um Michel wie ein Wundertier zu bestaunen.
«Was ist los?», fragte ich ihn.
«Ich bin ausgerückt und freiwillig wieder zurückgekommen, der wachhabende Trottel will das nicht wahrhaben.»
«Freiwillig zurückgekommen?» meinte ich ungläubig.

«Gewiß, letzte Nacht vergaß die Wache, das Tor zur Garage abzuschließen, wir hätten alle abhauen können. Wir stritten uns die halbe Nacht, was wir tun sollen. Falls wir alle ausflögen, befürchteten wir, daß die GPU gegen die zurückbleibenden Kameraden mit Repressalien vorgehen würde. Schließlich einigten wir uns, ich sollte allein verduften, das Nationalkomitee der FAI über das hier bestehende Privatgefängnis ins Bild setzen und dann wieder zurückkommen. Ich war bei der FAI, sie sind dort jetzt orientiert über die Puerta del Angel und werden uns herausholen. Nach meiner Rückkehr bin ich einfach zum Haupteingang hineinspaziert, und nun wollen mir die Burschen das nicht abnehmen.»

Das war ganz Michel – unbedingte Solidarität und grenzenloses Vertrauen in seine Anarchisten, verbunden mit unglaublicher Naivität und totaler Verkennung der Lage. Wenige Minuten später holten sie ihn.

Ich war entschlossen, den Hungerstreik abzubrechen. Je länger er dauerte, desto fester wurde meine Überzeugung, daß er zu keinem Resultat führen werde. Hungerstreik, weil man im Gefängnis nicht mit seiner Frau zusammensein kann, war kein geeignetes Kampfobjekt. Außerdem wußte kein Mensch außerhalb des Gefängnisses um unsere Aktion, sie konnte kein Echo finden. Das waren die politischen Erwägungen, doch dürften die große körperliche Schwäche und die Sorge um Clara mitgespielt haben. Dem Reissuppenträger, der täglich erschien, gab ich einen Zettel an Clara mit, des Inhalts, sie möge gleichzeitig mit mir den Hungerstreik abbrechen. Ihre Antwort kam am nächsten Tag: «Kann weitermachen, bin aber einverstanden.»

Langsam begann ich, Nahrung zu mir zu nehmen, die dauernden Schwindelanfälle wurden weniger, und drei Tage später konnte ich normal essen. Gleich nach der Beendigung des Streiks war auch die Speisung aus dem Restaurant ausgeblieben, die Reissuppe wurde wieder die Regel.

Die fünfte Woche unserer Haft brach an. Der stalinistische Sänger hatte sich noch ein paarmal bemerkbar gemacht und dann einen Hungerstreik angekündigt. Täglich erkundigte ich mich bei ihm, wie er ihn durchstehe. Nach drei Tagen kapitulierte er. Übrigens verschwand er einige Tage darauf; gesehen habe ich diesen Mitgefangenen nie.

Mehrere Tage lang führten sämtliche Gefangenen einen gemeinsamen Kampf gegen die Wachmannschaften. Die Wachsoldaten amüsierten sich in ihrer Freizeit auf verschiedenen Musikinstrumenten. Sie hatten in dem ehemaligen gräflichen Haus ein altes Klavier entdeckt und hämmerten nun scheußlich darauf herum, brachten es aber nicht bis zur einfachsten Tonleiter. Das dauerte stundenlang, das ewige Geklimper ging schrecklich auf die Nerven, rief überall Protest hervor. Noch schlimmer wurde es, als ein krächzender Phonograph alle möglichen Schlager quäkte. Wohl aus Unkenntnis spielten die spanischen Wachen eine Platte ab mit dem – Horst-Wessel-Lied! Das führte zur allgemeinen Rebellion. Mit Fäusten und Stühlen und allen harten Gegenständen hämmerten wir Gefangene an die Türen, die Wände, gegen den Fußboden, viele stimmten die Internationale an, bis die Wachen herbeieilten. Es kam zu Verhandlungen, man mußte ihnen erklären, wenn man uns schon ins Gefängnis sperre, könnten wir es nicht dulden, auch noch mit faschistischen Liedern gefüttert zu werden. Sie gaben kleinlaut zu, Melodie und Texte dieser Lieder nicht zu kennen. Fortan blieben die Musikanten stumm.

Seit dem Verhör nach der Affäre Wolf war ich nicht mehr vernommen worden. Mitte Juli holten sie mich um Mitternacht. Diesmal hieß es, ich solle meinen Koffer packen. Ich weigerte mich entschieden, ohne meine Frau wegzugehen.

«Ihre Frau erwartet Sie im Flur, Sie werden beide nach Valencia gebracht», teilte mir einer der Agenten mit. Das war immerhin möglich. Wie Gerüchte im Gefängnis wissen wollten, hatte man nach Michels Abenteuer alle Gefangenen der Garage nach Valencia transportiert. Ich packte meine Habseligkeiten zusammen und trat auf den Korridor. Wirklich, da stand Clara, bleich und mager. Wir umarmten uns. Zwei Soldaten, das Gewehr in der Hand, begleiteten uns. Wir durften nicht miteinander reden, befahlen sie – worum wir uns einen Pfifferling scherten. So marschierten wir zu Fuß zum Bahnhof. Dort warteten wir einige Stunden auf den Zug. Zu unserem Erstaunen wurden wir in ein gewöhnliches Abteil geführt, in welchem schon einige Reisende Platz genommen hatten. Clara und ich saßen einander gegenüber, jedes an seiner Seite einen Soldaten. Die Mitreisenden warfen uns neugierige und mißtrauische Blicke zu. Um ihre Neugierde zu befriedi-

gen, knüpften einige der Fahrgäste ein Gespräch mit den zwei Soldaten an, und bald beteiligte sich das ganze Coupé an der Unterhaltung.
«Die zwei sind Faschisten», behaupteten unsere Zerberusse. Erbost schrie Clara: «Das ist eine Lüge, wir sind Sozialisten, und die GPU hat uns verhaftet, wir haben an der Front mitgekämpft!»
Immer mehr Leute mischten sich in die Debatte, unsere naiven Bewacher wußten nicht mehr ein noch aus. Deshalb trennten sie uns schließlich und setzten mich in ein anderes Abteil. Dafür gingen wir jetzt alle zehn Minuten auf die Toilette, wo wir uns gegenseitig Nachrichten hinterließen. Jedesmal begleiteten uns die Soldaten bis vor die Tür und warteten geduldig. Sie waren im Grunde gutmütig, behandelten uns anständig und hatten Mitleid.
Gegen Mittag kamen wir in Valencia an. Unsere Begleiter waren froh, uns an ihre Vorgesetzten abliefern zu können. Im Polizeigebäude ließen sie uns eine Stunde allein in einem Zimmer; dann separierten sie uns, diesmal gab es keinen Ausweg. Nach einer langen Umarmung wurden wir einzeln abgeführt.

Santa Ursula

Das Auto hupte vor einer großen Toreinfahrt, wir rollten in einen weiten Hof. Ich wurde ausgeladen, durchsucht, in ein großes Buch eingetragen. Zwei Wachen führten mich in meine Behausung.
Sie war schon belegt. Ein schöner, junger Mann, Ende Zwanzig, unverkennbar südlicher Typ, stand mir gegenüber und sprach mich zuerst spanisch an; doch als ich mich vorstellte, stammelte er einige deutsche Brocken. Mein Zellengenosse behauptete, Advokat zu sein, die Gründe seiner Verhaftung ahnte er nur. Angeblich hätte er sich abfällig über die «Frente Popular» geäußert, was er energisch bestritt. Nach unseren Erfahrungen klang seine Geschichte durchaus glaubhaft.
Unsere Zelle war die ehemalige Klosterküche. Mein aus Valencia stammender Advokat belehrte mich, daß das Geheimgefängnis der Kommu-

nisten das frühere Nonnenkloster «Santa Ursula» sei. Nach seiner Schätzung – er saß seit zwei Wochen – beherbergte das Kloster etwa zweihundertfünfzig bis dreihundert Gefangene. Die Küche zu ebener Erde war sehr geräumig, in Mannshöhe befand sich ein vergittertes Fenster, durch das der Lärm der Stadt hereindrang. Das Kloster mußte in einem belebten Stadtteil liegen, deutlich hörte man die Fahrgeräusche und das Klingeln von Straßenbahnen, das Rufen der Straßenverkäufer, selbst Gespräche der Passanten. Außer einem Spülbecken enthielt die Küche nichts – keine Decke, kein Stroh, keinen Stuhl, keine Pritsche. Die Wasserleitung war verlötet, der Fußboden bestand aus schwarz-weißen Fliesen. Weder Glas noch Eßgeschirr war vorhanden; beim Liegen benutzten wir unsere Koffer als Kopfkissen.

Das Essen war besser als in Barcelona. Mittags und abends gab es Reis oder Bohnen mit Tomatensoße, alle drei Tage einen Bissen Fleisch, manchmal Früchte und ein Viertel Wein. Zum Frühstück gab es nichts; auch hier konnte nur, wer Geld besaß, sich eine Tasse Kaffee mit Brötchen verschaffen. Der Spanier hatte sein Geld schon längst aufgebraucht, genau wie ich meins.

Zum Zeitvertreib gaben wir uns gegenseitig Sprachstunden oder spielten Schach. Der schwarz-weiße Steinboden war unser Schachbrett, aus dem weichen Brot kneteten wir primitive Figuren. Ins Spiel vertieft, wanderten wir stundenlang kreuz und quer durch die Küche.

Eine quälende Plage waren die zahllosen Ameisen, die uns nachts überfielen und den Schlaf raubten. Unserem Küchenfenster gegenüber befand sich ein hoher Stadtturm, von dem wir nur die Mauer erblicken konnten. Vom Turm her hörten wir ununterbrochen Gesänge und wilde Rufe. Wenn man sich auf den Boden legte, vermochte man die Turmbrüstung und dort oben eine Menge sich hin und her bewegender Gestalten zu sehen. Mein Gefährte klärte mich auf, in dem Turm seien über hundert anarchistische Milizionäre eingesperrt, Teil einer Kolonne, die an der Front rebelliert hätte.

Mein ausgesprochenes Pech war, auch in Santa Ursula in einer Zelle zu sitzen, vor der der Wachraum lag. Gelegentlich bestraften uns die Wachen für Störungen mit Fußtritten. Morgens um sieben Uhr wurden wir zum Waschen in einen großen Raum geführt.

Von Clara wußte ich nichts. War sie hier oder in einem anderen

Gefängnis? Ich hatte bereits vernommen, daß in Santa Ursula eine Frauenabteilung bestehe.

Am vierten Morgen öffnete sich die Tür, ein Gefangener unter Aufsicht eines Wachsoldaten brachte mir eine große Tasse Milchkaffee mit Brot. Auf meine erstaunte Frage flüsterte er: «Von Ihrer Frau.» So wußte ich wenigstens, daß Clara auch hier war. Wir teilten das Frühstück, nachdem ich den Widerstand meines Kameraden gebrochen hatte. Als der Kaffeeträger am anderen Morgen wiederkam, fragte ich ihn sofort: «Wo ist meine Frau? Woher hat sie das Geld?»

«Sie befindet sich im zweiten Stock in der Frauenabteilung. Das Geld für den Kaffee hat sie mir gepumpt, ich bin Tessiner. Bald werden Sie in die Nähe Ihrer Frau kommen.» Das waren tröstliche Nachrichten, sie erhellten das öde Dasein.

Während der ersten Tage, die ich mit dem Spanier zusammen in der Klosterküche verlebte, wurde keiner von uns zum Verhör geholt, ebensowenig ließ man uns an die frische Luft wie in Barcelona. Wir stellten tausend Vermutungen über unser Schicksal an, unterhielten uns über den Verlauf des Krieges. Mein Zellengenosse vermied es geschickt, seine politische Haltung erkennen zu lassen, doch spürte ich heraus, daß er gläubiger Katholik war. Rasch hatten wir uns aufeinander eingespielt, vertrugen uns gut, keiner störte den anderen.

In der zehnten oder elften Nacht drangen vier bewaffnete Agenten in die Zelle und versuchten, den Spanier abzuholen. Er zitterte am ganzen Körper, begann zu schreien, wehrte sich verzweifelt. Mit Händen und Füßen klammerte er sich an mich, wir wurden bis an die Türe geschleppt, fielen zu Boden.

«Sie wollen mich erschießen, madre, madre...», schluchzte und jammerte der junge Mensch. Es gelang den Bewaffneten, ihn von mir zu trennen, ihn wegzuzerren, ich war allein.

Pedro Hirten

Zwei Tage später teilte mir der Kaffeeträger leise mit: «Heute wirst du in eine andere Zelle geführt.» Aufgeregt wartete ich bis zum Abend. Endlich holten sie mich, wir schritten durch lange Klostergänge an vielen Zellentüren vorbei und stiegen in den ersten Stock. Meine neue Zelle beherbergte bereits einen Insassen. Ein Mann von etwa fünfundfünfzig Jahren, graumeliertes Haar, mit breitem, gutmütigem Gesicht.
Wir starrten uns an.
«Du bist kein Spanier, was bist du für ein Landsmann?» frug er auf spanisch. Ich machte mich bekannt.
«Oh, dann können wir uns ja auf deutsch unterhalten, ich bin Deutscher, aus Stuttgart, ich heiße Pedro Hirten. Noch zwei Tage, dann stecke ich genau hundert Tage in diesem elenden Loch; gut, daß du kommst, sonst wäre ich verrückt geworden.»
Rasch befreundeten wir uns und erzählten uns gegenseitig unsere Geschichte.
Peter Hirten lebte seit fünfzehn Jahren in Spanien und wohnte in Madrid. Als qualifizierter Metallarbeiter hatte er ein gutes Auskommen gefunden. Seit zwölf Jahren war er mit der Schwester des spanischen Sozialisten *Lopez* – Sekretär des Ministerpräsidenten Largo Caballero – verheiratet, behielt aber seine deutsche Nationalität. Kurz vor Ausbruch des Bürgerkrieges avancierte Pedro zum Betriebsleiter einer Aluminiumfabrik. Er war mit seiner Situation zufrieden, um Politik hatte er sich nie gekümmert. In Deutschland war er in der ganzen Zeit nie mehr gewesen. Die Geschichte seiner Verhaftung ist schnell erzählt.
Schon in den ersten Wochen der Belagerung von Madrid wurde das Brot rationiert. Vor den Bäckereien bildeten sich lange Schlangen, da nicht immer genug Brot für alle da war. Pedros Frau war fußkrank und konnte das lange Anstehen nicht ertragen. Die deutsche Kirche in Madrid teilte jeden Sonntagmorgen an deutsche Staatsbürger eine Ration Brot aus. Pedro stellte sich an, aber schon am zweiten Sonntag wurde er mit anderen Schicksalsgenossen verhaftet.

«Diese Leute hier sind vollkommen meschugge», schnaubte er wütend. «Sie wollen von mir ein Geständnis, daß ich für Franco und Hitler arbeite, dabei habe ich Spanien seit fünfzehn Jahren nie verlassen und mich nicht mit Politik befaßt. Die machen mich rasend.»
Trotz all der guten Beziehungen seiner Frau hielt ihn die GPU fest.
Die neue Zelle war nicht so groß wie die Klosterküche, dafür aber mit Holzpritschen ausgestattet. Ein feines Drahtgitter überspannte ein Fenster, das auf einen Hinterhof führte. Von unten stieg ein schrecklicher Gestank herauf; irgendwo mußte ein Müllhaufen liegen. Trotz des vergitterten Fensters litten wir unter zahllosen Mücken. Der Gestank und die Hitze, das alles zusammen machte das Atmen schwer. Am Fenster stehend, konnten wir ein kleines Stück Himmel erblicken, zur linken Hand war das Ende eines Balkons der oberen Etage sichtbar.
«Da oben liegt die Frauenabteilung, wenn die Stadt bombardiert wird, kannst du was erleben an Geheul und Panik. Wenn du besser schlafen willst, mußt du dir einen Strohsack organisieren. Bei manchen Wachen dürfen wir bisweilen auf den Gang hinaus, andere lassen uns nur die Türe öffnen, um auszulüften. Mit etwas Glück erwischen wir vielleicht einen Strohsack für dich», erläuterte mir Pedro väterlich.
Wir hatten Glück, am Morgen war eine «gute» Wache da, und so konnten wir vor der Zellentür einige Schritte hin und her gehen und andere Gefangene der Nachbarzellen sehen. Pedro sprach mit dem Wächter, und nach fünf Minuten war ich glücklicher Besitzer eines Strohsackes.
In einer der ersten Nächte holen sie Pedro zum Verhör. Ganz unerwartet umarmte er mich, klopfte mir auf die Schulter und murmelte: «Leb wohl, viel Glück, falls wir uns nicht mehr wiedersehen.»
Er kam am frühen Morgen zurück, müde, zerschlagen, berstend vor Wut.
«Weißt du, was diese blöden Schweine für einen Trick mit mir versuchten? Sitz ich da beim Verhör, kommt plötzlich ein Kerl ins Zimmer gestürmt, gafft mich an, ergreift meine Hand und schüttelt sie, schreit: ‹Na, alter Junge, kennst du mich nicht wieder? Wir sahen uns doch 1935 beim Bierfest in Stuttgart!›

Der blöde Hund. Ich starrte die Kerle an, tippte mir mit dem Finger an die Stirn und sagte: ‹Dem fehlt's da oben.› Mit Fußtritten und Ohrfeigen jagten sie mich weg. Die müssen früher aufstehen, wenn sie den alten Pedro reinlegen wollen.»

Einige Nächte hintereinander wurde der Hafen von Valencia bombardiert. Die Panik war unbeschreiblich, die Wachen stoben davon, wir hörten sie rennen, im Hof ließen sie ihre Büchsen knallen, die Frauen kreischten, alles übertönt vom Krachen der Bomben. Auf Anraten Pedros drückten wir uns in eine Ecke, schichteten unsere Strohsäcke über uns. In der Dunkelheit erzählte Pedro Witze und Episoden aus seinem Leben. Als deutscher Feldwebel hatte er den Ersten Weltkrieg an der russischen Front mitgemacht.

«Das war noch ein Leben. Ich habe bestimmt keinen Mord auf dem Gewissen. Wenn es hieß: ‹Vorwärts›, stürmte Pedro voran, schlug sich hinter den nächsten dicken Baum und nahm einen Schluck aus seiner Pulle auf das Wohl des Kaisers.»

Beide genossen wir den Morgenkaffee. Pedro bekam von seiner Frau Geld geschickt; da er Nichtraucher war, verwendete er es ausschließlich für Kaffee.

Eines Morgens, wir durften vor der Zellentür auf und ab gehen, rauschte Clara wie ein Sturmwind heran. Sie umarmte mich, ihr Gesicht war von Mückenstichen angeschwollen.

«Du, wir Frauen gehen jeden Morgen in die Dusche, richte es so ein, daß du einige Minuten vor zehn im Gang bist, dann können wir uns sehen.»

Das klappte nicht jeden Morgen. Wir Männer waren neidisch, verlangten ebenfalls, in die Dusche geführt zu werden. «Mañana», morgen... doch nie kam es dazu. Clara löste uns das Rätsel.

«Da könnt ihr noch lange warten. Für die Wachen ist das Duschen der Frauen der schönste Zeitvertreib. In die Holzwand haben sie sich Löcher gebohrt und begaffen uns abwechselnd. An den Männern haben sie kein Interesse.»

Die gelegentlichen schnellen Morgenbesuche von Clara auf dem Zellenkorridor hörten auf, wir konnten uns nicht mehr sehen. Seit vierzehn Tagen in Santa Ursula, war ich noch nie zum Verhör geholt worden. Dafür wurde mir plötzlich erlaubt, eine halbe Stunde im Hinterhof spazierenzugehen. Ich war nur wenig erstaunt, als ich dabei auf Michel Michaelis und einige seiner Freunde stieß. Trotz des Sprechverbots konnten wir uns verständigen. Ja, sie waren alle hier, die Gefangenen der Puerta del Angel und, wie er versicherte, eine ganze Anzahl anderer Gefangener, darunter viele Deutsche, die er nicht kannte.

Clara singt

Hitze und Gestank waren unausstehlich. Oft standen Pedro und ich am Fenstergitter, um wenigstens etwas Luft zu schnappen. Aus der über uns liegenden Frauenabteilung ertönte Gesang. Die Frauen durften täglich auf dem Korridor herumgehen, wir konnten sie reden und singen hören, ohne sie zu sehen. Wie wir uns so am Fenster aufhielten, hörte ich Clara trällern – Volkslieder in Schweizer Mundart. Gespannt lauschten wir beide; obwohl Pedro kaum die Hälfte verstand, sagte er sofort: «Mensch, deine Frau wurde verhört, sie singt doch ihre Verhöre runter!»
Tatsächlich, aus Claras «Volksliedern» ging hervor, daß sie seit drei Nächten vernommen wurde; getreulich sang sie Art und Weise der Verhöre, die Fragen und Fallen der Agenten vor, um mich zu orientieren.
Gleichzeitig sang sie auch über das Leben in ihrer Zelle, in der sie mit mehreren Frauen zusammenleben mußte. Mit einer älteren deutschen Frau, deren Mann von den Kommunisten erschossen worden war, hatten sie große Schwierigkeiten. Die Frau legte einen rasenden Haß gegen alle «Roten» an den Tag, betete stundenlang in der Zelle für ihre Vernichtung, gab ihrer Verehrung für Hitler offen Ausdruck.
Drei Morgen lang sang uns Clara, was sich im Kloster ereignete. Sie war überzeugt, in ihrer Zelle einen Spitzel zu haben, eine Kommunistin, die sie aushorchen sollte. Bedenklicher war ihre Mitteilung, daß sie an Skorbut litt und ihre Zähne anfingen zu wackeln. Sie habe bei den Wachen Knoblauch erbettelt, um dem entgegenzuwirken.

Mit einem der Wachsoldaten – sie wechselten alle vierundzwanzig Stunden – hatte sie ein unerwartetes Erlebnis. Beim Öffnen der Zellentür schreckte der diensttuende Wachsoldat zurück und rief aus: «Sie hier, das ist unmöglich!» Auf ihre Frage, woher er sie kenne, erwiderte der Mann: «Ich habe Sie doch an der Front gesehen, damals bei Talavera de la Reina, da haben Sie uns aufgehalten. Und uns sagt man, hier im Kloster seien alle Gefangenen Faschisten, das kann doch nicht sein.» Jedesmal, wenn der Wachsoldat Dienst hatte, war Clara bevorzugt, er gab ihr Zigaretten, ließ sie häufiger aus der Zelle.

Aus Claras Liedern wußte ich, die nächtlichen Verhöre fanden nicht wie in Barcelona im Gefängnis selbst statt, sondern irgendwo in der Stadt.

Nachts um ein Uhr holten sie mich. Pedro umarmte mich, wünschte mir baldiges Wiedersehen.

Zwei mit Maschinenpistolen bewaffnete Agenten fuhren mich im Auto durch die verdunkelten Straßen Valencias. Im Verhörraum empfingen mich zwei «alte Bekannte» aus Barcelona. Beide waren deutsche Kommunisten und hatten bisher nur als Beisitzer gewirkt. Der eine von ihnen, jung, mit strohblondem Haar, sprach den unverkennbaren Akzent der Wasserkante. Sein Kollege beteiligte sich nur zeitweise am Verhör, stand neben seinem Kollegen am Tisch. Eine starke Lampe blendete mich. Vor ihm auf dem Tisch lag das längliche Glasstück, mein Zettel an Wolf.

«Wer ist Casus Belli?» warf er mir drohend an den Kopf. «Wer ist die Frau mit dem Pandurengestell?»

Hartnäckig wiederholte er die zwei Fragen. Ich schaute ihn ungläubig an, ohne zu antworten. Sein neben ihm stehender Kollege bekam einen roten Kopf, wurde ungeduldig, zischte wütend: «Hör doch auf, Casus belli ist kein Name, man sagt so.»

Der Blonde war keineswegs überzeugt und behauptete, die Worte seien ein Pseudonym.

«Nun, Herr Thalmann, Sie sind jetzt entlarvt, wir kennen Ihre Vergangenheit. Sie sind Trotzkist und haben die Verräterbroschüre gegen die spanische Republik geschrieben. Sie hatten Verbindung zur Gestapo, bevor Sie nach Spanien kamen. Wir wissen, daß Ihre Frau

und Sie oft Hitlerdeutschland besucht haben. Ihre Mitwirkung am verbrecherischen Maiaufstand ist uns bekannt. Wir wollen jetzt Ihre Querverbindungen in Spanien wissen und die Namen Ihrer Helfershelfer.»
«Wo ist die Post der Internationalen Brigaden, die Sie gestohlen haben? Wann waren Sie zum letztenmal in Deutschland? Wann waren Sie bei Trotzki in Norwegen? Wo versteckt sich der Trotzkist Moulin?»
Immer wieder dasselbe, stundenlang. Erst leugnete und bestritt ich all die dummen Fragen, nachher antwortete ich nicht mehr. Beide bedrohten mich mehrmals mit ihren Revolvern und behaupteten, meine Frau hätte alles gestanden. Sie fuchtelten mir mit ihren Fäusten vor der Nase herum, ohne mich zu schlagen. Schließlich, gegen vier Uhr morgens, entließen sie mich unter Drohungen, mich schon noch zum Reden zu bringen. Bei Pedro angelangt, mußte ich ihm alles genau erzählen.
Die nächste Nacht war wieder Verhör. Diesmal führte man mich nicht ins Zimmer; auf einem Stuhl sitzend, mußte ich im Gange warten. Plötzlich kam ein Agent auf mich zugestürzt, befahl mir: «Aufstehen, mit dem Gesicht zur Wand.» Schritte ertönten, jemand wurde vorbeigeführt. Ich durfte mich wieder setzen. Am Ende des langen Ganges, vor der Tür des Verhörzimmers, ging ein Offizier der Volksarmee nervös auf und ab. Irgendwie kam mir die Gestalt bekannt vor. Als der Mann seine Mütze lüftete, um sich den Schweiß von der Stirn zu wischen, erkannte ich Joseph Burckhardt, Friedels Freund. Seine Anwesenheit hier in der Nacht konnte nur bedeuten, daß er über uns ausgefragt wurde. Würden sie mich ihm konfrontieren? Nach einer Viertelstunde wurde Joseph hineingeführt. Ob er mich erkannt hatte?
Es dauerte noch eine ganze Weile, dann brachten sie mich zurück, ohne mich verhört zu haben.
Clara sang mir einen Tag später vor, Joseph sei ihr gegenübergestellt worden, hätte nichts Belastendes gegen uns ausgesagt, im Gegenteil sich günstig geäußert.
Die Tage vergingen. Auf unseren Strohsäcken zu dösen, gab Pedro meist schnell auf; dann marschierte er unablässig in der Zelle auf und ab oder stand lufthungrig am Fenster.

Unverhofft erhielten wir «hohen Besuch». Einer der deutschen Agenten kam in Begleitung des «Boxers» aus Barcelona, um seine Opfer zu inspizieren. Pedro und ich blieben ruhig auf der Pritsche liegen, als die beiden in die Zelle traten.
«Aufstehen, wenn Kontrolle kommt!» brüllte uns der Deutsche wütend an. Widerwillig erhoben wir uns, der «Boxer» fixierte uns schweigend, drehte sich um und verschwand mit seinem Begleiter.
«Den Kerl hab' ich noch nie gesehen», kommentierte Pedro. Ich sagte ihm, nach meiner Meinung sei er einer der leitenden russischen Polizeiagenten in Spanien.

Fritz Raab

Nach über drei Wochen Aufenthalt im Klostergefängnis von Santa Ursula war ich mit den Gepflogenheiten vertraut. Größere Gemeinschaftszellen gab es nicht, denn die Klosterzellen boten nur für drei oder vier Personen Raum. Die Frauen wurden humaner behandelt, durften auf ihrem Korridor frei herumspazieren. Zur Promenade wurden wir nur zwei- oder dreimal pro Woche geführt, wahrscheinlich lag das ganz im Belieben des wachhabenden Offiziers. Unter den Gefangenen kursierten unkontrollierbare Gerüchte über schwere Mißhandlungen einzelner Gefangener. Zweifellos bestand die überwiegende Mehrzahl der Häftlinge aus Antifaschisten; es war kaum zu beurteilen, ob sich hier überhaupt echte Franco-Anhänger befanden. Verbindung und Unterhaltung mit anderen Gefangenen des gleichen Stockwerks gab es nur, wenn uns erlaubt wurde, ein oder zwei Stunden vor der Zellentür zu verbringen; auch diese Erleichterung hing ganz von der Wachmannschaft ab.
Nach dem Morgenkaffee wurden wir zur Morgentoilette in die Waschküche des ersten Stockwerks geführt. Es war der einzige Ort, wo man mit Gefangenen aus anderen Etagen zusammentraf. Natürlich bestand Redeverbot, doch war die Bewachung meist sehr nachlässig. Eines Morgens wuschen sich vor mir am Waschtrog zwei Männer,

die sich auf deutsch unterhielten und sich kräftig den nackten Oberkörper rieben. Als sie sich aufrichteten, erkannte ich sie: *Kuno Brandel* und *Waldemar Bolze*, beide seit Jahren Mitglieder der KPO, Richtung Heinrich Brandler. Mit Kuno Brandel hatte ich in den Jahren 1930/31 einige Male in Versammlungen in Stuttgart und Villingen gegen die Nazis gesprochen. Waldemar Bolze kannte ich aus Moskau, wo er im deutschen Klub Funktionen ausgeübt hatte. Die Überraschung war beidseitig groß.

«Mensch, wie kommt ihr denn hierher?» fragte ich nicht wenig verwundert.

«Das ist eine lange Geschichte, versuch' jeden Morgen etwa um dieselbe Zeit hierherzukommen, dann können wir einiges erzählen», meinte Kuno. Leider gelang das nur zwei- bis dreimal, doch allmählich schälte sich ihre Geschichte heraus, die genauen Einzelheiten erfuhren wir erst viel später durch den Hauptbeteiligten, einen gewissen Fritz Raab. Von ihm wußte ich, daß er drei Zellen neben der unsrigen in strenger Einzelhaft saß. Nur selten bekamen wir den großen, schlanken Mann mit der sportlichen Gestalt und den dichten schwarzen Haaren zu Gesicht. Es war ihm strikt verboten, sich mit anderen Gefangenen zu unterhalten. Pedro hatte mir bereits erzählt, es sei da auf unserem Korridor ein Gefangener, der gefoltert werde; jedenfalls hatte er ihn schon schreien gehört.

Im Ersten Weltkrieg hatte Raab als Fliegeroffizier in der von *Hermann Göring* kommandierten Staffel gedient. Die zwei Männer freundeten sich an. Nach dem Krieg trennten sich ihre Wege; Raab arbeitete als Konstrukteur in der Flugzeugindustrie. Göring wurde nach der Machtübernahme Hitlers der allmächtige Reichsmarschall. Raabs Pech war, mit einer Jüdin verheiratet zu sein. Nun bedrohten die Judengesetze sie und ihre Familie. Seine Frau drängte ihn, er solle sich beim ehemaligen Kriegskameraden für sie und ihre Familie verwenden. Raab bekam tatsächlich einen Termin bei Göring. Die Unterredung verlief stürmisch; der Naziminister behandelte seinen Kriegskameraden hochnäsig und lehnte jede Intervention ab.

«Schick' deine Jüdin zum Teufel, es gibt genug hübsche deutsche Frauen», schnödete er. Raab war empört, beleidigt, machtlos. Er konnte die Verhaftung der Verwandten seiner Frau nicht verhindern. Um seine Frau vor demselben Schicksal zu retten, emigrierte er nach Griechenland. In Athen arbeitete er in der griechischen Flugzeugindustrie; von Haus aus begütert, besaß er an einigen Unternehmen Kapitalbeteiligung.

Da brach der Spanische Bürgerkrieg aus. Sein Haß gegen die Nazipolitik, die ihn aus seiner Heimat vertrieben hatte, wies ihm da ein Mittel, sich zu rächen. Er reiste nach Spanien und offerierte seine Dienste als Fachmann. Die anarchistischen Gewerkschaften in Katalonien griffen sofort zu. Für sie war es von vitaler Bedeutung, unabhängig von den Russen eine kleine, aber selbständige Luftwaffe zu schaffen. Raab erhielt die notwendigen Mittel, konnte unter der Kontrolle der CNT in Gerona mit der Konstruktion von Flugzeugen beginnen. Die dazu qualifizierten Arbeiter holte er sich teilweise aus Paris. Als guter Deutscher wollte er gute deutsche Facharbeiter engagieren. In der Pariser Emigration fand er ein starkes Dutzend Metallarbeiter mit genügenden Fachkenntnissen, darunter Kuno Brandel, Waldemar Bolze und einige andere, die er sofort anwarb. Die Arbeit lief an, die Kooperation mit den Gewerkschaften und dem spanischen Personal klappte. Doch die Herrlichkeit dauerte nicht lange. Kurz nach den Maitagen gelang es den Kommunisten, den Betrieb der CNT zu entreißen. Betriebsleiter Raab und die Mehrzahl seiner Arbeiter wurden verhaftet und politisch genauer durchleuchtet. Was sich herausstellte, war für die Stalinisten, auf der Suche nach faschistischen und trotzkistischen Elementen, ein gefundenes Fressen – ein ehemaliger Freund Görings, deutsche oppositionelle Kommunisten mit den Anarchisten im Bunde – ihre schönsten Träume erfüllten sich. Raab und seine deutschen Facharbeiter wurden nach Valencia verbracht. In den Klosterzellen von Santa Ursula warteten sie auf ihren Prozeß.

Konnten wir Raab nur einige Male sehen, wenn er am Morgen vom Verhör zurückkam, so konnten wir ihn dafür öfters hören. In Santa Ursula war es offenes Geheimnis, daß er mißhandelt wurde. Aus unserem unruhigen Schlaf wurden wir eines Nachts durch Geschrei, Flüche auf deutsch und spanisch geweckt. Im Korridor Geräusche von einem wüsten Handgemenge. Pedro und ich rannten zur Tür. Deutlich vernahmen wir Raabs Stimme: «Ihr Schweinehunde, Folterknechte, schlagt mich gleich tot, nichts werdet ihr von mir erfahren!»

Wir hörten Männer raufen, keuchen, fluchen, dann fiel eine Zellentür ins Schloß.

Auf unserem Korridor (dank einer guten Wache) erzählte mir ein holländischer Sozialist, den ich ein paarmal gesehen, aber nicht gesprochen hatte: «Schau mich an, die Hunde haben mir bei den Verhören alle Zähne eingeschlagen, auch andere Kameraden werden geschunden.» Er wies mir seinen zahnlosen Mund.

«Niemand weiß, nach welchen Gesichtspunkten sie den einen foltern und den andern nicht. Bei mir in der Zelle sitzt ein Jugoslawe, den sperrten sie vierundzwanzig Stunden in einen engen Kasten, bis seine Beine dick anschwollen und er ohnmächtig wurde. Seine Notdurft verrichtete er in seine Kleider. Sie sollen diese Methode auch an anderen Kameraden ausprobiert haben.»

Schon von Pedro hatte ich erfahren, es würde an Gefangenen Grausamkeiten verübt, nur konnte ich das nicht nachprüfen. Aber nachdem ich Raab gesehen und gehört sowie mit dem Holländer gesprochen hatte, war kein Zweifel mehr statthaft.

«Gäste» der Regierung

Nach einer Woche Ruhe wurde ich wieder geholt. Auf dem Gang vor der Zellentür mußte ich warten, oben in der Frauenabteilung entstand Lärm, ich hörte Claras Stimme. Sie protestierte, weigerte sich, zum Verhör zu gehen. Erst als man ihr versicherte, auch ich sei zum Verhör beordert, kam sie die Treppe hinunter, wie immer unter Bewachung. Wir wurden beide in ein Auto gesetzt und durch die stockdunklen Straßen Valencias gefahren. Unsere Hände verschlangen sich fest, wir sprachen nichts. War es das Ende? Im Scheinwerferlicht des Wagens lasen wir an einer Hauswand in großen Lettern die Frage: «Donde esta NIN?» (Wo ist Nin?) Sollte das auch unser Schicksal sein? Der Wagen fuhr viel länger als gewöhnlich, und als wir ausgeladen wurden, führten uns die Begleiter in ein unbekanntes Gebäude. Diesmal mußte ich zuerst zum Verhör. Vor mir saß ein

enorm dicker Mann mit rabenschwarzem Haar; er sprach mich mit hoher Fistelstimme auf spanisch an. Zum erstenmal wurde ich von einem spanischen Beamten vernommen.
«Sie sind seit acht Tagen verhaftet?» fragte er.
«Seit acht Tagen? Für uns beginnt jetzt die zehnte Woche», erwiderte ich.
«Warum sind Sie verhaftet?»
«Das wissen wir auch nicht.»
«Diese verflixten Ausländer!» begann er loszuschimpfen. «Sie verpfuschen uns alles, treten das Ansehen unserer Justiz in den Schmutz. Wo befindet sich Ihre Frau?»
«Sie sitzt draußen.»
Er klingelte der Wache, befahl, Clara hereinzuführen, bot uns Kaffee und Zigaretten an. Er behandelte Clara mit echt spanischer Grandezza, ließ uns ruhig unsere Abenteuer erzählen. Um vier Uhr morgens verabschiedete er uns mit der feierlichen Versicherung: «Morgen sind Sie frei, ich sorge dafür.»
Es ging zurück. Wir wußten nur zu gut, was «mañana» bei den Spaniern hieß – es konnte ebensogut morgen wie in sechs Monaten bedeuten. Trotzdem klopften unsere Herzen rascher. In der Zelle sprach mir Pedro Mut zu, beauftragte mich, sofort für ihn Schritte zu unternehmen, falls ich freikäme. Ich hatte ihn im Verdacht, selbst nicht recht an unsere Befreiung zu glauben, wollte es aber nicht merken lassen; er war froh und traurig zugleich.
Den ganzen Tag über geschah nichts. Das Warten und Hoffen war zermürbend. Gegen Abend glaubte ich nicht mehr an das Versprechen. Flüsternd unterhielt ich mich mit Pedro bis tief in die Nacht. Dann kamen sie.
Drei mit Maschinenpistolen bewaffnete Zivilisten drangen in die Zelle und nahmen mich sofort mit. Beim Abschied hatte Pedro nasse Augen. «Viel Glück und denk an mich», waren seine letzten Worte.
Im Klosterhof unten stand schon Clara mit ihren wenigen Habseligkeiten. Wir wurden ins Auto verfrachtet, zwei der Männer setzten sich zu uns, ein zweiter Wagen mit vier Männern folgte uns nach.
Einer der Männer erläuterte uns: «Sie sind frei, doch ist es viel zu

spät, um in ein Hotel zu gehen. Sie müssen diese Nacht schon bei uns im Polizeihauptquartier bleiben.»

Wir hatten keine Wahl. Die Zweifel wichen nicht ganz: war das alles eine Falle der GPU?

Im Polizeihauptquartier wiesen sie uns ein kleines Zimmer zu, legten eine Matratze auf den Boden, wünschten uns eine geruhsame Nacht. Waren wir wirklich frei? Wir fanden keinen Schlaf.

Zeitig am Morgen wurden wir geweckt und zum Frühstück geführt. Um uns bildete sich eine Eskorte von Bewaffneten, vor und hinter uns marschierten je zwei uniformierte Männer, ihre Maschinenpistolen im Arm, neben uns zwei Agenten in Zivil, Revolver umgeschnallt. Die Menschen auf der Straße beobachteten neugierig den seltsamen Aufzug, wichen uns scheu aus. In einem vornehmen Hotel setzten sich die zwei Agenten mit uns an den Tisch, die Uniformierten rauchten vor dem Hoteleingang ihre Zigaretten.

Wir erkundigten uns, was diese Vorstellung zu bedeuten hätte.

«Sie stehen unter dem direkten Schutz des Innenministeriums. Wir haben Befehl, für Ihre Sicherheit zu sorgen und Sie zu bewachen. Sie werden selbst wissen, warum und vor wem.»

«Wir wissen es sehr gut, doch glauben wir, zwei Bewacher in Zivil genügen auch, dieser Aufmarsch an Polizeikräften erregt doch nur Aufsehen.»

«Da müssen wir erst bei unserer Behörde anfragen. Übrigens werden Sie noch heute im Innenministerium erwartet.»

Die gleiche Polizeieskorte führte uns wieder zurück, es ähnelte sehr einem amerikanischen Gangsterfilm. Plötzlich stieß mich Clara an – auf der anderen Straßenseite standen zwei unserer deutschen GPU-Agenten, die uns noch vor wenigen Nächten verhört hatten. Sie glotzten uns an, erstarrt, ungläubig. Clara konnte nicht an sich halten und streckte ihnen die Zunge raus. Hastig, aufgeregt diskutierend entfernten sie sich. Sie mußten von unserem Anblick nicht wenig verblüfft gewesen sein.

Vom Polizeihauptquartier holte uns ein Wagen ab und brachte uns ins Innenministerium, wo uns ein höherer Beamter empfing. Lächelnd erklärte er: «Ich bin der persönliche Sekretär des Herrn Innenministers. Verzeihen Sie das Ihnen zugefügte Ungemach, wir sind traurig über

diesen Irrtum unserer Behörden, heute wissen wir, daß Sie nicht das gesuchte Ehepaar sind. Ab sofort befinden Sie sich in Freiheit und genießen den Schutz unseres Ministeriums. Sie können sich als Gäste der Regierung betrachten, wir stellen Ihnen einen Wagen zur Verfügung. Im Hotel Ingles haben wir Ihnen ein Zimmer reserviert, alles geht auf unsere Kosten.»
Er überreichte uns ein Schriftstück, unterzeichnet von Innenminister *Zugazagoita*, das besagte, wir seien als Gäste der Regierung zu behandeln, besäßen volle Bewegungsfreiheit, könnten nach Belieben in Spanien bleiben oder das Land verlassen.
Wir baten den Beamten, unsere «Schutzengel»-Eskorte auf das unentbehrliche Mindestmaß zu beschränken, was er versprach.
Der Wagen, mit dem man uns ins Innenministerium kutschiert hatte, war jetzt «unser» Wagen, so wenigstens erklärten unsere zwei Begleiter. Sie betonten nochmals, sie hätten den Auftrag, alle unsere Wünsche zu erfüllen, und stünden ausschließlich zu unserer Verfügung. Wie betäubt von der unerwarteten Wendung, wußten wir nichts Gescheiteres, als zuerst einmal Zigaretten zu kaufen. Die Agenten beglichen die Rechnung.
Das Hotel Ingles war eines der besten Häuser am Platze. Ein feudales Zimmer, mit dicken Teppichen belegt, und ein modernes Badezimmer erwarteten uns. Im Eßsaal nahmen wir ein wahres Bankett ein: Hors d'oeuvres, Gemüse, Fleisch, Obst, Eis, Rot- und Weißwein. Wir ließen es uns munden im Verein mit den beiden Beamten, denen ihr Auftrag offenbar gut gefiel. Es dauerte nicht lange, und wir stellten fest, daß die meisten Hotelgäste höhere Staatsbeamte, Parteifunktionäre oder Offiziere der Volksarmee waren. Auch ein paar ausländische Korrespondenten befanden sich darunter. Die Aristokratie der Republik lebte nicht schlecht. Unangenehmerweise erschienen auch einige unserer GPU-Verhörer öfters beim Essen und warfen uns scheele Blicke zu. Unser Erscheinen im Hotel erregte natürlich viel Getuschel und Neugier!
Am zweiten Tag unserer Freiheit dachten wir an unsere Freunde im Gefängnis. Wir wollten wenigstens einigen von ihnen etwas Abwechslung in die langweilige Gefängniskost bringen. Vorsichtig fragten wir erst unsere Begleiter, ob dieser Besuch gestattet sei. Sie stimmten sofort

zu. Bei verschiedenen Läden fuhren wir mit unserem Wagen vor, kauften Würste, Käse, Schinken, Früchte, Brot und Wein ein. In den Geschäftsauslagen sah man diese Waren nicht, doch unsere Agenten waren ein «Sesam öffne dich»: Wo wir auch erschienen, hieß es zuerst: «Wir haben nichts.» Flugs zückten die zwei Beschützer ihre Papiere, und im Nu bekamen wir alles, was wir verlangten.

Schwer beladen, rückten wir vor Santa Ursula an. Erstaunt sperrten die Wachsoldaten Mund und Nase auf. Nach einigen Verhandlungen wurde irgendein Vorgesetzter geholt. Erneutes Parlamentieren; schließlich erhielten wir die Erlaubnis, unseren Proviant zu verteilen (ihn den Gefängnisbehörden abzuliefern, weigerten wir uns). Clara durfte mit einem der Agenten ins Gefängnis und die zwei Körbe Eßwaren selbst ausgeben, Gespräche mit den Gefangenen waren ihr verboten worden.

Als sie zurückkam, erzählte sie: «Was ist dieser Bonze nur für ein sturer Kerl. Sagt er mir doch: Seit wann arbeitet ihr mit den Gegnern der Partei zusammen? Ich gab ihm keine Antwort, Lebensmittel nahm er nicht an.»

Auf dem Innenministerium war uns empfohlen worden, den sozialistischen Parteisekretär von Valencia, *Cordero*, aufzusuchen. Cordero, ein älterer, robuster Bauerntyp mit herabhängendem eisgrauem Schnurrbart, war kurz angebunden. Als der eine unserer Agenten mit uns zusammen das Parteibüro betreten wollte, schnauzte er ihn an: «Wer sind Sie?»

«Ich bin Polizeifunktionär und hab die zwei Ausländer zu bewachen.»

«Hinaus, sofort, ich dulde keine Polizeibeamten in meinem Büro», schnaubte er wütend und schlug dem verdutzten Mann die Tür vor der Nase zu.

Dann erklärte er uns kurz: «Ich habe vom Kameraden de Brouckère, dem Sekretär der Sozialistischen Internationale, den Auftrag erhalten, Sie zu befreien. Es sind meine Leute, die ins Gefängnis eingedrungen sind und Sie herausgeholt haben. Was gedenken Sie zu tun?»

Er war uns offensichtlich nicht wohlgesinnt. Wir begriffen auch, warum. In der spanischen Sozialistischen Partei gehörte er zur Richtung Caballero, die in der ersten Zeit mit den Stalinisten zusammengearbeitet hatte. Mit dem Sturz der Regierung Caballero kurz nach den

Maitagen war das lose Bündnis in die Brüche gegangen. Für Trotzkisten, wofür er uns hielt, noch dazu ausländische, hatte er nichts übrig. Wir gestanden, noch keinen Entschluß gefaßt zu haben.
«Nun, Sie stehen jetzt unter dem Schutz der Regierung, weiter kann ich nichts für Sie tun.»
Trotz der unfreundlichen Behandlung unterrichteten wir ihn über die Lage Pedro Hirtens. Cordero versprach nichts, machte sich Notizen und entließ uns.
Die Unterredung mit Cordero hatte unsere leise Ahnung bestätigt, daß unsere Befreiung über den Kopf der GPU hinweg von der Sozialistischen Partei organisiert worden war. Zum erstenmal hörten wir von einer ausländischen Einflußnahme auf unser Schicksal.
Als wir noch am selben Nachmittag zum Lokalkomitee der Anarchisten fuhren, wurde unseren Schutzengeln erstmalig unangenehm zumute. Sie waren ja auch als Polizeibeamte Mitglied der Sozialistischen Partei und wollten wissen, welche Gründe uns dorthin führten. Wir erklärten ihnen ganz offen unsere Absicht, das Lokalkomitee der FAI über die Zahl und die Lage der in Santa Ursula inhaftierten anarchistischen Kameraden zu orientieren. Sie setzten eine sauersüße Miene auf, hinderten uns indessen nicht an unserem Vorhaben. Die Anarchisten waren teilweise schon informiert, nahmen aber unsere Angaben zur Kenntnis. Jedoch verhehlten sie keineswegs, daß wenig Hoffnung bestehe, eine Freilassung zu erzwingen.
So süß für uns die Freiheit war, die ungewohnte Situation behagte uns nicht. Wir hatten nichts zu tun. Unsere Beschützer bewachten uns wie ihre Augäpfel; nachts schliefen sie auf einem Kanapee vor unserem Hotelzimmer, tagsüber fuhren sie uns im Wagen durch die Stadt spazieren. Obwohl wir keinen Pfennig Geld besaßen, lebten wir wie hohe Regierungsbeamte in einem der besten Hotels der Stadt, hatten ein Auto, konnten nach Herzenslust einkaufen. All das war neu, interessant und bequem. Doch paßte uns weder die dauernde Bewachung noch unser Privilegiertenstatus inmitten einer hungernden Bevölkerung.
Unserer Einschätzung nach hatten die revolutionären Kräfte in Spanien die Partie verspielt. Die fatale Nichteinmischungspolitik der Westmächte (die «rote Gefahr» war der Hauptfeind, nicht der Faschismus),

das Ausbleiben einer tatkräftigen Unterstützung durch das französische Volk reduzierte die Aussichten eines siegreichen Kampfes gewaltig. Stalin war es gelungen, in Spanien alle revolutionären Kräfte zu zerschmettern; die russische Hilfe sollte nur eine bürgerliche Republik restaurieren helfen, die unter russischer Kontrolle stehen würde, ohne daß das zu sehr in Erscheinung trat. Stalins Politik war darauf aus, es mit den Westmächten nicht zu verderben. Die Ausrottung der alten bolschewistischen Garde, von Stalin in Rußland mit blutiger Konsequenz durchgesetzt, erlebte in Spanien eine Neuauflage, die nur darum weniger blutig ausfiel, weil die russischen Agenten auf fremdem Boden arbeiten mußten und im spanischen Staatsapparat teilweise auf Widerstand stießen.

Für irgendeine Republik von Stalins Gnaden wollten wir uns politisch nicht mehr engagieren oder an der Front weiterkämpfen. Wie so vielen anderen, wäre uns das früher oder später durch einen stalinistischen Schuß in den Rücken zum Verhängnis geworden. Es war angezeigt, Spanien zu verlassen. Doch wie? In Barcelona hatte die GPU unsere Pässe zurückbehalten, ohne sie konnten wir nicht ausreisen. Wir entschieden uns deshalb, beim Innenministerium vorzusprechen und unseren Wunsch darzulegen.

Derselbe Beamte wie beim ersten Besuch empfing uns; er telefonierte sofort nach Barcelona. Da er offenbar eine ausweichende Antwort erhielt, setzte er sich mit dem Innenminister in Verbindung. Fünf Minuten später wurden wir beide in dessen Büro geführt. Zugazagoita bat uns, Platz zu nehmen, ließ sich von dem Beamten nochmals die Sachlage schildern und griff zum Telefon. Kurz und energisch gab er seine Befehle, legte den Hörer auf und erklärte seinem Beamten: «In fünf Minuten fahren zwei Beamte des Ministeriums nach Barcelona, heute um Mitternacht will ich die zwei Pässe auf dem Tisch sehen.»

Mit höflich-beruhigenden Worten entließ er uns. Schlag Mitternacht erhielten wir von unseren Schutzengeln im Hotelzimmer unsere Pässe. Am Morgen besorgten wir unsere Ausreisevisa, worauf wir nochmals auf dem Innenministerium vorsprechen mußten. Der uns bekannte Beamte erkundigte sich nach unseren Wünschen und erklärte, er sei ermächtigt, uns für die «erlittene Unbill» eine Entschädigung auszuzahlen. Wir lehnten ab. Für die Reise an die französische Grenze stellte er uns einen Wagen mit zwei Funktionären des Innenministeriums zur Verfügung. Mitte September verließen wir Valencia, die Fahrt nach Barcelona verlief ohne Probleme.

In Barcelona wollten wir uns unbedingt nach dem Schicksal von Wolf und Moulin erkundigen. In den zehn Tagen der Freiheit in Valencia hatten wir vom mysteriösen Verschwinden Wolfs gehört. Seit seiner Freilassung aus der Puerta del Angel war er unauffindbar. An die Adresse der Wohnung, wo wir mit ihm und seiner Frau gehaust hatten, konnten wir uns nicht mehr erinnern, zudem hätten wir dort womöglich nur Menschen in Gefahr gebracht. Wie wir wußten, hatte Wolf mit einem italienischen Journalisten, der aber wie er für englische Zeitungen schrieb, in enger Verbindung gestanden. Wir kannten das Hotel, in dem der Italiener damals logierte, und suchten es auf.

Während die beiden Beamten vor dem Hotel warteten, erkundigten wir uns im Empfangsraum nach *Tioli*. Der Hotelangestellte gab uns eine unklare Auskunft. Kaum hatten wir das Hotel verlassen, stürzten zwei Männer auf uns zu, tasteten uns nach Waffen ab und erklärten uns für verhaftet. Wenige Meter von der Szene entfernt stand mit der Pistole im Anschlag ein dritter Mann. Da griffen unsere Beamten ein; zusammen mit dem Chauffeur eilten sie herbei, die Waffen schußbereit in den Händen. Es kam zu keiner Schießerei, die Spanier diskutierten, unsere Agenten wiesen ihre Schriftstücke vor, der Zwischenfall wurde zur Zufriedenheit aller beigelegt.

Die Erklärung der Angelegenheit: Tioli, der italienische Journalist, war wenige Tage zuvor entführt worden. Seitdem bewachten Agenten der Sicherheitspolizei das Hotel, um jedermann zu verhören, der nach dem Entführten fragte.

Von Moulin wußten wir nichts, besaßen keine Adresse, keine Nachricht. War er noch am Leben? Und Wolf? Es fehlten uns alle Anhaltspunkte für längere Nachforschungen (die uns in unserer Lage auch schwerlich geglückt wären). Ob Erwin Wolf, Moulin, Mark Rein Opfer des GPU-Terrors geworden sind wie Kurt Landau, der italienische Anarchist Berneri und so viele andere, ist bis heute nie restlos aufgehellt worden.

Am Abend erlebten wir eine mehr komische Episode. Unser Wagenlenker behauptete, er kenne ein gutes Lokal in der Stadt, und bestand darauf, daß wir dort gemeinsam zu Abend aßen. Kaum hatten wir in dem Restaurant Platz genommen, sahen wir, in welche Löwengrube wir gefallen waren: Sie entpuppte sich als das Stammlokal der Stalinisten. Wenige Tische von uns entfernt saßen einige Agenten, die uns verhört hatten. Sie erblickten und erkannten uns, tuschelten, drehten die Köpfe, dann brach der Tumult los. Der deutsche Agent, der jeweils den Vorsitz geführt hatte, erhob sich und schrie: «Das ist eine Gemeinheit, eine Provokation, Konterrevolutionäre in unserem Lokal, ich verlange, daß diese Leute sofort gehen!»

Wir blieben ruhig sitzen. Die Stalinisten näherten sich unserem Tisch, das Publikum wogte wie ein aufgescheuchter Bienenschwarm durcheinander. Das energische Auftreten unserer drei Beschützer stellte einigermaßen die Ruhe her. Wir schmausten weiter, die Stalinisten verließen das Lokal. Als wir dann später gingen, sahen wir sie draußen an einer Ecke stehen und uns wütende Blicke zuwerfen.

Die letzte Strecke bewältigten wir am nächsten Tag. Im Laufe des Nachmittags kamen wir in Port Bou an, wo wir uns von den drei Beamten verabschiedeten. Wir waren frei. Gleichzeitig mit uns überschritt der spanische Außenminister Alvárez del Vayo die Grenze. Wir hätten ihn nicht bemerkt; doch als wir uns im Dialekt unterhielten, näherte sich uns eine Dame und sprach uns in echtem Berndeutsch an. Del Vayos Frau.

«Sind Sie Schweizer?» erkundigte sie sich bei Clara. «Wo kommen Sie denn her?»

«Wir kommen gerade aus dem Gefängnis der GPU.» Die Dame gab sich einen Ruck, machte kehrt und verschwand an der Seite ihres Mannes.

INNENMINISTERIUM

Amtliche staatliche Nachrichten-Abteilung

Auf Beschluß der vorgesetzten Behörde ist mit heutigem Datum das Ehepaar Thalmann unter Überwachung in Freiheit gesetzt worden. Seine Überwachung wird ausschließlich durch Personal dieses Departe-

mentes ausgeübt, und es wird hiermit bekanntgegeben, daß obgenannte Personen unter dem unmittelbaren Schutz der spanischen Regierung stehen und kraft dieses Befehls durch keinerlei Behörden außer dem genannten Departement verhaftet werden können.
Ebenso wird bekanntgegeben, daß das Ehepaar Thalmann ermächtigt ist, zu jedem ihm genehmen Zeitpunkt Spanien zu verlassen.
Dieses Schreiben hat den Zweck, den Betroffenen den Umständen entsprechend als Geleitbrief zu dienen und wird ausgefertigt im ausdrücklichen Auftrag seiner Exzellenz, des Herrn Ministers des Innern in Valencia, am 30. August 1937.

Der Vorsteher der staatlichen speziellen Nachrichten-Abteilung:
sig. Francisco Ordonez

IM WELTKRIEG

Wir verließen Spanien arm wie Kirchenmäuse. Unsere Koffer mit den Kleidern und meine Reiseschreibmaschine blieben in den Händen der stalinistischen Geheimpolizei zurück. Die alten Jacken der anarchistischen Miliz tragend, mit ausgetretenen Stiefeln, so betraten wir Frankreichs Straßen. In Barcelona hatten wir uns noch — auf Kosten der Regierung — mit Brot, Wurst und Käse eingedeckt, die wir im Milizbeutel mittrugen. Mit Autostopp kamen wir rasch vorwärts, ein freundlicher Automobilist nahm uns bis nach Paris mit, wohin er zur Weltausstellung fuhr, in der Hauptstadt angekommen, gab er uns überraschend 5 Francs, um einen Kaffee zu trinken. Das taten wir denn auch und überlegten, was weiter zu unternehmen sei. Wir kannten keine Menschenseele in Paris. Die einzige Adresse, die wir im Gedächtnis hatten, war diejenige der P.O.I. (Parti Ouvrier Internationaliste), so nannten sich die französischen Trotzkisten. Ihr Büro befand sich in der Passage Dubreuil. Obwohl wir mit der trotzkistischen Theorie radikal gebrochen hatten, war es doch gegeben, diese Adresse aufzusuchen, brachten wir doch eine Menge Nachrichten über die spanische Entwicklung, über im Gefängnis gebliebene spanische und französische Trotzkisten mit. Nach langem Suchen fanden wir die Passage wieder und meldeten uns dort. Der Empfang war kühl, ja frostig. Der im Büro herumsitzende Funktionär, schwarze Binde auf dem rechten Auge, stellte sich vor: *David Rousset*. Er interessierte sich kaum für uns und unsere Nachrichten und wies uns an, zu warten bis andere Kameraden kämen.
Unter den Ankömmlingen trafen wir denn auch auf ein junges Paar, das praktisches Verständnis hatte. Die zwei begriffen sofort: fürs erste muß Quartier beschafft werden. Da hatten wir Glück, das Paar ging für 2 Wochen in die Ferien und stellte uns ihr Hotelzimmer zur Verfügung.
Bei einem zweiten Besuch auf dem Büro der P.O.I. begegneten wir *Rudolf Klement,* einem technischen Sekretär Trotzki's, der für unsere Informationen das nötige Interesse und Verständnis aufbrachte. Dank seiner materiellen Hilfe konnten wir die ersten Tage durchhalten. Zufällig stießen wir in der Metro auf einen Schweizer Bekannten, der uns zu unserem Erstaunen mitteilte, wir

seien beide in der Schweiz von einem Militärgericht verurteilt. Nach seinen präzisen Angaben war Clara zu zehn, ich zu 8 Monaten Gefängnis verurteilt. Meine Verurteilung wunderte mich nicht; jeder militärpflichtige Schweizer Bürger, der in fremde Heeresdienste eintritt, hat mit einer Strafe zu rechnen. Die Verurteilung einer Frau blieb uns ein Rätsel. Konnte auch eine Frau wegen Eintritts in eine fremde Armee verurteilt werden? Erst viel später sollten wir eine Erklärung finden.

Schon nach wenigen Tagen erfuhren wir von der Existenz eines Hilfskomitees für Spanienkämpfer. Sozialistische Linksgruppen, Anarchisten, Trotzkisten, Mitglieder der P.O.U.M., die aus Spanien geflüchtet waren, hatten diese Hilfsorganisation aufgezogen. Auf diesem Komitee kamen wir mit dem französischen Anarchisten *Charles Wolf* in Verbindung. Wolf kam eben aus Barcelona zurück, wo er sich energisch für die von den Stalinisten eingekerkerten Kameraden eingesetzt hatte. Wolf besorgte uns in Bagneux, der näheren Bannmeile von Paris, eine alte Holzbaracke in einem kleinen Garten. Das Schrebergartenhäuschen bestand aus zwei Räumen, durch die dünnen, rissigen Holzwände pfiff der Wind, durch das Dach regnete es in den kleineren Raum, den wir pompös „Küche" nannten. Anarchistische Kameraden schleppten uns zwei alte Betten, Stühle einen Tisch und eine uralte, wurmstichige Kommode herbei und verschafften uns auch einen Kanonenofen. Wir hatten ein Heim. Später konnten wir uns einen Primuskocher kaufen und kochen.

Auf dem Hilfskomitee, auf dem beinahe täglich Nachrichten über den Verbleib von Kameraden eintrafen, stießen wir auf unseren „Dorfnarr". Willi war in Paris hängen geblieben, schlug sich mit Gelegenheitsarbeiten durch, als Träger in den Hallen, fand Unterstützung bei besser gestellten deutschen Emigranten. Wie immer gehörte er zu keiner politischen Richtung, war aber bei allen zu sehen und zu hören. Er wurde von all den Gruppen als gern gesehener Zaungast geduldet, er verulkte sie alle erbarmungslos, genießerisch zerpflückte er die meilenlangen Thesen der Emigrantengruppen, dichtete seine bissigen Spottverse über die Cliquenkämpfe. Durch ihn kamen wir mit zahlreichen deutschen Emi-

grantengruppen in Verbindung. Es gab alles in Paris: Brandlerianer, Trotzkisten in allen Ausgaben, die Gruppe Maslow-Ruth Fischer, die offizielle K.P.D., die S.A.P., die Abspaltung von der S.A.P. „Neu Beginnen", die S.P.D.; sie alle führten ihr politisches Eigenleben, ohne wirkliche Verbindung zur französischen Arbeiterbewegung. Da wir zu keiner der Gruppen gehörten, wurden wir von allen eingeladen, über Spanien zu berichten. Dabei kam es oft zu erregten Debatten, da die Meinungen natürlich weit auseinander klafften.
Im Vordergrund stand aber doch für uns der Kampf ums tägliche Leben. Clara hatte bei deutschen jüdischen Emigranten als Putzfrau Arbeit gefunden, ich konnte manchmal irgendwo Böden spänen und wichsen oder Zimmer streichen. Der „Dorfnarr", der keine feste Behausung hatte, zog zu uns und richtete sich in der Küche auf einem Feldbett ein. Nach einiger Zeit entschlossen wir uns, eine Wäscherei einzurichten. Wir sammelten im ganzen Bekanntenkreis der Emigration die Wäsche ein und schleppten sie in unsere Hütte. Fließendes Wasser gab es bei uns nicht, wir schleppten das Wasser von einer 50 Meter entfernten Fontäne herbei, zum Spülen wurde sie dann wieder zur Fontäne geschleppt. Die Arbeit war schwer und brachte wenig ein. Willi ließ mich nach einigen Wochen im Stich, ich setzte allein fort, doch mußte ich bald aufgeben. Als mir eines Tages ein farbiges Wäschestück in den Trog geriet und eine Anzahl weißer Hemden wie gesprenkelte Ostereier herauskamen, kapitulierte ich.
Ende Oktober tauchte auf dem Hilfskomitee auch unser Fritzchen Arndt auf. Er hatte Spanien verlassen, seine Fabrik war geschlossen worden. Fritzchen besaß nichts und zog zu uns; wir organisierten noch eine Matratze und er teilte den Küchenraum mit dem „Dorfnarr". Doch Clara konnte allein drei hungrige Männer nicht ernähren. Während Monaten sahen wir keine Butter, keine Milch auf unserem Tisch, es gab Brot und Kartoffeln, Wasser und Tee. Fritzchen, ein passionierter Kaffeetrinker, marschierte jeden Tag mit einigen Centimes in der Tasche die 10 km lange Strecke bis ins Zentrum von Paris, um eine einzige Tasse Kaffee im „Maison du Café" zu genießen. Für die Metro hatten wir kein

Geld. Im Dezember wurde es elend kalt, an den Wänden der Holzhütte formten sich Eiszapfen, die dünnen Bettdecken starrten vor Frost. Willi hielt es nicht mehr bei uns aus und verzog sich wieder nach Paris. Er fand eine Unterkunft in einem Zimmer das der Pariser S.A.P.-Gruppe tagsüber als Lokal diente. Fritzchen hielt treu bei uns aus.

Friedel

Im November 1938 stießen wir in den Räumen des Hilfskomitees unverhofft auf Friedel. Sie war frei gekommen. Von Moulin und Wolf wußte sie nichts.
Friedel schien verlegen, gab in unklarer Weise Auskunft. „Wie bist du den freigelassen worden? Sind auch andere rausgekommen?" fragten wir.
Friedel war unsicher, gab nur unklar Auskunft. Sie ließ durchblicken, eine Intervention der schweizerischen Behörden in Barcelona hätte ihre Freilassung erwirkt. Nach unseren Erfahrungen erschien uns das wenig glaubhaft.
Mit dem Blick, den Frauen haben, meinte Clara: „Du bist ja schick angezogen, haben das auch die Schweizer Behörden bezahlt?"
Friedel versicherte eifrig, sie erhalte monatlich von ihrem Bruder aus Zürich 100 Franken, auch arbeite sie seit einigen Tagen als Sekretärin der P.O.U.M. auf dem Hilfskomitee.
„Weißt du etwas von deinem Freund José?"
„José ist an der Front von Madrid gefallen. Kameraden, die mit ihm an der Front standen, behaupten, er sei von hinten erschossen worden, da er politisch unzuverlässig geworden sei."
Friedels Freilassung und die Aussagen über ihre Geldmittel befriedigten uns nicht. Ihr Bruder, ein einfacher Straßenbahner, sollte ihr mit 100 Franken aushelfen können? Von ihr selbst wußten wir, daß ihr Bruder Mitglied der kommunistischen Partei war, ihre Zugehörigkeit zur P.O.U.M. hatte er immer verurteilt. Wir glaubten ihr nicht. Schon in Barcelona hatten wir die P.O.U.M. auf die zweifelhafte Vergangenheit von Friedel aufmerksam gemacht. Sie selbst hatte ihre kurze Naziblüte gebeichtet. Darum

wurden damals unsere Befürchtungen als „trotzkistische Stänkerei" abgetan.

Das spanische Drama näherte sich dem bitteren Ende. Die fehlende Hilfe der Arbeiter aus dem Ausland, die technische Überlegenheit der Nationalisten, die blutigen Wirren im republikanischen Lager wirkten zusammen, um den Sieg Francos zu verbürgen. In Spanien war es den Stalinisten nicht gelungen, einen Schauprozess wie in Moskau zu inszenieren. Spanien war nicht Russland. Mit dem Zusammenbruch der katalanischen Front, unter dem Druck der internationalen Kampagne gegen einen Schauprozess mit der P.O.U.M. als Opfer, mußten zahlreiche politische Gefangene freigelassen werden. In Paris trafen eine ganze Anzahl Mitlieder des Zentralkomitees der P.O.U.M. ein, die in „CarucelModelo" gesessen hatten, unter ihnen Andrade, Gorkin, Molins, Bonnet und andere. Sie bildeten in Paris ein Zentralkomitee im Exil und Friedel wurde ihre Sekretärin. Julian Gorkin beklagte sich eines Tages im Kreise von Bekannten darüber, daß die Verhandlungen des Zentralkomitees wenige Tage später den Stalinisten bekannt waren. Wir machten ihn auf Friedel aufmerksam, erwähnten unseren Argwohn. Ziemlich ungläubig versprach Gorkin der Sache nachzugehen. Er entschloß sich, Friedel eine Falle zu stellen. Er diktierte ihr Beschlüsse des Zentralkomitees, die nur in seinem Kopf existierten. Sie ging in die Falle. Einige Tage später konnte Gorkin ironische Kommentare über die „Beschlüsse des Zentralkomitees" in den stalinistischen Zeitungen lesen Friedel wurde in ein stundenlanges Verhör genommen und nach hartnäckigem Leugnen gestand sie.

Im Gefängnis in Barcelona war Fiedel wie alle anderen Gefangenen nächtlichen Verhören unterworfen worden. Sie hielt nicht stand, wurde die Geliebte eines der Agenten und nahm dessen finanzielle Angebote an. In der Gemeinschaftszelle der Frauen bespitzelte sie ihre Kameradinnen, berichtete den Agenten über die im Gefängnis geführten Gespräche. Da sie zu oft zum „Verhör" geholt wurde, ihre Mitgefangenen instinktiv eine Änderung in ihrem Verhalten spürten, wurde sie verdächtig. In ihrer Anwesenheit wurde nichts mehr besprochen, sie wurde für die G.P.U.

im Gefängnis wertlos. Auf diese neu gebackene Hilfskraft wollten sie aber nicht verzichten, sie sollte außerhalb des Gefängnisses weitere Dienste leisten. Friedel wurde freigesetzt, ihren Mitgefangenen spielte sie die Komödie der Intervention der schweizerischen Behörden vor. In Paris führte sie ihre Doppelrolle ruhig weiter und bezog dafür ein reguläres Gehalt. Es ließ sich nicht feststellen, ob durch die Denunziationen Friedels Kameraden in Spanien verhaftet oder sogar umgebracht wurden.

Nach ihrem Geständnis verjagte sie die P.O.U.M. aus dem Hilfskomitee und zwang sie, Paris zu verlassen. Mit einem spanischen Freund verschwand sie in der Provinz, wo sie wenige Wochen später einen Selbstmordversuch unternahm.

Das spanische Drama

Auf dem Komitee lernten wir auch *Bunja Sundelewitsch* kennen. Als gebürtige Russin lebte sie seit langen Jahren in Paris und war mit *Nicolas Sundelewitsch* verheiratet. Wir waren die ersten Flüchtlinge aus Spanien, die verläßliche Nachrichten über ihren Mann brachten, und natürlich wollte sie uns treffen. Ihr Mann war mit Clara auf demselben Stockwerk in der Puerta del Angel gesessen. Jetzt erst wußte Bunja genau, wo ihr Mann gefangen saß. Nicolas Sundelewitsch stammte aus einer alten russischen sozialistischen Familie. Seine Eltern verließen die Heimat nach der Machteroberung durch die Bolschewiki. In Frankreich gehörte Nicolas zur linkssozialistischen Partei von *Marceau Pivert*, der P.S.O.P. (Parti Socialiste Ouvrier et Paysan). Von seiner Partei nach Barcelona geschickt, um über den Ankauf von Waffen für die Republik zu verhandeln, wurde er von der G.P.U. verhaftet. Trotz allen Nachforschungen konnte seine Frau nichts Gewisses über sein Verhalten erfahren. Nach unseren Informationen intervenierte Bunja energisch bei Marceau Pivert, über ihn gelang es ihr, Ministerpräsident Leon Blum zu sprechen. Leon Blum verwandte seinen Einfluß in Spanien, zwei Monate später mußte Nicolas freigelassen werden und traf in Paris ein.

Im Klostergefängnis von Valencia war mit Clara zusammen auch eine italienische Sozialistin gesessen; ihr Mann, gleichfalls verhaftet, saß in einem anderen Gefängnis der Stalinschen Polizei. Clara hatte mit der Italienerin verabredet, sich, falls sie freigelassen würde, für ihren Mann und sie zu verwenden. Beide gehörten den Maximalisten, der Partei von *Pietro Nenni* an und kannten den italienischen Sozialistenführer persönlich. Nach langem Herumfragen erfuhren wir Nenni's Adresse in Paris. Es war schwer, ihn zu treffen, da Nenni oft in Spanien weilte, Wir erwischten ihn endlich, er hörte unsere Nachrichten an und erkundigte sich eingehend über alles. Doch, bemerkte Nenni so nebenbei, in einem Bürgerkrieg müsse man Dinge in Kauf nehmen, die mit humanitären Idealen nicht immer im Einklang ständen, er wisse natürlich über die Übergriffe der Stalinisten und werde versuchen etwas zu tun. Ob sich Nenni für seine Parteifreunde einsetzte, konnten wir nie erfahren.

Die älteste Emigrantengruppe in Paris war die russische. Neben den zaristischen und weißgardistischen Flüchtlingen bestand eine homogene Gruppe russischer Sozialdemokraten. Ihre Führer, *Abramowitsch, Dan, Nikolajewski* und andere gaben seit 1920 ein russisches Bulletin, den „Sozialistischen Boten", heraus. Das Blatt erschien monatlich in russischer Sprache, war hervorragend geschrieben, glänzend informiert über das gesamte Sowjetleben und die inneren Parteikämpfe; oft enthielt es Informationen, deren Herkunft und Exaktheit intimste Kenntnisse aus den höchsten Sphären der Partei- und Staatsbehörden verriet.

Abramowitsch's Sohn, der unter dem Namen *Marc Rein* kurz nach Ausbruch der Bürgerkrieges nach Spanien als Berichterstatter für den „Sozialistischen Boten" ging, war kurz vor den Maitagen in Barcelona der G.P.U. in die Hände gefallen. Obwohl man von seiner Entführung wußte, fehlten alle genaueren Nachrichten über sein Verschwinden. Nicolas Sundelewitsch, der zu den russischen Sozialdemokraten gute Beziehungen hatte, teilte uns eines Tages mit, Abramowitsch wolle uns sprechen. Wir gingen hin, er empfing uns in seiner Wohnung an der Porte d'Orleans. Freundlich und liebenswürdig servierte er uns Tee aus dem auf dem Tisch summenden Samowar. Auf seinem gedrungenen, massiven Körper saß ein ausdrucksvoller Kopf; in den grauen Haaren und Barthaaren verschwand die dicke Brille wie in einem Urwald, von seinen Augen sah man kaum etwas. Abramowitsch war im höchsten Grade kurzsichtig. Er wollte alles wissen über Spanien. Über den Verbleib seines Sohnes konnten wir ihm leider keine Angaben machen. Abramowitsch wußte aber bereits über einige G.P.U.-Agenten in Spanien gut Bescheid, die beim Raub seines Sohnes mitgespielt hatten. Er notierte sorgfältig unsere Auskünfte über die G.P.U.-Agenten, die uns verhört hatten. Sachlich stellte er fest: Den und jenen haben wir bereits identifiziert, da ist der Pole *Schreyer,* der Deutsche *Held,* usw.

Abramowitsch war fest überzeugt, sein Sohn sei entführt worden, weil die Russen hofften, aus ihm Auskünfte herauszupressen über die an höchster Stelle in Moskau plazierten Mitarbeiter des „Sozialistischen Boten". Er entließ uns nach einigen Stunden lebhafter Unterhaltung, versicherte, wir könnten uns jederzeit an ihn wenden, falls seine Beziehungen uns nützlich sein könnten. Rascher als wir es ahnten, sollten wir in diese Lage kommen.

Das Schlußdrama des spanischen Bürgerkrieges vollzog sich auf französischem Boden. Im Januar 1939 überschritten viele tausend Zivilpersonen, Frauen, Kinder, Greise, mit den Resten der republikanischen Armee aus Katalonien die französische Grenze. Sie wurden in verschiedenen Lagern sofort interniert. Nichts war für diese große Masse von Flüchtlingen vorgesehen. Im harten Winter schliefen die spanischen Flüchtlinge in miserablen Baracken, ohne Decken, ohne Stroh, auf dem hartgefrorenen Boden. Trotz der einsetzenden Hilfsaktion der Arbeiterorganisationen war die Ernährung schlecht und ungenügend. In den ersten Wochen starben in diesen Lagern tausende von Flüchtlingen an Erschöpfung, Krankheit und Hunger.

Die politische Atmospäre Frankreichs hatte sich seit den Volksfronttagen stark verändert. Ein Teil der 1936 errungenen Sozialgesetze war vom Unternehmertum bereits torpediert, insbesondere die 40 Stundenwoche bestand praktisch nicht mehr. Unter dem Druck der faschistischen Gefahr in Deutschland und Italien verstärkte sich die Kriegsproduktion, die Arbeiter arbeiteten 48 und 54 Stunden pro Woche ohne zu murren. Der Elan und Kampfwille der ersten Volksfrontjahre war gebrochen, mit Ferienregelung, einer fragwürdigen Sozialgesetzgebung, höheren Löhnen, die der einsetzenden Preisspirale nur ein paar Monate widerstanden, begnügten sich die Arbeiter Frankreichs.

Die Kommunisten, die den außenpolitischen Motor der Volksfront spielten, ohne je eine Verantwortung in der Regierung zu übernehmen, verstärkten ihr Doppelspiel. Sie klagten die Regierung Blum wegen ihrer Farce der Nichtinterventionspolitik an und wiesen lautstark auf die russische Hilfe für Spanien hin. Gewiss war die Nichtinterventionspolitik bei den Arbeitern unbeliebt, doch über Propagandarummel hinaus unternahmen die Kommunisten und Sozialisten keine tatkräftige Aktion. Außer Versammlungen und Geldspenden rührte sich nichts, kein Streik, keine größere Solidaritätsaktion fand statt. Den wirklichen Sinn der russischen Intervention in Spanien verstanden die französischen Arbeiter nicht, denen die Augen von der russischen Propaganda geblendet waren. Sie wußten nicht von der geheimen Ausrottungspolitik der G.P.U. gegen alle revolutionären Elemente in Spanien, sahen nicht die politischen Bedingungen, an die diese Hilfe gebunden war, daß Stalin keine soziale Revolution, sondern eine bürgerliche Republik wollte. Sie klatschten auf Befehl ihrer Führer den Moskauer Schauprozessen Beifall. Sie sahen nur die groß aufgezogene russische Hilfe, die Formierung der internationalen Brigaden, die militärische Unterstützung Francos durch Mussolini und Hitler.

Der Anschluß Österreichs, die tschechische Krise und die Kapitulation von München waren Meilensteine auf dem Weg zum Krieg, den Hitler planmäßig vorbereitete. Die Kommunisten und mit ihnen die Mehrheit der französischen Arbeiter hatten 1934 den Pakt zwischen *Pierre Laval* und Stalin geschluckt, die Kommunisten stimmten wohlgemut den Militärkrediten zu und verfolgten die von Moskau gesteuerte Politik auch unter den Bedingungen der Volksfront weiter.

Rudolf Klement

Unsere politischen Verbindungen zur trotzkistischen Bewegung beschränkten sich auf regelmäßige Zusammenkünfte mit Rudolf Klement. Er stammte aus einer alten hamburgischen Kaufmannsfamilie. Irgenwie war er zur Arbeiterbewegung gestoßen und in den Reihen der linken Opposition gelandet. Dank seinen außerordentlichen Sprachkenntnissen war er zu einer wesentlichen technischen Hilfskraft von Leo Trotzki geworden. Klement sprach fließend russisch, übersetzte in die deutsche, französische und englische Sprache. Dauernd schleppte er politische Dokumente mit sich, Artikel oder Bücher, an deren Übersetzung er arbeitete. Durch ihn fanden wir Anschluß an französische Arbeiter in einem Vorort von Paris. Oft wurden wir dort mit Klement zusammen zum Essen eingeladen; Klement selbst wohnte einige Zeit bei den Leuten. Da er sich aber von der G.P.U. bespitzelt wußte, wechselte er öfters seine Wohnung.

Ende 1938 hatte sich unsere materielle Situation wesentlich verbessert. In einem Dokumentationsbüro, das von deutschen Emigranten geleitet wurde, fanden wir beide Arbeit und kärglichen Verdienst. Es reichte immerhin aus, um in Paris selbst eine kleine Einzimmerwohnung mit Küche zu mieten. Fritzchen konnte sich zu seiner Schwester, die in Dänemark Unterkunft hatte, absetzen.

In den ersten Märztagen 1939 traf ich auf der Straße Erich Hausen; wir kannten uns aus dem Schaffhauser Gastspiel, das ich in der Brandlerischen Opposition gegeben hatte. Hausen fragte mich sofort: „Weißt du, daß Klement seit einigen Tagen verschwunden ist? Man vermutet, die G.P.U. habe ihn verschleppt."

In aller Eile fuhren Clara und ich zu unseren und Klements Bekannten. Sie wußten nichts, konnten nur mitteilen, er sei zu einer Verabredung nicht erschienen. Da unser Freund von pedantischer Pünktlichkeit war, blieb sein Ausbleiben rätselhaft. Es vergingen Tage und Wochen, ohne daß von dem Verschwundenen Nachricht

eintraf. Die alarmierte Polizei unternahm ergebnislose Nachforschungen. Da kam unerwartet eine Karte von Klement bei unseren Bekannten an. Die Karte war in zittriger Handschrift beschrieben und Klement teilte lakonisch mit: „Bin auf dem Weg nach Spanien. Es geht mir gut. Viele Grüße: Klement."
Nachforschungen durch die Behörde und durch am Ort wohnende Kameraden ergaben nur, daß Klement in Perpignan nie gesehen wurde. Die Affäre wurde durch diese Karte, deren Echtheit nicht feststand, noch mysteriöser.
Da seine Entführung wahrscheinlich in Paris organisiert worden war, mußten jedesmal, wenn eine unbekannte Leiche aus der Seine gefischt wurde, Klements Freunde und Bekannte zur Identifizierung in der Morgue erscheinen. Das war weder angenehm noch leicht, da niemend Klement gut genug kannte, um seinen Leichnam mit Sicherheit zu erkennen. Clara und ich erinnerten uns einer Begebenheit, die nur wenigen Freunden Klements bekannt sein konnte. Im Januar, ungefähr zwei Monate vor seinem Verschwinden , hatte Klement mit seinen Freunden einen Jagdausflug unternommen. Auf der vereisten Straße war das Auto ins Gleiten gekommen und gegen eine Mauer gestoßen. Klement erlitt am rechten Oberarm einige tiefe Schnittwunden, die gut verheilten. Wir drängten unsere Bekannten, diese Sache den Behörden mitzuteilen. Die frischen Narben mußten eine Erkennung erleichtern. Sie taten es widerstrebend, nur ungern wollten sie in die ganze Affäre verwickelt werden. Schon wenige Tage später, bei der zweiten oder dritten Identifizierung einer Wasserleiche, gab es keinen Zweifel. Der Kadaver trug am Oberarm frisch verheilte Narben. Der Leichnam, vom Wasser aufgeschwommen, war stark verstümmelt, beide Hände waren von scharfen Instrumenten durchbohrt.
Die Presse schlachtete die Angelegenheit aus und erst jetzt gab die Polizei einige Ergebnisse ihrer Ermittlungen bekannt. In der letzten von Klement in Paris bewohnten Wohnung hatte auf demselben Stockwerk ein lettischer Staatsbürger logiert; der Lette verschwand zur selben Zeit wie Klement. Die jederzeit mit Dokumenten prall gefüllte Aktentasche von Klement war nicht mehr

aufzufinden.
Der Mord wurde nie aufgeklärt. Der pro-russische Einfluß in den Verwaltungsstellen und Regierungsbehörden war damals stark genug, um unliebsame Affären auf ein totes Geleise zu schieben. Klement dürfte das Opfer jener G.P.U.-Agenten geworden sein, die den ehemaligen russischen Geheimagenten *Ignaz Reiss* ermordeten und wahrscheinlich auch den ältesten Sohn Trotzki's, *Leo Sedow,* in Paris vergifteten.

Die Wandlung des Herbert Bucher

Einige Wochen nach der Begegnung mit Abramowitsch gingen wir zu einer Verabredung ins Café „Dôme" am Montparnasse. Kaum hatten wir die Terrasse des Lokals betreten, fiel unser Blick auf den deutschen G.P.U.-Agenten, der in der Puerta del Angel die Verhöre geleitet hatte. Der Mann hatte uns ebenfalls erkannt und wurde totenbleich. Wir waren starr. Meine erste Reaktion war, mich sofort auf ihn zu stürzen, doch Clara hielt mich zurück. „Bist du verrückt, wir können keinen Skandal riskieren, wir haben ja noch nicht mal unsere Aufenthaltspapiere. Bleib hier, beobachte ihn, ich werde französische Kameraden herbeitelefonieren."
Sie verschwand in der Telefonkabine. Ich setzte mich in einer Entfernung an einen Tisch und behielt den Mann im Auge. Er war nervös, blickte dauernd um sich, erhob sich plötzlich, warf einen Tisch vor mich hin und rannte mit Windeseile auf die Straße. Obwohl ich ihm nachsprang, glückte es ihm in ein Taxi zu steigen und wegzufahren. Ich war zu blöde und zu langsam gewesen und ärgerte mich schrecklich. Clara kam angelaufen und meldete, *Lucien Weiz* wird sofort kommen und den Kerl ins Gebet nehmen. Weiz kam zu spät.
Nach kurzer Überlegung beschlossen wir, zu Abramowitsch zu fahren und ihm den Vorfall zu berichten. Mit seinen guten Verbindungen zu Regierungsstellen und der sozialistischen Partei konnte er eventuell Nachforschungen anstellen, den Agenten ausfindig machen. Wir gaben Abramowitsch eine genaue Beschreibung und er wurde sofort unheimlich aktiv. Er telefonierte an verschiedene Orte, fuhr dann mit einem Wagen zur Polizeipräfektur, wo

er das von uns beschriebene Signalement angab. Es war vergeblich, der Mann blieb verschwunden.

Erst 5 Jahre später, wenige Monate nach Kriegsende, löste sich das Geheimnis um diesen Mann. Ein enger Freund von uns, *Gustav Kern,* fragte uns unvermittelt: „Wollt ihr eueren Verhörer aus Barcelona treffen, er wäre bereit, euch zu sprechen?" Wir wollten es kaum glauben und zögerten. „Doch, doch, glaubt mir, der Mann ist sauber, ich kenne seine ganze Geschichte, der Mensch hat eine tiefe, innere Wandlung erlebt und ihr seid teilweise daran mitschuld". Wir akzeptierten.

Das Rendez-vous fand im Cafe „Bonaparte" neben der Kirche von St. Germain statt. Bei unserem Eintritt erhob sich die uns so gut bekannte Gestalt. Bucher zitterte am ganzen Körper, hatte Tränen in den Augen und stammelte unzusammenhängende Worte. Kern lud uns zum Sitzen ein und sagte: „Nun, Herbert, erzähl deine Geschichte".

„Vorerst", so begann er, „stand ich im Dienst der russischen Geheimpolizei. Als Mitglied der Kommunistischen Partei Deutschlands mußte ich nach einem Jahr illegaler Arbeit nach Frankreich flüchten. 1936 ging ich nach Spanien. Mit meiner Mithilfe formierten wir an der Aragonfront das Bataillon Thälmann, dem rund 400 deutsche Emigranten angehörten. In den Kämpfen um Sietamo an der Aragonfront erlitt das Bataillon schwere Verluste und wurde zur Neuorganisierung von der Front nach Barcelona zurückgezogen. Das neue Bataillon Thälmann wurde darauf an die Madrider Front abkommandiert. Ich blieb in Barcelona und erhielt den Auftrag, die Abwehr gegen die faschistischen Elemente in Zusammenarbeit mit deutschen und russischen Parteimitgliedern zu organisieren. Ich habe mich nie als Geheimagent gefühlt und war ehrlich überzeugt, eine wichtige politische Arbeit auszuführen. Sie stand, wie ich glaubte, im Einklang mit meiner politischen Einstellung. Ich sah den Krieg in Spanien als einen Krieg gegen Hitler an, dem sich alles zu unterordnen hatte. Darum akzeptierte ich die Linie der Kommunisten und die russische Hilfe in Spanien, trotz manchen Zweifeln, die sich aus meiner Tätigkeit ergaben.

Meine Zweifel verstärkten sich durch die Verhöre mit den politischen Gefangenen, mit denen wir es an der Puerta del Angel zu tun hatten. Langsam fielen mir die Schuppen von den Augen, daß wir es hier nicht mit faschistischen Agenten zu tun hatten, sondern mit Antifaschisten, die eine andere Meinung als wir Kommunisten vertraten.
Die aufrechte Haltung jener Anarchisten, die in der Garage saßen, eine Flucht ablehnten, um die zurückbleibenden Gefangenen nicht zu gefährden, eure Haltung bei den Verhören erschütterten meine politischen Ansichten. Innerlich fest entschlossen mit der kommunistischen Partei zu brechen, bereitete ich sorgfältig den Absprung vor. Meine Frau konnte legal aus Spanien ausreisen. Mir gelang die Flucht mit falschen Papieren. Damals, als ihr mich im Café Dôme erblicktet, war ich bereits von kommunistischen Agenten gehetzt. Meine früheren Parteifreunde glaubten, ich würde meine Kenntnisse westlichen Geheimapparaten liefern, woran ich ja nie dachte. Kurz nach jenem Zusammentreffen im Dôme mit euch erlitt ich eine schwere Herzattacke und nur dank der Aufopferung meiner Frau kam ich wieder auf die Beine. Während des Krieges tauchte ich in der französischen Untergrundbewegung in Savoyen unter. Das ist meine Geschichte, der Politik habe ich endgültig den Abschied gegeben. Ich hoffe, ihr könnt mir verzeihen."
Stumm hatten wir dieser Beichte zugehört. Wir waren ergriffen, zweifelten nicht an der Ehrlichkeit seiner Darstellung und Haltung. Herbert Bucher ist uns ein lieber Freund geworden.

Kriegsausbruch

Das Unabänderliche trat ein. Nach der Konferenz von München, der Preisgabe der Tschechoslovakei an Hitler, richtete dieser seine Angriffe gegen Polen. Danzig und der polnische Korridor rückten in die Feuerlinie der Weltpolitik. Wird Warschau ein zweites Prag? Oder werden diesmal Frankreich und England ihre Bündnisverpflichtungen einhalten? Die Fragen standen auf allen Lippen, niemand wagte sie zu beantworten.

Marcel Déat, ein ehemaliger Sozialist, schrieb in einer Pariser Tageszeitung einen berühmt gewordenen Artikel: „Mourir pour Danzig?" Er predigte die Kapitulation vor Hitler, um den Frieden zu bewahren. Wie ein Blitz aus heiterem Himmel platzte der deutsch-russische Nichtangriffspakt in die Welt. So ganz unerwartet war das Ereignis für uns nicht.

In Paris hatten wir die Bekanntschaft von *Ante Cilliga* gemacht. Er war einer der Gründer der jugoslavischen kommunistischen Partei und ging schon 1922 nach Rußland und übernahm an einer kommunistischen Universität in Leningrad ein Lehramt. Mit dem täglichen Sowjetleben konfrontiert, entdeckte er langsam, unerbittlich die wahre Natur der angeblich sozialistischen Gesellschaft. Er opponierte dem Gesinnungsterror in der russischen Partei, der es jeder Opposition verunmöglichte, ihre Meinung offen darzulegen. Um die Ideen der Opposition kennenzulernen, knüpfte er Beziehungen zu einigen ihrer Vertreter an und bald gehörte er zur trotzkistischen Richtung. Nach wenigen Monaten wurde Cilliga verhaftet und wanderte in einen Isolator hinter dem Ural. Nach drei schweren Kerkerjahren wurde er ins hinterste Sibirien verbannt und durfte als „Freier" arbeiten. Als ehemaliger Funktionär der Parteihierarchie hatte er Vergünstigungen, die ihm einen Lebensstandard erlaubten, der weit über demjenigen der parteilosen Deportierten stand. Nach einem zweijährigen Kampf mit der Sowjetbürokratie siegte er. Die Ausreise gelang, weil der Teil Kroatiens, in dem er geboren war, inzwischen italienisches Gebiet geworden war. Die Mussolinibehörden setzten sich für ihren zweifelhaften Staatsbürger ein und er erhielt die Ausreise.

In Paris schrieb er ein hervorragendes Buch, ein erschütterndes Dokument unter dem Titel „Das Land der großen Lüge". Auf Grund seiner Erlebnisse gab er eine Analyse der Sowjetgesellschaft, die zum besten gehört, was je geschrieben wurde. Der schmerzliche Weg eines Kommunisten, der die Wahrheit entdeckt, seine Illusionen begräbt, der Stalins Tyrannei durchschaut, sich von der trotzkistischen Opposition verführen läßt, um am Schluß zu erkennen, daß das Grundübel schon bei Lenin und der Legende der bolschewistischen Partei beginnt.

Mit Cilliga, der in furchtbar ärmlichen Verhältnissen in Paris vegetiert, führten wir tage- und nächtelange Diskussionen über Rußlands Charakter und den heraufziehenden Weltkrieg. Einige Wochen vor Abschluß des Hitler-Stalinpaktes waren wir zur Auffassung gelangt, Stalin werde mit Hitler ein Bündnis schließen, um den Krieg von Rußlands Grenzen fernzuhalten und Zeit zu gewinnen. Trotzdem war der unmoralische Pakt auch für uns ein erheblicher Schock.

Das Meisterstück autoritärer Geheimdiplomatie löste erst grenzenlose Verwirrung, dann tiefe Erbitterung aus. In den nichts ahnenden kommunistischen Reihen brach die Panik aus. Ohne Direktiven aus Moskau fanden sich die kommunistischen Führer nicht zurecht. Bisher war der Hitlerfaschismus als der Hauptfeind der Arbeiterklasse und des proletarischen Staates gebrandmarkt worden, was nun?

Jetzt war dieser Arbeiterstaat mit dem Faschismus verbündet, die ganze Konzeption der kommunistischen Strategie hundertprozentig umgestülpt. Nur die Unentwegten, die jedes Drehen der Windfahne mitmachten, suchten krampfhaft nach Erklärungen. Der kommunistische Barde *Louis Aragon,* Verseschmieder auf Stalin, „Die Sonne der Völker", schrieb in der Abendzeitung „Le Soir": „Die Kriegstreiber zurückgeschlagen - der Friede gesichert". Doch blieb vorerst die große Mehrzahl der Partei und ihrer Mitläufer verstört und stand fassungslos diesem Bündnis gegenüber. Ein Teil der Parlamentsfraktion rebellierte, zahlreiche Gemeinde- und Generalräte traten aus der Partei aus, viele zerrissen ihre Mitgliedsbücher. Die kommunistische Führung stammelte verlegene Phrasen und fand erst dann die Sprache wieder, als konkrete Befehle aus Moskau kamen. Nun wurde der Pakt als geniales Manöver zur Verhinderung des imperialistischen Krieges gefeiert. Hitlers Drohungen verwandelten sich unter der Hand in Abwehraktionen gegen die imperialistischen Kriegstreiber, die Gelüste der englischen und französischen Plutokraten.

Die kommunistische Partei wurde verboten. Leider. Die Kommunisten hätten es schwer gehabt, ihren Anhängern den Pakt mit Hitler mundgerecht zu machen. Das Verbot der Partei und ihrer

Presse enthob sie dieser leidigen Aufgabe.

Mit Hitlers Angriff auf Polen - der deutsch-russische Pakt hatte für den deutschen Generalstab die Drohung eines Zweifrontenkrieges beseitigt - begann der zweite Weltkrieg. Die Mobilisierung der französischen Armee vollzog sich reibungslos. Wir wohnten dem Abtransport der Soldaten an der Gare de l'Est bei. Es gab keine Spur von Begeisterung, ein stummes Händeschütteln, Umarmen, Weinen und Schluchzen. Weder angeheiterte noch betrunkene Soldaten waren zu sehen, nur ernste Gesichter, Fluchen und Bitterkeit. Ein Bild düsterer Resignation.

Die Emigranten der Feindstaaten wurden mit wenigen Ausnahmen sofort interniert. Ihre Frauen wurden in Freiheit gelassen. Einige tausend Emigranten aller Schattierungen wurden im Vélodrôme d'Hiver eingepfercht. Nichts war vorgekehrt, um diese Menschen zu ernähren, sanitäre Einrichtungen fehlten. Wochenlang erhielten diese Internierten als Nahrung Brot und .... Gänseleberpasteten. Ein Teil der Internierten konnte später bei den englischen Truppen als sogenannte Prestatäre arbeiten, erhielten eine Art Uniform und besaßen gegenüber ihren Gefährten im Lager einige Vorteile. Die Auswahl war willkürlich. Was sich einige Monate früher mit den spanischen Flüchtlingen abgespielt hatte, wiederholte sich jetzt mit den jüdischen und politischen Emigranten. Besonders schlimme Nachrichten kamen aus dem Pyrenäenlager Verney, wo die „Indésirables", die nach Polizeigehirn besonders gefährlichen Emigranten, gefangen waren; in diesem Lager vegetierten auch Reste der Internationalen Brigaden, wie viele andere Spanienkämpfer. Willi, unser „Dorfnarr" hatte besonderes Pech. Da sein Zimmer tagsüber der S.A.P. als Büro diente, kam die Polizei zuerst dahin und der keiner Partei angehörende Willi wanderte als gefährliches Element nach Verney. Es saß dort mit *Arthur Koestler, Gustav Regler, Paul Frölich* zusammen. Unterschiedslos hatte die Polizei alles was „Boches" war in Baracken eingeschlossen. Unser „Dorfnarr" beschrieb uns in einem famosen Brief mit allen Details, wie unter seiner Führung die Stalinisten in wilden Faustkämpfen aus den Baracken geboxt wurden. Die französische Lagerleitung mußte wohl oder übel das fait accompli akzeptieren. Gustav Regler, im spanischen Bürgerkrieg zum politischen Kommissar aufgerückt, mehrmals schwer verwundet, hatte sich unter dem Eindruck der Schauprozesse, der Stalinschen Politik in Spanien und dem Hitlerpakt zu einem energischen Antistalinisten gemausert.

Drôle de Guerre

Die Mobilmachung der schweizerischen Armee stellte mich vor das Problem der Rückkehr. Trotz meiner Verurteilung durch das Militärgericht beschloß ich, zu meiner aufgebotenen Klasse einzurücken. Auf der schweizerischen Botschaft, wo ich mich meldete, herrschte Hochbetrieb. Hunderte wollten zurück, waren mobilisiert, in langen Schlangen standen die Männer an. An einem kleinen Tischchen prüfte Herr R., unser „Bekannter" aus Barcelona, der uns so schön aus dem Konsulatsgebäude hinauskomplimentiert hatte, die Papiere der Heimkehrer.
„Ah, Sie brauchen wir nicht," rief er mir zu, als er mich erkannte. „ Übrigens sind Sie ja verurteilt, an der Grenze werden Sie sofort verhaftet".
„ Das ist meine Sache. Meine Klasse ist aufgeboten und ich rücke ein", erwiderte ich.
„Ihr Dienstbüchlein, bitte".
„Das hat mir die G.P.U. in Spanien gestohlen".
Hilflos hob er die Arme und erklärte, er könne nichts für mich tun. Ich verlangte von ihm eine schriftliche Erklärung, aus welchen Gründen er meine Rückreise behindere. Das lehnte er wütend ab und forderte mich auf, am nächsten Tag wieder zu kommen.
Am anderen Tag war er etwas zugänglicher, händigte mir ein Bahnbillet bis zur Grenze aus und bemerkte ironisch:„ Es ist sinnlos, Sie werden sofort ins Gefängnis wandern."
An der Schweizer Grenze in Vallorbe wurde ich mit offenen Armen empfangen. Im Fahndungsbuch prangten hinter meinem Namen 3 Sterne, wie im Baedecker. Unter diskreter Bewachung eines Grenzbeamten durfte ich noch wie alle Heimkehrer in de-

mokratischer Einheit das Frühstück einnehmen.
Am Nachmittag fuhren wir Lausanne zu, ich war in einer engen Transportzelle eingeschlosssen. In Lausanne, neue Zelle. Obschon es reichlich spät, nach zehn Uhr, war, gab es keine Ruhe. Die braven Beamten holten mich, sie wollten ihren Schabernak mit dem Spanienkämpfer treiben. Ich mußte mich entkleiden, drei Beamte unterzogen mich einer gründlichen Leibesvisitation wie Mitglieder einer Kunstakademie bei Aktstudien. Nach dieser vaterländischen Prozedur wollten die Herren einen lückenlosen Lebenslauf in ihren Akten verewigen.
„Welche Schlachten hat der Herr General geschlagen? Ist der General verwundet?" höhnten sie hämisch. Wäre nicht schon Mitternacht vorbei gewesen, hätten sie das lustige Spiel noch länger mit mir getrieben. Tags darauf ging es per Schub nach Basel. Diesmal hatte ich einen Begleiter in der Transportzelle, ein Solothurner, wegen Uhrendiebstahl verhaftet. In Olten, dem Bestimmungsort meines Reisegefährten wurden wir beide von der Polizei herausgeholt und sollten abgeführt werden. Ich protestierte, mein Bestimmungsort sei Basel, und nach einigem Hin und Her konnte ich gerade noch meinen Zug erreichen. Die Bahnbeamten waren rührend.
„Spanienkämpfer?" fragten sie an jeder Station. Auf meine bejahende Antwort steckten sie mir Rauchwaren und Schokolade zu. In Basel führte mich ein Sidecar der Polizei auf den Lohnhof. Ich war in der Heimat.
Nach zehn Tagen in der Gesellschaft jenes wohl duftenden Kübels der noch immer die sanitarische Zierde unserer Gefängnisse bildet, verhörte mich ein Hauptmann der Militärjustiz im Beisein eines uniformierten Protokollanten. Der Hauptmann las mir das Urteil des Militärgerichtes vor, woraus ich zum erstenmal vernahm, Clara und ich seien wegen Anwerbung für fremde Heeresdienste verurteilt. Einer jener jungen Spanienfahrer, für die wir in Perpignan Fürsprache geleistet hatten, war in die Schweiz zurückgekehrt, hatte sich seiner Heldentaten gebrüstet, war verhaftet und vom Militärgericht verhört worden. Bei der Verhandlung log er das Gericht mit der Erzählung an, wir hätten ihm beide

Briefe ins Tessin geschrieben und ihn zum Eintritt in die spanische Milizarmee verlockt. Trotz diesen unwahren Angaben wurde der Mann zu 7 Monaten verurteilt.

Glücklicherweise war ich in der Lage, diese Lügen aufzudecken. Ich konnte nachweisen, daß weder Clara noch ich den Betreffenden je vor der Begegnung in Perpignan gesehen hatten; er konnte natürlich auch keine Briefe von uns vorlegen. Zudem war uns vor unserer Abreise aus Spanien, ja, noch bevor wir im Gefängnis landeten, berichtet worden, dieser miese Schweizer hätte seinen Frontkameraden Kleider und Wertsachen gestohlen, die sie in Barcelona in der Kaserne deponiert hatten.

Während ich dem Hauptmann den tatsächlichen Vorgang, wie er sich sich in Perpignan abgespielt hatte, erzählte, erwähnte ich harmlos auch unsere Teilname am Krieg in der Milizarmee.

„Ja, Herr Thalmann, wenn Sie auf Ihrer Teilnahme in der Milizarmee bestehen, muß ich eine neue Anklage gegen Sie erheben", erklärte der Offizier.

Unumwunden sagte ich, er könne diese Anklage erheben, da ich aus Überzeugung nach Spanien gegangen sei. Der Hauptmann sinnierte eine Minute vor sich hin, stand auf, drückte mir die Hand und empfahl sich mit der Aufforderung, mich sofort bei meiner Einheit zu melden und jederzeit zur Verfügung des Militärgerichts zu stehen.

Wieder in Freiheit begab ich mich schnurstracks zu meinem Bruder, in dessen Korporalsobhut ich meine Militäreffekten gelassen hatte. Ich traf da nur meine Schwägerin, der es die Sprache verschlug, als sie mich erblickte.

„Max ist schon längst an der Grenze" eröffnete sie mir.

„Na schön, ich hoffe, meine Militärsachen sind noch alle gut beisammen."

Sie wurde verlegen und gestand: „ Ja, Max hielt sie immer in gutem Zustand, aber einiges fehlt halt doch."

„Ah, wieso denn?"

„Ja, niemand hat doch gedacht, daß du zurückkommst; nachdem Max weg war, sind einige deiner Freunde gekommen, um sich auszuleihen, was ihnen fehlte. Hätte ich gewußt...."

„Schon gut, schauen wir uns die Bescherung an".
Das Inventar war nicht ermutigend. Es fehlte der Stahlhelm, die Marschschuhe, das Soldatenmesser, der Boden der Kamelle fiel bei der geringsten Bewegung heraus und ich mußte ihn mit Papier festklemmen. Mit dem in Spanien verschwundenen Militärbuch fehlte also allerlei. Mit meinem Bündel unter dem Arm, Gewehr geschultert, trollte ich mich zu meiner Schwester.
Um 9 Uhr morgens meldete ich mich auf meinem Kompaniebüro, das im Schulhaus in der Sternengasse einquartiert war. Der Feldwebel schnappte nach Luft, als er mich sah.
„Sie kommen ja drei Wochen zu spät, der Hauptmann wird ja eine Freude an Ihnen haben. Warten Sie".
Mein künftiger Kompagniechef, ein Berner, trat ein. Sofort wurde ich vorgeführt.
Ziemlich barsch fragte er: „Wieso kommen Sie erst jetzt? Woher kommen Sie überhaupt?"
„Aus dem Gefängnis".
„Aus dem Gefängnis, tönte es aus seinem Mund, der nicht mehr zuklappen wollte".
„Teufel, ich brauch keine Leute von dort. Was haben Sie denn ausgefressen?"
„Ich war Spanienkämpfer".
„Ah, hm, mein Gott, das ist ja keine ehrenrührige Sache. Geben Sie mir Ihr Dienstbüchlein bitte".
„Herr Hauptmann, das ist mir in Spanien abhanden gekommen".
„Verflixt, saudumm, fehlt Ihnen sonst noch etwas?"
Erst jetzt begann er mich eingehender zu mustern und fest biß ich auf die Zähne, Lachen hätte den braven Offizier zu sehr in Harnisch gebracht.
„Der Stahlhelm, Herr Hauptmann, die Marschschuhe, das Soldatenmesser, die Ka....."
Weiter kam ich nicht, sein Gesicht wurde abwechselnd totenblaß und blutrot, er warf wütende Blicke auf die im Zimmer anwesenden Unteroffiziere, die verlegen ihre Gesichter in irgendwelchen Akten versteckten. Mit bellender Stimme befahl er den Feldwebel zu sich.

„Feldwebel, Sie gehen heute mittag mit dem Mann ins Zeughaus. Alles was fehlt wird ersetzt. Schauen Sie sich den Mann gut an. Sie bringen mir ein Duplikat des Dienstbüchleins vom Kreiskommando. Heute abend muß der Soldat blitzblank vor mir stehen. Übernehmen Sie ihn."

Den Befehl an den Feldwebel hatte der Kompagnieführer in seiner Erregung in schriftdeutscher Spreche hinaus geschmettert. Ich konnte abtreten. Wahrscheinlich haben wir beide aufgeatmet. In meiner Kompagnie traf ich alte Bekannte und wurde gut aufgenommen. Zwei Wochen später hatte ich ein seltsam-komisches Erlebnis. Irgenwo beim Barrikadenbau beschäftigt, erreichte mich eine Ordonnanz, die mich ins Kompagniebüro beorderte. Ein Offizier der Militärjustiz erwartete mich dort. Aha, dachte ich mir, das Militärgericht meldet sich.

Im Büro erhob sich ein Hauptmann und stellte sich vor: Hauptmann Vischer. Er gab sich sehr freundlich und liebenswürdig.

„Herr Thalmann," leitete er ein, „Sie sind in die Armee eingerückt um sie zu zersetzen ...".

Mir blieb die Spucke weg. Ich muß ein ziemlich verdutztes Gesicht gemacht haben, bevor ich stammeln konnte: „Nun, das gerade nicht, ich bin eingerückt wie alle anderen, weil eben Krieg ist und meine Klasse aufgeboten wurde."

„Ja, schon, aber Sie waren doch einmal Mitglied der kommunistischen Partei und auch Mitglied im Großen Rat. Warum sind Sie aus dieser Partei ausgetreten?"

Mein Versuch, ihm die politischen Differenzen zu erläutern, blieb sichtlich ohne Erfolg.

„Sehr schön, Herr Thalmann, wenn Sie unsere Armee nicht zersetzen, sondern mithelfen wollen unsere Grenze zu schützen, dann wünsche ich Ihnen einen schönen Dienst."

Verständnisvoll drückte er mir die Hand und verschwand.

Ungefähr 6 Wochen nach meinem Einrücken wurde ich vor das Divisionsgericht geladen. Am Abend vorher erhielt ich die Mitteilung, ein Oberleutnant Sowieso fungiere als mein Offizialverteidiger. Den Herrn Verteidiger lernte ich knapp 10 Minuten vor der Verhandlung kennen. Er stellte sich vor, gab der Hoffnung Ausdruck, ich werde mit der vorgesehenen Mindeststrafe davon kommen. Unverblümt gestand ich ihm, den Wert eines Offizialverteidigers in meiner Angelegenheit zu bezweifeln, mein Fall sei psychologischer Natur, ich könne mich selbst verteidigen. Da er auf seinem Amt bestand und er mir versicherte, ich selbst käme auch zu Wort, einigten wir uns.

Das Gericht präsidierte ein Berner Oberst, neben ihm einige Offiziere, von denen mich einige aus der Basler Politik kannten. Der Präsident gab sofort zur Kenntnis, die ursprüngliche Anklage wegen Anwerbung für fremde Heeresdienste sei fallen gelassen, den seinerzeitigen Angaben unseres Anklägers habe weder die untersuchende Behörde noch das Gericht Glauben geschenkt. Der Oberst erklärte kurz: „Sie haben sich zu verantworten für Ihren Eintritt in eine fremde Armee. Warum haben Sie das getan?"

„Ich bin aus sozialistischer Überzeugung nach Spanien gegangen, um am Kampf gegen aufständische Generäle teilzunehmen".

„Waren Sie arbeitslos?"

„Nein."

„Wurden Sie verwundet?"

„Nein."

„Sie wurden von den Kommunisten ins Gefängnis gesteckt. Was war denn da alles los, mit all den Parteien in Spanien?"

Von dem kleinen Überblick über die Parteiverhältnisse in Spanien, den Konflikten zwischen Anarchisten, Kommunisten, Sozialisten und Republikanern hatte der Präsident rasch die Nase voll. Er kommentierte: „Das ist ja alles dummes Zeug. Der Herr Auditor hat das Wort."

Dieser machte es kurz. Da der Angeklagte aus ehrenhaften Gründen nach Spanien gegangen und nun eingerückt sei, beantrage er das vom Gesetz vorgesehene Mindestmaß von Bestrafung. Mein Verteidiger war ebenso kurz. Er schloß sich dem Antrag des Auditors an, der Angeklagte hätte seine Haltung gut verteidigt, das Gesetz verhindere ihn, für einen Freispruch zu plädieren. Die Verhandlung war beendet. Nach 10 Minuten Beratung wurde mir das Urteil verkündet: 2 Monate bedingte Gefängnisstrafe mit zwei Jahren Bewährung. Damit endeten meine Konflikte mit dem Militärgericht.

Indessen dauerte die „Drôle de Guerre" an. Clara schrieb mir regelmäßig aus Paris. Der langweilige Dienstbetrieb ging mir auf die Nerven. Nach zwei Monaten beschloß ich, Auslandsurlaub zu verlangen. Nach einigen Tagen kam mein Gesuch zurück mit dem Vermerk: bewilligt für Basel. War es ein Irrtum?

Ich ließ nicht locker. Auf dem Kompagniebüro wurde ich unterrichtet, Auslandsurlaub könne nur durch das Platzkommando erteilt werden. Da marschierte ich hin. Der zuständige Offizier war ..... mein Hauptmann Vischer.

„Ja, das muß ein Irrtum sein. Aber wissen Sie, Auslandsurlaube sind selten, dafür ist das Divisionskommando zuständig. Warten Sie, ich will sehen, was ich für Sie tun kann."

Er verschwand, um mit dem Divisionskommando zu telefonieren Ich wartete und wartete. Endlich kam er strahlend zurück.

„Sie haben 5 Tage Auslandsurlaub, viel Glück".

In Paris vergingen die 5 Tage wie im Traum. Clara arbeitete noch im Presse-Ausschnittbüro. Abends strickten die Frauen der internierten Emigranten Pullover und andere warme Sachen für ihre Männer im Lager. Sie half da wacker mit.

In Basel zurück meldete ich mich beim Feldwebel.

„Gottseidank sind Sie zurück, der Herr Hauptmann ist schon schön nervös, es ist das drittemal, daß er nach Ihnen fragt".

Eine Minute vor Ablauf der Urlaubsfrist trat ich vor den Kompagniechef. Ein hörbares Aufatmen entrang sich seiner Brust. Leutselig sprach er mit mir über Paris, wie schön es sei am Nachmittag auf der Terrasse des „Café de la Paix" bei der Oper zu sitzen. Zufrieden drückte er mir die Hand.

Nach genau 99 Tagen Dienst wurde unsere Altersklasse entlassen, wenige Tage später war ich wieder in Paris.

Das Gesicht der französischen Hauptstadt hatte sich kaum verändert. Die Menschen warteten auf den wirklichen Krieg, passiv, kritisch, resigniert, den üblichen Communiqués des Generalstabes wenig Glauben schenkend. Sie berichteten von Artillerieduellen, von Handstreichen und Patrouillengängen an der Sieg-

friedlinie, erzählten Wunderdinge über die „unüberwindliche Maginotlinie". Hinter den tönenden Kriegsfanfaren der Regierung verbarg sich eine dumpfe Lethargie der Bevölkerung.
Die in Kraft getretenen Rationierungsmaßnahmen erhöhten die Unzufriedenheit. Der passive Luftschutz organisierte sich. Der Bevölkerung wurden Gasmasken tschechischer Herkunft ausgeteilt, die kein Mensch je benützte. Die Stadt besaß wenig geeignete Luftschutzräume. Einige tiefer gelegene Metrostationen wurden zu Luftschutzräumen ausgebaut, in Parkanlagen Schützengräben ausgehoben, Unterstände betoniert; ebenso wurden Kellerräume in solide gebauten Häusern als luftschutzsicher erklärt. In jedem Häuserblock übernahm ein Blockwart die Organisation des Luftschutzes. Die Stadt war verdunkelt, alle Fenster mußten blau gestrichen oder mit Papier verklebt werden, die Vorhänge zugezogen sein. Wo auch nur das kleinste Licht auf die Straße drang,, wurde gepfiffen, die Polizei herbei gerufen, eine üble Spionitis trieb tolle Blüten.
Die wenigen Luftangriffe der deutschen Luftwaffe richteten kaum Schaden an, meist handelte es sich um Aufklärungsflüge oder falschen Alarm. In den ersten Tagen, wenn die Sirenen ertönten, stürzte die Bevölkerung aufgeschreckt in die Luftschutzräume; Kinder auf dem Arm, Gasmaske über dem Schlafrock oder Pyjama umgehängt. Das hörte bald auf, nach einigen Wochen ließen sich die Menschen nicht mehr in ihrer Nachtruhe stören.
Die Regierungspropaganda lief auf hohen Touren. „Wir siegen, weil wir die Stärkeren sind", „wir werden den ‚Boches' den Stahlweg abschneiden", „Achtung, der Feind hört mit" und ähnliche billige Parolen klebten an den Plakatwänden. Diese Zuversicht paßte wenig zur Niederlage der Alliierten in Norwegen, wo es ihnen nicht gelang, die deutschen Truppen hinauszuwerfen. Die illegale Propaganda der kommunistischen Partei richtete ihre Angriffe in erster Linie gegen den französischen und englischen Imperialismus, das Bündnis Stalin-Hitler wurde als Friedensgarantie gepriesen.
Aus den Interniertenlagern der deutschen und spanischen Emi-

granten kamen erschütternde Nachrichten; die Internierten litten Hunger, froren in den kalten Nächten auf ihrer Schütte Stroh, die primitivsten hygienischen Einrichtungen fehlten, Epidemien dezimierten die Eingeschlossenen. In verschiedenen Lagern hatten wir deutsche oder spanische Bekannte, mit denen es uns nach unendlichen Schwierigkeiten gelang, Kontakt aufzunehmen. So war es wenigstens möglich, ihnen zu schreiben, Lebensmittelpakete zuzustellen, obwohl es allgemein bekannt war, daß nur die Hälfte in ihre Hände gelangte, die französischen Lagerwachen bedienten sich.

Frankreichs Zusammenbruch

Am 10. Mai begann die deutsche Offensive mit dem Einfall in Belgien und Holland. Die französischen und englischen Truppen rückten in Belgien ein. Für Frankreich begann der Krieg.
Sofort nach Beginn der deutschen Offensive ließ die französische Regierung alle deutschen Frauen internieren. Im Verlauf von zwei Tagen mußten sich tausende von Frauen jüdischer und politischer Emigranten im Vélodrôme d'Hiver stellen, von dort wurden sie in Lager abtransportiert. Es gab einen tollen Wirbel. Wir halfen vielen Bekannten packen und die Koffer zum Sammelplatz schleppen.
Antonia Stern, eine deutsch-jüdische Emigrantin, hatte ein besonderes Anliegen an uns. Wenige Wochen nach unserer Rückkehr aus Spanien hatte sie uns aufgesucht. Mit dem deutschen Kommunisten *Hans Beimler*, der sich in die Schweiz geflüchtet hatte, lebte sie in Zürich zusammen. Beimler war 1936 nach Spanien gegangen, die Umstände seines Todes blieben ungeklärt. Antonia unternahm auf eigene Rechnung Nachforschungen in Spanien. Sie kam zur festen Überzeugung, ihr Freund sei von den eigenen Leuten umgebracht worden. Sie vertrat ihre Ansicht in einem längeren Schriftstück, das sie zu publizieren versuchte. Von uns wollte sie eine Bestätigung der Ermordung Beimler's durch den kommunistischen Parteiapparat. Da wir beim Tode Beimler's nicht mehr in Madrid weilten, konnten wir darüber nichts aussa-

gen. Antonia, von Haus aus begütert, besuchte uns öfters. Jetzt vor der Internierung sollten wir ihre Schmucksachen zu uns nehmen. Sie übergab mir ebenfalls eine Vollmacht für ihr Banksafe und den dazu gehörigen Schlüssel. Auf meine Frage, was denn im Banksafe verschlossen sei, erwiderte sie, es handle sich um literarische Versuche, Gedichte und verschiedene Manuskripte. Wir nahmen Vollmacht, Schlüssel und Juwelen in Empfang und geleiteten sie zum Vélôdrome d'Hiver.

Bei ihren Versuchen, ihren Schriftsatz über Beimler's Tod unterzubringen, kam Antonia Stern in Verbindung mit *Ruth Fischer* und *Arkadi Maslow*.

Die einstigen ultra-linken Führer der kommunistischen deutschen Partei unterhielten in Paris eine kleine Gruppe ihrer Anhänger. Arkadi Maslow, eine kraftvolle Hünengestalt, russischer Herkunft, war ein hoch talentierter Mensch. Er verständigte sich fließend in 7 Sprachen, war ein begabter Mathematiker und begnädeter Pianist. In der Politik hatte er weniger Erfolg, obwohl er ein hinreissender Redner sein konnte. Sein eigentlicher Wesenszug war ein nihilistischer Zynismus, den er gar nicht zu verbergen suchte. Maslow anzuhören war immer ein Vergnügen, mit ihm zusammen zu arbeiten immer eine Gefahr. Man konnte nur ahnen, nie wissen, welche geheimen Kräfte hinter dem Mann standen.

Ruth Fischer, seine politische Weggefährtin und Bettgenossin, war aus ähnlichem Holz geschnitzt. Weniger begabt, dafür raffinierter, in allen Sätteln bereit zu reiten, korruptionsfähig ohne Grenzen, besaß die rundliche, vollbusige Österreicherin viel Witz, Ironie und Wissen. Wie in allen Emigrantengruppen in Paris berichtete ich auch in der Maslowgruppe über Spanien. Daraus entstand ein loser Kontakt, der sich im gelegentlichen Besuch der Gruppenabende erschöpfte. Die Fischer-Maslow wollten in Paris eine eigene Revue herausgeben und befanden sich auf der Suche nach einem Geldgeber. Sie fanden Antonia Stern. Es war für die zwei politischen Schlauköpfe ein Kinderspiel, Antonia einzuseifen. Es genügte, ihr zu versichern, in der Revue werde ihre Arbeit über Beimler's Tod erscheinen, und schon war sie bereit, das Geld zu geben. Doch waren die beiden nie zufrieden, ihre Forderungen wurden frecher und hemmungsloser. Von der geplanten Revue erschien eine einzige Nummer, Antonias Beitrag war nicht drin. Bei einem gelegentlichen Besuch in unserer Einzimmerwohnung erzählte sie uns von dieser Geschichte, von der niemand in der Gruppe Maslow's eine Ahnung hatte. Ich brachte das an einem Gruppenabend unverblümt zur Sprache und kritisierte das Verhalten als eine unanständige Handlungsweise. Das zog mir einen hysterischen Wutanfall Ruth Fischer's zu, die mich als idiotischen Trotzkisten beschimpfte, der hier bei wirklich anständigen Emigranten nichts zu suchen habe, in seine kleine Schweiz zurückkehren solle. Maslow schwieg den ganzen Abend. Alles endete mit einem schönen Krach; unsere losen Beziehungen zur Gruppe waren damit gelöst.

Die Nachrichten von der Front lauteten denkbar schlecht. Die deutschen Truppen rückten unaufhaltsam vor. *Paul Reynaud* wurde französischer Ministerpräsident, da man in ihm den „starken Mann" sah. Mit der holländischen und belgischen Kapitulation nahm der Kriegsverlauf dramatische Formen an. Paris spürte bereits in den ersten Junitagen den Vormarsch des Feindes. Durch die Straßen der Hauptstadt zogen lange Kolonnen von Fuhrwerken: Autos, Pferdewagen und Handkarren, hoch mit allerlei Hausrat, Kindern und Frauen beladen, Flüchtlinge aus Belgien und Nordfrankreich, die sich aus den bedrohten Gebieten retteten. Erstaunt, verwundert, bestürzt und beunruhigt sahen die Pariser diesen Flüchtlingsstrom durch die Straßen ziehen.

Das Drama von Dünkirchen öffnete den Franzosen die Augen über die drohende Katastrophe, die sich zusammenballte. Langsam, wie eine schleichende Epidemie verbreitete sich die Panik. Die tollsten Gerüchte wurden herumgeboten: Amerika habe sofortige Unterstützung zugesagt, Stalin Hitler den Krieg erklärt, die Rote Armee sei schon in Ostpreußen einmarschiert. Was den Tatsachen entsprach, war die italienische Kriegserklärung.

Trotz aller Versicherungen der Regierung, sie werde Paris nicht verlassen, war es ein offenes Geheimnis, daß alle wichtigen Amtsstellen die Abreise vorbereiteten. In den Höfen der Ministerien wurde Aktenmaterial verbrannt, wertvollere Dokumente auf

Lastwagen verladen, die sich dem Süden zu davon machten. Wird Paris verteidigt werden? Wird sich das Wunder der Marne von 1914 wiederholen? Die Presse verlangte es, die Regierung versicherte es, niemand glaubte es. Tatsächlich verzog sich die Regierung nach Bordeaux, in der Hoffnung, den Krieg hinter der Loire fortzusetzen.

Die offene Panik brach aus. Paris wurde zur offenen Stadt erklärt Auf den Straßen und in den Gaststätten, in der Fabrik und im Büro fragten sich die Menschen: Was nun? Nicht die geringste leitende oder beratende Autorität war verblieben, um auf die zahlreichen Fragen Antwort zu geben. Dem nicht versiegenden Flüchtlingstrek aus dem Norden schlossen sich täglich mehr und mehr Bewohner aus der Pariser Umgebung an, bald wirkte das tägliche Bild auch auf die Pariser selbst ansteckend. Wie ein endloser Lindwurm wälzte sich der Zug der Flüchtlinge durch die südlichen Ausfallstraßen der Stadt und übte magnetisch Anziehungskraft auf die Zurückbleibenden und die bereits Schwankenden aus. Das Land war ohne Regierung, in voller Auflösung, sich selbst überlassen.

Vor jedem Einzelnen stand die Frage: Was tun? Sie wurde je nach Temperament und der persönlichen Situation eines Jeden beantwortet. Tausende hofften immer noch, hinter der Loire werde die französische Armee den Krieg fortsetzen, sie wollten unter französischer Obhut und nicht unter feindlicher Autorität bleiben. Viele waren überzeugt, Hitler werde sofort alle wehrfähigen Männer zum Kriegsdienst einziehen, aus den Schulkindern eine Hitlerjugend organisieren, die Frauen, na ja, was denen passieren würde, darüber gab es nur eine Meinung. Die Mehrheit besaß überhaupt keine Vorstellung, saß jedem Gerücht auf, wollte das Beispiel der Regierung nachahmen und sich vor den Eindringlingen in Sicherheit bringen. Vor den Bahnhöfen drängten sich erregte Menschenmengen, die noch die letzten Züge erwischen wollten, da bereits Gerüchte wissen wollten, deutsche Vortruppen seien schon in den Pariser Vorstädten.

Zu unserem Bekanntenkreis gehörten viele Juden, Polen, Russen, Rumänen. Sie alle fühlten sich bedroht, wollten rasch weg. Wo wir konnten, halfen wir. Bunja Sundelewitsch war in wilder Aufregung. Wir halfen ihr beim Packen, und sie bat uns, doch ihren Hund zu uns zu nehmen. Vor dem Fahrstuhl, der uns nach unten bringen sollte, mußten wir warten, eine ganze Bande russischer Sozialdemokraten, unter ihnen Dan, Abramowitsch, Nikolajewski hatten sich offenbar im Haus versammelt, um gemeinsam die Flucht anzutreten. Wir brachten Bunja an die Bahn, sie ließ uns Micky, einen kleinen, kläffenden Köter zurück. Mit diesem unerwünschten Zuwachs an der Leine durchirrten wir planlos die Stadt. Da auch vor uns die Frage stand „Was tun?", konnten wir uns unmöglich mit dem Hund belasten. Ihn zu töten hatten wir weder den Mut noch die Mittel. In der Rue Lecourbe massierten sich gerade vor dem Kommissariat Polizisten, die schon ihre Waffen abliefern mußten. Wir wollten eine höhere Autorität über Mickys Schicksal entscheiden lassen. Auf unsere Frage lachten uns einige der Polizisten höhnisch aus: „Schmeißt ihn in die Seine, wir haben andere Sorgen, als Köter zu betreuen". Wir zottelten mit Micky ab, ohne einen Mörder gefunden zu haben. Endlich entschlossen wir und, ihn leicht an die Gitterstäbe der Metrostation Vaurigard zu binden, und machten uns schuldbewußt aus dem Staub. Monate später erfuhren wir, daß sich Micky losgerissen, in seine frühere Wohnung zurückgefunden hatte und dort von einem Hausbewohner aufgenommen worden war.

Uns fehlte jedes Vertrauen in Hitler's neues Europa. Da wir vermuteten, unser spanisches Abenteuer könnte uns Ungelegenheiten einbrocken, auch etwas Abenteuerlust spielte mit, entschlossen wir uns, Paris ebenfalls zu verlassen. Vorher besuchten wir unseren Freund Charles Wolf. Bei ihm war alles in völliger Auflösung. Wolf hatte wenige Wochen vor Kriegsausbruch seine Frau verloren, seither litt er unter starken Depressionen. Er war im Begriff nach Bordeaux zu fliehen, wo sich die Regierung niederlassen wollte. Er war überzeugt, die deutschen Truppen seien bereits in Paris einmarschiert, in einigen Quartieren hätte man Barrikaden errichtet. In diesen schweren Stunden war mit ihm einfach nichts Vernünftiges zu reden, wir verließen ihn, ohne zu ahnen, daß wir ihn nie mehr sehen würden.

Auf dem Rückweg in unsere Wohnung trafen wir mit Leo Borochowitsch zusammen. Leo war neben Brandler und Thalheimer einer der führenden Köpfe der rechts-kommunistischen Opposition gewesen. Er war niedergeschlagen und suchte nach Mitteln und Wegen, Paris zu verlassen.

„Wenn es mir nicht gelingt, lebendig werden mich die Schufte nicht kriegen", sagte er uns, auf eine kleine Büchse mit Giftpillen weisend. Stumm trennten wir uns.

Zuhause stopften wir die notwendigen Wäsche in unsere Rucksäcke, meine kleine, neue Hermesbaby wanderte auch hinein und dann zogen wir los, um Proviant einzukaufen. Da schon eine Menge Geschäfte geschlossen waren, gerieten wir auf der Suche nach einem Laden auf den Platz Maubert. Da war ein Lebensmittelgeschäft, in welchem Leute noch einkauften, alle wollten sie auf die „Reise". Es gab kein Personal mehr, die Kasse war geschlossen. Mit den vollen Einkaufskörben standen die Leute vor der Kasse, um zu bezahlen; da niemand kam, zogen die Mutigsten einfach los, bald gefolgt von allen anderen. Zu viel wurde nicht mitgenommen, niemand wollte sich zu sehr belasten.

Exodus

Unsere Absicht, an der Cité Universitaire einen Zug der Metrolinie St. Remy zu nehmen, erwies sich als gut. Es stand ein Zug da. Mit unseren Rucksäcken zwängten wir uns in den mit verängstigten Menschen vollgestopften Zug. Doch er fuhr nicht weg. Die Bahnangestellten berichteten, der Strom sei unterbrochen, wahrscheinlich sei Paris schon besetzt. Während viele Leute die Geduld verloren, den Zug wieder verließen und ihre Flucht zu Fuß fortsetzen wollten, warteten wir. Nach einer guten Stunde setzte sich der Zug doch in Bewegung und fuhr ab. Mit einem etwa gleichaltrigen französischen Ehepaar, das mit uns im Abteil stand, machten wir Bekanntschaft. Da auch sie Richtung Bordeaux wollten, beschlossen wir, die Reise gemeinsam zu unternehmen. Der Mann hatte es irgendwie fertig gebracht, sein Fahrrad in den Wagen zu pressen von dem er sich nicht trennen wollte.

Als wir an der Endstation St. Rémy ankamen, empfing uns die Dunkelheit. Sofort gerieten wir in einen wilden Strudel von Menschen, Fuhrwerken, Autos und Lastwagen, leichte Tanks, schleppten sich langsam in der Menge dahin. Soldaten, Offiziere, Franzosen, Belgier, einige Engländer drängten sich im Meer der Zivilisten. Zum erstenmal erhielten wir den Eindruck eines nicht mehr zu stoppenden Zusammenbruchs. Hinter uns stand über Paris ein roter Flammenschein, die Benzinlager brannten.
Wir marschierten im Menschenstrom mit bis nach Limour, wo wir am Straßenrand etwas Schlaf suchten. In der Ferne donnerten Kanonen. Im Morgengrauen schlossen wir uns wieder der unendlichen Schlange an, die sich langsam im Staub, Lärm und Geschrei, dem Geheul der Autohupen dahinwälzte. Die aufgehende Sonne beschien eine babylonische Völkerwanderung. Neben alten, runzligen Mütterchen, die ihre Katze auf dem Arm mitschleppten, schoben Mann und Frau den Kinderwagen mit den Kleinen, die mit erstaunten Augen zwischen Säcken, Töpfen und Kisten herausblickten. Frauen quälten sich mit Vogelkäfigen ab, hatten auf dem Rücken Kochtöpfe und Wäscheballen festgebunden, die Männer schleppten schwere Koffer. Alles, was Räder besaß, rollte. Die mit Möbeln, Koffern, Matratzen und anderem Hausgerät überladenen Autos kamen in der kompakten Masse der Fußgänger und Karrenschieber nur langsam vorwärts; viele erlitten bald eine Panne, weil sie zu schwer beladen waren oder das Benzin ausging. Je weiter wir uns von Paris entfernten, desto mehr alte und vornehme Personenwagen standen verlassen am Straßenrand oder waren in den Ackerboden geschoben worden. Die Bagage lag wild zerstreut um die Wagen herum: offene Koffer mit Bettwäsche, dicke Pelzmäntel, Damenschuhe, Matratzen,, Kochgeschirr. In der brütenden Hitze hatten sich die durstigen, hungrigen übermüdeten Menschen aller unnützen Habseligkeiten entledigt. Langsam fuhren Pariser Autobusse dahin, vollbeladen mit den Familien der Wagenlenker. Schwarze Leichenwagen, teils mit Pferdegespann, teils mit Motor zogen gemächlich dahin, ihre lebende Fracht in Sicherheit bringend. Breite Müllabfuhrwagen, mit Matratzen und Decken ausgepolstert und bis zu letz-

ten Plätzchen besetzt, rollten neben Feuerwehrwagen dahin, auf deren ausgezogener Leiter sich junge Burschen festhielten.

Am Nachmittag kamen die ersten Flieger. Sie schossen erbarmungslos in das Menschengewühl. Wir warfen uns in den wenig Schutz bietenden Straßengraben, getreten und gepufft von schreienden und zitternden Menschen. Es gab Tote und Verletzte, die auf eine wie ein Wunder aufgetauchte Militärambulanz aufgeladen wurden. In der Menge entstand eine hitzige Diskussion, ob es deutsche oder italienische Flugzeuge waren, einige Hitzköpfe balgten sich ernsthaft um das akademische Problem. Essen, vor allem aber Trinken wurde schon am zweiten Tag für die Masse der Flüchtlinge zum vitalen Problem. Die Dörfer und kleinen Städte, die der Flüchtlingsstrom durchzog, lagen wie ausgestorben da, Türen und Fenster sorgfältig abgeriegelt. Ob dahinter Bewohner der seltsamen und bedrohlichen Völkerwanderung zusahen? Oder waren auch diese Häuser leer, die Menschen schon auf der großen Wanderung? Die Plünderungen begannen rasch. In jedem Ort, auf Bauernhöfen, brachen Flüchtlinge Türen und Fenster auf, durchsuchten die Räume nach Trink- und Esswaren; es gab dabei Zusammenstöße mit Bauern, die ihr Eigentum verteidigten.

Unsere neuen französischen Bekannten hielten sich eng an uns. Der Mann schob sein unnützes Fahrrad mühevoll neben sich her und mußte dafür oft Flüche und Pfiffe von Weggefährten einstecken, die er mit seinem Rad behinderte. Gegen Abend - wenige Kilometer hinter Etampes - fuhr für einige Minuten ein Öltankwagen (leer) neben uns her. Unsere französischen Bekannte entdeckte im Chauffeur einen Verwandten. Sie verhandelte mit ihm, um auf der Seitenrampe des Tankers noch einen Platz zu kriegen. Der Chauffeur war einverstanden, aber allein wollte die Frau nicht fahren. Sie überredete Clara, mit ihr zusammen den Wagen zu besteigen, die Männer könnten besser zu Fuß gehen. Obschon wir wenig Lust hatten, uns zu trennen, einigten wir uns: die Frauen sollten mitfahren und am Bahnhof in Orleans auf uns warten. Diese Stadt an der Loire mußten wir auf jeden Fall passieren. Ich übergab Clara den schweren Rucksack mit der Schreibmaschine und nahm den ihren dafür in Empfang. Noch lange fuhr der Wagen neben uns her, bis er eine Lücke im Menschenstrom fand und rascher vorwärts kam.

An diesem Tage wurden wir noch zweimal von Fliegern im Sturzflug angegriffen, deutsche Stukas, wie ich sie aus Spanien kannte. Mit anderen Flüchtlingen zusammen übernachteten wir in einem Heuschober. Im Heu freundete sich mein Reisebegleiter mit einem Landsmann an, der verzweifelt nach jemand Ausschau hielt, der seinen Wagen mit Familie chauffieren würde. Seit zwei Tagen und Nächten am Steuerrad, war der Mann am Ende seiner Kraft. Das Angebot, sein Fahrrad auf den Wagen zu binden und sich ans Steuer zu setzen, verlockte meinen Reisegefährten sichtlich. Ich überredete ihn, den Vorschlag anzunehmen, da ich die restlichen 50 km. bis Orleans auch allein schaffen würde. So band er am Morgen sein Rad auf den Wagen und fuhr mit seinem neuen Gefährten los.

Ein neuer, heißer Tag brach an. Die glühende Junisonne, der dicke Staub den die dahin ziehenden Menschen aufwirbelten trocknete die Kehle aus. Waren in den ersten zwei Tagen der Flucht bei der Mehrheit der Flüchtlinge noch Hemmungen vorhanden, so waren sie nun dahingeschwunden. In jedem Dorf wurde rücksichtslos jedes Haus aufgesprengt und nach etwas Trinkbaren durchsucht. Ich schloß mich einem Trupp Männer an, die in einem kühlen Weinkeller Fässer und Flaschen aufgespürt hatten und sich jetzt ausgiebig an Wein, Most und verschiedenen Likören labten. Ich erwischte eine bauchige Flasche und setzte zum Trunk an, um sofort auszuspucken: es war unverfälschter, hochprozentiger Branntwein, der mir die Kehle verbrannte. Schon wollte ich die Flasche stehen lassen, da bot mir im Austausch ein Flüchtling ein Flasche Milch an. Ich tauschte mit Freuden.

Die Flugzeuge kamen an diesem Tage häufiger. Sie flogen niedrig und schossen in die Menschen hinein. Das unheimliche Sirenengeheul der Apparate löste jedesmal eine wilde Panik aus. Vor einer solchen Beschießung rettete ich mich in ein Haus und kam gerade zurecht, um mit einem anderen Flüchtling einen Topf noch warme Milch zu genießen; die Hausbewohner mußten sich vor wenigen Minuten irgendwo verkrochen haben. Es war unmöglich, an diesem Tag mehr als 20 km. vorwärts zu kommen.

Nach einer unruhigen Nacht am Straßenrand kam endlich am Nachmittag Orleans in Sicht. Vor der Stadt war zum erstenmal eine militärische Organisation zu spüren. Offiziere standen an den Wegkreuzungen, pickten sorgfältig alle Militärpersonen aus dem Flüchtlingsstrom und dirigierten sie zu einem Sammelplatz. Die Masse der Zivilisten wurde über die drei Loirebrücken geschleust. Es gab auf den Brücken eine tolle Drängerei, im Nu waren sie mit Autos, Fuhrwerken und Menschen verstopft. Im wilden Trubel, der mich vorwärts stieß und riß, bemerkte ich zu spät, daß wir um die Stadt herumgeleitet wurden. Doch ich wollte ja an den Bahnhof, mußte in die Stadt hinein, Clara erwartete mich dort. Wild kämpfte ich gegen den Strom an, erhielt Püffe und Fußtritte, niemand begriff, daß da einer zurück wollte. Mit unendlicher Mühe gelang es mir die Brücke wieder zu überqueren. An der Treppe, die an das Flußufer hinunter führte, stand eine Wache. Der Soldat verbot mir den Eintritt in die Stadt. Meine Erklärungen und Bitten nützten nichts, die Wache hatte ihren Befehl und hielt sich daran. Mißtrauisch musterte mich der junge Soldat hinter seinen Brillengläsern, mein französisch war ihm nicht stubenrein genug. Noch während wir uns herumzankten, kamen die Flieger. Da an den Brückenköpfen des anderen Ufers M.-G.-Nester postiert waren, die als Flugabwehr in Aktion traten, richteten sich die Angriffe vorerst gegen die Brückenköpfe. Im Handumdrehen war meine Wache verschwunden. Ich raste die Treppe hinunter, preßte mich dicht hinter den ersten dicken Baum. Bomben fielen ins Wasser, warfen hohe Garben empor, ein unheimlicher Luftdruck umbrauste mich. Hinter mir stießen längs der Häuserzeilen züngelnde Flammen zischend zum Himmel Das Getöse zerriß mir beinahe das Trommelfell. Auf den zwei Brücken, die für mich sichtbar blieben, herrschte Schrecken und Entsetzen. Die Menschen zertrampelten sich gegenseitig, viele hingen am Brückengeländer, stürzten schreiend in den Fluß. Endlich kehrten die Flugzeuge um. Die dicht am Ufer liegenden Häuser brannten, dichte Rauchwolken stiegen zum Himmel. Es blieb

mir keine Wahl, ich mußte durch. Durch eine enge Gasse, links und rechts knisterte es in den Gebäuden, Rauch stieg empor ohne daß Flammen zu sehen waren, verirrte ich mich in den engen, zahllosen Gassen, ohne eine Ahnung zu haben, wo sich der Bahnhof befand. Hier herrschte Totenstille, es schien, der Krieg sei nicht bis hierher gekommen. Hier brannte kein Haus mehr, kein Mensch war zu sehen, der Boden war mit Glasscherben bedeckt. Plötzlich, in einer schmalen Gasse, öffnete sich langsam eine Haustür, zwei alte Weiblein, es mochten Schwestern sein, guckten vorsichtig heraus und fragten mich ängstlich: „C'est fini, Monsieur?" Ich beruhigte sie, erkundigte mich nach dem Bahnhof. Endlich gelangte ich auf den großen Platz vor der Kathedrale, wo mir ein Schild den Weg zum Bahnhof wies.
Der Bahnhof war noch heil, es gab keine Fensterscheiben mehr, Koffer, Körbe, Autos, Fahrräder standen verlassen umher. Aufgeregt und verängstigt schweiften ein Dutzend Männer und Frauen herum. Die Menschen hatten sich unterwegs verloren oder sich - wie wir - getrennt und hier Rendez-vous gegeben; sie warteten nun auf ihre Angehörigen. Von Clara keine Spur. Wo mochte sie sein? Nach einiger Zeit entdeckte ich, daß die Mauern des Bahnhofes dicht mit Namen, Inschriften und Wegzeichen beschrieben waren. Hunderte von Menschen hatten hier für ihre verlorenen Angehörigen Nachricht hinterlassen. Mit Kreide, Tinte oder Bleistift gaben sie ihre Wegrichtung an, versicherten, daß sie noch unversehrt am Leben seien.
„Achtung, Anna Mercier, habe die Richtung Vierzon eingeschlagen, warte dort auf der Post. Marcel." Es wimmelte von derartigen Kurzmeldungen und Botschaften, oft mit einem Messer eingraviert. Einige Stunden verbrachte ich damit, die Innen- und Außenwände der Bahnhofsgebäudes abzuwandern, um vielleicht unter all den Kratzeleien eine Botschaft von Clara zu entdecken. Ich fand nichts. Von Zeit zu Zeit kamen Gendarmen auf Rädern und forderten alle Anwesenden auf, das Bahnhofareal zu verlassen. Die deutschen Truppen seien im Anzug, bald würden die Loirebrücken gesprengt werden. Es gelang ihnen jedesmal, einige Flüchtlinge zum Überqueren der Brücken zu bewegen und ihre

Flucht fortzusetzen. Kaum waren die Gendarmen weg, kamen schon wieder Neuankömmlinge, die ihrerseits begannen, die beschrifteten Mauern abzulesen.

Mein Suchen nach einer Botschaft blieb ohne Resultat. Irgendetwas mußte Clara am Treff verhindert haben. Hatte es einen Sinn zu warten? Sie war doch gewiß vor mir in der Stadt eingetroffen. Da es ein Zurück nicht gab, mußte ich vorwärts über eine der Brücken. Schon längst waren mir die Zigaretten ausgegangen, als eiserne Reserve hatte ich mir einen Brotrest und ein Stück Schokolade aufbewahrt. Vielleicht gab es noch Zigaretten in den Tabakläden der Stadt? Ich erlebte eine Enttäuschung, sie waren alle leer, entweder von den Besitzern ausgeräumt oder von den Flüchtlingen geplündert. In der Hauptstraße, die zur Kathedrale führte, saßen im zerstörten Schaufenster eines Schuhladens zwei junge Burschen, die Schuhe anprobierten. Hinter der Kathedrale hervor kam im Gänsemarsch ein Trupp Senegalesen angetrabt, die letzte Nachhut der französischen Truppen. Flugzeuggebrumm zerstreute die ganze Schar in die verschiedenen Torbogen, wo auch ich Zuflucht fand. Die Schwarzen beachteten mich nicht, hinter ihnen her zog ich entmutigt zu den Brücken hinunter.

Auf der mittleren Brücke sah es schaurig aus. Brennende Autos versperrten den Übergang, Tote lagen umher, Verletzte stöhnten und baten flehentlich um Hilfe. In fiebernder Hast, nur auf sich selbst bedacht drängten die Menschen ans andere Ufer. Am Brückenkopf drüben, dicht am Rande eines Bombenkraters, stand ein Militärcamion in hellen Flammen, am Steuer, verkrampft, mit verglasten Augen, klebte der Negerchauffeur. Erst auf der Landstraße, die Brücke hinter mir, löste sich der Krampf, der mich durch diesen Schrecken blindlings vorwärts getrieben hatte. Glücklicherweise befand sich in Clara's Rucksack eine Landkarte, mit der ich mich über die Richtung nach Bordeaux orientieren konnte. Das war unser ursprüngliches Ziel, Clara hatte sicher die Richtung eingehalten. Allein, verloren in der Masse Menschen, marschierte ich weiter.

Bei einbrechender Dunkelheit verzog ich mich in einen Heuhaufen auf freiem Felde. Lange blieb ich nicht allein, andere Flüchtlinge nisteten sich ein, auch in den umliegenden Heuhaufen gab es Schlafgänger. Von Schlafen war keine Rede; aus dem Walde vor uns feuerte schwere französische Artillerie, von Orleans her antworteten deutsche Geschütze. Wir lagen hübsch in der Mitte. Schon vor Tagesanbruch zogen wir ab.

Der Flüchtlingsstrom hatte sich hinter Orléans gelichtet. Wohl zogen noch Tausende müde und resigniert auf der Landstraße dahin, jetzt gruppenweise, es gab kein Gedränge und Geschiebe mehr, der große Treck hatte sich in verschiedene Richtungen zerstreut. Im Gehen verzehrte ich mein letztes Stück Brot. Am Waldrand saß eine ganze Familie ruhig und friedlich beim Frühstück. Sie luden mich ein, mitzuhalten. Ich setzte mich zu ihnen und gegenseitig erzählten wir unser Leid. Die Gesellschaft bestand aus einer Frau in den vierziger Jahren, ihrem 17jährigen lungenkranken Sohn und dessen um einige Jahre älteren Freund. Ein frischer und lustiger Bäckergeselle, etwa 25 Jahre alt, hatte sich ihnen angeschlossen. Wir setzten die Reise ins ungewisse gemeinsam fort. In Vierzon sollte es nach Gerüchten eine Feldbäckerei der Armee geben, da wollten wir natürlich wie alle anderen Brot beziehen. Vor der Stadt, in einer kleinen Kneipe am Wegrand, quartierten wir uns ein; mit dem Bäcker zusammen ging ich auf die Suche nach der Feldbäckerei in der Stadt. Rasch fanden wir die Brotausgabe und stellten uns in der langen Schlange an. Pro Kopf gab es ein großes, rundes Soldatenbrot. In der Reihe stehend sah ich plötzlich auf der einige Meter weit entfernten Landstraße Fahrzeuge mit Soldaten besetzt vorbeisausen, deren Uniform mir nicht geheuer vorkam. Keine Täuschung, deutsche Truppen, feldgrau. Sie waren also da, hatten uns eingeholt. Die Franzosen hatten ebenso schnell begriffen.

„Oh, la, la c'est fini, les boches sont là", tönte es aus der Reihe.

„ Dafür sind wir Esel davon gelaufen, damit sie uns hier erwischen", bemerkte einer der Flüchtlinge.

„Na, nach diesen Ferien kehren wir wieder nach Paris zurück", klügelte ein anderer.

Mit unseren Broten beladen, trollten wir uns in die Kneipe zurück. Sie war jetzt vollgestopft mit Flüchtlingen und deutschen

Soldaten, die, ohne sich um die Zivilisten zu kümmern, ein und aus gingen. Zum erstenmal, nach langen Tagen, schlürften wir warmen Kaffee und aßen uns satt.

Sehr rasch sprach es sich herum, daß niemand mehr in der Richtung Süden weiterziehen durfte. Die großen Verkehrsstraßen mußten freigehalten werden, die Flüchtlinge bleiben, wo sie waren. Da meine Begleiter wußten, daß ich deutsch sprach, baten sie mich, bei den deutschen Soldaten alle möglichen Auskünfte einzuholen. Besonders die Frau hatte große Sorgen um ihren Jungen, dessen einer Lungenflügel aus einem Pneumorax bestand, der aufgepumpt werden mußte. Ich sprach einen deutschen Soldaten an und unterhielt mich mit ihm. Ein kräftiger, etwa 28 jähriger Mann aus München, war vollgeladen mit Führerstolz.

„Ah, Sie sind aus der Schweiz. Wir sind Gebirgsjäger, das ist genau das Gebiet für uns. Wenn wir mit den Franzosen fertig sind, dann kommen die Engländer dran".

„Wie wollen Sie denn dahin kommen, über den Kanal"? fragte ich ihn harmlos.

„Keine Bange, unsere blauen Jungens und Adolf werden es schon schaffen, unsere Stukas werden ein paar Eier über London ablegen, dann haben die die Nase voll".

Ich erzählte ihm von dem Jungen und fragte, ob nicht ein Arzt bei der Truppe wäre.

Er meinte, ja ein Stabsarzt treibe sich herum, er werde versuchen ihn aufzutreiben, ich soll hier in der Kneipe bleiben.

Nach kaum einer halben Stunde kam ein Auto angeprescht, dem ein Offizier entstieg.

„Wo ist der Kranke?" fragte er barsch. Ich erklärte ihm den Fall.

„Wieso sprechen Sie so gut deutsch?"

„Ich bin Schweizer".

„Woher sind Sie denn?"

„Aus Basel".

„Ach Basel, kenne ich sehr gut, hab' da studiert, nette Stadt .Na, wo ist der Junge?".

Der Stabsarzt, so hatte er sich vorgestellt, untersuchte flüchtig den Jungen, verlud ihn sofort in seinen Wagen und fuhr mit ihm ins Spital in Vierzon. Einige Stunden später kam der Junge zurück, mit aufgepumpter Lunge. Seine Mutter war begeistert über diese Deutschen, die so prompt reagiert hatten.

„Uns hat man gesagt, das sind alles Barbaren, ausgemergelte Kannibalen, nun seht euch diese kräftigen, vollgefressenen Burschen an, nein, so was, wir wurden ja schön beschwindelt."

Ernsthaft berieten wir über unsere Lage. Einstimmig herrschte die Meinung, es käme nur ein Zurück nach Paris in Frage. Als einziger äußerte ich Bedenken, in der Hoffnung, Clara doch noch zu finden. Gutmütig suchten sie mich zu überzeugen, meine Frau sei doch schon längst in Bordeaux in Sicherheit. Es blieb mir nichts übrig als ihrem Ratschlag zu folgen, vorwärts konnte man sowieso nicht mehr, rückwärts ebenso wenig. Denn das Zurück nach Paris erwies sich als ein verdammt verzwicktes Problem. Die Bahn funktionierte bereits unter deuscher Obhut, es wurden nur wenige offene Güterwagen für den Flüchtlingstransport zur Verfügung gestellt. Teilweise waren Bahnanlagen zerstört und außer Betrieb, mußten erst repariert werden, weite Umleitungen waren notwendig. Der Rücktransport der Flüchtlinge hatte schon begonnen, doch vollzog er sich unendlich langsam, in Etappen. Unsere Gesellschaft beschloß darum, in der Nähe von Vierzon zu bleiben, wo wenigstens der Bahnhof noch im Betrieb war und abzuwarten. Der Bäckergeselle, der am ganzen Betrieb Gefallen fand, machte sich auf die Suche nach einem Bauernhof; er fand rasch eine große typisch französische „Ferme", wo wir uns einnisten konnten. Andere Flüchtlinge hatten sich bei den Bauersleuten bereits in Sicherheit gebracht, auch wir wurden gegen wenig Entgelt noch aufgenommen und konnten in einem großen Heuschober schlafen. Bei den Bauersleuten konnten wir billig Gemüse, Eier, Butter und Käse einkaufen, oft kauften wir einen Hasen oder ein Huhn. Brot besorgten wir uns in der Stadt. Wein gab es in Mengen, der Bauer stellte zudem einen herrlichen Most her. Im großen Hof hinter dem Bauernhaus bauten wir uns eine Feuerstelle und kochten. Geld hatten wir für einige Wochen. Es waren wunderbare Sommertage, wir hatten nichts zu tun, lungerten wie im Sonnenbad herum, ließen uns von der Sonne rösten. Hunderte von Flüchtlingsgruppen hatten sich so in der Nähe der Stadt auf Bauernhöfen auf gut Glück eingerichtet, um das weitere Geschehen abzuwarten. Der Kriegslärm war verschwunden, selten überflog ein Flugzeug die Gegend, Truppen sahen wir überhaupt nicht. Obschon es keine Zeitungen gab, blieben wir durch andere Flüchtlinge dauernd auf dem laufenden, wussten was geschah oder glaubten es zu wissen; wie alle anderen saßen wir den zahllosen Gerüchten auf, die herumschwirrten. Wäre nicht die nagende Sorge um Clara gewesen, das Abenteuer hätte zum Verwechseln einem Aufenthalt in der Sommerfrische geglichen.

Mit meiner Wäsche sah es bös' aus. Meine Leibwäsche befand sich im Rucksack von Clara, mir blieb nur ein Hemd und ein paar Socken und Clara's Unterwäsche, mit der ich wirklich nichts anzufangen wußte. Vierzehn Tage blieben wir gemütlich in unserer Sommerfrische liegen, dann entschieden wir uns, die Rückreise zu wagen. Wir zogen nach Vierzon und mußten dort auf dem Bahnhofplatz mit vielen hunderten von Heimkehrern zwei Tage und Nächte biwakieren, bis die Reihe an uns kam. Die Rückfahrt dauerte einen Tag und eine Nacht, bis wir im Bahnhof Austerlitz in Paris eintrafen. Zum erstenmal seit der Flucht konnte ich eine Zeitung kaufen. Eine Schlagzeile in dem lausigen Blättchen sprang mir in die Augen: Marschall Pétain hatte für Frankreich ein Waffenstillstandsabkommen unterzeichnet.

Begegnung mit der Gestapo

Der von Marschall Pétain abgeschlossene Waffenstillstand fand die einhellige Zustimmung des Volkes. Eine Fortsetzung des Krieges schien jedermann aussichtslos; es gab keine Armee mehr, keine Regierung, der Verwaltungsapparat war auseinandergebrochen. Der Waffenstillstand blieb trotz seiner harten Bedingungen die einzige Lösung, die das Land vor dem Zusammenbruch und der totalen Besetzung durch Hitlers Truppen bewahrte. Mit der Bildung der Regierung in Vichy blieb der südliche Teil des Landes unbesetzt, Frankreichs Flotte blieb erhalten, die Kolonien entzogen sich dem Zugriff des Feindes. Gab es Unentwegte, die an eine Fortsetzung des Krieges glaubten, so blieben sie vereinzelt, als psychologischer oder politischer Faktor traten sie nicht in Erscheinung. Von einem Widerstandswillen der Bevölkerung war keine Spur vorhanden. Die Autorität von Marschall Petain war unbestritten, die überwiegende Mehrheit der Bevölkerung stand hinter ihm.

Für die Heimkehrer vom Exodus bot Paris ein veränderts Bild. Überall deutsche Truppen, deutsche Wegbeschriftungen, Soldatenheime und Soldatenkinos, an den Plakatwänden prangten Bekanntmachungen der Kommandantur in französischer und deutscher Sprache. Täglich zogen in ihrem zackigen Marschtritt deutsche Abteilungen mit klingendem Schalmeienspiel durch die Straße; noch öfters sangen die jungen Soldaten ihre sentimentalen Lieder in einem wie vom Fleischhauer gehackten Stil:,, In der Heide steht ein blaues Blümelein, und das heißt Eri-ka" ...

Die Pariser bestaunten und begafften diese marschierenden Abteilungen mit den widersprechendsten Gefühlen. Der häufigste Kommentar hieß: „Ils sont culottes, les gars."* Die meisten Fabriken waren noch geschlossen, ebenso zahlreiche Geschäfte und Restaurants. Nur wenige Postbüros waren geöffnet, es dauerte noch Tage, bis der Postbetrieb wieder langsam funktionierte. Im Ganzen sah die Stadt noch leer und tot aus. In unserer kleinen Wohnung war alles unverändert, ohne Clara war sie leer und ungemütlich. Arbeit hatte ich keine, auch keine Aussicht, welche zu finden. Glücklicherweise war mir von unserer Barschaft genug geblieben, um einige Wochen durchzuhalten.

Täglich ging ich dreimal zum Bahnhof Austerlitz, wo die Züge der Heimkehrer eintrafen. Vom Morgen bis zum Abend umlagerte eine dichte Menschenmenge die Bahnhofsausgänge, Tausende warteten ängstlich hoffend auf die Ankunft von Verwandten und Bekannten. Es gab rührende Szenen des Wiedersehens von Familienangehörigen, die sich auf der Flucht verloren hatten. Clara war nie unter den Ankömmlingen; während einer langen Woche kehr-

---

*. Etwa: „Die geben ganz schön an, die Burschen."

te ich jeden Abend allein und enttäuscht in mein Zimmer zurück. Langsam nahm das Pariser Straßenbild wieder ein normales Gesicht an. Die Geschäfte und Restaurants öffneten, es gab wieder Lebensmittel. In den Restaurants durfte jedem Kunden nur eine Platte serviert werden; um den Hunger zu stillen mußte man mindestens in zwei Restaurants gehen. Nun schrieb ich in alle Welt Briefe, um über Clara's Verschwinden zu berichten. Eine erste Antwort kam ... aus Amerika. Natürlich wußten die Freunde nichts, versuchten aber, mich zu trösten. Auf der schweizerischen Gesandschaft hatte ich mich gemeldet und um Nachforschungen gebeten. Nochmals vergingen einige Wochen, bis von der Gesandschaft die Nachricht eintraf, Clara befinde sich wohlbehalten in Bordeaux. In einigen Tagen wollte sie wieder in Paris sein, sofern es die Transportmöglichkeiten erlaubten. Nach einer Woche traf sie endlich ein, in einem Auto, frisch, von der Sonne gebräunt, in bester Gesundheit.

Nach unserer Trennung bei Etampes war sie glücklich auf ihrem leeren Tankwagen in Orleans angelangt. Auch unsere Reisebegleiter, der Fahrradmann und seine Frau, doch zogen die beiden rasch weiter. Clara blieb am Bahnhof sitzen und wartete auf mich. Da ich auch am zweiten Tag nicht eintraf, wurde sie unruhig; nun kritzelte sie mit einem Stück Kreide eine Nachricht für mich an die Bahnhofswand. Die deutschen Flugzeuge bombardierten in regelmäßigen Abständen, der Bahnhof wurde einigemale leicht getroffen. Die Gendarmen trieben immer wieder die herumirrenden Menschen weg mit der Drohung, die deutschen Truppen seien im Anzug, die Loirebrücken würden gesprengt. Schweren Herzens machte sie sich allein auf den Weg. Noch am Bahnhof hatte sie ein herrenloses Fahrrad gekapert, auf dem sie Richtung Bordeaux losradelte. Sie kam wohl rascher vorwärts, versteckte sich aber dauernd vor den deutschen Flugzugen, die immer wieder den Flüchtlingsstrom angriffen. Nur durch viel Glück entkam sie einigen Beschießungen und kam heil in Bordeaux an. Die in Eile erstellten Flüchtlingsunterkünfte waren überfüllt, für eine Frau allein wenig ratsam. Sie suchte das schweizerische Konsulat auf, eine bessere Unterkunft erhoffend und eine kleine Hilfe für den täglichen Lebensbedarf. Sie machte dort die Bekanntschaft des Vizekonsuls und fand in seiner Familie Aufnahme. Auf diesem Wege gelang es ihr, mir eine Botschaft zukommen zu lassen. Mit einer in Paris ansässigen Schweizer Familie konnte sie dann die tagelange, mühselige Fahrt zurück nach Paris antreten. Unsere Geldmittel waren erschöpft. Verdienst hatten wir beide nicht, dafür aber Arbeit in Hülle und Fülle. Frankreichs Zusammenbruch hatte einen Teil der deutschen und spanischen Internierten befreit. Diese Menschen hielten sich nun in der unbesetzten Zone des Landes auf. Aller Mittel und Gegenstände des täglichen Gebrauchs entblößt, versuchten sie wenigstens einen Teil ihres Eigentums zurück zu kriegen. Beinahe täglich erhielten wir Briefe von Freunden, Bekannten und Unbekannten, die uns baten, ihre Wohnungen aufzusuchen, ihnen die wichtigsten Sachen zuzusenden. In diese Wohnungen zu gelangen war nicht einfach. Die deutschen Besatzungsbehörden hatten sofort alles jüdische Eigentum unter Sequester gestellt, viele der Wohnungen waren bereits versiegelt, insbesondere diejenigen politischer Emigranten. Die deutsche Polizei war mit ihren Fahndungslisten nach Frankreich gekommen und war über Leben und Wohnverhältnisse der deutschen Emigranten ziemlich genau unterrichtet. In vielen Wohnhäusern brauchte ich langwierige Verhandlungen entweder mit dem Hausbesitzer, meist mit dem Gerante, um die Wohnungsschlüssel zu kriegen. War ein Teil der Hausbesorger verständnisvoll, so weigerten sich die meisten, die Wohnungen zu öffnen; die Leute hatten Angst. Wieder andere verschanzten sich hinter der Begründung, die rückständige Miete sei nicht bezahlt, wo sie mir die Wohnung öffneten, waren sie dabei und servierten sich ab, was ihnen wertvoll erschien, sie betrachteten die zurückgelassenen Sachen als „herrenloses Eigentum". Ich spezialisierte mich auf das Ausräumen von Emigrantenwohungen und konnte in vielen Fällen den Leuten das Allernotwendigste schicken. Die Frachtkosten mußten wir jedesmal durch den Verkauf einiger der Sachen decken. Wochenlang fuhr ich mit einem Zweiräderkarren kreuz und quer durch Paris, spedierte Koffer, Kisten und Pakete in die freie Zone. Das Verdienstproblem wurde dadurch für uns umso dringlicher. Durch eine Schweizer Studentin, die in ihren Universitätsferien in einer französischen Fabrik als Übersetzerin gearbeitet hatte, erhielt Clara deren Stellung. Es war eine große Holzfirma in Ivry, die zur Hälfte von den Besatzungstruppen requiriert war. Der jüdische Unternehmer war geflohen, sein Geschäft hatte er französischen Angestellten überschrieben, zwei ehemaligen Frontkämpfern des ersten Weltkrieges. Clara spielte den Dolmetscher über Lohnprobleme und Geschäftsführung zwischen der Firma und den deutschen Offizieren. Angestellt war sie von der französischen Geschäftsführung. Der Verdienst war gering, half aber über die erste Zeit hinweg. Sie geriet mit einigen der deutschen Offiziere, die in der Firma wie Eroberer hausten, rasch in harte Konflikte.

In unserem Wohnhaus in der rue Bellier de Douvre im 13. Bezirk hatten neben unserer Einzimmerwohung deutsche Emigranten gewohnt. Die Räumung dieser Wohnung, zu der ich die Schlüssel besaß, hatte ich bisher hinausgeschoben. Unser kleines Zimmer war dauernd mit Koffern und Paketen verstopft.

An einem Augustmorgen vom Bahnhof zurückkehrend traf ich auf zwei Männer vor unserer Wohnungstür. Die Filzhüte mit Gemsbart, die Kleidung und die Gesichter ließen keinen Zweifel aufkommen, wer diese Besucher waren. Die zwei Männer waren eben im Begriff, meine Visitenkarte an der Türe zu entziffern.

„Sind Sie Herr Sommermeyer?", fragte der eine.

Ich verneinte und wies mich aus.

„Ach, Sie sind Schweizer, können wir vielleicht einen Moment bei Ihnen eintreten und Sie um ein paar Auskünfte bitten?".

„Sie sind deutsche Polizeibeamte?"

„Jawohl."

„Ich bin Schweizer Bürger und will keine Polizei in meiner Wohnung, weder deutsche noch andere".

„Na, hören Sie mal, freundlich sind Sie gerade nicht. Wir wollen einige Fragen an Sie stellen. Das ist alles".

„Bitte, fragen Sie hier".

Zähneknirschend, rot vor Wut, bequemten sie sich.

„Wo ist dieser Herr Sommermeyer und seine Frau?"

„Sie sind beide schon längst im Internierungslager".
„Wissen Sie in welchem Lager?".
„Keine Ahnung."
Mißmutig polterten sie die Treppe hinunter. Hätten sie in unserem Zimmer die vielen Koffer erblickt, wäre auch ihnen ein Licht aufgegangen.
Am nächsten Morgen räumte ich die Wohnung der Sommermeyer aus, da die Beamten ihr Wiederkommen angezeigt hatten. Kaum war ich einige Minuten in der Wohnung der internierten Freunde, pochte es kräftig an der Türe, die ich vorsorglich hinter mir abgeschlossen hatte. Ich verhielt mich mäuschenstill, vor der Tür hörte ich deutsche Laute. Wenn das die deutschen Beamten waren von gestern, saß ich schön im Dreck. Die Deutschen diskutierten schwerfällig mit der Concierge, die lachend und glucksend versuchte, ihnen verständlich zu machen, sie besäße keinen Schlüssel. Ich hörte wie sie von ihr einen Schlosser verlangten, um die Türe zu öffnen. und mit der Frau weggingen. Wie der Blitz verschwand ich mit den letzten Habseligkeiten meiner Nachbarn in unserem Zimmer. Zehn Minuten später klopften sie bei mir. Es waren zwei neue Beamte, die mich als Übersetzer anforderten. Sie hatten einen Schlosser bei sich, der ihnen die Tür der Sommermeyer öffnete. Da sie in der leeren Wohnung nichts mehr fanden, zogen sie brummend ab.

Herr Künstler

Während ich die meiste Zeit mit dem Ausräumen von Wohnungen beschäftigt war, bestand Clara auf ihrem Arbeitsplatz homerische Kämpfe mit den deutschen Offizieren. Einige der Herren, die in der Holzfirma herumdiktierten, versuchten durch Schneid und Arroganz Clara zu beeindrucken, da sie gut fühlten, daß ihre Sympathien bei den Franzosen lagen. Die Firma mußte für die deutsche Besatzung, Tafeln, Wegbeschriftungen, Absperrschranken usw. liefern. Auf dem Holzplatz kam sie auch mit einem deutschen Soldaten in Verbindung, der keck gegen die Wehrmacht

rebellierte. Der Mann war im Grunde Anarchist, verfluchte den Krieg, Hitler und die ganze Gesellschaft. Als Clara ihm klarmachte, er spiele mit seinem Kopf, lachte er nur und erwiderte: „Die werden sich hüten, etwas gegen mich zu unternehmen. Ich weiß zu viel von ihren Schwarzmarktgeschäften, ich verlade genug von dem Beutegut, das die Offiziere nach Deutschland senden, von all ihren Durchstechereien."
Der rebellische Hitlersoldat besaß alle Ursache, mit seinem Schicksal unzufrieden zu sein. Seit 1934 lebte er mit seinen Eltern in Brasilien. Im Herbst 1939 besuchte er wieder einmal Deutschland. Der Kriegsausbruch überraschte ihn, er konnte nicht mehr zurück und wurde mobilisiert. Seine Wut ließ er in allen Varianten an seinem Vorgesetzten aus. Auf dem Holsplatz bemalte er seine Wand mit der riesengroßen Inschrift: „Der Soldat heim ins Reich; der Offizier reich ins Heim". Diesmal war es offenbar genug. Nach den Erzählungen der Soldaten war der Rebell an die russische Front abgeschoben worden.
Die häufigsten Zusammenstöße hatte Clara mit einem Offizier der auf den schönen Namen Künstler hörte. Der Herr sprach ausgezeichnet französisch, kannte Paris wie seine Hosentasche und brüstete sich damit jahrelang in Paris gelebt zu haben. Trotz seiner Sprachkenntnisse vermied es der Herr, mit den Angestellten oder Arbeitern der Firma in ihrer Sprache zu sprechen. Er diktierte Clara auf deutsch seine Forderungen, wobei er sich nicht entblödete, diese mit beleidigenden Worten einzuleiten: „Sagen Sie den schleimigen Schneckenfressern, mir so und so viel Holz vorzubereiten" ... Zu seiner Wut übersetzte Clara wortgetreu seine Phrasen, worauf jedesmal Ducros und Pelloli, die zwei französischen Leiter der Firma, aus dem Büro verschwanden.
Die wörtliche Übersetzung seiner Gemeinheiten durch Clara versetzte den Herrn in wilde Wut, doch wurde er mit seinen Tiraden vorsichtiger. Er versuchte sich auf andere Weise zu rächen. Herr Künstler ließ Clara eines Tages in sein Büro rufen und erklärte ihr: „Ich habe aus dem Hotel Continental (Sitz der deutschen Kommandantur) Klagen über Sie erhalten. Sie gehen da ein und aus ohne den Hitlergruß, Sie sprechen die Offiziere nicht bei ihrem

Dienstgrad an. Das muß aufhören, Sie unterstehen hier der deutschen Wehrmacht."

Clara antwortete ihm kühl:„Hier bin ich von einer französischen Firma angestellt. Ich bin Schweizerin, ihr Führer ist nicht mein Führer. Von militärischen Graden habe ich keine Ahnung; ich spreche jeden Offizier mit Herr an, was ist dabei unhöflich?"

Wütend schrie Künstler sie an:„Hier haben Sie zu gehorchen. Aus ihrer Schweiz werden wir den Feriengau für die Deutsche Arbeitsfront machen. Entweder Sie gehorchen, oder ich lasse Sie verhaften."

Clara ließ sich nicht einschüchtern und entgegnete:„Ich unterstehe keiner Wehrmacht; Sie können mich requirieren lassen, darum kümmere ich mich einen Dreck. Und aus Bern werden wir die Hauptstadt Europas machen. Mich haben Sie jedenfalls hier zum letztenmal gesehen".

Das war nach einem halben Jahr Dolmetschertätigkeit das Ende. Die beiden französischen Leiter der Firma hatten den Wortwechsel verfolgt und, obschon sie ihn wörtlich nicht verstanden, hatten sie den Sinn sehr wohl erkannt. Beide, Ducros und Pelloli, bedauerten Clara's Ausscheiden, über die Abfuhr von Künstler, den sie wie Gift haßten, freuten sie sich königlich.

Auf Umwegen erhielten wir einige Wochen später von Freunden, die sich aus dem Lager nach Amerika gerettet hatten, die Bitte, ihre Wohnung auszuräumen. Die Familie *Osner* hatte im Square Monthelon eine Reparaturwerkstätte für Schreibmaschinen besessen und damit ihr Auskommen gefunden. Bei Kriegsausbruch interniert, ließen sie in ihrer Werkstatt zahlreiche Schreibmaschinen zurück. Sie hofften, wir könnten einen Teil davon retten und verkaufen, um ihnen den Erlös zuzustellen.

Mit dem Schreiben meiner Freunde präsentierte ich mich bei der Concierge, die mir sofort die Nöte des ganzen Hauses in grellen Farben schilderte.

„Oh, ja, die Osner's, das waren wirklich nette Leute. Aber Schreibmaschinen, mein lieber Herr, da kommen Sie viel zu spät. Kaum waren die Deutschen da, erschien Herr Künstler und ließ alles wegräumen. Oh, la, la, das war eine Überraschung. Denken Sie, jahrelang hat Herr Künstler gleich nebenan eine Leihbibliothek geführt, ein so netter Mann. Kaum waren die „Boches" hier, kam Herr Künstler in Uniform, verlangte mir die Schlüssel der drei Emigrantenwohnungen im Haus und ließ alles wegschleppen. Ah, da finden Sie nur leere Wohnungen, die Schreibmaschinen sind alle weg".

Ich war im Bild. Es gab keinen Irrtum, der Leihbuchhändler Künstler und der Nazioffizier Künstler waren ein und dieselbe Person.

Das Banksafe

Im Winter 1941 erhielt ich von der deutschen Devisenbehörde als Inhaber eines Bankfaches eine Vorladung, bei der Societé Générale zu erscheinen. Ich hatte den Schlüssel und die Vollmacht von Antonia Stern längst vergessen. Beim Einzug der deutschen Truppen in Franreich waren alle Bankfächer und Guthaben sofort gesperrt worden. Nun mußte ich antraben und im Beisein deutscher Devisenbeamten Antonias Bankfach öffnen. Da Antonia versichert hatte, es seien im Bankfach nur poetische Ergüsse und private Korrespondenz, ging ich ruhig hin. Ich befand mich in zahlreicher Gesellschaft; eine Menge Franzosen standen im Keller-Gewölbe und nach Namensaufruf öffneten sie vor einem höheren Devisenoffizier die Bankfächer. Sie waren beinahe ausnahmslos leer; die Leute hatten ihre Werte schon vorher in Sicherheit gebracht. Mißmutig verrichteten die zwei Offiziere ihr nutzloses Amt. Als endlich mein Name aufgerufen wurde, öffnete ich wohlgemut das Fach. Ein Schwall von Papieren, Manuskripten, antinazistischem Material quoll mir entgegen. Zuoberst auf dem Stoß, den ich mit Mühe mit beiden Armen auffing, trohnte eine Propagandabroschüre der K.P.D. in grell-roten Farben mit dem Riesentitel: „Meine Flucht aus Dachau", Hans Beimler, Reichstagsabgeordneter. Ich breitete die ganze Herrlichkeit auf dem Tisch vor dem Offizier aus und wartete. Er nahm die Beimlerbroschüre in die Hand, blätterte darin herum, durchwühlte oberflächlich den

ganzen Stoß, warf mir einen bohrenden Blick zu und schnarrte: „Olle Kamellen, packen Sie die Klamotten zusammen und verschwinden Sie schleunigst, der Nächste, bitte".
Eiligst trollte ich mich. Zuhause, bei der näheren Durchsicht der Papiere, stellte sich natürlich heraus, daß die poetischen Ergüsse von Antonia mehrheitlich aus Propagandamaterial gegen Hitler bestanden; immerhin, es blieb uns ein Trost: aus einer der Broschüren tauchte eine Schweizer Hundertfrankennote auf, umso willkommener, als ja gerade darauf Jagd gemacht wurde.

Charles Wolf

Seit einigen Tagen bemühten wir uns mit Freunden, die Wohnung von Charles Wolf, der sich in die freie Zone abgesetzt hatte, auszuräumen. Seine einzigartige Diskothek und Büchersammlung wollten wir unter keinen Umständen in die Hände der Gestapo fallen lassen. Wolf war Elsässer jüdischer Abstammung und in seiner Art ein Original. Als leidenschaftlicher Sammler besaß er eine Plattensammlung, die einmalig war: über 20.000 Platten, die beinahe alle Musikgebiete umfaßten; die Hälfte der Sammlung befand sich bei Verwandten im Elsaß und war wohl längst Beutegut geworden. In seiner Pariser Wohnung blieben 10.000 Platten und eine große Büchersammlung. Bücher und Platten verstopften die zwei Stockwerke vollkommen; lange Regale in allen Zimmerwänden, im Flur, Keller, auf den Treppen, ließen nur schmalen Raum zur Bewegung. Daneben sammelte Wolf alles: jeder Brief, der kleinste beschriebene Zettel fand sich wohl geordnet in besonderen Zettelkästen. Für das französische Radio war er mit seiner Sammlung eine unerschöpfliche Fundgrube. Wolf selbst galt als gewichtige Autorität für alles, was mit Schallplattenmusik zu tun hatte. In seinem Haushalt trieben sich auch vier mit kleinen Schellen behängte Katzen herum, das Glockengebimmel warnte die Vögel vor der Gefahr. In einem Käfig pflegte er seit Jahren einen uralten Raben. Wolf's Nachbarn nahmen sich der Katzen an den Raben wollte niemand. So nahmen wir ihn zu uns. Wir ließen ihn einige Tage frei in der Wohnung umherfliegen, doch verdreck-

te er sie scheußlich und wir mußten ihn wieder in den Käfig sperren. Damit war das Tier nicht zufrieden, krächzte und tobte wild im Käfig herum. Wir ließen ihn frei und er flog schwerfällig davon. Wir waren fest entschlossen, die wertvolle Sammlung von Wolf zu retten. Wo aber konnten wir die Masse von Platten und Büchern am geeignetsten unterbringen? Die Platten in einen feuchten Keller zu stellen, war zu riskant. Nach langen Verhandlungen ließ sich ein bekannter Kunstmaler herbei, Platten und Bücher in seinem geräumigen Atelier aufzunehmen. Wir mieteten zwei Handkarren und transportierten während drei Tagen alles in die neue Wohnung. Neben der Genugtuung, Platten und Bücher gerettet zu haben, konnten wir uns jede Woche den Genuß leisten, beim Kunstmaler ausgewählte Platten zu hören und auch Bücher auszuleihen. Zwei oder drei Tage später erschien prompt der deutsche Sicherheitsdienst in Wolf's Wohnung.
Wolf, der sich zuerst in Bordeaux, später in Lyon der Widerstandsbewegung angeschlossen hatte, fiel schon Anfang 1942 in die Hände der französischen Miliz. Im Gefängnis gefoltert, brachte er nicht die Kraft auf, den Qualen zu widerstehen, befürchtete seine Kameraden zu verraten und nahm Gift. Er war ein feiner, hochgebildeter Mensch, der tagelang mit Brot und Wein, einem Stück Käse leben konnte, nur um den zahllosen Flüchtlingen, die an seine Tür pochten, mit einigen Francs weiterzuhelfen.

Der Pavillon

Gerade um die Zeit, als wir mit dem Ausräumen von Wolf's Wohnung beschäftigt waren, kam ein Freund aus der Umgebung von Paris zu uns.
„Ich habe eine Gratiswohung für euch", kündete er strahlend an. „Ein Bekannter von mir, russischer Jude und Linksintellektueller, ist mit seiner Famile nach Lyon geflüchtet. Er bewohnte einen schönen Pavillon im 14. Bezirk. Die Leute mußten eine wertvolle Bibliothek und alle ihre Möbel zurücklassen. Das Haus besteht aus 7 Zimmern, Küche, Baderaum und einem großen Keller. Mein Bekannter sucht Leute, die das Haus beziehen wollen, damit es

nicht von den Besatzungsbehörden beschlagnahmt wird. Ich dachte mir, ihr als Schweizer Bürger seid dafür gerade das richtige, euch können die Deutschen nicht ohne weiteres hinauswerfen. Während der Dauer des Krieges braucht ihr keine Miete zu bezahlen, mein Bekannter wird dafür aufkommen. Ihm kommt es darauf an, die Wohnung, Bücher und Möbel zu retten. Einverstanden?"
Wir sagten sofort zu. Der Umzug in das neue Haus war mit zwei Handkarren schnell vollzogen.
Der Pavillon lag sehr hübsch in einer kleinen Passage, links und rechts abgedeckt von ähnlichen Pavillons. Vor dem Haus standen Bäume, Akazien und Rotbuchen, es gab kein direktes Vis a Vis, da vor den Pavillons in einem tiefen Graben sich die alte Pariser Ringbahn hinzog; sie wurde jetzt nur noch selten für Materialzüge der Automobilwerke Renault benützt. Die Haushüterin hatte mit unserem Pavillon nichts zu tun, sie logierte weit hinten in einer großen Mietskaserne und war nur zu sehen, wenn sie alle drei Monate die Miete einkassieren kam. Küche, zwei Zimmer und ein großes Vestibül bildeten das Parterre; im ersten Stock befanden sich zwei große sonnige Zimmer und zwei kleinere Eckzimmer, eines davon mit laufendem Wasser, sowie das Badezimmer. Dem Haus war später als zweites Stockwerk ein großes Künstleratelier aufgestockt worden, leider unheizbar. Die umfangreiche Bibliothek des geflüchteten Mieters, ein bekannter Kunst- und Filmkritiker, stand uns zur Verfügung.
Obwohl wir keine Miete zu bezahlen brauchten, mußten wir von etwas leben. Während ich mich mit Übersetzungen abquälte, gab Clara Sprachunterricht, da nicht wenige Franzosen sich für die deutsche Sprache zu interessieren begannen. Wir hatten zu diesem Zweck uns sofort ein Telefon einrichten lassen, womit wir Glück hatten, acht Tage später mußte dafür die Bewilligung der deutschen Behörden eingeholt werden. Etwas später stellte uns eine Freundin, die in Gif-sur-Yvette eine Handweberei betrieb, einen kleinen Webstuhl zur Verfügung und weihte Clara in die Kunst des Webens ein. Sie brachte es bald zu einer gewissen Fertigkeit und die von ihr hergestellten Wollschals ließen sich gut verkaufen.

Durch die Vermittlung unserer Freundin kamen wir mit einem Wollgeschäft in Verbindung, das uns die Wolle lieferte und uns die Schals zum Verkauf abnahm. Da wir für uns keine 7 Zimmer brauchten, zog die Schweizer Studentin, die Claras Arbeit in der Holzfirma vermittelt hatte, zu uns; sie richtete sich in einem Zimmer im ersten Stock ein, einige Wochen später ließ sie ihren französischen Freund nachkommen, der nicht zur Arbeit in Deutschland gehen wollte.

Seit unserer Rückkehr aus Spanien hatten wir uns nicht aktiv politisch betätigt. Mit der trotzkistischen Organisation hatten wir endgültig gebrochen. Die lapidare Theorie vom degenerierten Arbeiterstaat schien uns längst überholt, das Argument der „historischen Notwendigkeit" mit welchem alles erklärt wurde, ob es sich um Kuchenbacken oder die Bestialitäten der stalinistischen Bürokratie handelte, lehnten wir ab. Die Trotzkisten, wie die Stalinisten, beteten noch immer eine Revolution an, die der Welt seit Jahren die grinsende Fratze der Konterrevolution zeigte. Sowjets und Demokratie waren zum Teufel, G.P.U. und Zwangsarbeit, Genickschüsse für politische Gegner entpuppten sich als Gipfelpunkte sozialistischer Entwicklung. Die neue Verfassung, die der Tyrann im Kreml mit seinen Helfershelfern dem Land aufzwang, wurde von den Kommunisten aller Länder und ihren bürgerlichen Nachläufern als die demokratischste Verfassung der Welt gepriesen. Ein einziger Artikel dieser Verfassung genügt um den Schwindel zu entlarven: er enthält die Todesstrafe für wirtschaftliche Schädigung selbst für 12jährige Kinder. Trotzki blieb der Gefangene einer glorreichen Vergangenheit, einer überholten Parteidoktrin, durch deren Brille er eine verschrobene Zukunft sah. Für uns war Rußland ein neuer, imperialistischer Ausbeuterstaat geworden, in dem sich die Ausbeutung des Menschen durch den Menschen in anderen Formen vollzog. Die neue russische Gesellschaftsordnung zu definieren, sie zu demystifizieren, blieb eine ungelöste Aufgabe. Bei diesen Auffassungen war ein Zusammenarbeiten mit den Trotzkisten ausgeschlossen, wir wurden auch als Abtrünnige und Verräter betrachtet. Die französische Sektion zeichnete sich zudem durch besondere Sturheit und ekelhafte Fraktionskämpfe aus.

Wir waren nicht die Einzigen, die so dachten. Bald lernten wir Gesinnungsfreunde kennen, neue politische Beziehungen knüpften sich an. Unsere neue, günstig gelegene Wohnung wurde zum Treffpunkt hitziger Diskussionsabende. Die neuen politischen Freunde kamen aus allen Windrichtungen und vertraten alle europäischen Nationen: Franzosen, Deutsche, Spanier, Italiener, Jugoslaven, Ungarn, Russen und Polen. Neben einigen Anarchisten waren die meisten durch die Schule der kommunistischen Partei gewandert. Sie brachten ausnahmslos eine ansehnliche politische Bagage mit. Aus den losen Diskussionen entstanden regelmäßige Zusammenkünfte, die mit aller Sorgfalt organisiert wurden.

Im Frühling 1941 war in Paris von einer Widerstandsbewegung noch herzlich wenig zu spüren. Die französischen faschistischen Organisationen, die mit den Besatzungsbehörden zusammenarbeiteten, hatten überall in der Zivilbevölkerung ihre Spitzel und Parteigänger. Der Luftschutz war hinter jedem Lichtlein her, das hinter den verschleierten Fernsterscheiben in die Nacht blinkte. Um 11 Uhr nachts war Polizeistunde, wer sich später auf der Straße befand, wurde von deutschen Patrouillen aufgegriffen, auf die Wache geschleppt und durfte in harmlosen Fällen eine Nacht lang Stiefel putzen. Das Kommen und Gehen unserer Besucher vollzog sich meist einzeln, zur besseren Tarnung begleitete den einen oder anderen die Frau oder eine Freundin.

Aus den stürmischen und konfusen Debatten versuchten wir eine gemeinsame Linie herauszuschälen. Wir einigten uns auf drei Punkte: 1) Rußland ist ein neuer imperialistischer Klassenstaat, der auf der Grundlage verstaatlichter Produktionsmittel eine eigene, weder sozialistisch noch klassisch kapitalistische Ordnung geschaffen hat; 2) der gegenwärtige Krieg ist ein imperialistischer Krieg, an dem Revolutionäre weder auf der einen noch der anderen Seite teilnehmen können; 3) das sozialistische Endziel bleibt bestehen, doch die alte Arbeiterbewegung ist tot. Aus den Wirren des Krieges wird eine neue Arbeiterbewegung entstehen, die, unter scharfer Ablehnung der bolschewistischen Partei - und Staatstheorie, ihre eigenen Wege suchen muß.

Auf diesem weit gefaßten „Programm" gründeten wir eine Gruppe, die wir stolz „Union der internationalen Kommunisten" nannten. Mit einem handbetriebenen Abziehapparat, den ich mit einem halben Dutzend Schreibmaschinen aus jüdischen und Emigrantenwohnungen gerettet hatte, stellten wir regelmäßig ein Bulletin her, das sowohl zu unserer Selbstverständigung wie dem Gedankenaustausch mit anderen Gruppen diente. Unsere bisher unbehelligte Tätigkeit machte uns kühner; wir verfaßten Flugblätter in deutscher und französicher Sprache gegen den Krieg, in denen wir zum Widerstand gegen den deutschen Faschismus und den russischen Bolschewismus aufforderten. In Zweiergruppen, darunter meist eine Frau, zogen wir bei Anbruch der Dunkelheit los, steckten die Blätter in die Briefkästen, streuten sie in die Hausflure, die Höfe der Mietskasernen, vor oder in die Garagen, Soldatenheime und Soldatenkinos der Besatzungstruppen, vor Werkstätten, wo deutsche Soldaten arbeiteten. Das gelang nicht immer, denn erwischt zu werden bedeutete sofortige Verhaftung. Einigemale gelang es uns, Flugblätter über Kasernenmauern zu werfen und rasch zu verschwinden.

Unseren Grundsätzen gemäß lehnten wir jede gemeinsame Tätigkeit mit der französischen Widerstandsbewegung ab, die sich zu organisieren begann. Wir bekämpften ihren nationalistischen Charakter und mit Ausnahme von praktischen Querverbindungen den Kontakten mit anderen kleinen, revolutionären Gruppen blieben wir dem Prinzip den ganzen Krieg hinduch treu. Diese intransigente Haltung hat uns zweifellos vor dem Eindringen von Spitzeln, mit denen die nationale Widerstandsbewegung verseucht war, bewahrt und uns vor Verhaftungen weitgehend geschützt.

Der Chiropraktiker

Im November 1941 unterzog sich Clara einer leichten Operation, um jeden Monat wiederkehrenden unerträglichen Schmerzen zu entgehen. Die Spitäler waren überfüllt, viele von den deutschen Behörden ganz oder teilweise besetzt. Nach der Operation und einem zweiwöchigen Spitalaufenthalt wollte Clara nach Hause. Es gab keine Beförderungsmittel, weder Ambulanzen noch Taxi, die ersteren wurden nur für ganz dringende Fälle zur Verfügung gestellt, die U-Bahn kam für Clara noch nicht in Frage. Auf einem mit einer Matratze ausgepolsterten Handkarren zog ich sie durch die Pariser Straßen nach Hause.

Acht Tage später erhob sie sich zum erstenmal und versuchte zu gehen. Sie verspürte aber so heftige Schmerzen im Rücken, daß sie es aufgeben mußte. Ihr Zustand verschlimmerte sich, die Schmerzen wurden unerträglich. Wir konsultierten eine ganze Reihe von Ärzten, Allopathen, Homöopathen , ohne Resultat. Einige ließen durchblicken, die Operation sei verpfuscht worden. Wieder mußte sie ins Spital. Doch es gab trotz Bestrahlungen, Einspritzungen und Medikamenten keine Besserung. Sie wanderte von Spital zu Spital, von einem Spezialisten zum anderen. Sie magerte ab, das linke Bein verkrüppelte sich durch die Schmerzen mehr und mehr. Trotzdem wollte sie nicht länger in den Spitälern liegen; in den Sälen mit 50 Betten und Patienten mit den verschiedensten Krankheiten fand sie keine Ruhe und Erholung. Wieder holte ich sie nach Hause, um sie selbst zu pflegen. An den abendlichen Gruppensitzungen nahm sie vom Bett aus teil. Durch eine alte jüdische Bekannte erhielten wir die Adresse eines Masseurs, der viel von sich reden machte. Er versprach zu kommen. Tage und Wochen vergingen, ohne daß er erschien. Clara hielt die dauernden Schmerzen nicht mehr aus und entschied sich für eine zweite Operation. Ich bestellte die Ambulanz. Sie kam gleichzeitig mit dem Masseur an. Herr *Geni* behauptete, Clara's Schmerzen und Verkrüppelung heilen zu können, so schickte ich die Ambulanz wieder zurück. Der Masseur begann sofort mit der Kur. So tapfer Clara auch war, sie heulte wie ein wundes Tier auf, als sie kräftig massiert, geknetet und gezogen wurde. Mit Händen und Knien wuchtete er auf ihrem Rücken herum, während ich ihre Beine festhielt, da sie wild um sich schlug. Erstaunlicherweise fühlte sie sich nach der Roßkur wohler. Herrn Geni hatte ich sofort erklärt, daß ich ihn nicht bezahlen könne, das käme erst später, wahrscheinlich erst nach dem Kriege in Frage. Das störte ihn nicht.,,Sie bezahlen, wann Sie können", brummte er kurz.

Von da an kam er mindestens zweimal in der Woche auf seinem Fahrrad über zwei Monate lang, um „seinen Fall" zu besuchen. Nach einigen Wochen Behandlung fand Clara wieder ruhigen Schlaf, nach weiteren drei Wochen konnte sie am Stock gehen; die Schmerzen waren nicht ganz verschwunden, doch bedeutend gelinder. Die Massage hatte wahre Wunder bewirkt.

Zur endgültigen Genesung wollte Herr Geni Clara zu seinem Chef, einem bekannten Chiropraktiker führen. Sein Kabinett lag hinter den Champs Elysees. Im Warteraum wimmelte es von Menschen, die alle möglichen rheumatischen Gebrechen kurieren lassen wollten. Die Leute erzählten sich Wunderdinge von der Heilmethode des Dr. Guignebert. Er besah sich Clara genau, um dann selbstsicher zu versichern:„Das kriegen wir fertig". Er begann sie auf einem Schragen mit Lederriemen festzuschnallen, massierte zuerst leicht, dann drückte er mit Händen und Knien auf dem Rücken drehte ihr die Beine in allen Richtungen, bog sie nach oben, zog, riß, knetete sie wie einen Hefeteig. Am Schluß drehte er ihr mit einer leichten Bewegung den Halswirbel, daß es laut knackte. Die dick gepolsterten Türen ließen keinen Schrei nach außen dringen. Beim dritten Besuch erklärte er kategorisch: „Das nächstemal kommen Sie mir ohne Krücken". Die Bezahlung war lächerlich gering.

Der letzte Besuch bei Dr. Guignebert verlief dramatisch. Nach der ermüdenden chiropraktischen Behandlung verspürte Clara Lust, etwas zu trinken. Wir setzten uns auf eine Terrasse in den Champs Elysees. Plötzlich fiel sie auf dem Stuhl ohnmächtig zusammen. Mit hilfsbereiten Menschen trugen wir sie in einen in der Nähe stationierten Fiaker, setzten sie in die Kutsche und trabten los. Sie erwachte bald aus ihrer Ohnmacht, lächelte und sagte: „Oh, wie schön, immer wollte ich doch mal im Fiaker durch Paris fahren." Trotz diesem Unfall erholte sie sich gut und konnte bald ihren normalen Beschäftigungen nachgehen.

15. Juli 1942

Die deutschen Behörden im besetzten Teil Frankreichs gingen

mit anti-jüdischen Maßnahmen vorerst vorsichtig vor, offensichtlich tasteten sie die psychologische Wirkung auf die Bevölkerung ab. Die Juden, gleich welcher Nationalität, mußten sich registrieren lassen. Die Wohnungen geflüchteter Juden wurden beschlagnahmt, ihr Eigentum konfisziert. Die Ausnahmebestimmungen setzten im Frühjahr 1942 ein. Alle Juden, auch französische Staatsbürger, mußten den gelben Davidsstern auf der linken Brustseite tragen. In Paris und Umgebung gab es allein gegen 300 bis 350.000 ausländische Juden: aus Polen, Rumänien, Rußland, aus den baltischen Staaten, aus Ungarn und Deutschland. Viele dieser Menschen hatten längst die französische Staatsbürgerschaft erworben. das Dekret erregte ungeheures Aufsehen, Panik und Schrecken bei der jüdischen Bevölkerung. In den ersten Tagen spielten sich erregende Szenen ab. Auf den großen Boulevards, in den jüdischen Quartieren, saßen auf den Terrassen der großen Restaurants Dutzende von Juden, auf der rechten Brustseite trugen sie ihre militärischen Dekorationen des ersten Weltkrieges, links den Judenstern. Das Publikum massierte sich vor diesen Gruppen und beklatschte sie stürmisch. Zahlreiche Studenten und junge Franzosen hefteten sich aus Protest den Judenstern an und zogen durch die Straßen. Die Deutschen machten mit diesen Kundgebungen rasch Schluß durch Verhaftungen und Verschickungen nach Deutschland. Sie legten dabei nicht selbst Hand an, die französische Polizei wurde eingesetzt und sie verrichtete die Arbeit gründlich.

Andere Ausnahmebestimmungen folgten. Cafés, Restaurants, öffentliche Plätze, Parkanlagen, Theater und Kinos wurden den Juden verboten. Zum Einkauf der Lebensmittel wies man ihnen die letzten Tagesstunden zu, nachdem die nicht-jüdische Bevölkerung ihre Einkäufe erledigt hatte. Wer den Judenstern nicht trug, riskierte die Denunziation des lieben Nachbarn. Aus Angst, sich zu kompromittieren, mieden große Teile der französischen Bevölkerung den Umgang mit Juden. So bildete sich eine Art unsichtbares Ghetto, das keine geographischen Grenzen kannte.

Die Herrenmenschen verfolgten bewußt eine psychologische Zermürbungstaktik. Sie ließen Gerüchte von Massenverhaftungen durchsickern, die dann ein oder zwei Tage später wieder dementiert wurden. Tausende von sich bedroht fühlenden Juden versteckten sich für eine oder mehrere Wochen bei Bekannten und Freunden, mieteten sich ein Hotelzimmer, um einer Razzia zu entgehen. Da nichts geschah, kehrten sie nach einiger Zeit wieder in ihre alten Wohnungen zurück. Dieses Spiel wiederholte sich öfters, es enstand eine trügerische und unerträgliche Sicherheit, noch hofften viele, die Deutschen würden in Frankreich keine Massenverhaftungen wagen. Wer die Mittel und die Verbindungen besaß, setzte sich in die freie Zone des Landes ab, tauchte dort unter oder schloß sich der Widerstandsbewegung an.

Für den Fall von Massenverhaftungen unter der jüdischen Bevölkerung hatte unsere Gruppe vorgesehen, daß unsere drei jüdischen Mitglieder in unserem Pavillon Zuflucht nehmen sollten. Clara und ich hatten aber außerhalb der Gruppe viele jüdische Bekannte. Darunter zwei Schwestern aus dem rumänischen Czernowitsch, die in einem winzigen Zimmer als Putzmacherinnen ein kärgliches Dasein fristeten. Da sie uns besonders bedroht schienen, suchte ich sie auf und offerierte ihnen für den Notfall den Unterschlupf bei uns.

Der große Schlag kam. Am 13. und 14. Juli sickerten Gerüchte durch, es stehe eine Großaktion gegen die Juden ausländischer Herkunft bevor. Sichere Meldungen kamen aus den Reihen der französischen Polizei, sie stellte die Listen der zu Verhaftenden zusammen. Stichtag sollte die Nacht vom 15. auf den 16. Juli sein. Nachrichten waren in die Zivilbevölkerung gedrungen, in Drancy, einem Ort bei Paris, sei ein großes Auffanglager vorbereitet worden. Diesmal brachten wir den Gerüchten Glauben entgegen; der 15. Juli war in ganz Frankreich Terminzahlung für die Mieten. Einige tausend Familien sollten noch ruhig ihre Miete bezahlen, nachher konnten sie den Weg in die Verschickkung antreten. Es lag keineswegs in der Absicht der Besatzungsbehörden, die französischen Hausbesitzer zu verärgern.

Ich benachrichtigte unsere zwei jüdischen Bekannten, sie versprachen vor Anbruch der Dunkelheit bei uns zu sein. Sie gaben mir das Versprechen, keinem Menschen das Versteck preiszugeben. Abends um 7 Uhr rückten sie an, nur mit einer Ledertasche, mit der sie sorgsam den Judenstern verdeckten. Seit einigen Tagen hatte ganz Paris Ausgehverbot nach abends 8 Uhr, als Kollektivbestrafung der Bevölkerung für Attentate, die auf deutsche Offiziere verübt worden waren. Die drei Mitglieder der Gruppe waren bereits anwesend. Da unsere Schweizer Freundin bei ihrem Freund auf dem Lande weilte, hatten wir genug Platz. Um halb acht klingelte es. Vor mir standen zwei jüdische Frauen, die nach Rachel und Rita fragten. Die Schwestern hatten geplaudert, jetzt hatten wir Zuwachs. Bis kurz vor acht Uhr wiederholte sich das Spiel noch dreimal, jedesmal standen zwei jüdische Frauen vor der Tür und baten um Einlaß. Ich besaß nicht den Mut, sie zurückzuweisen, um diese Zeit wären sie sofort aufgegriffen worden. So waren wir, Clara und mich mitgerechnet, 15 Personen. Von Schlafen war natürlich keine Rede. In den verdunkelten Zimmern saßen die Frauen und Männer zusammen, leise flüsternd, auf jedes Geräusch von draußen lauschend und tauschten tausenderlei Vermutungen aus, was sich wohl im nächtlichen Paris abspielte.

Am frühen Morgen ging ich hinaus, um Informationen einzuholen. Die Judenrazzia war noch nicht beendet. An vielen Orten hatten sich jüdische Familien eingeschlossen und verbarrikadiert, weigerten sich zu öffnen. Im 13. Bezirk, Boulevard de l'Hopital, war ein Häuserblock in weitem Umkreis von französischer Polizei abgesperrt. Am Straßenrand standen mit Planen abgedeckte Lastwagen, aus den Häusern wurden Frauen, Kinder und Männer herausgeholt und in die Polizeilastwagen geschleppt. Viele der Juden wehrten sich verzweifelt und wurden im brutalen Polizeigriff abgeschleppt; Frauen kreischten, Kinder heulten. Hinter der Polizeisperre stand eine Menge neugieriger Gaffer, die teils lebhaft diskutierten, teils stumm dem Schauspiel zusahen. Aus den Fenstern der höher liegenden Wohnungen schrien jüdische Frauen der Menge zu: "Ihr seid Feiglinge", hoben ihre Kleinkinder hoch, mit vor Wut, Angst und Entsetzen verzerrten Gesichtern beschimpften sie Polizisten und Zivilisten und forderten sie zum Widerstand auf. Es half nichts, die französische

Polizei tat ganze Arbeit.

Am Boulevard Blanqui wiederholte sich dasselbe Schauspiel, doch gab es hier kurze, heftige Zusammenstöße. Jüdische Jugendorganisationen hatten sich in einer großen Mietskaserne verschanzt, verteidigten sich, warfen Flaschen, Steine und Stühle auf die Polizisten. Die Türen wurden mit Gewalt aufgesprengt und die Widerstrebenden in die Lastwagen gestoßen. Bleich, erbittert, standen Arbeiter umher, die erregt diskutierten, die Polizisten beschimpften.

Zuhause berichtete ich über das Gesehene. Für unsere "Pensionäre" im Pavillon schien es ratsam, vorläufig ihre alten Wohnungen zu meiden.

Unglücklicherweise hatte Clara in den letzten Tagen einen Rückfall erlitten und mußte mit starken Ischiasschmerzen wieder im Bett liegen. Wir hielten Kriegsrat. Die 15 Menschen mußten ernährt werden, wir hatten weder Lebensmittelreserven, noch Geld. Rings um Clara's Bett sitzend diskutierten wir hin und her. Ausnahmslos alle hatten sie ihre Lebensmittelkarten bei sich, wir legten das Geld jedes Einzelnen in eine gemeinsame Kasse. Auf die Straße durfte niemand, die Verbindung mit der Außenwelt hielt ich allein aufrecht. Mit dem Rad fuhr ich in die verschiedenen in ganz Paris verstreuten Lebensmittelgeschäfte, in denen unsere Bekannten eingeschrieben waren, da kaufte ich das Notwendigste zusammen und schleppte es nach Hause.

Die „innere Ordnung" hielt Clara vom Bett aus aufrecht. Sie zügelte die Zänkereien, sie verteilte die Hausarbeit, den Küchendienst, hielt auf Sauberkeit und Ruhe. Mit ihrem unerschütterlichen Mut und ihrer Zuversicht verschaffte sie sich bei allen Gehör. Es galt eine Menge Einzelheiten zu berücksichtigen, um die Anwesenheit so vieler Menschen auch nur notdürftig nach außen hin zu verbergen. Die Wasserspülung durfte nicht bei jeder Gelegenheit funktionieren, da das Geräusch in den Nachbarpavillons hörbar war. Die rationierte Stromversorgung war ein Problem für sich. Zu starker Stromverbrauch erregte Verdacht, konnte eine Kontrolle auslösen. Wir führten in die Zähluhr vorsichtig einen dünnen Filmstreifen ein, der den Zähler, ohne Spuren zu hinterlassen, festhielt. Die Bleiröhre für das Gas drehten wir behutsam so weit ab, daß der Zähler nur langsam anzeigte.

Auf diese Weise hofften wir wenigstens für ein bis zwei Wochen durchzuhalten. Bis eine Abklärung der Situation eintrat. Nach meinen eingezogenen Erkundigungen stellte sich denn auch heraus, daß ein Teil unserer Zwangspensionäre in ihre Wohnungen zurückkehren konnten, in ihren Wohnblocks hatten keine Verhaftungen stattgefunden. Anders verhielt es sich mit den rumänischen Schwestern und drei anderen jüdischen Frauen. Alle hatten sie in jüdischen Quartieren gewohnt, wo die Polizeirazzia besonders gewütet hatte. Da längst nicht alle gesuchten Personen gefunden worden waren, standen viele Wohnungen unter dauernder Bewachung. Die fünf Frauen blieben vorläufig bei uns.

Unsere Gruppe mußte natürlich zum Verbergen der Juden Stellung nehmen. Unsere politische Arbeit sollte nicht gestört noch gefährdet werden, die Pensionäre waren von jeder politischen Tätigkeit fern zu halten. Es gab lange Streitigkeiten, da einige Mitglieder der Gruppe die Meinung vertraten, unsere bisher sichere Wohnung werde durch das Verstecken von Menschen auf höchste gefährdet. Clara und ich, mit der Mehrheit zuammen, hielten an der Meinung fest, das Retten von Menschenleben gehöre ebenso gut zur politischen Tätigkeit wie irgend etwas.

Thesenfabrikanten

Schon in den ersten Monaten des Jahres 1942 unternahmen die fränzöischen Trotzkisten Versuche, mit uns wieder Verbindung aufzunehmen. Sie kannten unsere unversöhnliche Meinung gegenüber Stalin's Blutregime, die jeden Kompromiß ausschloß. Trotzdem sandten sie *Marcel Hic* zu mir. Wir kannten uns gut. Hic, ein noch junger Mensch, ehemaliger Lehrer, war fanatischer Trotzkist reinster Prägung. Mit ihm hatten wir seinerzeit die heftigsten Zusammenstöße, und der Bruch mit ihrer Organisation wurde durch seine Borniertheit beschleunigt.

Hic kam mit einem besonderen Anliegen. Er erzählte mir, sie seien im Begriff das internationale Sekretariat der IV. Internationale neu zu organisieren. Trotz der Differenzen bat er mich, in dieses Sekretariat einzutreten. Unumwunden erwiderte ich: "Ich gehöre einer Gruppe an, die völlig andere Auffassungen vertritt, sie hat darüber zu entscheiden, ob ich der Einladung Folge leisten kann. Zudem, wen soll ich in diesem Sekretariat vertreten"?

"Du vertrittst den deutschen Sprachbereich", erwiderte er ernsthaft, ohne sich durch mein Lächeln beirren zu lassen. Er nannte mir Tag und Ort der "konstituierenden" Sitzung. Nach Rücksprache mit den Kameraden wurde entschieden, ich sollte zur Sitzung gehen, um zu sehen, was da gespielt werde.

In einem Hinterzimmer in der rue St. André-des-Arts trafen wir uns. Anwesend war außer Hic nur *Daniel Guérin*, der sich als Schriftsteller einen Namen gemacht hatte. Ich erkannte ihn sofort, und er war etwas verdattert, als ich seinen Namen nannte. "Nenn bitte meinen Namen nicht, ich bin von der französischen und deutschen Polizei gesucht", bat er mich dringend. Guérin hatte zur P.S.O.P. gehört, war ein enger Freund von *Marceau Pivert*, dem Führer dieser sozialistischen Linkspartei. In den Volksfronttagen spielte er eine gewisse Rolle und wanderte langsam zur IV. Internationale hinüber. Wir drei sollten das internationale Sekretariat bilden. Hic legte uns ein Manuskript von 80 Seiten vor, das die Theorie der nationalen Frage nach allen Seiten abwandelte. Das Elaborat sollten wir stante pede lesen und annehmen, nachher wäre es als Produkt gemeinsamer Hirnarbeit veröffentlicht worden. Ich lachte Hic einfach aus, bezeichnete das Ganze als eine Verrücktheit, heute sei doch keine Zeit zu Thesen, Manifesten und Resolutionen, das sei alles dumme Spielerei. Auch Guérin, der im Prinzip keine Einwendungen erhob, weigerte sich, etwas zu unterschreiben, was er kaum überflogen habe. Damit war die "konstituierende Sitzung" zum großen Verdruß von Hic beendet.

Aufgrund dieser Fühlungnahme machten sich Mitglieder einer

Trotzki-Minderheit an mich heran. Sie wünschten in ihrem Fraktionskampf gegen die Mehrheit meine Unterstützung. In dieser Form lehnte ich das Begehren rundweg ab, schlug ihnen aber vor, zur Schulung ihrer jungen Mitglieder Kurse zu organisieren. Gemeinsam legten wir einen Plan fest, der eine Einführung in die Arbeiterbewegung unter besonderer Berücksichtigung der russichen und deutschen Revolution sowie des spanischen Bürgerkrieges vorsah.

Am Kurs nahm ein gutes Dutzend junger Burschen und Mädchen teil. Jeden Sonntag trafen wir uns in der Umgebung von Paris, als Naturfreunde getarnt. Im Wald von Chevreuse oder weiter entfernt auf dem Plateau von Villetertre kampierten wir und diskutierten hitzig. Durch diese Tätigkeit kam ich mehr als mir lieb war in Verbindung mit der trotzkistischen Organisation. Meine Auffassung, Rußland sei eine staatskapitalistische Gesellschaft, regiert von einer korrupten Bürokratie, löste in der trotzkistischen Bude stürmische Debatten aus. Die Minderheit organisierte eine Konferenz, auf der ich meine Meinung darlegte. Nach stundenlangen Auseinandersetzungen ergab sich eine Mehrheit für meine Ideen. Nun stand diese Opposition vor der heiklen Frage, die Konsequenzen aus ihrer Handlung zu ziehen. Zum entscheidenden Bruch mit der Organisation fehlte ihr der intellektuelle Mut und die taktische Gerissenheit. Nach wenigen Wochen kapitulierte die Mehrheit der Opposition vor der Leitung, der kleinere Teil trennte sich und bildete eine eigene Gruppe. Mein Wirken bei den jungen Leuten konnte die trotzkistische Leitung nicht mehr dulden. Sie lud mich zu einer Besprechung in einem Pariser Restaurant ein. Zwei ihrer Leute, die ich nicht kannte, erschienen und erklärten mir kühl, sie könnten meine Arbeit nicht mehr gestatten. Entweder sei ich bereit, unter der strengsten Kontrolle ihrer Leitung zu arbeiten, die einen Kursplan festlege und deren Durchführung kontrolliere, oder ich hätte meine Tätigkeit einzustellen. Kurz und bündig erwiderte ich ihnen: Nie im Leben hätte ich mich Kommissarallüren gebeugt, ihre inneren Schwierigkeiten interessierten mich nicht, ich sei geholt worden, um meine Meinung zu sagen.

Wir trennten uns ohne Wärme.

Marcel Hic fand einen frühen Tod. Unsere eiserne Reserve, jener Hundertfrankenschein, den wir in den Papieren von Antonia Stern entdeckt hatten, wollten wir wechseln, da wieder einmal unsere Mittel erschöpft waren. Hic, der auf der Agentur Havas arbeitete, hatte uns versichert, er könne den Schein zu einem günstigen Kurs umwechseln. Er nahm ihn mit. Doch hörten wir wochenlang nichts mehr von Hic. Ich rief ihn telefonisch an und er versprach, die Sache schleunigst zu regeln und mir das Geld am nächsten Samstag zu bringen. Hic kam nicht. Dafür erhielten wir am Montag darauf die Nachricht, er sei verhaftet und irgendwo von der Gestapo eingelocht worden. In der Folge stellte sich heraus, daß Hic im Zusammenhang mit antimilitaristischer Arbeit unter den deutschen Truppen in Brest erwischt worden war. Hic wurde geschlagen und gefoltert und später ins Lager von Buchenwald deportiert, wo er kurz vor der Befreiung an Tuberkulose starb.

Koschka

Koschka, ein betagter russischer Jude, besuchte uns mit der Bitte, die Wohnung des bekannten deutschen Hstorikers Paul Frölich zu räumen. Ich kannte Frölich gut. Als einstiges Mitglied des Spartakusbundes kam er von der Bremer Arbeiterlinken her und gehörte zu den Veteranen der kommunistischen Bewegung. 1928 hatte er sich von der kommunistischen Partei Deutschlands getrennt und zusammen mit *Heinrich Brandler, August Thalheimer, Jakob Walcher, Leo Borochowitsch* und vielen anderen die kommunistische Opposition gegründet. Noch vor Hitler's Machtantritt spaltete sich die kommunistische Opposition, zusammen mit Walcher und dem linken Flügel der sozialdemokratischen Partei bildeten sie die Sozialistische Arbeiterpartei Deutschlands. Frölich war ein ausgezeichneter Historiker, Schüler und Bewunderer von Rosa Luxemburg. Der großen Sozialistin widmete er eine Biographie, die ihre menschlichen und politischen Elemente würdigten. In seiner Pariser Exilwohnung hatte ich ihn öfter besucht und in seiner umfangreichen Sammlung über die französische Revolution herumgeschmökert. Frölich war im Begriff, eine Studie über das Problem der Demokratie in der französischen Revolution zu schreiben. Hitler's Krieg ließ die Arbeit unvollendet bleiben. Frölich wurde im Lager von Verney interniert, es gelang aber einflußreichen Freunden in Amerika, ihm einen Gefahrenpaß zu erwirken, mit dem er sich, noch vor dem Einmarsch der deutschen Truppen nach Amerika, retten konnte.

Koschka war ein kleines, ausgedörrtes Männchen von 70 Jahren. 1905 floh er aus dem zaristischen Rußland. Koschka liebte das Militär nicht, und obwohl er bei einem Dragoner-Musikerkorps diente, desertierte er. Als Tabakarbeiter verdiente er zuerst sein Brot in der Schweiz, später in Deutschland, wo er es zu einem gewissen Wohlstand brachte. Die Hitlerei vertrieb den russischen Juden nach Paris. Hier fristete er sein bescheidenes Leben schlecht und recht mit dem Verkauf von allerlei Kleinkram, den er vor allem in den Kreisen der deutschen Emigration absetzte.

Koschka hatte den Schlüssel zu Frölichs Wohnung in Verwahrung. Er wagte sich als Jude mit dem Judenstern nicht in die Wohnung, seine schwachen Kräfte hätten auch wenig Hilfe geboten. Frölich's wertvolle Bibliothek zu retten, lohnte sich. Wir verabredeten eine Besichtigung der Wohnung ohne die Hausschließerin zu informieren, da Koschka ihr nicht traute. Als wir eines Nachmittags vor der Wohnungstür standen, war sie vom deutschen Sicherheitsdienst versiegelt. Was tun? Kurz entschlossen entfernte ich das Siegel und wir traten ein. Ein Bild vandalischer Zerstörung bot sich unseren Augen: der Fußboden war bedeckt mit zerrissenen und zerfetzten Büchern. Die Gestapo hatte ihr Fest gefeiert, und alle Bücher in deutsche Sprache, politische und literarische Werke, deutsche Klassiker, marxistische Literatur und Bücher "entarteter" Schriftsteller vernichtet. Bei genauerer Durchsicht stellte sich heraus, daß die gesamte Sammlung über die französische Revolution beinahe intakt geblieben war. Die politischen Literaturschnüffler hatten einfach französisch geschriebene Werke stehen lassen. Diese Bücher stellten wir zusammen, verpackten sie, stopften in die zwei mitgebrachten Koffer, was wir tragen konnten: aus dem Haufen zerrissener Bücher lasen wir sorgfältig heraus, was noch brauchbar war, und legten alles für eine zweite Visite bereit.

Einige Tagen später begleitete uns auch Clara, die beim Einpakken von Büchern und einigen Küchenutensilien behilflich sein konnte. Wir verstauten die Sachen auf einem Handkarren, den wir in einiger Entfernung parkiert hatten.

Beim drittenmal wäre es beinahe schiefgegangen. Mit Koschka hatte ich ein Rendezvous ohne Judenstern verabredet. Wider Erwarten kam der pünktliche Koschka nicht zur Zeit. Beim Hin- und Herschlendern vor dem Wohnblock fiel mir eine schwarze Limousine auf, die vor dem Hofeingang stand. Ich besah mir den Wagen näher und siehe da, es war ein deutscher Wagen. Im Block mußte etwas los sein; ungeduldig wartete ich auf Koschka. Endlich kam er und am Straßenrand warteten wir ab, was geschehen werde. Nach einer halben Stunde marschierten drei höhere deutsche Offiziere durch den Hof und traten in die Loge der Concierge ein. Wenige Minuten später fuhren sie weg. Diesmal gingen wir zur Concièrge um uns zu erkundigen. Die verängstigte Frau weinte, befand sich noch in allen Ängsten und erzählte uns, die Offiziere seien gekommen, um Quartier zu suchen. Dabei hätten sie festgestellt, eine vom Sicherheitsdienst versiegelte Wohnung sei aufgebrochen worden. Sie sei mit Repressalien bedroht worden, falls sich das wiederhole. Nach dieser Auskunft beschlossen wir, keine weitere Visite in der Wohnung zu unternehmen: wir begnügten uns damit, aus dem Keller das Frölich gehörende Fahrrad, das wir uns bis zuletzt aufgespart hatten, zu retten.

Der alte Koschka bewohnte dicht hinter der Place du Chatelet ein kleines Zimmer bei der Witwe eines deutschen Emigranten und ihrer 17jährigen Tochter. Sein Kleinkramhandel florierte seit dem Krieg nicht mehr, Koschka betrieb etwas Schwarzmarkthandel mit Tabak und Cigaretten, um leben zu können. Seine Vermieterin, eine deutsche Jüdin, lebte in dauernder Angst um ihre hübsche Tochter.

"Sollen sie mich holen, ich bin sowieso schwer krank, doch rettet mir meine Rachel, die sollen sie nicht haben", bat sie uns oft. Wir boten ihr an, sie im Falle der Gefahr bei uns aufzunehmen. Als die großen Judenverhaftungen einsetzten, kam die Polizei in den frühen Morgenstunden in die Wohnung, um den Mann abzuholen, der vor zwei Jahren gestorben war. Die Mutter Rachel's lag im Bett, sie hatte vor einigen Wochen eine Krebsoperation überstanden. Koschka öffnete der Polizei. Sie beachteten ihn nicht, verlangten den Mann, Frau und Kind. Koschka hatte Rachel schnell vorher unter einem Haufen schmutziger Wäsche in der Badewanne versteckt. Der die Durchsuchung leitende Brigadier verzichtete auf die Verhaftung der Mutter, verlangte nach der Tochter. Mutter und Koschka versicherten, sie sei schon lange abgereist. Nach dem Abzug der Polizisten kam Koschka sofort mit Rachel zu uns, wo wir sie einquartierten. Koschka kam nun beinahe täglich zu uns, um Rachel über den Zustand ihrer Mutter zu informieren. Etwas später hatte sich die Frau soweit erholt, daß sie in Begleitung Koschka's mit der U-Bahn zu uns fahren konnte. Sie war überglücklich, ihre Tocher zu sehen. Wir bemerkten ihre große Schwäche und versuchten sie zu überreden, wenigstens diese Nacht bei uns zu verbringen. Sie wollte nichts davon wissen und kehrte wieder mit Koschka in ihre Wohnung zurück.

Am Morgen darauf telefonierte uns ein Verwandter der Familie, die Mutter Rachel's sei in der Nacht gestorben. Die traurige Nachricht brachte uns zuerst Erleichterung; was hätten wir mit einer Leiche in unserer mit Juden voll besetzten Wohnung getan?

Rachel war untröstlich. Sie wollte unter allen Umständen ihre tote Mutter sehen. Wir mußten es ihr kategorisch ausreden, es war zu befürchten, daß die Wohnung unter Bewachung stand. Mit Koschka ging ich später zur Beerdigung, an der nur ein paar Leute teilnahmen. Wie erwartet trieben sich auf dem Friedhof einige verdächtige Gestalten wie Aasgeier herum.

Zwei Monate danach konnten wir Rachel falsche Papiere beschaffen und sie in die unbesetzte Zone abschieben, wo sie von einem Onkel übernommen wurde.

Bedrückt und resigniert trug Koschka seinen Judenstern, allein in der verlassenen Wohnung. Immer wieder hatten wir ihm nahegelegt, sich bei uns zu verbergen, immer hatte er abgelehnt mit der Begründung: "Es ist besser, ihr versteckt junge Leute, ich bin schon zu alt. Mit meinem chronischen Husten würde ich euch nur Schwierigkeiten bereiten".

Bisher waren Juden, die das 65. Altersjahr überschritten hatten, in Ruhe gelassen, d.h. nicht deportiert worden. Außerdem gab es Ausnahmen: jüdische Schneider, Pelzmacher, selbst Schuster mußten für die Wehrmacht arbeiten, der russische Feldzug verlangte warme Mäntel und Stiefel. Sie wurden dafür nach tariflichen Bestimmungen bezahlt, doch galten die Judengesetze auch für sie. In einer vom Judenkomitee mit Bewilligung der Besatzungstruppen eingerichteten Speiseküche konnten sich täglich einige hundert Juden, meist ältere Frauen und Männer verköstigen. Dort aß auch Koschka jeden Tag. Die Küche funktionierte ohne Zwischenfall bis in den September 1943. Eines Abends rasten drei mit deutschen Soldaten besetzte Lastautos vor, alle in der Küche anwesenden Personen sowie die Angestellten wurden aufgeladen und verschleppt. Koschka war unter ihnen.

Herr Morel

Mitte Oktober 1942 telefonierte unsere Freundin von der Handweberei und bat mich, bei ihr vorzukommen. Germaine wohnte auf dem Lande, um das große Haus lag ein Garten, in dem alle Gemüse und Kartoffeln gepflanzt wurden. Zweimal in der Woche kam Germaine nach Paris, wo ihre betagte Mutter in einer Dreizimmerwohnung wohnte. Geborene Französin, hatte Germaine ihre ganze Jugend in Berlin verbracht. Ihr Vater übte schon vor dem ersten Weltkrieg in Deutschlands Hauptstadt das Amt eines Direktors der Berlitz-Sprachschule aus. Sie sprach besser deutsch als französisch. In der Wohnung ihrer Mutter hatten sie einen deutschen Juden aufgenommen, den die Teilhaber der Handweberei empfohlen hatten. Der Herr ertrage aber das Alleinsein mit der älteren Frau nicht, seine Familie, Frau und zwei Kinder waren am 16. Juli verhaftet und ins Deportationslager von Drancy geschickt worden. Der Mann sei völlig gebrochen und mit den Nerven am Ende: Germains Mutter aber halte das ewige Klagen nicht mehr aus. Ob wir den Mann, der Gesellschaft brauche, zu uns nehmen könnten, die erzwungene Isolierung allein mit ihrer Mutter führe sonst für beide zu einer Katastrophe. Der Mann habe Geld und könne etwas bezahlen.

Nach Rücksprache mit Clara und den zwei rumänischen Schwestern sagten wir zu. Da unsere Schweizer Bekannte noch auf dem Lande weilte, hatten wir Platz genug. Für den Entschluß ausschlaggebend war nicht zuletzt, daß der neue Gast zahlen konnte. Die beiden Schwestern hatten keinen Heller, wir verdienten kaum etwas, Clara lag noch immer im Bett und gab zwei bis drei Französinnen Sprachstunden. Ich betätigte mich als Zimmermaler, einige Wochen arbeitete ich bei einem Armenier als Sauerkrautmacher, manchmal gelang es uns, einige Übersetzungsarbeiten zu ergattern.

So nahmen wir Herrn Morel zu uns und setzten ihn ins kleine Eckzimmer mit fließendem Wasser; für Miete und Essen bezahlte er 200 frs. monatlich. Morel stammte aus Polen, hatte aber sein ganzes Leben in Deutschland verbracht. Er sprach fließend französisch, deutsch, englisch, polnisch und russisch. Von mittelgroßer Gestalt, 45-jährig, blond und blauäugig war er der Typ des assimilierten deutschen Juden. Morel war sehr niedergeschlagen, nervös, seine Gedanken kreisten nur um das Schicksal seiner Familie; er hatte zuletzt in Paris einen Handel mit Büromaterial betrieben und gut verdient.

Der eigenen Verhaftung war er durch Zufall entgangen. Am Morgen des 16. Juli ging er auf die Straße, um wie üblich zum Frühstück die Morgenzeitung zu holen. Als er damit zurückkam, wurden gerade seine Frau und seine zwei Töchter in den vor dem Haus stehenden Polizeiwagen verladen, ohnmächtig mußte er es mitansehen. Er setzte alle Hebel in Bewegung, um seine Familie

aus dem Lager von Drancy zu befreien. Eine Verbindung zum Lager hatte er bereits hergestellt, er wußte, in welcher Baracke sie hausten. Die deutschen Behörden wickelten den Abtransport der Juden aus Drancy nach Deutschland nach dem A B C ab; Morel wußte, im Moment war der Buchstabe C an der Reihe. Es sprach sich in Paris schnell herum, daß die Deutschen die Juden, die im Pelzgeschäft arbeiteten, in Freiheit ließen. Den jüdischen Pelzarbeitern-und arbeiterinnen wurde ein Ausweis ausgestellt, der sie vor Verhaftung schützte.Morel gelang es, durch Bestechung einen solchen Ausweis für seine Frau zu beschaffen. Es kostete ihn eine weitere Summe, den Ausweis ins Lager in die Hände seiner Frau zu spielen und nun auf ihre Freilassung zu hoffen. In heißer Erwartung fieberte er in der Wohnung herum, hoffend und bangend, sein Manöver werde glücken. Da er selbst ausgezeichnete falsche Papiere besaß und gar nicht jüdisch aussah, trug er den Judenstern nicht, trieb sich oft in Paris herum, nachdem ich ihm die Versicherung abgenommen hatte, daß er nie eine Adresse auf sich trage. Morel hatte uns versprochen, falls er seine Familie freibekomme, werde er ein kleines Fest bei uns bezahlen. Eines Tages kam er strahlend an mit der Nachricht:,,Sie sind frei" Der Jubel war groß. Wir machten uns mit den wenigen Lebensmitteln eifrig ans Kuchenbacken. Tags darauf traf Frau Morel und die zwei Mädchen bei uns ein. Das ältere Kind, dreizehn Jahre alt, trug lange, blonde Zöpfe, hellblaue Augen, ein echtes deutsches Gretchen. Die Kleine, vierjährig, begriff noch kaum, was da alles geschah. Wir feierten einen fröhlichen und gemütlichen Abend hinter fest verschlossenen Fensterläden.
Mit viel Geld und Geschick gelang es Herrn Morel, seine ältere Tochter in einer Privatschule auf dem Lande unterzubringen, die Kleine plazierte er in der Montessorischule. Seine Frau fand in einem Kloster in der Nähe von Paris Zuflucht. Morel war selbstverständlich wütender Hitlergegner und sehr empfänglich für die stalinistische Propaganda. Aus unseren Gesprächen hatte er herausgehört, wie feindlich wir dem Stalinregime gegenüberstanden, und hütete sich, Anstoß zu erregen. Er konnte stundenlang am Radio sitzen und die Nachrichten des B.B.C. in allen Sprachen

abhören. Clara, die im großen Parterrezimmer das Bett hütete, wurde der ewigen Radioterei überdrüssig; sie bat ihn, es mit zwei, drei Sendungen bewenden zu lassen. Er fügte sich widerstrebend, verfehlte aber nie, zweimal am Morgen und zweimal am Abend die englischen Nachrichten abzuhören. Als die massive Bombardierung deutscher Städte begann, kannte seine Freude keine Grenzen. Bei einem Großangriff auf Berlin stieß ich heftig mit ihm zusammen, da er vor Begeisterung im Zimmer zu tanzen begann. Als ich ihn zurechtwies, meinte er lakonisch: „Nur so kann man Hitler stürzen".

„Das ist möglich", antwortete ich ihm, „es ist aber kein Grund, sich zu freuen, wenn Städte bombardiert werden. Hätten Sie dieselbe Freude, wenn Sie ihre Frau und Kinder in Berlin wüßten?" „Deutschland hat den Krieg begonnen," murmelte er verlegen. Von da an enthielt er sich allzu stürmischer Freudenbezeugungen bei gemeldeten Luftangriffen.

Die 200 frs. die Morel bezahlte, genügten zum Leben nicht. Meine Gelegenheitsarbeiten, Clara's Sprachstunden halfen mit, den täglichen Tisch zu garnieren. Unsere Freundin Germaine brachte wöchentlich zweimal einen Korb Gemüse zu uns. Besonders fühlbar machte sich die Knappheit an Rauchwaren. Clara, Rachel und ich, waren unverbesserliche Raucher. Alle Kippen wurden sorgfältig gesammelt und nochmals zu einer jämmerlichen Zigarette gedreht. War alles am Ende, fuhr ich mit dem Rad hinter die Kathedrale von „Notre Dame" ins Lokal „La Cloche", wo von den Clochards einige Zigaretten zu kaufen waren. In Germains Garten in der Vallee de Chevreuse versuchten wir Tabak anzupflanzen, was auch über Erwarten gut gelang. Doch die Tabakblätter richtig zu trocknen und zu beizen, gelang uns nicht, die zerriebenen Blätter schmeckten scharf und brannten auf der Zunge. Wir versuchten es mit Kamillen - und Lindenblütenblättern, mit Maisbart, ein wirklicher Genuß war es eben doch nicht. Da der Einkauf der Lebensmittel meine Aufgabe blieb, weilte ich oft in Paris. Am Morgen bereitet ich das Frühstück für alle, die zwei Schwestern kochten öfters das Mittag - und Abendessen. Die Besuche des Masseurs, der wieder regelmäßig kam, brachten Clara wieder Linderung. Sie konnte manchmal am Stock gehen, oder mit einem von uns gestützt im Haus herumgehen. An den langen Abenden spielten wir Schach oder lasen. Kam unsere Gruppe zusammen, so blieben die „Pensionäre" oben in ihren Zimmern.

Mit Herrn Morel gab es auch in anderer Hinsicht Schwierigkeiten; wie für alle, kaufte ich auch für ihn ein. Nie aber gab er mir wie die anderen seine Lebensmittelkarte zum Einkaufen mit, sondern er händigte mir jeweils die betreffenden Abschnitte aus. Daraus machte ich kein Aufhebens, obwohl es unangenehm war. Clara roch den Braten. Morel schaffte sich so immer einige Abschnitte für Öl, Butter und dergleichen auf die Seite. Darüber mit ihm zu streiten hatte ich keine Lust. Hingegen lag mir daran, zu wissen, daß er seine Karte bei seinen Ausflügen in die Stadt nicht bei sich trage. Seine Lebensmittelkarte war, wie bei vielen Juden, auf seinen richtigen Namen ausgestellt und stimmte mit den falschen Papieren nicht überein. Er versprach hoch und heilig, die Karte nie mit sich zu nehmen.

Inzwischen hatten wir weiteren Zuwachs an „Pensionären" erhalten. Michel, ein junger Franzose, der nicht zum Arbeitsdienst nach Deutschland wollte, versteckte sich einige Tage bei uns, da er seine Flucht nach der freien Zone vorbereitete. Das gelang ihm auch. Von dort wollte er in die Schweiz, da er in Zürich eine Tante hatte. Wir erfuhren dann später, daß er an der Schweizer Grenze zurückgewiesen wurde und doch noch zur Arbeit nach Deutschland mußte.

Auf Veranlassung von Herrn Morel nahmen wir noch eine jung verheiratete jüdische Frau zu uns. Sie hatte ein 16 Monate altes Kind, das bei einer französischen Familie versteckt war.

Das Kind konnten wir nicht zu uns nehmen, die junge Frau sah das auch ein. Hingegen bat sie mich, ihr Kleines einmal in der Woche zu holen. Schon beim erstenmal passierte es in der Metro; das Kleine saß mir auf den Knien und pißte mir fröhlich auf die Hosen. Clara verfiel in einen wahren Lachkrampf, als ich ihr mein Malheur erzählte. Auch die Mutter der jungen Frau kam zu Besuch, obwohl das nicht vorgesehen war. Ich war bitterböse. Das Schönste kam nach; die Frau blieb einfach bei uns und weigerte sich, wieder zu gehen. Sie bezahle doch etwas. Wir konnten sie ohne Krach und Gefahr nicht hinausbefördern, sie blieb. Das verbesserte die Atmosphäre im Haus auch wieder nicht.

Dann war endlich aus Brüssel ein deutscher Trotzkist eingetroffen, der uns von einer befreundeten belgischen Gruppe empfohlen worden war. Viktor war ungefähr 33 Jahre alt, kam aus der Berliner Zionistenbewegung und schloß sich dann den deutschen Trotzkisten an. Vom Sekretariat der IV. Internationale (Marcel Hic) nach Paris berufen, sollte er in Frankreich die antimilitaristische Arbeit in der Hitlerarmeee organisieren. Natürlich hatte er keine Wohnung, so blieb auch er bei uns. Mit Viktor stritt ich mich furchtbar herum, über Rußland gingen unsere Meinungen weit auseinander, er hielt an den alten Schablonen vom „degenerierten Arbeiterstaat" fest. Trotzdem verstanden wir uns gut, er war ein feiner Mensch, liebte klassische Musik über alles und hatte einen umgänglichen Charakter. Oft ging er in die großen Konzerte, und wenn ich ihm vorhielt, daß er da dauernd in Berührung mit deutschen Offizieren sei, fegte er den Einwand weg: „Die seh' ich überhaupt nicht, ich höre nur Beethoven". Mit Morel, dessen stalinistischen Einschlag er schnell gerochen hatte, führte er hitzige Debatten durch.

Morel ging gewöhnlich jeden Samstagmorgen aus, um das Wochenende bei seiner Frau zu verbringen; regelmäßig kam er am Montagmorgen zurück. Im August 1943 bereitete er sich zum Ausgang vor. In dunkler Vorahnung bat ihn Clara, doch nicht schon um 9 Uhr morgens auszugehen, empfahl ihm, doch noch zu warten. Er schlug die Warnung in den Wind. Da er am Montagmorgen nicht zurückkam, wurden wir unruhig. Er traf auch im Laufe des Tages nicht ein, unsere Bedenken verdoppelten sich; da wir nicht wußten, wo seine Frau im Kloster lebte, konnten wir gar nichts unternehmen. Erst am Dienstagmorgen kam seine Frau, in Tränen aufgelöst und verzweifelt, mit der Nachricht, ihr Mann sei am Samstagmorgen verhaftet worden. Wütend schrie ich sie an, wieso sie erst zwei Tage später zu uns käme, wo sie doch genau wisse, wieviele Leute bei uns versteckt seien. Die Frau war völlig verstört und stammelte, sie sei zuerst ins Kloster zurückgefahren,

um den Schwestern die Verhaftung zu melden.
Aus ihrer Erzählung brachten wir schließlich die Umstände von Morel's Verhaftung heraus. Morel war nur 5 Minuten von unserem Pavillon entfernt, an der Metrostation Alesia geschnappt worden. In eine Razzia geraten, hatte er die Kontrolle der Identitätspapiere gut überstanden, der Beamte ließ ihn schon laufen, da ließ ihn ein anderer Polizeibeamter zurückrufen und verlangte seine Lebensmittelkarte. Das war ein bekannter Trick der Polizei. Morel erwiderte, er hätte die Karte nicht bei sich, wurde untersucht und die Karte gefunden. Sein richtiger Name, sowie seine alte Pariser Adresse war darauf vermerkt. Die Wohnung wurde durchsucht und dort fand man unglücklicherweise die Adresse der Schule, in der die ältere Tochter untergebracht war. Sie wurde abgeholt, Vater und Tochter verschwanden in Drancy.
Aus dieser Erzählung ging die bedrohliche Lage, in der wir nun steckten, nur zu klar hervor; wir waren keineswegs überzeugt, daß Morel nicht etwa auch unsere Adresse bei sich trug. Ich rief sofort alle zusammen: die zwei Schwestern, die junge Frau und ihre Mutter, Viktor. Ich schlug sofortigen Abzug aus der Wohnung vor. Für einen derartigen Notfall hatten wir vorgesorgt; die zwei Schwestern konnten für einige Tage bei einem befreundeten rumänischen Bildhauer (Arier) unterkommen; Mutter und Tochter mußten zurück, wo sie hergekommen waren. In 10 Minuten waren sie alle verschwunden. Viktor, Clara und ich verzehrten noch eine Kleinigkeit und packten das Notwendigste zum Mitnehmen zusammen. Während wir noch am Tisch saßen, klingelte das Telefon. Als ich den Hörer abnahm, meldete sich eine Stimme und sagte: Hier ist ein Freund von Herrn Morel, ich soll Ihnen ausrichten, es gehe ihm gut".
Ich war auf der Hut. Schnell machte ich Clara und Viktor Zeichen, das Essen zu beenden und sofort die Koffer zu packen.
„Herr Morel?" fragte ich zurück. „Den Herrn kenne ich nicht, Sie müssen sich täuschen".
„Aber nein, Sie müssen Herrn Morel kennen, er hat eine dreizehnjährige Tochter mit langen, blonden Zöpfen".
„Entschuldigen Sie, aber ich habe keine Ahnung von was sie re-

den, Sie müssen falsch verbunden sein".
„Sind Sie Jude?" tönte die Stimme zurück.
„Scheren Sie sich zum Teufel", brüllte ich und hängte ein.
In aller Eile verließen wir das Haus. Clara und ich konnten bei Germaine auf dem Lande unterschlüpfen, Viktor hatte eine Notwohnung. So blieben wir zwei Wochen abwesend. Zweimal in der Woche fuhr ich nach Paris, besuchte unser Quartier, ging bei der Bäckerin einkaufen, beim Schlachter und horchte herum. Nichts war geschehen, alles ruhig geblieben. So kehrten wir denn nach zwei Wochen Landleben wieder in den Pavillon ein.
(Erst viele Monate später drang die Nachricht zu uns, daß Morel und seine Tochter in Auschwitz den Gastod gefunden hatten.)

Margot Schröder

Schon vor dem Kriege hatten wir im Kreise der deutschen Emigration die flüchtige Bekanntschaft des Ehepaar Schröder gemacht. Hans Schröder, ein in den dreißiger Jahren stehender, kerngesunder Mann, war aus Deutschland geflüchtet, weil er eine Jüdin zur Frau hatte. Vor Hitler's Machtantritt war Schröder eine zeitlang Betriebsrat gewesen, ohne weitere politische Aktivität auszuüben. In der Emigration kümmerte er sich wenig um die Politik. Als er bei Kriegsausbruch interniert wurde, folgte ihm seine Frau beim Einsetzen der deutschen Offensive ins Lager nach. Wir hörten lange nichts mehr von ihnen. Anfangs 1942 begegnete ich zufällig Schröder auf der Straße. Er erzählte, daß er, aus dem Lager entlassen, vorläufig allein nach Paris zurückgekehrt sei, seine Frau als Jüdin, sei in der freien Zone geblieben. Schröder war legal in Paris, ja er arbeitete sogar in einem von den Deutschen requirierten Betrieb als Dolmetscher. Da bisher gegen die Juden noch keine Maßnahmen ergriffen worden waren, trug er sich mit der Absicht, seine Frau nachkommen zu lassen, da er gut verdiente. Er erkundigte sich bei mir nach den Möglichkeiten, für seine Frau falsche Papiere zu beschaffen, mit denen sie die Demarkationslinie überschreiten könnte. Ich wollte ihm weder zureden noch abraten, gab ihm die Ratschläge zur Beschaffung von Papieren.

Einige Wochen nachher traf seine Frau anstandslos in Paris ein und die beiden lebten friedlich in ihrer Wohnung. Sie hatten wenig Glück. Wenig später kam der Erlaß zum Tragen des Judensterns heraus. Margot Schröder sah zu jüdisch aus, um der Maßnahme entgehen zu können; in instinktiver Voraussicht sah sie weitere Maßregelungen voraus. Sie entschieden sich, getrennte Wohnung zu nehmen.

Mit drei schweren Überseekoffern, voll mit Wäsche und Kleidern übersiedelte Margot zu französischen Bekannten. Auf keinen Fall sollte ihr Mann beim Transport der Koffer dabeisein und sie rief mich zu Hilfe. Doch als die großen Razzien gegen die Juden begannen, bekamen es diese Bekannten mit der Angst zu tun und sie mußte erneut in eine andere Wohnung umziehen; wieder half ich ihr beim Transport der schweren Koffer. Nach wenigen Tagen aber, stand Margot erneut, unglücklich, verlegen und beschämt vor uns: auch im zweiten Unterschlupf war Furcht eingekehrt, inzwischen waren für das Verbergen der Juden schwere Strafen angesetzt worden und die Leute wollten Margot nicht mehr weiter bei sich dulden. Erneut sollten die drei schweren Koffer herumgeschleppt werden. Ich hatte genug davon und bot ihr an, bei uns Unterkunft zu nehmen, irgenwie würde auch für sie noch Platz sein. Sie nahm hocherfreut an, wir konnten sie, da es Sommer war, im Atelier unterbringen, die Koffer verstauten wir im Keller.

Die Wohnung ihres Mannes lag in unserem Quartier und bei Einbruch der Dunkelheit besuchte sie ihn heimlich. Nach einem solchen kurzen Besuch kam sie eines abends weinend zurück: ihr Mann war von der Sicherheitspolizei abgeholt worden. Sie war untröstlich. Weder hatte sie etwas über den Grund der Verhaftung noch über den Verbleib ihres Mannes erfahren. Nach der ersten Bestürzung ging sie energisch daran, Nachforschungen anzustellen. Mit Hilfe der amerikanischen Quäker gelang es ihr, seinen Aufenthaltsort herauszufinden: Hans saß im Gefängnis Cherche-Midi. Durch die Quäker konnte sie ihm einige Lebensmittel zukommen lassen.

Margot war eine bildhübsche Frau, aber im schwersten Grade schwerhörig. Sie verstand es meisterhaft, ihr Gebrechen geschickt zu verbergen. Mit unglaublicher Geschicklichkeit verstand sie es, das gesprochene Wort von den Lippen der Sprechenden abzulesen. Erst nachdem sie einige Tage bei uns war, kamen wir auf ihre Schliche. In der Dunkelheit, beim Abhören des B.B.C. war sie machtlos, sie mußte fragen, ihre Schwerhörigkeit eingestehen. Sie war eine feinfühlige, gebildete und charakterstarke Person. Ihr jüdischer Typ, ihre Schwerhörigkeit bildeten für ein illegales Leben große Nachteile. Trotz ihrer großen Sorgen um ihren Mann, um ihr eigenes Schicksal, versuchte sie uns so wenig wie möglich damit zu belasten. Von Zeit zu Zeit besuchte sie die Hausschließerin der alten Wohnung, wo sie ihre Möbel zurückgelassen hatte, auch hoffte sie eventuelle Briefpost abzufangen.

Von dort kam sie eines Nachmittags verstört zurück: die Gefängnisverwaltung hatte ohne Erklärung die Kleider ihres Mannes, die Wäsche bis zur Zahnbürste an ihre alte Adresse zrückgeschickt. Das war zu viel, Margot brach weinend zusammen, fest überzeugt, ihr Mann sei erschossen worden. Wir versuchten sie zu trösten und ihr einzureden, ihr Mann sei irgendwo anders hin befördert worden, obwohl auch wir das Schlimmste befürchteten. Margot glaubte uns nicht, wurde krank und legte sich für zwei Tage ins Bett. Nachdem sie sich einigermaßen erholt hatte, setzte sie sich erneut mit den amerikanischen Quäkern in Verbindung. Auf diesem Wege erfuhr sie endlich, daß ihr Mann lebte; er war nach Deutschland in ein Gefängnis abtransportiert worden. Sie war überglücklich und schmiedete Pläne, um den neuen Aufenthaltsort ihres Mannes herauszufinden.

Als wir Margot in unseren Pavillon aufnahmen, geschah es in der Absicht, sie bald in die freie Zone abzuschieben. Mit ihrem Einverständnis hatten wir die vorbereitenden Schritte unternommen. Jetzt, nach der Verhaftung ihres Mannes, nachdem sie ihn in Deutschland wußte, wollte sie von diesem Plan nichts mehr wissen.

„Ich will in der Nähe meines Mannes sein", erwiderte sie halsstarrig auf alle unsere Einwände.

„Sobald ich weiß, wo Hans im Gefängnis sitzt, fahre ich in diese Stadt zurück", wiederholte sie immer wieder. Vergeblich versuchten wir, ihr diesen gefährlichen Plan auszureden, sie beharrte darauf und unternahm alle Schritte, um ihn zu verwirklichen.
Die deutschen Behörden durchkämmten zu dieser Zeit das ganze besetzte Frankreich, um „freiwillige" Arbeitskräfte unter allerlei Vorspiegelungen nach Deutschland zu locken; da sie damit wenig Erfolg hatte, griffen sie zu Zwangsverschickungen. Bedingung war: arbeitsfähig und Arier zu sein. Auch diese Bestimmung konnte Margot von ihrem Vorhaben nicht abbringen. Sie suchte eifrig nach Möglichkeiten und Gefährten, die dasselbe Wagnis wagen wollten. Die einsetzenden Judenverfolgungen verlockten manche Juden, mit falschen Papieren Arbeit in Deutschland anzunehmen. Sie hofften in der Höhle des Löwen sicherer zu sein. Margot gelang es mit Hilfe ungarischer Juden einen Arierausweis zu erhalten. Sie kam damit stolz zu uns, fest überzeugt, ihr Unternehmen werde gelingen. Ein einziges Hindernis war noch zu nehmen: die arische Blutprobe. Die hitlerschen Rassengesetze hatten einen findigen Charlatan, einen Genfer Bürger, der sich „Professor" Montandon nannte, veranlaßt, sich dank dem Blubo-Blödsinn ein lukratives Geschäft aufzubauen. Der „Professor" richtete in Paris mit Hilfe deutscher Stellen ein Laboratorium für rassische Blutforschung ein. Hier wurden die Arbeitskräfte für das Reich auf ihre rassische Reinheit untersucht. Margot ging klopfenden Herzens zur „Konsultation"; man zapfte ihr einige Gramm Blut ab, forderte sie auf, am anderen Tag die „Analyse" abzuholen. Sie bekam nach Bezahlung von 1000 francs ein pompöses Papier, das ihre rein arische Abstammung attestierte, womit ihrer Arbeit im großdeutschen Reich nichts im Wege stand. Als Margot mit diesem Papier bei uns anrückte, lachten wir uns beinahe krank über diesen blutigen Witz, hinter dem nichts als schnöde Geldgier steckte. So war Margot nun eine ungarische Arierin geworden und erwartete täglich ihre Abfahrt. Sie hatte inzwischen auf tausend Umwegen erfahren, daß ihr Mann im Gefängnis in Magdeburg saß. Der Tag ihrer Abreise kam, wir verabschiedeten uns, und mit anderen zu Ariern gewordenen Juden

reiste sie nach Deutschland. Ihr Bestimmungsort war Wien. Wir verabredeten mit ihr, unter ihrem neuen Namen Verbindung aufrecht zu erhalten. Vor dem Abschied gab sie mir eine Vollmacht, um ihre Möbel, Wäsche und einige andere Kleinigkeiten aus der alten Wohnung zu holen. Ich begleitete sie zur Bahn. Es war ein Abschied für immer.

Einige Tage später holte ich die Möbel ab, die Concierge, durch Margot informiert, verhielt sich sehr anständig. Ein französischer Schachfreund der Schröders, half mir beim Verladen der Möbel. Der Franzose, den ich nur flüchtig kannte, war sehr zuvorkommend und wollte mir unbedingt helfen, den schwer beladenen Wagen bis in unseren Pavillon zu ziehen. Ich lehnte ab, ich wollte aus Vorsicht unsere Adresse nicht preisgeben. Er war aber von seiner hilfsbereiten Absicht nicht abzubringen und zog kräftig mit bis zu unserem Haus. Vor dem Wegfahren hatte mir die Hausschließerin einen Brief zugesteckt, der für Margot angekommen war. Erst zuhause sah ich, daß der Brief den Stempel SD, deutscher Sicherheitsdienst trug. Wir öffneten den Brief: es war eine Vorladung vor die Gestapo. Erst jetzt wurde mir klar, daß es ein kapitale Dummheit gewesen war, den Brief an mich zu nehmen. Nun war es zu spät, wir verbrannten ihn.

Eine Woche später erschien der so hilfsbereite Franzose sehr verängstigt und erzählte: die Gestapo sei in die Wohnung der Schröders gekommen, habe sich nach der Vorladung erkundigt. Die eingeschüchterte Hausschließerin gestand, sie hätte den Brief dem Mann übergeben, der die Möbel abgeholt habe. Die Gestapo verlangte die Adresse, die die Hausschließerin glücklicherweise nicht kannte. Hingegen war ihr die Adresse des Freundes bekannt, die sie der Gestapo angab. Der Mann erhielt den Besuch der deutschen Polizei. Zum Glück war der Mann nicht auf den Kopf gefallen und versicherte, er kenne die Adresse nicht, er habe bloß geholfen, die Möbel aufzuladen. Die zwei Beamten hätten ihn bedroht und ihm eine Vorladung in Aussicht gestellt. Er sei jetzt gekommen, uns zu warnen und uns gleichzeitig zu versichern, er könne nicht garantieren, daß er unsere Adresse lange geheim halten könne.

Wir wußten auch keinen Rat, baten ihn, unsere Wohnung nicht preiszugeben, uns auf jeden Fall sofort zu benachrichtigen, sofern eine neue Wendung eintrete. Er versprach es. Sehr beruhigt waren wir nicht. Doch wider Erwarten geschah nichts. Viele Wochen später traf ich den Mann auf der Straße wieder, er hatte von der Sache nichts mehr gehört und nie eine Vorladung erhalten. Offenbar war die Sache als unwichtig eingeschlafen.

Vom Leidensweg der Margot Schröder erfuhren wir nach Kriegsende von ihrem Mann. Hans Schröder war wegen seiner einstigen Tätigkeit als Betriebsrat zu vier Jahren Gefängnis verurteilt worden. Er saß sie in Magdeburg ab, überstand den Krieg und begann danach sofort mit Nachforschungen nach seiner Frau. Nach zahllosen Bemühungen durch das Internationale Rote Kreuz, der Organisation für Zivilinternierte erfuhr er ihr Schicksal. Margot arbeitete zuerst in Wien in einem Metallwerk, später in Linz. Irgendwie wurde ihre jüdische Abstammung entdeckt, sie geriet in Gefahr und versuchte bei Feldkirch die Schweizer Grenze zu überschreiten. Dabei wurde sie verhaftet und ins Lager von Neuengamme deportiert. Beim Vorrücken der Alliierten wurde das Lager geräumt, die Insassen mußten einen langen Todesmarsch antreten, Margot hielt die Strapazen nicht durch, brach zusammen und wurde abgeknallt.

„Professor" Montandon wurde nach der Befreiung von Paris von der Widerstandsbewegung erschossen.

Der bekehrte Emigrant

Nach Morel's Verhaftung und dem brüskierten Auszug der „Pensionäre" war unser Pavillon etwas leer geworden. Die zwei rumänischen Schwestern blieben bei ihrem Landsmann, von den anderen hörten wir nichts mehr. Diese Ruhepause tat uns gut. Außerdem war unsere Schweizer Bekannte mit ihrem Freund vom Land heimgekehrt, sie erwartete überdies ein Kind. Unsere Gruppe setzte die politische Aktivität unbehindert weiter. Da sollte uns ein völlig unerwartetes Ereignis in neue Aufregung stürzen.

Vor dem Kriege, als wir noch die Gruppenabende der Maslow-Ruth Fischer Gruppe besuchten, hatten wir einige deutsche Emigranten kennengelernt. *Louis Salomon*, mit dem uns später enge Freundschaft verband, war aus Deutschland, als Jude und politischer Flüchtling, emigriert. In der näheren Banlieue von Paris führte er mit seiner Frau einen kleinen, gut florierenden Parfümerieladen. Was Louis auszeichnete, war seine stete Hilfsbereitschaft, sein unverwüstlicher Humor. Auch in den schwierigsten Situationen des Lebens verstand er es, ihm eine optimistische Note abzugewinnen.

Sein nicht-jüdischer Emigrantionskollege *Knauer* war das gerade Gegenteil. Von Beruf Tischler, gehörte er schon in Deutschland zur Maslowgruppe. Im Gegensatz zu Salomon war Knauer ein ewiger Wichtigtuer und Dauerredner; er gehörte zu jenem Versammlungstyp, der keine einzige Gelegenheit vorbeigehen läßt, um seine Weisheit an den Mann zu bringen. Auch in der kleinsten Sitzung mußte Knauer reden, reden und wieder reden, wobei er meistens Blödsinn verzapfte. Als guter Berufsarbeiter fand er ein für Emigranten anständiges Einkommen, besaß zudem geschäftliche Tüchtigkeit, was ihn oft veranlaßte, mit einiger Herablassung auf die ungeschickten Intellektuellen herabzublicken, die sich im praktischen Leben so ungeschickt bewegten.

Zu unserem Erstaunen tauchte Knauer plötzlich im Winter 1942/43 mit Frau und Kind in unserer Wohnung auf.

„Wo kommst du denn her?", war meine erstaunte Frage.

„Wir gehen nach Deutschland zurück, es ist doch klar, daß Hitler den Krieg gewinnt und ein neues Europa schafft. Die ganze Opposition hat keinen Sinn. Was wir nicht fertig brachten, die Nazis schaffen es. Ich habe mit Hitler Frieden geschlossen und kehre zurück."

Schöne Bescherung. Knauer kannte unsere politische Einstellung, er mußte, wenn auch nur aus Emigrantengesprächen wissen, daß wir aktiv gegen den Krieg tätig waren. Da steht dieser Kerl seelenruhig vor mir und erklärt, er laufe zu den Nazi über.

Ich erwiderte vorsichtig:„ Ich glaube nicht, daß Hitler den Krieg gewinnt; übrigens werden sie dich einstecken, wenn du zu-

rückkehrst."
„Keine Spur", antwortete er überzeugt. „Ich habe in Montauban mit den deutschen Instanzen ein Abkommen getroffen. Ich muß in Deutschland einen sechsmonatigen Umschulungskurs absolvieren, in die Partei eintreten, nachher kriege ich Arbeit. Die Nazis sind gar nicht so schlecht, wir haben von der Emigration die Nase voll. Schau, gestern waren wir im Soldatenkino, neben mir in derselben Reihe saß ein General. Die Nazi meinen es ernst mit der Gleichheit".
Ich fand keine Antwort. Seine Frau sagte kein Wort, Clara und ich beobachteten das Kind, das eben im Begriff war, auf unser Parkett ein kleines Bächlein rieseln zu lassen.
„Hast du Nachricht von Salomon?", fragte ich ausweichend.
„Ja, natürlich, darum komme ich ja zu euch. Ihr wißt ja, daß Louis ein guter Freund von mir ist. Er erlaubte mir, seine bei euch eingestellten Möbel abzuholen, ich will sie nach Deutschland mitnehmen."
„Mein Gott, wir hängen nicht an diesen Möbeln, aber Louis hat mir von dieser Sache nichts geschrieben. Gab er dir etwas Schriftliches mit?"
„Nein, wozu auch. Wir sind ja die besten Freunde, Louis kann ja mit den Möbeln doch nichts anfangen. Ich habe für morgen schon die Transportfirma Schenker bestellt, die Leute kommen um 10 Uhr, die Möbel abholen."
Ich glaubte ihm kein Wort, ich wußte, daß er log. Doch was tun, uns waren die Hände gebunden. Es mit dem neugebackenen Hitleranhänger zu verderben, konnten wir uns nicht leisten. Zum bösen Spiel gute Miene machend, zeigte ich ihm einige Möbel der Familie Salomon. Er betonte nochmals, die deutsche Transportfirma sei anderntags um 10 Uhr da, daraufhin verzog sich die nette Familie. Clara und ich atmeten auf.
Auf unsere kleine Rache gegen diesen Überläufer wollten wir aber nicht verzichten. Die Betten der Familie Schröder, die wir im jetzt leerstehenden Atelier untergestellt hatte, waren richtige Wanzennester. Mit stillem Vergnügen halsten wir der Transportfirma die verwanzten Betten auf und retteten so die guten Betten

der Salomons.
Auf unsere Nachfrage bei Louis bestätigte er uns einige Wochen später, daß Knauer's Angaben verlogen waren. Louis hatte gerade wegen seiner pro-nazistischen Wandlung mit ihm gebrochen. Den Verlust der Möbel, die wir dem Helden ausliefern mußten, verschmerzte er leicht.
Knauer's Schicksal ist nicht ohne Interesse. In Deutschland angekommen, wurde er nicht in ein Umschulungslager, sondern ins Gefängnis gesteckt. Dort saß er bis zur Befreiung durch die Russen. Von ihnen als Antifaschist aus dem Gefängnis befreit, genoß Knauer alle Vorteile eines anti-faschistischen Kämpfers. Er trat in Berlin sofort der kommunistischen Partei bei, wurde in wenigen Wochen leitender Funktionär in einer Wirtschaftsabteilung. Er lebte in Berlin, in den ersten schlimmen Nachkriegsjahren, wie ein Fürst in einer 6-Zimmerwohnung, besaß ein Auto, wurde mit Ehren überhäuft, lebte in Saus und Braus. Das ausschweifende Leben schlug ihn rasch um, das viele Saufen und Huren warf ihn auf's Krankenbett, im Spital erholte er sich langsam. Als man ihm eines Tages eröffnete, er könne als geheilt entlassen werden, löste die Nachricht einen derartigen Schock aus, daß er die Augen verdrehte und sein armes Leben aushauchte.

Ein spanischer Anarchist im besetzten Paris

Clara's Gesundheitszustand hatte sich inzwischen merklich gebessert, am Stock konnte sie ordentlich gehen. Sie hatte Lust, etwas auszugehen und Freunde zu besuchen. Wir gingen zu jenem Kunstmaler, bei dem wir die Schallplatten von Charles Wolf untergestellt hatten.
Marcel empfing uns herzlich. „Schön, daß ihr kommt, ich habe eine große Bitte an euch. Bekannte von uns haben einen Rabbiner und seine Frau bei sich versteckt, befürchten aber eine Denunziation von Nachbarn, sie suchen verzweifelt nach einem anderen Unterschlupf für die zwei älteren Leute. Sie haben bereits ihre Papiere, um in die freie Zone zu gelangen; in Marseille sind für die beiden bereits Pässe deponiert, um nach Amerika zu

reisen. Ihr Sohn hat das organisiert, er ist ein in Amerika bekannter Pianist. Könnt ihr das Paar für ein paar Tage bei euch einquatieren?"

Wir hatten Platz. Konnten wir ablehnen? Wir sagten zu. Am selben Abend lotste ich das Ehepaar bei anbrechender Dunkelheit zu uns. Herr Kohn hatte seinen Bart schneiden lassen, doch, so schien es mir, war sein geistlicher Beruf unverkennbar. Beide waren sie sehr einfach und lieb, klagten nie, hofften nur, aus der Hölle zu entrinnen. Sie blieben nur drei Tage und Nächte bei uns, dann wurden sie abgeholt, um hinübergeführt zu werden; das brave Paar ist glücklich nach Amerika entronnen.

Am 1.Mai 1944 wünschte Clara auszugehen, sich an diesem Tag wieder einmal Paris anzusehen. Mit der Metro fuhren wir nach Montmartre hinauf, setzten uns am Boulevard Rochechouart in eine Milkbar. Noch bevor die bestellten Getränke kamen, sah ich bei einem zufälligen Blick durch die Fensterscheiben den Spanier *Manuel* vorbeigehen. Unverkennbar, es war Manuel, unser spanischer Freund von der Aragonfront.

„Hol' ihn schnell her", verlangte Clara, „den müssen wir doch sprechen".

Ich rannte auf die Straße hinter Manuel her, erwischte ihn und klopfte ihm auf die Schulter: „He, Manuel, was treibst du denn hier?". Er zuckte zusammen, seine Hand fuhr in die hintere Hosentasche, dann erkannte er mich, wir schüttelten uns die Hände. Ich schleppte ihn zu Clara, es war rührend wie er sie umarmte. Nun ging das Erzählen los. Nach dem Zusammenbruch der spanischen Republik war Manuel mit den Resten der Kolonne Durutti auf französischen Boden übergetreten. Mit tausenden von Spaniern wanderte er in ein Pyrenäenlager. Nach wenigen Monaten türmte er. In der freien Zone verdiente er sein Leben als Gelegenheitsarbeitern, Holzfäller, arbeitete bei Bauern. Nach der Besetzung der freien Zone wanderte er langsam gegen Paris hinauf, in der Meinung, in der Großstadt sei es einfacher, sich zu ernähren und unterzutauchen. Seit drei Monaten lebte er in Paris; auf dem Montmartre hatte er sich in einem zum Abbruch reifen Haus eingenistet, aus dem Lager hatte er eine Pistole mitge-

schleppt; nachts raubte er die Eßwarengeschäfte der Umgebung aus um sich zu ernähren.
„Manuel, das ist kein Leben. Wir haben eine Wohnung, einige Kameraden verstecken sich bei uns, doch ist für dich auch noch Platz, du kannst zu uns kommen".
Nach einigem Zögern sagte er zu, doch nur unter der Bedingung, einen „Pensionspreis" zu bezahlen..."
„Und nun, " erklärte Manuel, "hinaus auf die Straße, es ist der 1.Mai, und wir müssen demonstrieren".
„Manuel , bei dir piept es wohl", erwiderte ich. „Wir sind doch noch immer im besetzten Paris, bei Anwesenheit deutscher Truppen willst du manifestieren?"
„Oh, ihr Marxisten habt immer Angst, ihr seid keine Revolutionäre, Angsthasen, Revolutionäre demonstrieren immer und überall am 1.Mai. Los, hinaus auf die Straße!"
Wir ließen uns anstecken, mitreißen, ungläubig und neugierig zugleich, was da geschehen werde. Es war ein Wahnsinn. Auf dem breiten Boulevard Rochechouart nahmen wir Clara mit ihrem Stock in die Mitte, mit fester,klarer Stimme begann Manuel unbekümmert spanische revolutionäre Lieder zu singen. Wir marschierten neben ihm, schweigend, bestürzt, klopfenden Herzens. Die Hände tief in den Hosentaschen vergrabe, Rock und Hemd weit geöffnet, sang Manuel seine Lieder. Dann stimmte er die Internationale an und nun summten wir mutig mit. Die Menschen sahen uns an, blieben stehen, drehten sich nach uns um, deutsche Soldaten gingen vorbei, nichts geschah. Wir „manifestierten" bis zur Place Pigalle, hier machte Manuel halt und sagte zufrieden: „So, jetzt haben wir unsere Pflicht getan, gehen wir."
Von den Kameraden der Gruppe wurde Manuel trotz seiner bizarren Ideen schnell akzeptiert. Als ständigen Gast hatten wir zur Zeit nur noch Viktor bei uns, gelegentlich schliefen Kameraden der Gruppe eine Nacht bei uns, wenn sie die Sperrstunde verpaßt hatten. Seit einigen Wochen verteilten wir wieder Flugblätter in deutscher und französischer Sprache gegen den Krieg, gegen Faschismus und Bolschewismus. Bei der Verteilung hatten wir schon gewisse Erfahrungen gesammelt, operierten nur in Zweiergruppen

Manuel teilten wir zur Verteilung mit dem Napolitaner *Mario* ein und wiesen ihnen den Vorort Montrouge zu. Um 6 Uhr abend sollte sich die ganze Equipe - wir hatten vier Zweiergruppen gebildet - am Cafe an der Porte d'Orleans wieder treffen. Manuel und Mario kamen zuletzt. Mario war leichenblaß, konnte vor Erregung kaum reden, bis es endlich aus ihm herausbrach: „Keinen Schritt mehr tu' ich mit diesem verrückten Spanier. Er verteilt unsere Flugblätter einfach wie Prospekte an alle Vorübergehenden auf der Straße. Mir blieb das Herz stehen, als er seelenruhig zwei Polizisten auf ihren Rädern stoppte und ihnen die Zettel in die Hand drückte. Nie mehr, nie mehr mit ihm."
Manuel erklärte kurz und bündig: „Der Italiener hat Angst, so zu verteilen ist das einzig Richtige, dann fällt es gar nicht auf."
Endlich kam im Juni die so sehnsüchtig erwartete Landung der Alliierten in der Normandie. Der Jubel war groß, die Hoffnung auf Hitler's Niederlage, die sich schon bei der Niederlage von Stalingrad abzuzeichnen begann, stieg an, die Aktionen der Widerstandsbewegung steigerten sich. Die Landung hatte unmittelbare Folgen für die Bevölkerung: die Lebensmittel wurden rar, auch auf Karten gab es kaum noch etwas, nur der teure Schwarzmarkt florierte. Gas und Strom wurden auf Minuten reduziert; das Gas reichte kaum zum Aufkochen einer Suppe oder einer ungenießbaren Tasse des berüchtigten „Cafe National". Strom wurde nur abends für eine halbe Stunde eingeschaltet, gerade genug, um einige Nachrichten des B.B.C. über das Kriegsgeschehen abzuhören.
Wir hatten zu dieser Zeit nur Manuel und Viktor bei uns. In wenigen Tagen füllte sich der Pavillon wieder an: aus der einst freien Zone kamen 3 deutsche Emigranten an, die unsere Adresse erhalten hatten. Zwei Franzosen unserer Gruppe, Mario der Napolitaner und Pierre, die in Einzimmerwohnungen hausten, kamen zu uns, sie alle hatten kein Gas mehr, keinen Strom, nichts zu knabbern. So stieg unsere Gästezahl wieder auf 9 Esser an, wozu Clara und ich kamen. Für 11 Menschen das tägliche Essen aufzutreiben wurde zum Hauptproblem. Glücklicherweise hatten wir in Voraussicht schlimmer Zeiten einen eisernen Vorrat angelegt; 30

Kilo Quick, ein Erbsmehl und ebensoviele schwarze Bohnen, in denen es schon ziemlich lebendig wurde. Abwechselnd stopften wir uns einen Tag mit Quick, einen Tag mit schwarzen Bohnen voll. Scheußlich war, daß wir kein Salz mehr auftreiben konnten. Diese „Mahlzeiten" weich zu kochen, vor allem die schwarzen Bohnen, entpuppte sich als ein schier unlösbares Problem. Das Gas reichte niemals dazu aus; so stellten wir in der Küche einen alten Kanonenofen auf, um den Frass weichzukochen. Doch es gab weder Holz noch Kohle. Alte Stühle, weniger wichtige Möbelstücke aus den vielen Emigrantenwohungen wurden zerschlagen und als Heizmaterial verwendet. Mit Clara gab es homerische Kämpfe, da sie immer wieder ein Möbelstück dem Feuertod entreißen wollte. Ende Juni war es schon ordentlich warm, die aufeinander gestülpten Ofenrohre ließen beissenden Rauch ausströmen, in einigen Minuten war die heiße Küche eine einzige Rauchhöhle; die „Köche" hielten es kaum 3 Minuten aus, dann stürzten sie weinend aus der Küche und die zweite Equipe stürzte sich todesmutig in den Qualm.

Von den aus den Emigrantenwohnungen geretteten Utensilien, Schreibmaschinen, einigen Bettlaken der Margot Schröder, verkaufte ich einiges, um wenigstens die selten gewordenen Lebensmittel zu kaufen, die es noch auf Karten gab.

Findige Pariser hatten den Dreh bald gefunden, um etwas Nahrung auf ihren Tisch zu kriegen. Mit ihren Fahrrädern fuhren sie hinter die Front in der Normandie und kauften in den großen Bauernhöfen wohlfeile Nahrung ein. Das sprach sich mit Windeseile herum. Die Bauern dort unten gaben ihre Ware billig ab, sie befürchteten das Herannahen der Front, vielleicht den Verlust ihrer ganzen Habe, so verkauften sie gar nicht so ungern.

Wir waren gezwungen, uns Nahrung um jeden Preis zu verschaffen. Mit Manuel und Pierre, einem jungen Franzosen unserer Gruppe, beschlossen wir, das Wagnis zu unternehmen. Im Keller befanden sich zwei uralte Fahrräder, unzählige Male zusammengeflickt. Pierre konnte sich ein altes Rad von einem Bekannten besorgen. So radelten wir eines Nachmittags los, Richtung Lisieux. Wir waren nicht die einzigen, als wir einmal die Pariser Vorstädte durchradelt hatten, befanden wir uns in einer langen Radfahrerkolonne, die reichlich mühselig in der gleichen Richtung pedalte. Während des Tages war von deutschen Truppen nichts zu sehen außer Feldgendarmen. Erst bei Anbruch der Nacht bewegten sich Tanks, Artillerie und Fußtruppen auf den Straßen vorwärts. Die Lebensmittel suchenden Radfahrer verzogen sich in Scheunen und Heuschober oder einfach in die Wiesen und Äcker. Wir drei fanden eine Scheune, in deren Stroh sich schon eine ganze Rotte Pariser eingenistet hatte. Schlaf gab es kaum, wir hörten von draußen das Rasseln der Tanks und Fuhrwerke, Kommandorufe, gelegentliches Maschinengewehrfeuer, in der Ferne war Kanonendonner vernehmbar.

Gleich im ersten Bauernhof, den wir besuchten, konnten wir uns Fleisch, Käse, Butter und Eier einhandeln. Die Julisonne brannte erbarmunslos, nach knapp zwei Stunden war das Fleisch von Maden bewohnt. Auf einem kleinen Nebenweg der großen Straße kochten wir ab, brieten auf einem kleinen Feuer das Fleisch und schmausten. In unser Tafeln hinein brauste plötzlich ein deutsches Motorrad mit Beisitzer, die zwei Soldaten stiegen ab, um unsere verdächtige Zigeunerwirtschaft anzusehen. Da ich mich mit ihnen in deutscher Sprache unterhielt, waren sie verträglich, rieten uns aber, lieber abzuhauen. „Entweder die Tommies knattern euch etwas auf die Haut, oder unsere Feldgendarmerie holt euch, verschwindet so rasch wie möglich".

Sie saßen auf und rasten davon. Kaum hundert Meter weiter wurden sie von einem Flugzeug unter Beschuß genommen, das Fahrzeug überschlug sich, lautes Schreien und Gestöhne drang zu uns. Wir eilten zur Unfallstelle, der Beifahrer hatte den Oberschenkel aufgerissen und verblutete. Der Fahrer war mit leichten Sturzverletzungen weggekommen und begann mit seinem Hemd, das Bein seines Kameraden abzubinden. „Einer von euch kann mit dem Rad sofort ins nächste Dorf fahren und einen Wagen holen, sonst verblutet mir der unter den Händen," schrie er uns an. Pierre, der das beste Fahrrad besaß, radelte in das einige hundert Meter zurückliegende Dorf. Nach einer Viertelstunde kam er mit einem Pferdewagen, der die beiden Soldaten ins Dorf abfuhr.

Die alliierten Flugzeuge beherrschten den Himmel. Alles, was sich tagsüber auf der Straße bewegte, wurde unter M.-G.-Feuer genommen: Bauernwagen, Radfahrer, Fußgänger. Jedesmal, wenn die Vögel kamen, warfen wir Radfahrer uns in den Straßengraben suchten Deckung hinter Bäumen, auf der leer gefegten Landstraße radelte wild fluchend, verbissen und wütend Manuel weiter, wie ein Tour-de France-Fahrer....

Am dritten Tag konnten wir uns in einem Bauernhof reichlich mit Speck, Käse, Butter und Eiern eindecken; vorsorglicherweise hatten wir für Butter und Eier Blechbüchsen mitgenommen. Als wir im Begriff waren, den Hof zu verlassen, drang eine Schar deutscher Offiziere ein, angeführt von einem Obersten oder General. Die Herren musterten uns mißtrauisch, dann meinte der Führer der Bande lakonisch: „Na, die Burschen haben sich gut verproviantiert" und die ganze Suite stolzierte an uns vorbei. Das gefürchtete Hindernis für alle Proviantfahrer stellte die deutsche Feldgendarmerie dar, die Straßen und Wege überwachte. Es war beinahe unmöglich, diesen Kontrollen zu entgehen. Die Kerle waren raffiniert genug, die Radfahrer erst dann anzuhalten, wenn sie sich mit gefüllten Proviantsäcken auf den Rückweg nach Paris begaben. Wir mußten einigemale zusehen, wie den braven Familienvätern Fahrrad und Ware einfach weggenommen wurde; Bitten oder Proteste wurden mit Fußtritten und Drohungen beantwortet. Auch uns erwischten zwei Feldgendarmen, wir mußten von den Rädern steigen und sie kontrollierten unsere Vorräte.

"Was ist eigentlich los?", erkundigte ich mich bei dem Älteren.

"Ach, Sie sprechen deutsch, woher kommen Sie denn?"

"Wir sind Schweizer und haben etwas Lebensmittel eingekauft, weil es in Paris nichts mehr zu essen gibt. Wie sieht denn die Kriegslage aus?"

"Ha, die Tommies und die Amerikaner werden ins Meer zurück geschmissen. Die Geheimwaffe des Führers ist in Aktion getreten, Südengland steht in Flammen", verkündigte er stolz.

Sie ließen uns laufen. Es war eine harte Arbeit, mit den schwer beladenen Rädern vorwärts zu kommen, das ewige Flicken hatten wir schon längst aufgegeben, die durchlöcherten Schläuche weggeworfen. Die mit Gras ausgestopften Räder rissen unsere Hinterteile wund, in jeder Steigung mußten wir absteigen und die Räder schieben. Noch einmal nächtigten wir in einem Heuschober, während ein starkes Gewitter tobte.

Beim Eisenbahnknotenpunkt Trappes, einige Kilometer vor Versailles, wurden wir aufgehalten. Ein Munitionszug auf einem Nebengeleise war von der Widerstandsbewegung in Brand gesteckt worden, in kurzen Abständen explodierten Handgranaten und Gewehrmunition, hohe Flammengarben in die Luft schleudernd. Unser Versuch, von der Straße abzugehen und die Räder durch den vom Regen aufgeweichten Ackerboden zu schieben, mißlang. Was tun? Wir mußten durch. Manuel gab das Zeichen. "Wir rasen auf der Straße durch, Explosionen hin und her", kommandierte er. Als erster setzte er sein Rad in Schwung und sauste durch die gefährliche Stelle, wir folgten ihm. Bald wurden wir von einigen anderen Radlern, die gezögert hatten, nachgeahmt. Kaum verließen wir die letzten Häuser von Versailles, als die Stadt von Fliegern angegriffen und bombardiert wurde. Ausgepumpt, voll von Blasen, Schürfungen, aufgerissenen Ärschen, doch zufrieden kamen wir zuhause an. Einen Teil der Waren handelten wir gegen Kartoffeln ein. Zwei Wochen später unternahmen wir eine zweite Reise, ohne jeden Zwischenfall.

Manuel war viel zu nervös, um längere Zeit an einem Ort zu bleiben. Er fühlte sich im Kreise von "Marxistas" fehl am Platz. Seelenruhig setzte er uns auseinander: "Ihr seid für den Staat, autoritäre Marxisten, wir Anarchisten lehnen jede Staatsform ab. Wenn wir die Macht ergreifen, müssen wir Euch liquidieren. Ich bedaure es, aber verhindern kann man das nicht."

Er wollte nicht mehr bei uns bleiben und behauptete, er finde Mittel genug, um sich selbst durchzuschlagen. "Auf jeden Fall", sagte Manuel, „Ich werde einmal zurückkommen und meinen Pensionspreis bezahlen."

Wir konnten nur den Kopf schütteln und ihn ziehen lassen. Gut einen Monat später klingelte es gegen 11 Uhr nachts, stark beunruhigt, wer zu so später Stunde anrückte, öffnete ich. Vor mir stand Manuel, ein schweres Paket unter dem Arm.

"Nanu, Manuel, wo kommst Du denn her?", war meine Frage. "Ich komme meinen Pensionspreis bezahlen", erwiderte er gelassen. Ich ließ ihn eintreten und fragte ihn aus, während er sein Paket auspackte. Schwer versilbertes Besteck, Messer, Gabeln, Löffel, kamen zum Vorschein.
"Mensch, was soll das bedeuten? Woher bringst Du das Zeug?"
"Damit bezahl ich Euch", erwiderte Manuel. "Ich hab bei den Deutschen Arbeit gefunden. Die suchen nämlich Leute, um all die Blindgänger in der Pariser Umgebung auszugraben. Die gefährliche Arbeit wird gut bezahlt, da mach ich mit. In der Nacht habe ich schon zweimal Eisenbahnwagen aufgebrochen, die zur Abfahrt nach Deutschland bereitstehen und den Nazis ihr Beutegut wieder gemaust. Das ist doch ganz in Ordnung."
Er ließ das Silbergeschirr zurück, drückte mir die Hand, ließ alle Kameraden grüßen und wie er gekommen, verschwand er lautlos in der Nacht. Für uns blieb er verschollen, letzte Erinnerung an das spanische Volk.

Viktor

Viktor, der deutsch-jüdische Emigrant, weilte mit kurzen Unterbrechungen bis März 1944 bei uns. Es war den französischen Trotzkisten nicht gelungen, ihm eine sichere Wohnung zu verschaffen. Er zog auch den Aufenthalt bei uns vor, weil wir zusammen die Flugblätter in deutscher und französischer Sprache verfaßten. Außerdem benützte er eifrig die umfangreiche Bibliothek, die sich bei uns angehäuft hatte. Es gab da so ziemlich alles: die aus mehreren Hundert Bänden bestehende Sammlung von Paul Frölich über die französische Revolution, die wichtigsten Klassiker des Sozialismus, Lenins gesammelte Werke, fast alle Schriften Trotzkis's, deutsche und französische Belletristik, Werke über die Geschichte der revolutionären Bewegung und über die russische Revolution. Alle diese mehr oder weniger kompromittierende Literatur war im Keller versteckt, während im großen Parterrezimmer die Bücherschränke mit chinesischer Literatur angefüllt waren, die ein befreundeter ungarischer Sinologe bei uns sicher gestellt hatte; die chinesischen Bücher dienten uns als Schutz gegen etwaige unwillkommene Besucher.

Insbesondere aber blieb Viktor bei uns, weil es ihm geglückt war, eine aktive Propaganda unter den deutschen Soldaten in Gang zu bringen. Tatsächlich war es ihm gelungen, im Kriegshafen von Brest Verbindung mit deutschen Soldaten aufzunehmen. Mit mir zusammen wollte er nun eine von den deutschen Soldaten geschriebene Soldatenzeitung herausgeben, die zum Sturze Hitler's aufforderte. Er legte mir Briefe der Soldaten aus Brest vor, welche die verlustreichen Kämpfe in Russland schilderten, die Kriegsmüdigkeit und Hitlerfeindschaft beredt zum Ausdruck brachten. Ein oder zweimal in der Woche unternahm Viktor die gefährliche Fahrt nach Brest; dort kam er nachts mit deutschen Soldaten zusammen, diskutierte mit ihnen, nahm Briefe und kurze Artikel in Empfang. Diese antinazistische Literatur wollte er bei uns vervielfältigen und als Soldatenzeitung herausbringen. Lange zögerte ich, bevor ich meine Einwilligung für diese gefahrenreiche Arbeit gab. Clara's Gesundheitszustand war noch immer nicht der beste, sie ging noch mühsam am Stock. Zudem bestanden zwischen Viktor und mir noch immer erhebliche Differenzen. Viktor war allerdings nicht mehr jener intransigente Trotzkist von ehemals; der Verkehr mit uns, die hitzigen Diskussionen, die Verbindung zu anderen revolutionären Gruppen, die besonders sture Einstellung der französischen Trotzkisten, sowie deren organisatorische Unfähigkeit, hatten seine ursprüngliche Einstellung stark modifiziert. Trotzdem hielt er an seiner Organisation fest. Nach langen Gesprächen einigten wir uns auf einen Kompromiß: die Soldatenzeitung sollte nur zu deutschen Fragen Stellung nehmen, hinsichtlich Russlands wollten wir einfach diese Briefe der deutschen Soldaten ohne Kommentar veröffentlichen. Wir brachten etwa 4 Nummern der Zeitung unter dem Titel: *"Arbeiter und Soldat"* heraus; im leeren Atelier vervielfältigen wir das Blatt. Den kleineren Teil verteilten wir in Paris, wie gewohnt, den Rest nahm Viktor jeweils auf seine Fahrten nach Brest mit. Kurz vor der Landung der Alliierten hatte Viktor die Bekanntschaft einer deutschen Emigrantin gemacht und konnte mit ihr zusammen in ihrem Zimmer wohnen. Er kam trotzdem regelmäßig zu uns, holte sich Bücher, kam vor allem zur Herausgabe der Zeitung. Über vier Nummern kamen wir nicht hinaus, die Soldatengruppe in Brest flog auf; eine Reihe der Soldaten wurden erschossen, ein anderer Teil (nach Viktor's Angaben waren es etwa 15 Soldaten gewesen) an die Ostfront abgeschoben. Auch unter den Trotzkisten in Brest gab es Verhaftungen, die Gestapo fand Adressen und rollte langsam die ganze Organisation bis nach Paris hinauf auf. Die Gestapo wußte von der Tätigkeit eines gewissen Viktor und suchte eifrig nach diesem mysteriösen Agenten. Mitte Juli, während der schweren Landungskämpfe in der Normandie erreichte uns die Nachricht von Viktor's Verhaftung. Wir waren bestürzt. Sollten wir die Wohnung verlassen? Da Viktor seit einigen Wochen nicht mehr bei uns übernachtet hatte und es bei seiner Vorsicht ausgeschlossen war, daß er irgendwelche Adressen bei sich trug, glaubten wir das umgehen zu können. Doch, konnte er nicht zum Sprechen gezwungen werden? Die Nachricht von seiner Verhaftung blieb ziemlich konfus. Schließlich erfuhren wir, daß er und seine Freundin sowie ein rumänischer Trotzkist von der französischen Polizei verhaftet worden seien. Das bewog uns endgültig im Haus zu bleiben und abzuwarten.

Es geschah nichts. Eine Woche verging ohne Nachricht. Ein telenischer Anruf brachte die ganze Affäre in Schwung. Als ich den Hörer abnahm, meldete sich eine Frauenstimme: "Hier Rothschildspital, kennen sie einen Herrn Viktor?"

"Herr Viktor?, keine Ahnung", antwortete ich unverzüglich. "Aber er gab mir doch Ihre Telefonnummer, er hatte einen Unfall und liegt hier seit 8 Tagen im Spital. Er wünscht Sie sollen ihn besuchen."

Aus der Muschel waren deutlich das Kommen und Gehen von Schritten und die Stimmen von Männern und Frauen zu vernehmen.

"Von 1 bis 3 Uhr", orientierte mich die Dame, und ich versprach zu kommen.

Das Rothschildspital war ein jüdisches Spital und stand unter deutscher Kontrolle. Clara und ich, wir waren ausnahmsweise allein , berieten uns. Kann es sich um eine Falle handeln? Wie kam Viktor in das Spital? Wir wollten es riskieren, und ich beschloß, am Nachmittag ins Spital zu gehen.
Ich fuhr mit dem Rad hin. Im Eingangsgebäude herrschte das übliche Hin und Her von Besuchern, Krankenschwestern und Patienten. Das Spitalpersonal trug ausnahmslos den Judenstern, was mein Mißtrauen verminderte. Bewußt wanderte ich zuerst etwas ziellos in den Korridoren umher, um erst 'mal alles zu beobachten. Endlich knüpfte ich mit einer Krankenschwester ein Gespräch an, fragte nach Herrn Viktor. Sie sah mich mit großen Augen an und sagte kurz: "Kommen Sie".
Sie geleitete mich schweigend in ein Einzelzimmer, im einzigen Bett lag Viktor. Er trug einen Kopfverband, um die Brust eine breite, dicke Bandage, sein Gesicht war fahl und eingefallen. Die Schwester zog sich zurück, wir waren allein, Viktor lächelte schwach.
"Mensch, Viktor, was ist los?"
"Die Gestapo hat mich erschossen", flüsterte er leise.
"Na, beruhige Dich, Du bist noch zu schwach", beruhigte ich ihn.
"Nein, Pavel, ich rede nicht irre, es geht mir jetzt leidlich gut. Ich habe einen Kopf- und Brustschuß, sie haben mich hier operiert, ich lag einige Tage bewußtlos. Jetzt geht es besser. Was gibt es Neues in der Welt?"
"Neues? Deutsche Offiziere versuchten ein Attentat auf Hitler, leider ist es mißlungen. Einzelheiten kennt man noch nicht, es soll schon viele Verhaftungen und Hinrichtungen geben. In Paris selbst haben sich die Deutschen untereinander geschlagen. Die alliierten Truppen nähern sich Paris", orientierte ich ihn.
Seine Augen glänzten, wieder lächelte er.
"Das will ich noch erleben".
"Was haben sie denn mit Dir angestellt?"
"Das ist eine lange Geschichte. Wie sie auf unsere Spur kamen, weiß ich noch nicht. Alice und ich kamen nach Hause, und da saßen sie schon im Zimmer und warteten auf uns. Zu gleicher

Zeit verhafteten sie den rumänischen Genossen Etienne und seine Frau, die im gleichen Quartier wohnten. Alle vier wurden wir in das Büro der französischen Spezialpolizei in der Avenue Monceau transportiert. Mich setzten sie im dritten Stock in ein Zimmer und gaben mir eine Wache hinein. Etienne muß im ersten Stock gewesen sein. Jedenfalls kamen die Polizisten am Morgen ins Zimmer gestürzt, wütend, Etienne war in der Nacht aus dem Fenster gesprungen und ihnen entkommen, da seine Wache eingeschlafen war. Aus Wut darüber ließen sie ihre Rache an mir aus und prügelten mich tüchtig mit ihren Gummiknüppeln.
"Ah, wir wissen wer Du bist und was Du treibst, wäre der andere nicht geflohen, hätten wir Dich freigelassen, jetzt übergeben wir Dich der Gestapo, die wollen Dich schon lange haben", brüllten sie während des Prügelns. Zwei Stunden später holte mich die Gestapo ab. Was aus Alice geworden ist, weiß ich nicht.
Das gesamte in meinem Zimmer beschlagnahmte Material war schon in ihren Händen, Leugnen war nutzlos. Das Verhör begann.
„Nun, Bursche, was meinst du, wer den Krieg gewinnt?"
„Hilter sicher nicht", gab ich zurück.
„Du bist Jude?"
„Ich bin stolz darauf."
Sie begannen zu prügeln, brachen mir eine Rippe. Tagelang dauerte dann das richtige Verhör, doch sie erfuhren nichts von mir. Nach einigen Tagen, genau weiß ich es nicht, den Zeitbegriff hatte ich in dem Keller verloren, holten sie mich. Zwei Offiziere und zwei Soldaten setzten mich in ein Auto und fuhren mit mir weg. Vor der Wegfahrt hatten sie mir Handschellen angelegt. Unterwegs erklärte mir der neben mir sitzende Offizier: „Wir werden dich jetzt nach Fresnes, ins Militärgefängnis bringen, du wirst von deutschen Gerichten abgeurteilt."
Im Wald von Vincennes angelangt verließ das Auto bald die breite Fahrstraße und schlug kleine Waldwege ein. Ich wußte, das ist das Ende, sie werden mich „Auf der Flucht erschießen". Als das Auto hielt, mußte ich aussteigen. Ohne ein Wort zu sagen hielt mir einer der Offiziere die Pistole an die Schläfe und drückte ab.
Ich erwachte, jemand rüttelte mich an den Schultern, ein Mann

fragte mich etwas. Nach seinen Angaben — es war ein französischer Polizist auf der Heimfahrt mit seinem Rad — soll ich ihm „Gestapo, Gestapo" gesagt haben, und wieder in Ohnmacht gefallen sein.
Erst hier bin ich wieder erwacht. Die Schwestern sind rührend zu mir. Ein Polizeiauto soll mich hergebracht haben, der Polizist erzählte, wie er mich im Wald von Vincennes gefunden hatte. Die Kugel blieb im Kopf stecken, eine zweite streifte das Herz. Sie haben mich hier glänzend operiert. Da bin ich nun, von der Gestapo erschossen."
Schweigend hatte ich seiner Erzählung zugehört. Mein erster Gedanke war:
„Was ist jetzt zu tun?"
„Hast du dich schon mit deiner Organisation in Verbindung gesetzt?"
„Nein, ich bin ja erst seit gestern mittag wieder bei Bewußtsein."
„Gut, gib mir Adressen, damit ich sie benachrichtigen kann, sie haben eventuell Mittel und Wege, um etwas zu unternehmen."
Viktor gab mir zwei Adressen aus dem Gedächnis. Ich mußte ihm versprechen, nochmal zu kommen, jedenfalls alles zu tun, um die Verbindungen zu den französischen Trotzkisten herzustellen. Tief erschüttert und beunruhigt verließ ich das Spital.
Sofort radelte ich mit dem Rad zu einer der zwei Adressen. Es war eine Frau, eine Griechin, deren Mann, Pablo, eine führende Rolle in der trotzkistischen Organisation spielte. Sie aber kannte mich nicht. In großen Zügen erzählte ich Viktor's Geschichte und bat sie, etwas für ihn zu tun.
„Wieso kommen Sie zu mir, ich kenne Sie nicht, keinen Viktor, ich habe mit der Sache nichts zu tun", erklärte sie kalt.
Die Frau war auf der Hut, vorsichtig, wollte sich nicht bloßstellen. Zehn Minuten lang unterhielt ich sie mit Einzelheiten aus der trotzkistischen Organisation, nannte den illegalen Namen ihres Mannes, bis sie endlich klein beigab und Vertrauen gewann.
„Einverstanden, ich sehe, Sie kennen zu viele Einzelheiten über uns. Wir kennen Viktor's Lage bereits. Ich bin wie Sie, auch der Meinung, daß er nicht lange im Spital bleiben darf, das ist zu ge-

fährlich. Übrigens haben wir einen Arztgenossen im Spital, der auf Viktor aufpaßt."
Sie versicherte mir, schon am nächsten Tage werde jemand Viktor besuchen, seine Organisation werde sich seiner annehmen. Ich radelte nach Hause.
Clara war, wie ich, von Viktor's Schicksal tief beeindruckt. Wieder und wieder sprachen wir die Sache durch und überlegten, was zu tun sei. Clara hegte die Befürchtung, es könne auch für uns Unheil geben, da doch die Krankenschwester unsere Telefonnummer kenne. Das war eine mögliche Gefahr. Wir beschlossen, um uns Gewißheit zu beschaffen, noch einmal ins Spital zu fahren, um sowohl diese Schwester wie Viktor zu sprechen.
Es war ein Freitag, rasch fand ich die Krankenschwester die telefoniert hatte.
„Sie haben doch meine Telefonnummer vergessen, nicht wahr, Schwester?"
Sie zeigte auf ihren Judenstern und sagte still: „Sie können ruhig sein".
Da keine Besuchszeit war, fragte ich die Schwester, ob ich Viktor besuchen könne. Sie führte mich zu ihm. Viktor war hoch erfreut.
„Hast du schon Besuch gehabt?", fragte ich ihn sofort.
„Heute morgen war ein Arzt da in Begleitung eines Mannes, den ich nicht kenne. Ich weiß nicht, ob das jemand von uns war."
„Was wollte der Mann, hat er mit dir gesprochen?"
„Nein, der Arzt untersuchte mich, hinter seinem Rücken hielt mir der Mann ein Metroticket entgegen, auf dem mein richtiger Name stand und fragte mit einer Kopfbewegung. Ich bejahte mit einem Kopfnicken".
Wer konnte das gewesen sein? Eine böse Ahnung beschlich mich. Um Viktor nicht zu beunruhigen, sagte ich nichts, berichtete ihm nur von meinen Bemühungen.
„Weißt du, Pavel, ich habe kein Vertrauen in die französische Organisation, versuch doch du etwas, mit deiner Gruppe, damit ich hier herauskomme."
„Du bist doch noch zu schwach, wie sollen wir dich hier heraus-

kriegen?"
„Ich bin nicht zu schwach", protestierte er. „Eine kurze Strecke kann ich gehen. Wenn ich zu lange hier bleibe, holen sie mich wieder."
Er ließ mir keine Ruhe, bis ich ihm versprach, unabhängig von den französischen Trotzkisten seine Entführung aus dem Spital zu organisieren. Beim Abschied teilte ich ihm mit, ein Kamerad unserer Gruppe, den er kenne, werde ihn am nächsten Tag besuchen.
Zuhause hielten wir Kriegsrat. Die Kameraden unserer Gruppe waren durchaus damit einverstanden, daß wir versuchen, Viktor zu retten, sie kannten und schätzten ihn. Es war uns absolut klar, daß die Gestapo von der Einlieferung Viktor's ins Spital früher oder später erfahren werde; alle Spitalbehörden hatten strenge Order, mit Schußverletzungen eingelieferte Patienten polizeilich zu melden. Zudem hatte der französische Polizist, der ihn im Walde entdeckt hatte, seinem Kommissariat bestimmt einen Rapport abgeliefert; von da aus mußten die deutschen Behörden ebenfalls unterrichtet werden. Schnelles Handeln war geboten.
Über die Befreiung aus dem Spital diskutierten wir lange. Obwohl wir überzeugt waren, beim jüdischen Spitalpersonal auf keinen Widerstand zu stoßen, konnten wir auf Waffen nicht verzichten. Dem jüdischen Personal mußte die Möglichkeit eines scheinbaren Widerstandes geboten werden. An Waffen fehlte es nicht: im Vorgarten unseres Pavillons hatten wir seit Monaten eine Maschinenpistole und zwei Revolver eingegraben. Aber wie sollte Viktor transportiert werden? Wohin mit ihm? Wir verfügten über keinen Wagen. Schließlich einigten wir uns auf folgenden Plan: aus dem Telefonverzeichnis wollten wir die Adresse eines Arztes heraussuchen, in dessen Namen einer von uns eine Ambulanz anfordern sollte; wir gaben die Adresse des abzuholenden Patienten an und wählten in unserem Quartier ein Haus mit Hinterhof. Bei der Ankunft der Ambulanz sollten drei unserer Kameraden den Chauffeur und seinen Begleiter unter Waffendrohung zwingen ins Rothschildspital zu fahren. Zwei unserer Leute sollten Viktor, wenn nötig mit Waffengewalt, herausholen, während zwei weitere

vor dem Spital Wache hielten. War einmal die Entführung aus dem Spital geglückt, wollten wir in die Vallee de Chevreuse fahren, weit genug vom Landhaus unserer Freundin Germaine entfernt die Ambulanz mit ihren Leuten zurückschicken, ihnen die Rache der Widerstandsbewegung androhen, falls sie nähere Angaben machen würden; den schwer verletzten Viktor wollten wir dann auf einem Handwagen in sein Versteck führen. Da viele Bedenken bestanden, ob dieser Plan klappen würde, wollten wir ebenfalls für etliche Tage unseren Pavillon verlassen.

Wie ich Viktor versprochen hatte, schickte ich am Samstagmorgen unsern Kameraden Pierre ins Spital um ihn zu besuchen und über unsere Vorbereitungen zur Flucht zu informieren. Pierre kam nach einer knappen Stunde zurück: kaum eine Viertelstunde nach meinem letzten Besuch am Freitag hatte die Gestapo Viktor in einem deutschen Sanitätsauto abgeholt. Das Spitalpersonal wußte nicht, wohin Viktor geführt worden war.

Wir waren alle erschüttert, doch wollten wir nicht die letzte Hoffnung aufgeben. Die Trotzkisten, mit denen wir uns erneut in Verbindung setzten, entschuldigten ihre Untätigkeit mit der Begründung, ihr Arztgenosse hätte Viktor für transportunfähig erklärt. Die Gestapo allerdings ließ sich durch solche Kleinigkeiten nicht aufhalten...

Unsere Frauen in der Gruppe setzten alles in Bewegung, um Viktor's Aufenthaltsort auszukundschaften. Nach einigen Tagen wußten wir: Viktor befand sich im deutschen Militärspital, Boulevard de l'Hopital. Frip, ein deutscher Emigrant, der manchmal zu uns essen kam, erbot sich, vor dem Spital Wache zu halten, eventuell sei etwas zu erfahren oder zu sehen. Es gelang uns, auf dem Umweg über das Rote Kreuz für Zivilinternierte bis zu dem protestantischen Militärgeistlichen des Militärspitals vorzudringen In einer Aussprache mit Jeannette war der Herr sehr höflich, versicherte aber, er wisse nichts, im Spital befinde sich eine Abteilung für Terroristen, zu dieser hätte er keinen Zutritt. Er gab ihr den Tip, sich an den Intendanten zu wenden. Bei diesem erhielten wir die Bestätigung, ein solcher Mann sei in der Abteilung für Terroristen eingeliefert worden. Er werde streng abgeschlos-

sen gehalten und befinde sich auf dem Wege der Genesung.
Viktor aus dem gut bewachten Militärspital zu befreien war unmöglich. Doch stellten wir drei Tage lang abwechselnd Freunde vor das Spital, um Abtransporte zu überwachen. Unsere einzige Hoffnung bestand im raschen Vordringen der alliierten Truppen auf die Hauptstadt. Die Deutschen begannen Paris zu evakuieren. Zwei Tage lang fuhren Lastwagen und Sanitätswagen Material, Kranke und Verwundete aus dem Spital weg; ob sich Viktor dabei befand, ließ sich nicht feststellen. Nie mehr sollten wir von ihm hören, wahrscheinlich wurde er auf dem Rückzug irgendwo liquidiert. Mit seinem wirklichen Namen hieß Viktor: *Paul Wittlin*.

Die Befreiung von Paris

Die alliierten Armeen standen vor Paris. Es konnte sich nur noch um wenige Tage bis zu ihrem Einmarsch handeln. Bei den deutschen Truppen und ihren französischen Kumpanen herrschte Nervosität. In aller Eile wurden Truppen und Material abtransportiert. Hämisch lächelnd standen die Pariser umher, beguckten neugierig und zufrieden die Reisevorbereitungen der unwillkommenen Gäste. Alles wies darauf hin, daß um Paris nicht gekämpft werden sollte. Wie immer wirbelten die tollsten Gerüchte durch die Stadt. Kurz vor dem Einmarsch der Alliierten gab die Widerstandsbewegung den Aufruf zum Streik, wenige Stunden später zum Aufstand heraus. Der Generalstreik klappte, mit dem Aufstand haperte es. In unserem Quartier blieb vorerst alles ruhig; rund um die zwei großen Garagen in unserer Nähe, die von den Deutschen besetzt waren, hatten sie Drahtverhau gezogen, hinter dem gelangweilt ein Soldat Wache hielt.
Die Bevölkerung promenierte in den Straßen, diskutierte und freute sich über den Abzug der Eroberer, niemand schien den Wunsch zu hegen, den Abzug mit Waffengewalt zu beschleunigen. Clara begleitete mich an die Porte d'Orleans um etwas von dieser Aufstandsatmosphäre mitzukriegen.
Auf der südlichen Ausfallstraße gegen Montrouge zu stand in der Straßenmitte ein deutscher Offizier und regelte mit einer Ver-

kehrskelle die Ausfahrt der deutschen Fahrzeuge. Ein mit einer Maschinenpistole behangener deutscher Soldat kreiste zu seiner Sicherung um ihn herum. Die Bewohner des Quartiers standen auf den Trottoirs, rissen Witze über die eilige Abfahrt der „Boches", ohne feindselige Haltung einzunehmen. Plötzlich kam Bewegung in die Menge, sie drängte auf die Strße, näher an den deutschen Offizier heran, Rufe wurden laut:„La Resistance, La Resistance". Von Alesia her kamen vier Autos angesaust,geführt von einem Jeep, auf dem stolz die Trikolore flatterte. Bewaffnete Zivilisten stiegen aus, am Arm trugen sie die dreifarbige Binde: drei von ihnen näherten sich mit militärischem Schritt dem Offizier, grüßten, und begannen mit ihm zu verhandeln. In weitem Kreis umstand die Menge die kleine Gruppe, um zuzuhören und ja kein Wort der Unterredung zu verlieren.

Der Sprecher der Widerstandsbewegung sagte deutlich vernehmbar:

„Mein Herr, Paris befindet sich in den Händen der Widerstandsbewegung, jeder Widerstand ist nutzlos, Sie haben sich als gefangen zu betrachten".

In perfektem Französisch erwiderte der Deutsche:„Bedaure sehr, ich bin hier um den Abzug der deutschen Truppen zu regeln. Wenn sie Waffengewalt anwenden wollen, bitte, ich kann es nicht verhindern".

Mit einer Handbewegung hatte er seinen Wachsoldaten zu sich befohlen. Die Widerstandskämpfer parlamentierten unter sich, machten kehrt, stiegen in ihre Autos und fuhren davon.

Aus der verdutzten Menge, die schweigend und gespannt zugehört hatte, ertönte Lachen, viele begannen zu Schimpfen und der allgemeine Schlußkommentar lautete: „Merde alors, c'est cela, la Résistance".*

Da aus anderen Teilen der Stadt Nachrichten über Kämpfe kamen, bummelten Pierre und ich am Spätnachmittag ins Quartier Latin. Vereinzelt ertönten Schüsse, die Straßen waren beinahe leer, nur unter den Haustüren und Torbogen standen Leute, die

---

*„Verdammte Scheiße, das ist also die Resistance!"

eifrig schwatzten. Den Boulevard St. Michel hinauf raste ein deutsches Motorrad mit Beiwagen. Schüsse krachten, der Soldat im Beiwagen zuckte wild auf, fiel aus dem Wagen auf die Straße, das Rad fuhr im Zick-Zack einige Meter weiter, dann konnte es der Fahrer zum Stehen bringen. Er lief zurück zu seinem verletzten Kameraden, versuchte ihn aufs Trottoir zu schleppen, Zivilisten sprangen herbei, um ihm zu helfen, der Mann war tot. Unbehindert nahm ihm der Fahrer seine Papiere und Gewehr ab, bestieg sein Rad und fuhr unbehelligt weiter. Von den Schützen keine Spur. Durch Nebenstraßen stießen wir vorsichtig bis zur Place St. Michel an der Seine vor. Die Brücke war nicht gesperrt, doch sie zu begehen war ein Wagnis, von überallher wurde geschossen. Von unserem Standort aus, einer großen Barrikade auf dem Platz, von Studenten und Arbeitern besetzt, konnten wir dem Kampf um die Polizeipräfektur zusehen. Die französische Polizei, so wurde erzählt, hätte sich im Gebäude verschanzt und leiste heftigen Angriffen der deutschen Truppen Widerstand. Leichte deutsche Tanks feuerten auf das Gebäude der Präfektur, verschwanden wieder in einer Nebenstraße. In den engen Straßen und Gassen des Quartiers herrschte die Widerstandsbewegung. Fieberhaft wurden überall Barrikaden verstärkt, neue gebaut, in Torbogen und an Straßenkreuzungen lauerten Widerstandskämpfer auf den Feind. Ein mit deutschen Soldaten besetzter Lastwagen geriet am Boulevard St. Germain in einen Hinterhalt, wurde von allen Seiten heftig beschossen. Die Soldaten sprangen ab, legten sich auf die Straße und begannen sich mit einem unsichtbaren Feind herumzuschießen. Ihre Situation war aussichtslos, der Lastwagen wurde durch Handgranaten in Brand gesteckt; von allen Seiten umzingelt und beschossen, ergaben sich die Überlebenden nach wenigen Minuten.
Hinter einer großen Barrikade am Boulevard St. Jacques trafen wir auf Frip. *(Fridolin Wiener);* er hatte sich in seine alte Khakiuniform gestürzt, die er während der „Drole de Guerre" bei den englischen Truppen getragen hatte. Er besaß genau das Aussehen eines englischen Offiziers im Ruhestand. Frip, wie immer sehr aufgeregt, benahm sich ungeheuer wichtig. Inmitten einer Gruppe

von Leuten dozierte er wild gestikulierend: „Die Engländer sind schon auf der Place de la Bastille, wir müssen durchbrechen und ihnen Hilfe bringen". Als er Pierre und mich erkannte, wandte er sich uns zu.

„Wenn du den Unsinn weitertreibst, endest du als Leiche oder im Gefängnis", sagte ich ihm kühl: „Mit deinem Akzent und deinem wilden Getue erweckst du doch nur Mißtrauen, noch sind die alliierten Truppen gar nicht in Paris".

Es half nicht, er agitierte unentwegt weiter. Frip geriet tatsächlich ins Gefängnis, war im Lager der Kollaborateure, und es kostete uns unendliche Mühen ihn wieder rauszukriegen.

Der alte Mathematikprofessor, der hinten in unserer Passage ebenfalls einen Pavillon bewohnte, kam abends an unser Fenster und verlangte mich zu sprechen. „Sie verstehen doch, Herr Thalmann, wir haben keine Regierung mehr (die Vichyregierung war nach Deutschland geflohen), ich wollte Sie um ihr Einverständnis bitten, das eiserne Tor zur Passage am Abend abzuschließen". Dem alten, zitternden Herrn gab ich gerne meine Einwilligung.

Am zweiten Tag änderte sich auch in unserem Stadtteil die Situation. Um die zwei deutschen Garagen herum gab es Schiessereien, an der Avenue de Chatillon bauten junge Leute Barrikaden, das Pflaster wurde aufgerissen, Bäume gefällt, Kisten, Bretter, alte Eisenbetten aufgetürmt. An den Plakatwänden erschienen kleine Plakate, Aufrufe und die ersten Zeitungen der Widerstandsbewegung. Ein Aufruf der Widerstandsbewegung der forderte zum Kampfabbruch auf, um jedes weitere Blutvergießen zu vermeiden; Waffenstillstandsverhandlungen seien im Gange, um den Abzug der deutschen Truppen zu bewerkstelligen. Wenige Stunden später prangte neben diesem Aufruf eine Proklamation der kommunistischen Zeitung „L'Humanite", die zur Weiterführung des Befreiungskampfes aufforderte. In blutrünstiger Sprache wurden die Pariser aufgerufen, Barrikaden zu bauen, die deutschen Soldaten abzuschießen und „mit dem Blut der Boches die Rinnsteine zu füllen". Die Gegensätze innerhalb der Widerstandsbewegung traten klar zutage, die Extremisten gewannen die Oberhand. Die Kämpfe lebten auf, obwohl sich nur eine kleine

Minderheit, vor allem die Jugend, daran beteiligte.

Am vierten Tag der Straßenkämpfe rückte die Division Leclerc in Paris ein, sie kam vom Süden durch die Avenue d'Orleans. Der Jubel der Bevölkerung war unbeschreiblich, die Tanks und Jeeps wurden gestürmt, Burschen und Mädchen, die Trikolore schwingend, schreiend und singend, zogen auf den Kampfwagen ins Stadtinnere. Eine dichte Menschenmenge bedeckte die breite Straße . Da krachten Schüsse, Clara und ich retteten uns in einen Hauseingang, die Straße war von Menschen im Nu leer gefegt, die langsam fahrenden Tanks begannen zu schießen, niemand hatte die geringste Ahnung was los war.

Mit dem Einzug der Alliierten nahmen die Kämpfe ein rasches Ende. Die letzten Widerstandsnester der deutschen Truppen wurden erledigt, die Kommandoposten an der Oper, der Place de la Concorde und an der Militärschule kapitulierten. Paris war befreit. Wie am 14. Juli tanzte die Bevölkerung zusammen mit den alliierten Soldaten auf der Straße und auf den Plätzen.

Am Tage, da General de Gaulle, vom Nationalkommitee der Widerstandsbewegung umringt, seinen Einzug in Paris hielt und in einem endlosen Zug in die Notre Dame de Paris zog, um eine Messe zu zelebrieren, marschierten Pierre und ich durch die Stadt. Wir hatten zwei Tabakskarten erbeutet, doch konnten wir die Zigaretten nur in einem Tabaksladen hinter der Place de la Concorde einlösen. Transportmittel gab es noch keine, und wir trabten zu Fuß los, um all unseren passionierten Rauchern das seltene Kraut zu verschaffen. Auf der weiten Place de la Concorde, gerieten wir in eine unabsehbare Menschenmenge, die dem Einzug de Gaulle's zujubelte. Rundum auf dem Platz standen alliierte Tanks, Militärfahrzeuge, die Jeeps waren von Blumen übersät, auf Leiterwagen saßen. in allen Trachten der französischen Provinzen, Frauen und Kinder, jubelnd und singend. Ob wir wollten oder nicht, wir mußen dem Siegesjubel beiwohnen.

In den Freudentaumel hinein krachten Schüsse, eine unbeschreibliche Panik brach aus: starr vor Schreck wogte die Menschenmenge wie ein aufgestörter Ameisenhaufen durcheinander.

Die Menschen suchten Schutz hinter den Militärfahrzeugen, den Fontänen, warfen sich schreiend zu Boden, fielen übereinander, stiessen und traten sich. Kommandorufe ertönten: "Alles zu Boden werfen". Die riesige Fläche des Platzes war ein einzig bewegtes Körpermeer; jetzt begannen auch die Tanks zu schiessen. Wer auf wen schoß, war nicht zu erkennen. Pierre und ich hatten uns sofort zu Boden geworfen, lagen aber vor der Fontäne in heikler Lage. Langsam krochen wir zurück hinter den Brunnentrog. Dahinter stand hoch aufgerichtet, ein junger Priester mit seinen Schützlingen. Mit fester und klarer Stimme sang er seinen sitzenden Zöglingen die Marseillaise vor, mit wilden Gesten dirigierend die mutigsten standen auf und scharrten sich um ihren Vorsänger. Verwundete stöhnten, Frauen kreischten, Kinder heulten, Ambulanzen kamen angesaust und luden Tote und Verletzte auf. Nach einigen Minuten hörte die Schiesserei auf, Soldaten erschienen auf den Dächern des Marineministeriums, dem Hotel Crillon. Gerüchte zirkulierten, französische faschistische Miliz hätte von diesen Dächern aus auf de Gaulle's Festzug geböllert.

Mit dem Beginn der Kämpfe in Paris hatte auch die Jagd auf Kollaborateure eingesetzt. Wer irgendwie mit den Besatzungsbehörden in Verbindung gestanden hatte, wurde von lieben Nachbarn denunziert, eifrige Patrioten der letzen Stunde übernahmen die Bestrafung der Schuldigen. Beim Nachhausegehen stießen Clara und ich mitten in der Avenue d'Orleans auf eine solche Strafexpedition. Etwa ein Dutzend Frauen, die Köpfe kahlgeschoren, wurden mit nackten Füßen durch die Straße getrieben. Eine johlende Menge begleitete sie mit Schimpfrufen, bespuckte sie. Jede der Frauen trug einen Karton um den Hals, mit der Inschrift: "Ich habe mit einem Boche geschlafen". Unter den Zuschauern klatschten einige Beifall, viele wandten sich angeekelt ab. Der Anblick der wie Raubtiere zur Schau gestellten Frauen brachte Clara in Wallung. Wie eine Furie warf sie sich mit ihrem Krückstock bewaffnet in die Masse der Menschen, und drang den Stock schwingend, auf die Begleitmannschaft ein, bevor ich sie zurückhalten konnte. Sie verschwand in einem dichten Gewühl, ich hörte nur noch ihre laute, schimpfende Stimme. Ich drängte mich in den

Haufen, in dem sie wütend die Männer und Frauen, die den Zug begleiteten anschrie: "Ihr seid doch keine Nazis, das ist unmenschlich, Franzosen unwürdig, nur Schweine können so etwas tun". Erregte Debatten entstanden, wir wurden hin und hergeschubst, doch ein großer Teil der Leute stimmte uns zu. Die Meinung, so etwas dürfte man nicht einreissen lassen, setzte sich durch. Der erbärmliche Schauzug löste sich in Tumult auf. Ähnliche Szenen hatten sich in anderen Quartieren der Stadt abgespielt; sie dauerten nicht lange. Der gesunde Sinn der Pariser lehnte diese Exzesse ab, die Proteste wurden allgemein und diese Schaustellungen wurden gestoppt.

Nach diesem unerwarteten Zwischenfall setzten wir uns auf die Terrasse des Eckrestaurants an der Porte d'Orleans, um eins zu trinken. Ein baumlanger amerikanischer Sergeant warf plötzlich sein Fahrrad zu Boden, stürmte auf uns los, warf kurzerhand den Tisch mit unseren Getränken um und umarmte uns: es war Willi, unser Mundharmonika-Willi aus Spanien.

Die ersten Minuten konnten wir, zitternd vor Erregung nicht sprechen, dann ging das Erzählen los. Willi war noch vor der Besetzung der freien Zone aus dem Lager von Verney befreit worden; Freunde in Amerika hatten ihm ein Gefahrenvisum besorgt und er konnte Amerika erreichen. Willi wurde mobilisert, dank seiner Sprachkenntnisse und seiner Vertrautheit mit deutschen Verhältnissen, konnte er sich nützlich erweisen. Bei der Landung in der Normandie wurde er in die vordersten Linien geschickt; mit dem Lautsprecher sprach er zu den deutschen Soldaten und spielte ihnen auf seiner Mundharmonika deutsche sentimentale Lieder vor, um sie zum Überlaufen zu bewegen.

Seit drei Tagen in Paris, hatte er sofort nach uns nachgefragt. Er traf niemanden. Zwei Tage lang setzte er sich in ein Cafe am Boulevard St. Michel, in dem vor dem Kriege die deutschen Emigranten verkehrt hatten, in der sicheren Hoffnung, irgendeinen Bekannten zu treffen. Er hatte Glück, er traf Jean Wetz, der unsere Adresse kannte. Als er uns sah, war er auf dem Wege zu unserem Pavillon.

Noch am selben Abend erschien er bei uns im Pavillon mit einem schwer beladenen Jeep voll von Esswaren, Getränken, Kaffee und Rauchwaren in rauhen Mengen. Wir verlebten mit ihm und unseren Pensionären eine tolle Nacht.

Willi wurde in Deutschland zum Aufspüren der Nazis eingesetzt, leitete die Verhöre von Gefangenen, und seinen Kenntnissen und seinem Spürsinn, gelang es oft, die einfachen Mitläufer von den wirklichen Nazis auszusondern. Von Deutschland kam Willi noch oft zu uns zurück, brachte jedesmal Mengen von Ess- und Trinkbarem und Rauchwaren mit. Für uns war Willi, der deutsche Emigrant, der Spanienkämpfer, der deutsch-amerikanische Sergeant, Symbol der Befreiung von Paris, des Kriegsendes . . .

SOZIALISMUS ODER BARBAREI

Das Leben in Paris nahm wieder normale Formen an. Unsere Aktivität während des Krieges war nicht unbemerkt geblieben. Wir erhielten viel Besuch. Aus Amerika kam zuerst *Karl Korsch.* Korsch hatte sich schon einige Jahre vor Hitlers Machtantritt in Amerika niedergelassen. Er war einer der bekanntesten Sozialisierungs-Theoretiker und Verfasser eines Betriebsrätegesetzes, ein Vorläufer der heute noch in Westdeutschland funktionierenden Betriebsräte. 1947 kam – ebenfalls aus Amerika – *Max Schachtmann,* einer der Gründer und Führer der trotzkistischen Bewegung in Amerika. Schachtmann hatte, wie wir, mit den trotzkistischen Ideen längst gebrochen. Im Begriff, eine Geschichte der Kommunistischen Internationale zu schreiben, wollte Schachtmann detaillierte Informationen über die russische Politik in Spanien, im besonderen über die dort tätigen Agenten der russischen Geheimpolizei.
1948 tauchte *Herbert Wehner* bei uns auf. Kurt Schumacher hatte ihn als inoffiziellen Beobachter zu der in Paris tagenden Konferenz der Siegermächte geschickt. Wir kannten uns nicht. Während drei Wochen wohnte Wehner bei uns, schrieb seine Berichte für das «Hamburger Echo» und an die Leitung der SPD. Die ersten Kontakte mit ihm waren schwierig. Der große, starke Mann, ein unermüdlicher Pfeifenraucher, saß am Tisch und hörte uns zu. Eine Stunde lang, dann brummte er gelegentlich etwas Unverständliches. Plötzlich explodierte er. Für ihn war die alte Arbeiterbewegung tot. Um Neues zu schaffen, müsse der enge Klassenrahmen gesprengt und eine breite Volkspartei geschaffen werden. In großen Umrissen entwickelte Wehner, damals schon, die wesentlichen Grundzüge des Godesberger Programms.
Wehner, der jahrelang Funktionär der Kommunistischen Partei war, mußte zahlreichen verleumderischen Angriffen entgegentreten. Sie kamen von rechts, aber auch aus den eigenen Parteireihen. Offen und versteckt wurde ihm unterstellt, er sei ein verkappter Agent Moskaus. Um gegen diese Angriffe etwas zu tun, verfaßte Wehner ein Memorandum über seine politische Vergangenheit. Dieses Papier stellte er sämtlichen Abgeordneten und dem damaligen Kanzler Konrad Adenauer zu. Wehner schildert darin auch die in Moskau verbrachten Jahre, die zu den schwersten seines Lebens gehörten. Allein seiner eisernen Energie, seiner Fähigkeit, am rechten Ort zu schweigen und zu reden,

hat er es zu verdanken, daß er die Hölle des stalinistischen Terrors überlebte.
Es gehörte zum guten Ton der ausländischen Kommunisten in Moskau, sich auch in der Kleidung zu russifizieren. Beinahe ausnahmslos trugen sie Russenblusen, stolperten in schweren Schaftstiefeln herum. Nicht so Wehner. Er kleidete sich ostentativ europäisch, mit Hut und Krawatte. Den widrigen Fraktionskämpfen, den Intrigen und Denunziationen blieb er fern. Der Klüngel um *Walter Ulbricht* und *Wilhelm Pieck* wollte den unbequemen Mann, der viel wußte und nichts sagte, liquidieren. Sie bauten gegen Wehner eine Anklage auf. Er sei der Verantwortliche für die Verhaftung von Ernst Thälmann. Doch Wehner gelang der Nachweis, daß er mit der Sache nichts zu tun hatte, Thälmann durch den Verrat seines Vertrauten Alfred Kattner der Gestapo ausgeliefert wurde. Um Wehner loszuwerden, sollte er während des Krieges zur illegalen Arbeit nach Deutschland geschickt werden. Wehner akzeptierte. Er wußte genau, was gespielt wurde. Seine Ankunft in Deutschland war von seinen «Genossen» bereits der Gestapo gemeldet worden. Wehner aber blieb in Schweden, dachte nicht daran, in die Falle zu tappen. In Schweden schrieb er eine Broschüre, in der er sich von der Politik der Kommunisten endgültig lossagte. Prompt denunzierten ihn die Kommunisten der schwedischen Polizei. Die letzten Kriegsjahre verbrachte Wehner im Gefängnis. Nach Kriegsende nach Deutschland zurückgekehrt, trat er der Sozialdemokratischen Partei bei und wurde von Kurt Schumacher zur Parteiarbeit herangezogen.
Einige Monate nach seinem Pariser Aufenthalt lud uns Wehner nach Hamburg ein. Wir machten die Bekanntschaft seiner liebenswürdigen Frau, und Wehner zeigte uns die schwer zerstörte Hafenstadt. In heftigen politischen Kämpfen hatte Herbert Wehner die kommunistische Hochburg im Hamburger Hafen zerstört und wurde zum Bundestagsabgeordneten gewählt. Auf seinem Redaktionsbüro des «Hamburger Echos» trafen wir auch Willy Brandt wieder, damals noch rechte Hand des Regierenden Bürgermeisters von Westberlin, Ernst Reuter.
Wer wie Herbert Wehner im Mittelpunkt des politischen Lebens steht, bleibt immer Angriffen ausgesetzt. Wehner hat seinen Aufstieg in der Sozialdemokratischen Partei seiner ungeheuren Arbeitskraft, sei-

nem politischen Instinkt und nicht zuletzt seiner persönlichen Integrität zu verdanken. Alle Ehrenbezeugungen sind ihm zuwider. Er strebt nicht nach Ämtern und Würden. Politische Ideen, die er als richtig erkannt hat, vertritt er zäh und beharrlich, oft brutal. Kennt man ihn näher, entdeckt man unter der äußeren harten Schale einen feinfühligen Menschen. Wehner sucht die Macht nicht für sich. Sein oberstes politisches Gesetz ist die Wiedervereinigung Deutschlands. Im besten Sinne des Wortes: Er ist ein deutscher Patriot.
Der Leser wird sich einige Fragen stellen. Was hat das alles genützt? Wie sieht der Autor seine Vergangenheit? Wie denkt er heute? Die Fragen sind berechtigt, die Antworten schwer. Ich bin kein Arzt, der dem kranken Patienten Pillen verschreibt, und für den Ablauf der Geschichte gibt es keine Rezepte.
Ein halbes Jahrhundert nach der Russischen Revolution, 37 Jahre nach dem Spanischen Bürgerkrieg, 28 Jahre nach dem Zweiten Weltkrieg, hat sich das Gesicht der Welt total verändert. Im Lichte der neuen Entwicklung, aus dem geschichtlichen Abstand betrachtet, erhält die Vergangenheit Konturen, die von den damals Beteiligten kaum zu erkennen waren. Wir projizieren die Ereignisse der Gegenwart zurück auf die Vergangenheit, um sie besser zu verstehen, zu erklären. Spanien 1936 – Chile heute. Die Geschichte wiederholt sich, von Nuancen und Schönheitsfehlern abgesehen. Einer dieser Schönheitsfehler in Chile war der unerschütterliche Glaube an die demokratische Armee.
In Santiago würde ich bei denen stehen, die von Beginn an erkannten: Dieser Konflikt kann nur durch revolutionäre Gewalt ausgefochten werden. In Chile würde ich so handeln, wie wir in Spanien handelten. Das allgemeine Wahlrecht, die demokratischen Rechte wie Presse- und Versammlungsfreiheit, Streikrecht, die Existenz von Gewerkschaften und politischen Parteien sind Errungenschaften jahrzehntelanger Kämpfe – ihre Bedeutung wegzuleugnen, ist barer Unsinn. Die Demokratie und ihre Institutionen haben ihre Grenzen, in Krisenzeiten müssen sie harte Zerreißproben aushalten. Mit all ihren demokratischen Rechten konnte die Demokratie nicht verhindern, daß ein Mussolini, ein Hitler, ein Franco, die griechischen Obristen und der General Pinochet sie mit ihren Tanks überrollten. Militärputsche sind keineswegs das Monopol südamerikanischer Länder, unentwickelter Konti-

nente. Wir haben sie im Herzen Europas erlebt und werden sie erleben. 1958 hat General de Gaulle unter dem zerschlissenen Mantel der Legalität die Macht ergriffen. Das Volk hat ihn nicht gerufen. Griechische Obristen können die Republik proklamieren, sich als Demokraten feiern lassen. Demokratien sind historische Gebilde, veränderlich und auswechselbar. Die überwiegende Mehrheit des amerikanischen Volkes ist ehrlich überzeugt, in der besten Demokratie der Welt zu leben. Denken die Engländer, Franzosen oder Deutschen anders? Würden sie das Gegenteil denken, das demokratische Spiel wäre ausgespielt.

Unsere hochindustrialisierte Gesellschaft mit ihrer rasenden technischen Entwicklung verändert unsere Welt, unsere Lebensformen täglich. Die Atomwissenschaft, die Elektronik, die Raumschiffahrt, die modernen Informations- und Transportmittel sind Eroberungen des menschlichen Geistes, die nicht rückgängig gemacht werden können. Auf den damit verbundenen materiellen Wohlstand wollen wir nicht verzichten. Doch wer ist *wir*? Die Bürger der Wohlstandsgesellschaft, *ein* Drittel der Menschheit. Wir ersticken in Bergen nützlicher und unnützer Gebrauchsgüter, während zwei Drittel der Menschen darben. Was wir für Hund und Katze ausgeben, würde genügen, um Tausende von afrikanischen, südamerikanischen oder indischen Kindern vor dem Hungertod zu retten.

Gab es seit Ende des Zweiten Weltkrieges auch nur einen Tag ohne Kanonendonner in dieser oder jener Ecke der Welt? Indochina, Korea, Biafra, Pakistan, die Kriege zwischen Israel und den Arabern ...

Zerstört die Technologie nicht unsere ganze Umwelt; Luft, Erde, Wasser? Bestimmte Lebensmittel kann man nicht mehr oder nur mit Vorsicht genießen. Baden wird zum Abenteuer. Die Luft ist vergiftet von den Abgasen der Industrie, der Großstädte, der Autos und Flugzeuge; neue Krankheitserreger tauchen auf. Die amerikanische Wissenschaft macht die Raumschiffahrt bald zur täglichen Gewohnheit, aber die Müllabfuhr in New York kann sie nicht bewältigen. Die russischen Techniker erreichen Spitzenleistungen, aber ein Schriftsteller wie Solschenizyn, ein Naturwissenschaftler wie Sacharow – sie dürfen ihre eigene Meinung im eigenen Lande nicht publizieren: Der Dissident wird unterdrückt und mundtot gemacht.

Binsenwahrheiten? Gewiß. Doch die moderne Planwirtschaft, die uns von der Wiege bis zum Grab verplant, kann das nicht verhindern. Die Planer, Technokraten, die Manager und Generäle haben die Kontrolle über die technische Entwicklung verloren. Die hervorragendsten Wissenschaftler, die phantasiereichsten Futurologen können uns nicht voraussagen, wohin wir treiben. Die Alternativüberlegung, ob wir im Jahr 2000 im organischen oder radioaktiven Müll ersticken werden, ist wenig bestechend. Der nicht beherrschte Ablauf der technischen Entwicklung ist keine Erfindung bösartiger Menschen, sondern die logische Folge des Profitstrebens unserer heutigen Welt, des obersten Gesetzes, das sie regiert. Darum verwandelt sich das Problem der modernen Technik in ein politisches Problem.

Die gewaltigen Veränderungen auf dem Produktionssektor, in den sozialen Strukturen, im individuellen und kollektiven Bewußtsein der Menschen drängen auf eine völlig neue Zukunftsgestaltung hin. Die alten Kategorien Proletarische Revolution, Eroberung der Staatsmacht, Proletarische Diktatur haben ihre Gültigkeit verloren. Die Revolution als historischer Prozeß ist keine Parteisache, kein Privileg einer supergescheiten Minderheit, sie betrifft alle Gesellschaftsschichten. Die fortschreitende Zerstörung unserer natürlichen Umwelt, die kulturelle Revolte der Jugend, die moderne Frauenbewegung lassen sich nicht mehr in die Zwangsjacke der Klassengegensätze pressen. Die Revolution erhält globalen Charakter, greift weit über die Produktionssphäre hinaus und erfaßt den gesamten kulturellen Bereich. Das Ausbeutungsverhältnis, die Ausbeutung des Menschen durch andere Menschen muß von Grund aus umgestaltet werden. Die russischen und die amerikanischen Arbeiter pfeifen auf die Mehrwerttheorie und ihre Geheimnisse, sie stehen einem privaten oder staatlichen Arbeitgeber gegenüber, der sie in unterschiedlichem Ausmaß im Ausbeutungsverhältnis gefangen hält. Der Kampf um bessere Arbeits- und Lebensbedingungen nähert sich der Schwelle, wo das Ausbeutungsverhältnis selbst in Frage gestellt wird.

Ausbeutungsverhältnisse bestanden auch in vorkapitalistischen Gesellschaftsformen. Die kapitalistische Gesellschaft hat sich die ihr eigentümlichen wirtschaftlichen, sozialen und politischen Strukturen geschaffen, deren sichtbarster Ausdruck der Staat ist. Der kapitalistische Staatsapparat ist ein gesellschafts-politischer Machtfaktor geworden, wie ihn die Geschichte bislang nicht kannte. Diesen Apparat als bloßes Produkt der Klassenscheidung zu betrachten, ihm nur repressive Eigenschaften beizulegen, ist eine marxistische Fehlleistung. Institutionen wie Post, Eisenbahn, Spitäler, die Verkehrsregelung sind Bestandteile des Staatsapparates ebenso wie Armee, Polizei und Justiz. Ohne ihn ist ein reibungsloses Funktionieren der Wirtschaft, des gesellschaftlichen Lebens undenkbar. Stehen die Repressivfunktionen des Staatsapparates heute im Vordergrund, so ist das nur der Ausdruck dafür, daß die Unzufriedenheit mit dieser heutigen Ordnung immer breitere Massen der Bevölkerung erfaßt. Sie wünschen eine gerechtere Verteilung des Einkommens, gleiche Chancen für alle, strukturelle Reformen, die es erlauben, daß alle kollektiv an der Zukunftsgestaltung mitwirken. Angenommen, es wäre eine Mehrheit vorhanden, die diese Wünsche durchsetzen will, so gibt es doch blutige Köpfe über Weg, Mittel und Methoden zur Verwirklichung dieses Ziels.

Demokratische Sozialisten, Reformer und liberale Bürger erstreben den Ausbau, die Verbesserung unserer demokratischen Einrichtungen auf legalem, gesetzlichem Weg, durch Parlamentsbeschlüsse und Volksbefragungen. Ein Handeln außerhalb der Legalität, durch Umsturz und Gewalt, lehnen sie entschieden ab. Eine bessere Gesellschaft kann niemals das Werk einer Minderheit sein, die der Mehrheit ihren Willen aufzwingt. Erst wenn im Bewußtsein weitester Volkskreise die Erkenntnis durchbricht: so darf es nicht weitergehen, wir rutschen in eine Katastrophe hinein, erst dann wird sich eine neue Volksmehrheit bilden, die das Recht besitzt, neue Gesetze zu schaffen, der neuen Ordnung die legale Basis zu geben.

Diese Idealvorstellung von der parlamentarischen Demokratie hat Löcher wie ein Emmentaler Käse. Mehrheit und Minderheit sind keine unwandelbaren Begriffe, sie wechseln häufig. In Zeiten sozialer Spannung wird die Minderheit von gestern zur Mehrheit von morgen. Hält sich diese Mehrheit im Rahmen der heutigen Ordnung, können auch Forderungen wie Mitspracherecht, gleiche Bildungschancen, bessere Verteilung des Nationalvermögens durchaus toleriert werden. Werden hingegen die Grundpfeiler der kapitalistischen Ordnung angegriffen, die Produktions- und Besitzverhältnisse, ob staatliche oder private, hört die Demokratie auf. Die kollektive Inbesitznahme der Produktions- und Verteilungsinstrumente durch das Volk, durch jene, die mittelbar oder unmittelbar am Produktionsprozeß teilnehmen, wird immer und überall auf den härtesten Widerstand der an der Macht befindlichen Klasse stoßen, die vor brutaler Gewalt nicht zurückschreckt.

Die Gewalt als wirtschaftlicher und sozial-politischer Faktor läßt sich aus der Menschheitsgeschichte nicht wegdenken. Die Entstehung moderner Nationen ist eine Kette von Kriegen, Religionskämpfen und Bürgerkriegen. Die Geschichte gibt uns kein Beispiel einer friedlichen Umwälzung, eines freiwilligen Abtretens der an der Macht befindlichen Kräfte.

Salvador Allende. Sein Name ist zum Symbol geworden für den Versuch, auf demokratischem Wege die Gesellschaft umzuformen. Allende ist nicht gescheitert an dieser oder jener Maßnahme, er unterlag, weil er den Willen der Konterrevolution, die bestehenden Besitzverhältnisse zu wahren, unterschätzte. Handfeste amerikanische Kapitalinteressen vereinigten sich mit der heimischen Bourgeoisie, trieben das Land in den wirtschaftlichen Ruin, um zu beweisen, daß das chilenische Volk unfähig sei, seine Geschicke selbst zu lenken. Der wirtschaftlichen Blockade und Sabotage folgten die Terroraktionen reaktionärer Kommandos, die Lebensmittelreserven wurden versteckt, der Schwarzmarkt organisiert, das Land ausgehungert. Die Generäle sahen ihren Zeitpunkt gekommen, das Land «zu retten». Noch war Allendes Blut nicht getrocknet, erschienen wie durch Zauberhand Lebensmittel und Zigaretten auf dem Markt. Amerika und Europa gewähren Kredite und fordern zu ertragreichen Investitionen auf. Die klassische Prozedur der Konterrevolution arbeitete wie eine gut geölte Maschine.

Das uralte Problem der demokratisch-friedlichen oder revolutionären Umwandlung wird durch das chilenische Beispiel neu angeheizt. Bei unseren geordneten demokratischen Verhältnissen gibt es so etwas nicht, erklären uns die Demokraten aller Schattierungen. Mal sehen.

Wir haben in Italien und Deutschland christlich-demokratische Parteien, die in ihrer Struktur den chilenischen Christdemokraten sehr ähnlich sind. In Italien sitzt die Christlich-Demokratische Partei mit den Sozialisten in der Regierung. Die italienischen Kommunisten be-

kennen sich zum legalen Weg der Machtergreifung, wollen als Koalitionspartner in der Regierung vertreten sein. Die Reformpolitik der italienischen Kommunisten und Sozialisten beruht auf der Voraussetzung, zusammen mit dem linken Flügel der Christdemokraten strukturelle Reformen durchzuführen. Die italienischen Christdemokraten sind mit tausend sichtbaren und unsichtbaren Fäden an die bestehenden Machtverhältnisse gebunden. Ihre Bereitwilligkeit zu Reformen endet dort und dann, wo und wenn sich die Gefahr einer neuen Mehrheit abzeichnet. Der Wahlsieg der chilenischen Volksfront im März 1973 war das Signal für die Christdemokraten, das politische Steuer herumzuwerfen, das Bündnis mit den faschistischen Gruppen und der Armee zu suchen, den Putsch zu organisieren. Der Mechanismus, die Technik dieser Strategie gilt für Italien genauso wie für Chile, wobei es unerheblich ist, daß Formen und Methoden spezifisch italienischen Charakter tragen.
Was die Christlich-Demokratische Union in Deutschland betrifft, so fällt mir weiter nichts ein als: Wenn ich an Strauß denke...
Der politische Terror war immer eine Waffe der Konterrevolution – angefangen mit den Fememorden in der Weimarer Republik, den Attentaten auf Rathenau und Erzberger, dem Abschuß der Brüder Kennedy, schließt sich der Bogen zu den Schauprozessen in der Sowjetunion und den Ostblockstaaten. Warum sollte dieser Terror wohl vor einem Brandt, einem Kreisky haltmachen, wenn «das Vaterland in Gefahr» ist? Bedeutung hat nur die technische Fertigkeit, die den Erfolg garantiert; die moralische Entrüstung, gepaart mit der üblichen patriotischen Rechtfertigung, folgt nachher. Wer sich diesem Terror mit pazifistischem Geplärr oder dem Stimmzettel entgegenstellt, schreibt sich selbst auf der Abschußliste ein.
Die totale Zerstörung der Staatsmacht ist die zentrale Aufgabe einer sozialen Revolution. *Der Staat stirbt ab, wenn wir ihm zum Absterben verhelfen.* Die weltweite antiautoritäre Bewegung, vor allem in der Jugend, erklärt sich nicht zuletzt aus dem Ausbleiben der Revolutionen von oben. Die Ablösung der kapitalistischen durch eine proletarische Staatsmacht hat die Produktionsverhältnisse nicht grundsätzlich umgeformt, sondern nur auf die Ebene der bürokratisch-staatsmonopolistischen Ausbeutung gehoben. Zwischen einem amerikani-

schen Manager und einem Sowjetbürokraten gibt es im besten Falle graduelle Unterschiede, in ihrem Habitus und ihren sozialen Funktionen unterscheiden sie sich nicht.

Der soziale Umwandlungsprozeß, der sich uns allen sichtbar vollzieht, ist global, oder er wird zur Farce. Er umfaßt alle Volksschichten, jene, die im Produktionsprozeß stehen, so gut wie die Dienstleistungsbetriebe, die Lehrer und Schüler, den Gelehrten wie den Müllfuhrmann. Sie werden alle im Strudel der Umwandlung herumgewirbelt; ihren Platz werden sie dann finden, wenn sie sich als ein kollektives Ganzes fühlen. Kollektives Bewußtsein entsteht in Zeiten krisenhafter Spannung und entfaltet bisher ungeahnte schöpferische Fähigkeiten, deren spontaner Schwung die alten Organisationsformen durchbricht, sich neue, eigene Organe des Zusammenlebens schafft.

Den allermeisten Menschen von heute ist es schlicht und einfach undenkbar, sich einen Gesellschaftskörper vorzustellen, der sich selbst verwaltet, auf eine übergeordnete Staatsmacht verzichtet. Eine herrschaftslose Gesellschaft erscheint ihnen nicht nur als Utopie, sie setzen sie gleich mit einem wüsten Chaos. Chaotisch aber ist die heutige kapitalistische Unordnung, die uns in barbarische Zustände zurückwirft!

Nicht zufällig erwacht heute erneut das Interesse an anarchistischen Ideen. Es entsteht aus dem wachsenden Zweifel an der Kompetenz der Technokraten, dem Wirtschaftsgigantismus der internationalen Trusts, der wuchernden Zentralisation staatlicher und privater Verwaltungs- und Verteilungsapparate, die jede freie Initiative von unten ersticken, einer neuen Qualität des Lebens die Luftzufuhr abschneiden. Keine Gesellschaft, keine Form des menschlichen Zusammenlebens kann auf Institutionen verzichten. Welche Gestalt sie annehmen, wie sie sich organisieren und zusammenwirken, ist nur in Umrissen auszumachen. Aus der russischen und deutschen Revolution kennen wir sie in der Form der Arbeiter- und Soldatenräte. Spontan aus der breiten Massenaktion entstehend, aus den Betrieben, Büros, den Kasernen und Universitäten, den Bauernkomitees auf dem Lande, setzen die Räte den alten traditionellen Organisationen einen neuen Organisationstyp entgegen. In der ungarischen Rebellion von 1956 spielten die lokalen Räte, die sich später im allgemeinen Arbeiterrat von Budapest zusammenschlossen, eine entscheidende Rolle. Die Räte tauchten vorübergehend im polnischen und tschechischen Frühling auf. Das Phänomen stellt keinen geschichtlichen Zufall dar; das Auftreten der Räte in Krisensituationen ist der Versuch, von unten durch direkte Verwaltung Altes zu stürzen und Neues zu schaffen. Eine Teilnahme breiter Volksmassen, ihre Einflußnahme auf den Umgestaltungsprozeß richtet sich notgedrungen gegen die zentralistische Führung und Organisation von oben und fordert einen föderativen Aufbau des gesellschaftlichen Lebens.

Die deutsche Rätebewegung von 1918 bis 1923 spielte eine eminent politische Rolle. Ihr war es zu verdanken, daß das Wilhelminische Kaiserreich hinweggefegt wurde und die neue deutsche Republik eine Basis erhielt. Im Kampf zwischen Nationalversammlung und der Rätebewegung sind die Räte dann unterlegen. Die Mehrheit des deutschen Volkes begnügte sich mit der Republik, wollte von einer Fortsetzung der Revolution nichts wissen. Der Rätegedanke war damit längst nicht gestorben, nur gelang es der sozialdemokratischen Regierung, den Räten die politische Spitze abzubrechen, um ihr Wirken auf den rein ökonomischen Bereich zu beschränken. Mit bekannter deutscher Gründlichkeit wurde eine Theorie der Rätebewegung ausgearbeitet, die ihren Niederschlag in den Betriebsräte-Gesetzen fand.

Die deutschen Betriebsräte, wie wir sie heute kennen, sind die Nachfolger und Überreste der ersten Rätebewegung. Die Forderungen nach Mitbestimmung und Mitsprache in den Betrieben ist eine Keimform des Rätegedankens, der eine Selbstverwaltung von unten anstrebt.

Wie können die zentralistisch-autoritären Tendenzen im Arbeitsprozeß, die raffinierte Arbeitsteilung, die zentral geleiteten internationalen Kommunikationsmittel mit einem föderalistisch gedachten Gesellschaftsaufbau in Einklang gebracht werden? Sind autonome Produktions- und Verteilungszentren auf kommunaler und regionaler Ebene funktionsfähig? Auf diese Fragen eine klare Antwort zu geben, ist unmöglich. Wir wissen nicht, welche Überraschungen uns die moderne Technologie bescheren wird. Das uns heute so vertraute Bild unserer Betriebe, Werkstätten, Universitäten und Forschungszentren wird sich dauernd verändern. Die Verkürzung der Arbeitszeit wird Kräfte freistellen, die kollektiv, durch freiwillig gebildete Arbeitsgruppen,

Klubs, Forschungskomitees versuchen, neue Lösungen zu erarbeiten. Gleiche Bildungschancen versetzen den Privilegien der intellektuellen Hierarchie den Todesstoß. Was uns die Raumfahrt, die Erforschung der Planeten und der Meerestiefen bringen werden, läßt sich kaum absehen. Aber sie werden das Leben auf unserem Planeten in Bahnen lenken, die uns heute utopisch erscheinen. Wie sich das Bewußtsein, das Fühlen und Handeln der Menschen dem Tempo dieser Veränderungen anpassen, darf wohl als eines der wichtigsten Zeitprobleme gelten.

Damit, daß eine gesellschaftliche Organisation nicht mehr in Klassen gespalten ist, keine Geld- und Marktwirtschaft mehr kennt, bleibt sie noch nicht von sozialen Konflikten verschont. Die Unterschiede der menschlichen Natur verschwinden nicht, sie werden zur schöpferischen Quelle im Ringen um neue Lebensqualitäten. Die freie Entfaltung der Persönlichkeit findet ihre Grenzen nur in der Achtung der Freiheit des anderen. Die dem Menschen innewohnende Aggressivität, die Verschiedenartigkeit menschlichen Wesens werden immer wieder neue Konfliktstoffe erzeugen, deren Meisterung keine endgültige Lösung bringt, sondern sie täglich in Form und Inhalt neu präsentiert.

Diese Zukunftsvisionen klingen in einer von Krieg und Kriegsgeschrei geschüttelten Welt lächerlich. Trotz des ungeheuren Ausuferns der Technik über alle nationalen Grenzen hinweg sind wir aus der Epoche der Nationalstaaten noch nicht hinausgewachsen. Die europäischen Nationen suchen verzweifelt nach ihrer wirtschaftlichen sowie politischen Einheit und scheitern darin an den nationalen Grenzen. Ein europäisches Bewußtsein regt sich erst in den Anfängen. Auf dem afrikanischen Kontinent entstehen Kleinstaaten, beinahe ausschließlich unter der Leitung ihrer Armee. Erst durch die Kriege und die Revolution ist China zum Nationalstaat geworden. Derselbe Prozeß vollzieht sich mit den arabischen Ländern, die in ihren Auseinandersetzungen mit Israel ihre gemeinsamen Interessen entdecken. Das Bestehen und Entstehen von Nationalstaaten verhindert ein kontinentales und globales Denken, das Handeln und Denken, wie es unsere hochentwickelte Industriegesellschaft erfordert.

Es gibt noch kein Modell einer neuen Gesellschaft mit einem neuen

Menschen. Ich lehne es entschieden ab, die Lebensformen in den sogenannten sozialistischen Ländern als Sozialismus zu bezeichnen. Technischer Fortschritt und geplante Wirtschaft funktionieren in der kapitalistischen Welt viel besser, ohne daß jemand daran denkt, sie als Voraussetzungen einer sozialistischen Wirtschaft zu betrachten. Stalins Schrekkensherrschaft, von seinen Nachfolgern als Personenkult serviert, erstarrte zum bürokratischen System, in dem menschliche Freiheit verschwunden ist. Die Arbeiterbewegung wurde um Jahrzehnte zurückgeworfen, die sozialistische Idee korrumpiert.

Der anarchistischen Bewegung können viele Mängel und Fehler angekreidet werden. Niemals jedoch kann man sie des Verrats an ihrer Idee einer freien Gesellschaft bezichtigen. Die spanischen Anarchisten bewiesen gegen ihre politischen Widersacher eine Toleranz, die vielfach zu ihrem eigenen Verderben führte. Mangel an Theorie ersetzten sie durch eine militante Solidarität und Opferbereitschaft. Fern in der Geschichte liegenden Zukunftsverheißungen vertrauten sie nicht, sie wollten die Welt sofort verändern. Die zahllosen Bauernaufstände, die Revolten in den Städten, die jedesmal blutig unterdrückt wurden, waren Unterfangen, die dem bestehenden Herrschaftssystem heute und nicht morgen ein Ende bereiten wollten. Zwischen den gewerkschaftlichen und politischen Organisationen der Arbeiterbewegung im Westen und dem spanischen Anarchismus bestehen grundsätzliche Unterschiede. Die CNT hat sich in all ihren Arbeitskämpfen nie auf eine Sozialpartnerschaft, auf Tarifverhandlungen eingelassen. Der Unternehmer war für sie der Klassenfeind, die Verkörperung des Ausbeutungssystems, das sie abschaffen wollten. Jeder Streik, jede politische Aktion wuchs sich zu einem Generalangriff auf das System aus.

Das auf Aktion gerichtete Denken der Anarchisten wird von den Marxisten als ungeschichtlich, als Überbleibsel der Vergangenheit denunziert. Den immanenten Geschichtsablauf im marxistischen Schema, Feudalismus, Bourgeoisie, Kapitalismus, Entfaltung der Produktionskräfte, materieller Wohlstand gleich Sozialismus, lehnen die Anarchisten ab. Ihnen kommt es auf das Handeln an, nicht auf das Abwarten einer bestimmten Entwicklungsstufe, von der aus es erlaubt wäre, den Sozialismus zu errichten. Sie verweisen mit Recht darauf, daß die Revolutionen im zwanzigsten Jahrhundert nicht in den industriellen Ländern zum Durchbruch kamen, wie es die marxistische Geschichtsphilosophie prophezeite, sondern in Gesellschaften, die knapp am Vorabend der kapitalistischen Entwicklung standen. Die spanischen Anarchichsten waren keine Maschinenstürmer, sie organisierten und leiteten die Betriebe unter schwersten Kriegsbedingungen nach ihren Ideen und Zielen, die kein Zurück zur Vergangenheit, sondern ein Vorwärtsschreiten zu einer neuen, menschlichen Zukunft bedeuteten.

Im Lichte der Ereignisse in Chile erhalten die Erfahrungen des Spanischen Bürgerkrieges aktuelle Bedeutung. Die schöne Idee von der demokratischen Armee ist wie eine Seifenblase geplatzt. In Spanien sind Teile der Armee erst dann zum Volk übergetreten, als der Sieg der Arbeiter in den großen Städten sichergestellt war. Zwischen Demokratie und Armee besteht ein innerer Widerspruch, der nur durch die Vernichtung der einen oder der anderen gelöst wird. Kein Instrument der Staatsmacht weist einen derart autoritären Charakter auf wie die Armee. Der «Bürger im Waffenrock» ist ein aufgelegter Schwindel. Die wesentlichen bürgerlichen Rechte sind ihm verwehrt. Mit dem Anlegen der Uniform vollzieht sich beim «Bürger im Waffenrock» eine gewollte Bewußtseinsänderung, die ihn veranlaßt, selbst auf seine Mitbürger zu schießen, sobald die Staats- und Armeeführung (sie sind ja beinahe immer identisch) das von ihm fordern. Auf die Demokratisierung der Armee antwortet die Bourgeoisie mit der Aufstellung von militärischen und polizeilichen Spezialeinheiten, die über eine autonome Bewegungsfreiheit verfügen, durch Privilegien und Kasernierung von der Volksmasse getrennt werden, gegen jede politische Propaganda immun bleiben. Diese Spezialeinheiten haben keineswegs die Aufgabe, einen äußeren Feind von den Landesgrenzen fernzuhalten, sie sind für Ruhe und Ordnung gedacht und gedrillt gegen den inneren Feind.

Die neuere Geschichte kennt nur ein Beispiel einer wirklichen Volksarmee: die spanischen Milizformationen. Sie entstanden spontan aus dem Abwehrkampf gegen den Militärputsch. Kein Mensch (am wenigsten die Anarchisten) hat vorher an die Aufstellung einer Armee oder auch nur militärischer Einheiten gedacht. Nach dem Sieg strömte das bewaffnete Volk in die Partei- und Gewerkschaftshäuser, organisierte

erst lose Einheiten, die in die von den faschistischen Truppen bedrohten Gebiete abmarschierten. Im strikten Gegensatz zu einer bürgerlichen Armee bildeten sich die neuen Truppen nach politischen Gesichtspunkten. Alle Richtungen – Sozialisten, Anarchisten, Kommunisten und Republikaner – organisierten ihre eigenen militärischen Kolonnen, in denen das Parteileben wie vor dem Putsch weiterexistierte. Die Milizarmee war eine Parteien-Armee. Dieser Umwandlungsprozeß vollzog sich nicht gleichmäßig. Die politisch-demokratischen Aspekte traten bei den Anarchisten stärker in Erscheinung als in den anderen Gruppierungen. Gemeinsam war allen politischen Richtungen in der neuen Armee die enge Volksverbundenheit. Von einer Beschneidung politischer Rechte war keine Rede, die freie Diskussion und Propaganda eine bare Selbstverständlichkeit. Partei- und Gewerkschaftsblätter zirkulierten und wurden debattiert. Der übliche Unterschied zwischen Mannschaft und Offizieren bestand nicht mehr. Die Offiziere wurden von der Mannschaft gewählt, die Wahl vollzog sich nach den politischen und moralischen Qualitäten des Kandidaten, seinem Wissen und Können. Bewährte er sich nicht, konnte er von der Truppe abberufen und ersetzt werden. Die gewählten Truppenleiter unterschieden sich in nichts von den einfachen Milizsoldaten, sie trugen keine besonderen Abzeichen, bezogen denselben Sold und schliefen gemeinsam mit der Mannschaft. Wenn je das Wort vom «Bürger im Waffenrock» Geltung besaß, so trifft das auf die spanischen Milizeinheiten zu. Die Vernichtung der Milizarmee durch die Kommunisten, die nach russischem Vorbild eine Rote Armee schaffen wollten, ergab sich aus der Gesamtkonstellation der spanischen Situation.
Gleichzeitig mit dem spontanen Entstehen der Milizarmee entfalteten sich im ganzen Lande neue Machtorgane des Volkes. Arbeiter und Bauernkomitees verjagten Grundbesitzer, enteigneten die Betriebe und begannen mit der Kollektivierung. Die Industrie ging ganz in die Hände dieser Komitees über, die in engster Zusammenarbeit mit den Gewerkschaften die Wirtschaft neu aufbauten. Wo sich ehemalige Unternehmer auf die Seite des Volkes stellten, wurden sie in ihren Funktionen belassen, unterstanden aber der Kontrolle der Arbeiterkomitees. Das brachliegende Land wurde an die Bauern und Tagelöhner vergeben, gemeinsam bearbeitet, der Ertrag gerecht verteilt. Die zahl-

losen Komitees operierten oft auf eigene Faust je nach örtlichen Bedürfnissen, und nur langsam setzte sich eine gewisse Koordination durch. Dekrete und Gesetze der Madrider Zentralregierung wurden von den Komitees ignoriert oder nach ihren Gesichtspunkten zurechtgestutzt. Die Arbeiter- und Bauernkomitees, von den Kommunisten die «Unkontrollierbaren» genannt, stellten die spanische Form der Räte dar. In ihnen waren neben Arbeitern und Bauern auch breite Schichten des Kleinbürgertums vertreten, die mitmarschierten, solange die ungebrochene Kraft der Komitees bestand. Die ursprüngliche Aufgabe der Komitees, die sich als neue gesellschaftliche Organe verstanden wissen wollten, wurde durch die Kriegserfordernisse verfälscht, ihr Wirken und Schaffen durch das bürgerlich-kommunistische Bündnis, das einer sozialen Revolution feindlich gegenüberstand, verhindert. Mit ihrer Vernichtung und der Zerstörung der Milizarmee war die bürgerliche Republik gerettet, der sozialen Umwandlung der Garaus gemacht. Den Rest besorgte General Franco.

Das heutige Spanien, das Francoregime, ist mit dem alten Spanien nicht vergleichbar. Eine Rückkehr zur Vergangenheit wird es nicht geben. Das Land entwickelt sich mit Riesenschritten zur Industriegesellschaft. Was aus den widerstreitenden Kräften der Bourgeoisie, den Monarchisten und den Faschisten hervorgehen wird, wissen wir noch nicht. Unbestreitbar ist, daß sich der Widerstand breiter Schichten des Volkes verstärkt. Der Widerstand hat in neuen Kampfformen begonnen – den illegalen Arbeiterkommissionen. Sie sind die neu entdeckte Räteform, die über wirtschaftliche Forderungen hinausreicht und politische Freiheit verlangt. Ohne ihre Rolle zu überschätzen: Die Arbeiterkommissionen werden auf das künftige Spanien ihren Einfluß ausüben.

Ich ging als Marxist nach Spanien. Bin ich als Anarchist zurückgekehrt? Ich weiß es nicht. Anarchistische Ideen waren mir nicht fremd. Als Junge haben wir eifrig Kropotkin gelesen. Die tatsächliche Begegnung mit den anarchistischen Menschen war ein Schock. Der unbezähmbare Wille, die bestehenden Ungerechtigkeiten auszurotten, eine gewisse Verachtung materiellen Wohlstandes, solange er nicht allen zugute kommt, die gegenseitige Solidarität waren beeindruckend. Da bestand eine starke Arbeiterbewegung, die ohne jeden bürokratischen Apparat härteste Arbeitskämpfe führte. Die CNT, die im Lande weit über eine halbe Million Mitglieder zählte, hatte nur in seltenen Ausnahmen bezahlte Funktionäre. Gewerkschaftskassen gab es nicht, die kurzen, aber heftigen Streik- und Kampfaktionen waren immer getragen von einer breiten Solidaritätsbereitschaft der Bevölkerung. Diese Bewegung kannte keinen Personenkult, die Ausrichtung auf einen Chef war ihr verhaßt. Wurden Männer wie Durutti oder Ascaso an die Spitze der Bewegung geschwemmt, geschah es kraft ihrer moralischen Autorität und Sauberkeit, sie waren die Besten unter Gleichen. In jedem bürokratischen Apparat sahen sie die Fortdauer der alten Unterordnung, die neue Ungleichheit verursachte. Das Modell einer unbürokratischen Massenbewegung steht zu marxistischen Konzeptionen in krassem Gegensatz. Theorien wie Diktatur des Proletariats, langsames Absterben des Staates sind den Anarchisten verhaßt, sie sehen darin nur neue Unterdrückungsmethoden. Sie verweisen darauf, daß die Entwicklung der Sowjetunion, der Ostblockstaaten, Chinas nicht zu einem Absterben, sondern zu einer gewaltigen Verstärkung der staatlichen und bürokratischen Maschinerie geführt hat. Eine soziale Umwälzung, die nicht nach den ersten Tagen der Revolution mit allen Unterdrückungsverhältnissen Schluß macht, kann nur zur Verewigung dieser Verhältnisse führen.

Die Worte, die der französische Sozialist Jean Jaurés vor dem Ersten Weltkrieg an einen Freund schrieb, klingen prophetisch: «Eine aus der Demokratie geborene Klasse, die sich nicht an die Gesetze der Demokratie hält, ihre Diktatur auch nur einige Tage über die Revolution hinaus verlängert, wird eine Räuberbande, welche die Reichtumsquellen des Landes ausbeutet.»

Nizza, Oktober 1973

* (Zu Seite 36) Rund 30 Jahre später mußte ich gegen Emil Arnold einen Prozeß führen. Im «Basler Vorwärts» beschimpfte mich Emil Arnold als Gestapoagent; ich hätte mit der Gestapo während des Krieges in Paris zusammengearbeitet. Vor dem Basler Strafgericht warf mir der Kommunist Arnold vor, jene antimilitaristische Tätigkeit in der Armee ausgeführt zu haben. Ich erwiderte kurz: «Jawohl, das habe ich getan, und dazu stehe ich. Herr Arnold vergißt leider zu sagen, daß er damals der Verfasser der Broschüre war und mir als Jugendsekretär das antimilitaristische Material in die Kaserne zusandte.»

ANHANG

Gespräch mit Paul („Pavel") Thalmann. Nizza, April 1975*

... Als wir nun Mitte April den ehemaligen Spanienkämpfer Pavel Thalmann in Nizza besuchten, haben wir versucht, einige offen gebliebene Fragen vermittelt über seine eigenen Erfahrungen, so zu formulieren, daß sie auch heute noch politische Relevanz haben. Vor dem Gespräch mit Pavel hatten wir seine Ende 1974 im Walter Verlag erschienene Biographie „Wo die Freiheit stirbt" gelesen. Der inzwischen 74-jährige Revolutionär beschreibt darin seine Erfahrungen von der Schweizer kommunistischen Jugend über die Moskauer „Arbeiteruniversität" (1925-28) bis zum spanischen Bürgerkrieg. Als junger Kommunist, noch beeindruckt vom Erfolg der Russischen Revolution, muß er in Rußland selbst die Auswirkungen der stalinistischen Reaktion miterleben. In die Schweiz zurückgekehrt, konnte er nicht mehr lange mit der offiziellen KP zusammenarbeiten. Entscheidend geprägt wurde seine Kritik der Kommunisten durch die Erfahrungen im revolutionären Spanien von 1936/37. Zusammen mit seiner Frau und Kampfgenossin Clara stellt er sich dort auf die Seite der Anarchisten und POUM-Milizen, die sich im Maiaufstand 1937 in Barcelona auch den stalinistischen Erpressungsversuchen entgegenstellten. Der Aufstand wurde niedergeschlagen. Die GPU, damals wohl der bezeichnendste Beweis des russischen Internationalismus, verhaftete beide schließlich und hielt sie monatelang in von aufrechten Antifaschisten überfüllten Gefängnissen fest. Durch Vermittlung von Freunden, der sozialistischen Internationalen und der spanischen Regierung gelang es ihnen, in das Volksfrontfrankreich zu entkommen. Leider ist der dann folgende Abschnitt ihres gemeinsamen Kampfes gegen Faschismus und Stalinismus in die Biographie noch nicht aufgenommen.**
Pavel und Clara haben sich später eine Art Landkommune in den Bergen über Nizza aufgebaut. Heute treffen sich hier Linke der verschiedensten Richtungen und aus den verschiedensten Ländern.
D.: Wie viele Linke, die die Rebellion der Jugendlichen, der Studenten- und Schülerbewegung noch erlebt haben, mußten wir beobachten, wie sich ein immer stärkerer Trend in der westdeutschen Linken herausbildete, sich in die Tradition der alten Arbeiterbewegung zu stellen. Wer nicht in die SPD, DKP, bzw. deren „demokratische" Ableger eilte, suchte seine ideologische Sicherheit in einer der vielen ML-Organisationen, die sich gegenseitig den richtigen „Leninismus" streitig machen. Einige wenige betrachten sich als Anarchisten, große Teile der Linken stehen jedoch, wie wir auch, ohne weitergehende praktische Perspektive da.
Sicher kannst du uns nicht die Alternative nennen, vielleicht läßt sich das Problem aber leichter erfassen, wenn du uns von deiner Erfahrung mit der Arbeiterbewegung und der gerade bei Intellektuellen oft attraktiven leninistischen Theorie berichtest.
P.: Ja, wie soll man da anfangen? Man müßte natürlich zurückgehen bis auf die drei russischen Revolutionen, die stattgefunden hatten: Die erste von 1905, wo zum erstenmal in größerem Maßstab eigene Organe der Arbeiterklasse entstanden sind, die Sowjets, die Räte.- Dann die beiden von 1917.- Und das typische für Räte ist eben, daß sie historisch neue Organe sind-

---
* Das Gespräch führten Detlef Zeiler und Jürgen Künzig; es wurde zuerst veröffentlicht in einer Broschüre des „Arbeitskreises linker Germanisten", Heidelberg, Juli 1975.
**Aber jetzt in unserer Ausgabe nachgeholt.

Lenin hat das in der Kritik der Pariser Kommune richtig dargestellt - Organe, die sowohl legislative, gesetzgeberische, als auch ausübende Gewalt sind; im Gegensatz zum bürgerlichen Staat. Die Räte sind von Natur aus Organe der Arbeiterklasse, in denen alle Tendenzen innerhalb der Arbeiterklasse vertreten sind, seien es politische, seien es gewerkschaftliche. So waren im Sowjet von Petrograd 1905 Sozialrevolutionäre, Bolschewiken, Menschewisten und Anarchisten vertreten.

Nehmen wir die deutsche Revolution von 1918, um bei Deutschland zu bleiben: Die Räte sind auch hier - angefangen von Kiel, Bremen, dann Hamburg und Berlin - spontan entstanden. Sie sind nicht einmal unbedingt nach dem russischen Muster entstanden. Und in diesen Räten waren fast alle Parteien vertreten: Die unabhängigen Sozialisten, die USPD und die Mehrheitssozialdemokraten, auch die Kommunisten. Nur: Die Kommunisten waren eine verschwindende Minderheit. Diese Räte in Deutschland wurden von den Mehrheitssozialdemokraten beherrscht und von diesen einfach umgemodelt in ganz gewöhnliche Wirtschaftsorgane, was wir heute in Deutschland noch haben: Betriebsräte. Das ist zwar die alte ehemalige Form der Räte, aber die politische Spitze wurde abgebrochen, sowohl von der SPD, als auch von der linken USPD - obwohl die USPD immer hin und her schwankte, sehr viele revolutionäre Mitglieder hatte.

Solche Führer wie Rosa Luxemburg und Karl Liebknecht, die Kandidaten waren in den großen Arbeiter- und Soldatenräten in Berlin, wurden nie gewählt, waren eine ganz kleine Minderheit.

In Rußland waren es die Kommunisten, die die Räte zerstört haben. Die hatten schon Anfang der 20er Jahre eine ähnliche Funktion erfüllt, wie in Deutschland die Mehrheitssozialdemokratie. Alle anderen Parteien wurden aus den Räten ausgeschaltet- und zu was hat das geführt? Zur Parteiherrschaft der Bolschewiki.

D.: Aber Lenin hatte doch versucht, das Rätekonzept mit dem Parteikonzept zu verbinden.

P.: Ja, er hat es versucht. Aber man weiß doch heute, was er in seinem politischen Testament darüber geschrieben hat. Er hat in den letzten Jahren seiner politischen Aktivität die Gefahr der Bürokratie gesehen, sowohl in der Partei, als auch im Staat. Staat in Rußland, das hieß dann ganz einfach: Herrschaft einer Partei. Es gibt in Rußland bis heute kein anderes Herrschaftsmonopol.

Aber, um bei den Räten zu bleiben, die Räte, also die wirklich revolutionären Organe der Arbeiterbewegung, haben bisher in der Geschichte nie einen langen Stand gehabt; sie sind immer wieder von den traditionellen Parteien zerstört worden. Aber das Interessante dabei ist: Bei jeder großen Massenerhebung entstehen immer wieder diese Räte, sei es in der deutschen Revolution, sei es in der ungarischen Rebellion, wo die Räte auch spontan entstanden sind, und zwar gegen die kommunistische Partei (in Budapest haben sie doch den großen zentralen Arbeiterrat gebildet, wo auch die verbotenen Sozialdemokraten wieder auftauchten), oder sei es in Spanien, wo alle diese hunderte, tausende von Komitees in den Dörfern und Städten - auch die Gewerkschaften unter anarchistischem Einfluß- tatsächlich die Macht hatten

Also: Gegen die Lenin'sche Parteikonzeption stellen wir die Konzeption der wirklichen Machtorgane der Arbeiterklasse, die Räte. Aber sie müssen eben alle Tendenzen der Arbeiterbewegung enthalten, auch wenn es „mensch-

wistische" sind, auch wenn es reformistische sind, - und der ideologische Kampf hat in diesen Räten stattzufinden, bis sich eine neue Gesellschaft entwickelt hat.
Dann ist die große Frage - die hat Lenin, sogar Dutschke noch in seinem neuen Buch, nicht richtig gesehen -: Sind die Räte nur spontane Organisationen, die sich in einer revolutionären Situation herausbilden, oder werden sie neue strukturelle Organisationen einer kommenden sozialistischen Gesellschaft sein? Das ist die ganze Frage. Und, ich glaube, die Arbeiter-, Bauern- und Soldatenräte (wenn es Soldaten gibt), das sind die künftigen Organe einer sozialistischen Gesellschaft, die gesellschaftlichen Organe, auf deren Grundlage eine neue Gesellschaft entstehen kann, in der der Staat überflüssig wird. Das hat Lenin nicht richtig gesehen. Für ihn und für seine Nachfolger war die Partei immer das wichtigere.
J.: Die bolschewistische Parteiideologie scheint aber auch heute noch viele Intellektuelle zu faszinieren...
P.: Ich glaube, das rührt zum großen Teil daher, daß es im Zusammenhang mit der Entstehung und der Entwicklung der Russischen Revolution eine unheimliche Legendenbildung um die Rolle der kommunistischen Partei gegeben hat. Diese Legendenbildung ist heute noch nicht durchbrochen.
Bei uns hat das angefangen mit Kronstadt. Das wesentliche dabei war: Was haben die Matrosen von Kronstadt verlangt? Sie hatten Räte verlangt, in denen alle Parteien vertreten sein sollten, nicht nur die kommunistische Partei; und in ihrer Konzeption haben sie dann sogar gesagt: Kommunisten raus aus den Räten! - Eben weil diese alles beherrscht hatten. Das war, wenn du willst, übertrieben, aber sie wollten die Herstellung von wirklichen Sowjets, so wie sie 1905 bestanden hatten.(1)
Es gibt eben eine Rätedemokratie, wo alle Parteien, alle Tendenzen innerhalb der Arbeiterbewegung vertreten sind, es können sogar bürgerliche sein, solange die nicht mit der Waffe in der Hand gegen eine Räteregierung ankämpfen, dann ist natürlich Schluß!
Da war ja bei der ganzen Konzeption der Rätedemokratie die Frage der politischen Polizei, die Frage der Gewalt, wie sie ja auch von Enzensberger gestellt wird. Darauf jedesmal wieder eine richtige Antwort zu finden, das ist die Aufgabe von Revolutionären. Wieso kommt es dabei aber immer wieder zur Parteiherrschaft? Da die Räte wieder verschwinden, wenn eine revolutionäre Massenaktion absackt, und das ist ja immer der Fall, du kannst z.B. nicht monatelang Generalstreik machen, die Leute müssen ja fressen; wir haben das ja in Spanien auch erlebt; ja, das ist doch klar - dann bleibt was? Dann bleiben eben die alten traditionellen Organisationen, dann bleibt die bolschewistische Partei, die gerade über die Kommunistische Internationale unter Führung der Russen die Räte immer wieder verdrängt und an ihre Stelle die Lenin'sche Parteikonzeption setzt.
D.: Was bei J.'s Frage noch mitgemeint war, war doch, daß Intellektuelle sich über die bolschewistische Parteiideologie bis heute gerne mit einer Herrschaftsfunktion in die Arbeiterbewegung einreihen. Das ist ja eine ganz alte Sache. Nehmen wir Kautsky: Das war ein Sozialist, der versucht hatte, vom Schreibtisch aus revolutionäre Entwicklungen zu planen, mit radikalen Worten anzuleiten. Lenin hat sich ja zuerst stark auf ihn bezogen. Er hat dann auch gehandelt und ich würde ihn selber auf alle Fälle als Revolutionär bezeichnen...

P.: Zweifellos!

D.: Mit dem „Leninismus", was ja erst von Stalin so genannt wurde, kam aber wieder so etwas wie eine Intellektuellenherrschaft über eine noch halbwegs intakte Arbeiterbewegung auf.(Von der Frage der „Bürokratie"will ich hier etwas absehen).

P.: Wenn du die russischen Berufsrevolutionäre anschaust,die ja die Grundlage der Lenin'schen Partei waren, dann waren das vielleicht 5% Arbeiter. Nimm die ganze Führung der russischen Revolutionäre, von Bucharin, Lenin bis Stalin... Das war der überwiegende Einfluß der Intellektuellen auf die Arbeiterbewegung, auf eine Partei, die von den Interessen der Arbeiter ausgehen wollte.

Nehmen wir nun die revolutionären Situationen in Deutschland von 1918-23, die großen Massenaktionen wie den Generalstreik gegen den Kapp-Putsch, der März-Aufstand oder der Oktober-Aufstand 23, das war nicht von den großen Pateien geführt. Das wurde von linkssozialistischen und linksgewerkschaftlichen Gruppen geführt. Die Zusammenschlagung des Kapp-Putsches, das kam durch die Gewerkschaft. An der Ruhr hatte sich eine richtige „Ruhr-Armee" gebildet; da hatten die Kommunisten nichts zu sagen. Das waren anarchistische Elemente, gewerkschaftliche Elemente, die ganz links standen, die haben sich spontan zu einer Roten Armee organisiert. Die Kommunisten wurden mitgerissen, sie hatten nicht die Führung.

Das ist auch das Beispiel Max Hölz in Mitteldeutschland. Hölz kam aus der Arbeiterschicht. Er war kein Revolutionär mit einer großen Theorie, aber er hat immerhin die Arbeiterschaft organisiert, hat reiche Leute zu Abgaben gezwungen für die Armen. Er war ein revolutionärer Rebell; das waren mehr oder weniger spontane Aktionen, die herausgewachsen sind aus Bedürfnissen der Arbeiterschaft. Max Hölz, das war nicht die KPD.- Das war eben der Unterschied zu den Berufsrevolutionären.

Genauso war es in Spanien. Die Anarchisten waren keine Berufsrevolutionäre im Sinne von Lenin. Sie waren keine Funktionäre, die ausgehalten wurden entweder von einem Gewerkschaftsapparat oder von einem Parteiapparat. Die hatten im Betrieb ihr Leben verdient.- Oder sie haben dann Banken überfallen. Durruti hat in Bilbao zusammen mit Ascaso Banken überfallen. Was haben sie mit dem Geld gemacht? Sie haben Schulen, anarchistische Schulen,gegründet.Das konnte man damals. Durruti ist nachher wieder in den Betrieb zurückgekehrt. Kein Pfennig ist an ihren Händen hängengeblieben. (Gut, die russischen Bolschewiken haben das z.T. auch gemacht). Anarchisten haben Schulen gegründet gegen die katholischen Schulen in Cádiz u.s.w., auch Kooperativen - mit geraubtem Geld. Das war eine durchaus revolutionäre Haltung.

D.: Zu der deutschen KP: Da gab es aber auch immerhin solche Arbeiter wie Thälmann, die in der Partei etwas zu sagen hatten. Thälmann war ja sogar Parteivorsitzender!

P.: Ja, das mit Thälmann, das sind natürlich größtenteils Märchen. Thälmann war ein Hafenarbeiter, aber er hat ja nie die Partei geführt. Um ihn herum waren ja so viele Leute, die ihm die Texte für seine Reden geschrieben haben. Er konnte auftreten in Versammlungen: Ich hab ihn einmal gehört im Berliner Sportpalast - der Mann stand auf der Bühne und war vollkommen besoffen. Er konnte aber trotzdem schreien und reden, und das hat den Leuten doch immerhin noch imponiert.- Im Herbst 1928 kam es durch den soge-

nannten Wittorf-Skandal zu einem offenen Kampf in der Partei. Wittorf, Sekretär der Bezirksleitung Wasserkante, hatte laufend größere Summen von Parteigeldern unterschlagen. Das Zentralkomitee sandte zwei Kontrolleure nach Hamburg, um die Affäre zu untersuchen; es waren Hugo Eberlein und Erich Hausen. Wittorf, Schwager und ehemaliger Saufkumpan von Thälmann, war nur durch die Bekanntschaft mit Thälmann in die KPD geraten. Thälmann wußte von den Unterschlagungen und wollte alles vertuschen. Den zwei Abgesandten des ZK gegenüber erklärte er sich bereit, das unterschlagene Geld persönlich zurückzugeben. Eberlein und Hausen lehnten ab. Die Fraktionen der Rechten und der „Versöhnler" benutzten den Skandal, um Thälmann und seine Clique zu stürzen. In einer stürmischen Sitzung (in der Wilhelm Pieck sogar den Ausschluß Thälmanns forderte) wurde beschlossen, die Angelegenheit dem Exekutivkomitee der Internationalen vorzulegen und bis zu einem Beschluß dieser Instanz Thälmann von seinen Funktionen zu entbinden. - Es kam aber ganz anders: Stalin, der zu dieser Zeit die Alleinherrschaft fast erreicht hatte, griff ein. Er konnte einen Sieg der rechten und „versöhnlerischen" Fraktionen in der KPD nicht dulden. Darum nicht, weil die deutschen Rechten und „Versöhner" Anhänger von Bucharin waren, der noch immer Präsident der Kommunistischen Internationalen war. Eine Stärkung Bucharins in der größten kommunistischen Partei außerhalb Rußlands hätte ihm Schwierigkeiten bereitet. Ohne zu zögern verfügte Stalin: Thälmann bleibt Parteiführer! So geschah es; die „Versöhnler" kapitulierten, die Rechten wie Brandler und Thalheimer wurden ausgeschlossen. Es waren also machtpolitische Umstände in Rußland, die über das Schicksal von Thälmann und der KPD entschieden. Thälmann war ein proletarisches Aushängeschild: ein Hafenarbeiter als Präsident der kommunistischen Partei, das ist doch eine große Sache gegenüber einem Scheidemann oder einem Ebert.
Die DDR hat dann ein große Legende um Thälmann gebildet. Er hat aber z.B. an den Kämpfen im Oktober(2) nur sporadisch teilgenommen; die wirkliche Rolle im Oktober hat der Kippenberg gespielt, das war der Mann, der den Nachrichtenapparat der KP aufgebaut hat, es war ja von Anfang verloren gewesen. Moskauer Agenten wie Béla Kun, die haben die Weisungen überbracht und gesagt, so und so muß es gehen. Der Brandler hatte eingewandt: wir haben die Mittel nicht - und sie haben ihn trotzdem gezwungen, dies Aktion durchzuführen. Thälmann war ein braver Mann, aber mehr als ein Kreisleiter in irgendeinem Bezirk konnte er nicht sein.
Auch der tragische Tod von Ernst Thälmann hat noch seine Hintergründe: mehrmals hätte Thälmann gegen deutsche Gefangene ausgetauscht werden können; Ulbricht und Pieck widersetzten sich. Thälmann als Märtyrer war ihnen ein erstklassiges Propagandstück. Stalin lieferte während des Paktes mit Hitler deutsche Kommunisten an Hitler aus, den Ernst Thälmann verlangten die Russen nicht.
D.: Vielleicht kommen wir wieder auf die mögliche Alternative zur KP zurück, auf die Du schon angespielt hast, nämlich die anarchistische Bewegung in Spanien. Gegen die Anarchisten traten immer wieder solche Urteile auf wie: „kleinbürgerliche Ideologie", „isolierte Bauernrevolte", „keine festen politischen Vorstellungen", „ohne ökonomisches Übergangskonzept" etc. Wie beurteilst Du sowas auf dem Hintergrund Deiner Erfahrungen in Spanien?

P.: Das ist eine alte Verleumdung der Kommunisten, der Anarchismus sei eine kleinbürgerliche Bewegung. Sie sollen doch bitte mal erklären, warum in Katalonien die anarchistische Bewegung so stark gewesen ist, daß sie sogar die absolute Mehrheit in der Bevölkerung darstellte - und Katalonien ist ja bekanntlich der industriell entwickeltste Teil von Spanien. Genau hier war derAnarchismus die stärkste Bewegung in der Arbeiterschaft. Die katalanischen Anarchisten in der Textil- oder in der Metallindustrie, natürlich kamen die aus der Bauernschaft, vom Land; aber etwa die russischen Arbeiter, die russischen Revolutionäre nicht auch? Eine solche industrielle Reservearmee wie in Westeuropa, wo die Industrie natürlich schon ganz anders entwickelt war, das gab es nicht. Aber deshalb sind die Anarchisten doch nicht kleinbürgerlich.
D.: Dazu kommt ja die ‚leninistische' Einschätzung, daß auch keine ökonomischen Übergangsforderungen, kein Übergangskonzept da waren, auch keine langfristigen Strategien - was ja immer ein Zeichen von Kleinbürgerlichkeit gewesen sein soll. Das Kleinbürgertum könne ja grundsätzlich keine eigene Perspektive entwickeln.
P.:Auch das stimmt nicht. Die Anarchisten haben nicht eine so ausgefeilte Theorie über die Entwicklung der Geschichte wie der Marxismus; der Marxismus als Arbeitsmethode, um geschichtliche Entwicklungen zu erklären, ist ausgezeichnet, darüber braucht man nicht lange zu diskutieren. Aber zu sagen, die Anarchisten hätten überhaupt keine theoretische Konzeption, ist vollkommen falsch. Sie hatten eine Konzeption, und das war der freiheitliche Sozialismus. Ihre Konzeption bestand im Gegensatz zu den Kommunisten darin, daß sie jede Staatsform ablehnten; jede, auch die sogenannte „proletarische". Sie wollten den Staat zerstören und neue Strukturen aufbauen, eben die Räte. Andere Formen hat man bis heute nicht gefunden. 1936, etwa 3-4 Monate vor dem Franco-Putsch, hat in Saragossa, einer Hochburg der anarchosyndikalistischen Bewegung, eine nationale Konferenz, ein Kongress stattgefunden. Und auf diesem Kongress haben sie bis ins einzelne dargestellt, wie die Industrie direkt von Arbeitern geleitet werden soll, wie das Land kollektiviert - also d.h. eine vollkommen neue, man kann sagen utopische Darstellung, wie eine Übergangsbewegung sein soll. Und als der Bürgerkrieg ausbrach, haben sie das zu einem großen Teil verwirklicht. Die Gewerkschaften, die Betriebskomitees, Aktionsausschüsse, die haben die Leitung der Betriebe selbst in die Hand genommen und haben sie vollkommen umorganisiert. Da, wo es möglich war, haben sie mit den ehemaligen Besitzern zusammengearbeitet, wenn die bereit waren - aber sie mußten unter der Kontrolle der gewerkschaftlichen Bewegung und der Betriebskomitees arbeiten, unter Arbeiterkontrolle. Und wenn sie Sabotage machten, dann sind sie eben verschwunden. Wie kann man also behaupten, die Anarchisten hätten überhaupt keine Konzeption?
Unter den Bedingungen des Bürgerkriegs, 1938, also das war schon nach der Niederschlagung des Maiaufstandes in Barcelona, hatten die Anarchisten in Valencia wieder eine Konferenz, wo sie die ganzen Überganskonzepte neu bestätigt haben. Sie hatten eine ziemlich klare Vorstellung davon, was man machen sollte. Sie haben daraus keine große Theorie gemacht und lange vom „Absterben des Staates" geredet; sie haben praktisch den Staat zerstört, genauso wie sie es dargestellt hatten.
D.: Vielleicht könnte man zu dem ökonomisch-sozialen Aspekt noch den

politischen hinzunehmen. Unter der studentischen Linken ist das Enzensberger-Buch „Der kurze Sommer der Anarchie" ziemlich bekannt geworden. Enzensberger kritisiert nun die Anarchisten als zu unpolitisch, unkoordiniert und konzeptlos (er hat dazu den alten Engels zitiert). Wenn's konkret wird, bleibt er jedoch bei vagen Andeutungen. So z.B. bei der Frage des Eintritts der Anarchisten in die Regierung...

P.: Ich glaube, Enzenberger hat das nicht richtig gesehen. Es stimmt nämlich auch nicht, daß die Anarchisten keinen einheitlichen Blick dafür hatten, was geschehen sollte. In den vielen Komitees, da haben sie sich laufend darum bemüht - und nicht umsonst haben sie 38 in Valencia noch einmal ihre ganze Konzeption besprochen. Sie hatten einen nationalen Plan aufgestellt, wie die Industrie und die Landwirtschaft geleitet werden sollte. Aber um diese zahllosen Komitees wirklich zu koordinieren, dazu hatten sie die Zeit nicht, eben weil es den Bürgerkrieg gab und zweitens, weil es die (inneren) Auseinandersetzungen mit der kommunistischen Partei gab, die sich von Anfang an gegen diese Komitees gewandt hatte und behauptet hatte, diese Leute seien „unkontrollierbar"; das heißt doch, die KP wollte sie kontrollieren.

Aber - und dieses Problem stellt Enzensberger überhaupt nicht - hätte man in Spanien allein überhaupt siegen können? Das ist die ganze Frage. Und da darf man nicht vergessen: Das einzige Land (von Portugal einmal abgesehen) das zu Spanien überhaupt eine Grenze hatte, war Frankreich. Und in Frankreich herrschte die Volksfront, die Linke war in der Regierung unter Léon Blum - unterstützt von den Kommunisten. Wäre nun diese Volksfrontbewegung mit russischer Unterstützung in eine revolutionäre umgewandelt worden und hätte sie wie in Spanien die Macht ergriffen, diese Möglichkeit hatte während kurzer Zeit bestanden - dann wäre die ganze Geschichte anders gelaufen. Ich glaube, der Schlüssel zum Verständnis der spanischen Möglichkeiten liegt genau hier auf der internationalen Ebene. Eine Ausweitung des spanischen Bürgerkriegs auf Frankreich, natürlich innerhalb der französischen Verhältnisse, das hätte die gesamte Weltsituation weitgehend verändert. Vielleicht wäre der Krieg vorher ausgebrochen; aber er ist ja 7 Monate nach dem spanischem Zusammenbruch trotzdem gekommen. — Léon Blum hat nicht eingegriffen, weil er Angst hatte vor einem Kriegsausbruch. Der Léon Blum, das war ein elender Seicher; wenn er auch ehrlich war, es war kein Revolutionär! Aber was haben die französischen Kommunisten unter russischem Einfluß hier in Frankreich gemacht? Der große Mann, der die ganze Politik der Kommunisten während der Volksfront geleitet hat, war der Ukrainer Manuilski; das war die rechte Hand von Stalin, der hat hinter den Kulissen die Politik der französischen Kommunisten diktiert, dirigiert nach Weisungen aus Moskau. Diese Weisungen waren nicht, die Macht zu ergreifen, sondern die Volksfront auszuweiten zu einer nationalen Front. Das hieß damals, man muß auch weite Kreise der Bourgeoisie in die Volksfront hineinbringen. Stalin hatte kein Vertrauen zu einer linken Bewegung. Er hatte vertraut in eine starke Bourgeoisie — sowas haben wir heute noch in der russischen Außenpolitik. Und darum „nationale Front".Immer mehr Teile des Kleinbürgertums und der Bourgeoisie sollten in die Front integriert werden... und dann die Macht ergreifen. Aber das ist natürlich keine proletarische Revolution, allenfalls eine linksbürgerliche unter kommunistischem Einfluß. Die französichen Arbeiter haben ihre

Fabriken besetzt im Juni 36, das ist bekannt. Sie haben aber vor allem was erreicht? Bezahlte Ferien, zum erstenmal bezahlte Ferien. Da hat die große Masse der französischen Arbeiter das Meer, z.B.die Côte d'Azur, entdeckt — und seit 36 ist das doch eine Massenbewegung hierher geworden.Die Arbeiter hatten die 40-Stunden Woche bekommen. Das wurde jedoch als Beitrag zum „antifaschistischen Kampf" wieder geopfert; wie eine ganze Menge Errungenschaften ist auch diese ganz einfach wieder verschwunden unter dem Hitlerdruck.

Also, das Problem der spanischen Revolution war ein internationales. Da keine internationale Hilfe kam, mußte Spanien untergehen. Gegen ein deutsch-italienisches Eingreifen hätte nur eine französische Revolution die

Situation ändern können. Das sieht der Enzensberger nicht. Enzensberger sieht auch nicht, daß die spanischen Anarchisten über das, was wir „Fortschritt" nennen, eine ganz andere Auffassung hatten. Die ganze Konsumgesellschaft, die wir haben, das hat die spanischen Anarchisten fast nie interessiert. Sie wollten eine Gesellschaft, nicht zurück zu irgendwelchen Begriffen von Rousseau oder so zurück zur Natur; aber sie wollten die ganzen Privilegien innerhalb der Arbeiterbewegung, diese ganze Hierarchie nicht aufkommen lassen. Für sie war es nicht so wichtig, daß man gut zu essen hat, wenn nicht alle gut essen konnten; das ist es eben. Das hat der Franz Borkenau, den wir ja gut kannten, gut erkannt. Enzensberger zitiert ihn, trotzdem hat er ihn kaum begriffen.

Aber um auf die andere Frage einzugehen: Warum sind die Anarchisten in die Regierung eingetreten? Das ist natürlich eine wesentliche Sache. Im Prinzip lehnen die Anarchisten ja jede Regierung ab, weil sie eben jeden Staat ablehnen. Sie haben sich bei den Wahlen nie beteiligt, mit wenigen Ausnahmen. 1934, nach dem asturischen Aufstand, saßen 30000 im Gefängnis. Da haben sie die Parole ausgegeben: Wir beteiligen uns am Wahlkampf — und dann hat die Volksfront 1936 auch gesiegt, weil 2 Millionen anarchistische Wähler zum erstenmal in Spanien gestimmt haben. Dann wurden die Gefangenen auch freigelassen, d.h. sie haben sie sofort rausgeholt aus den Gefängnissen. Die haben eben nicht gewartet auf ein Dekret der Regierung. Aber warum sind die Anarchisten später in die Regierung eingetreten? Einmal: es mußte natürlich eine Allianz gegen Franco geschaffen werden, das war ganz klar. Und dann gab es auch Tendenzen in der anarchistischen Bewegung, die eben die ganze anarchistische Utopie einer künftigen Gesellschaft verloren haben. Die vier anarchistischen Minister, die eingetreten sind, haben geglaubt, man muß in die Regierung eintreten, um die Einheitsfront gegen Franco zu bilden. Das war aber ein Bruch mit der ganzen anarchistischen Theorie — und die anarchistische Basis war weitgehend dagegen. Also, das war das erste: Es gab Schwächen innerhalb der anarchistischen Bewegung. Aber das zweite war, daß die kommunistische Partei unter dem Einfluß der Russen darauf gedrungen hat: Die Anarchisten müssen in die Regierung. Aus zwei Gründen: Erstens haben die ganz richig kalkuliert, daß sie die Anarchisten in der Regierung besser unter Kontrolle haben; dort werden sie auch eine Regierungsverantwortung übernehmen müssen: Sie sind dann mitverantwortlich für das, was die Gesamtregierung macht. Und diese Kalkulation war durchaus richtig. Dann war die andere Kalkulation der Kommunisten, die ganz genau wußten, was die anarchistische Theorie besagt: Wenn wir es fertigbringen, daß Anarchisten in die Regierung eintreten, dann werden wir einen Spaltpilz in die anarchistische Bewegung hineintragen. Und das ist ja gelungen, sie konnten die vielen Komitees spalten und z.T. unter ihre Kontrolle bringen. Es war — wie immer — eine geschickte kommunistische Taktik, um die anarchistische Bewegung zu zerstören.

Mit den russischen Waffenlieferungen und der riesigen Propaganda, die man damit gemacht hat, mit den internationalen Brigaden etc. ist die kommunistische Partei ungeheuer gewachsen. Und die Leute, die dann gesehen haben, die Kommunisten sind gar nicht so schlecht, sind gar keine Revolutionäre, sind in die KP eingetreten, da waren selbst Großgrundbesitzer dabei; dann wurde das eine ungeheure Kraft und hatte die Möglichkeit, mit den anarchistischen Ministern zusammen, die anarchistische Bewegung z.T. unter

Kontrolle zu bringen und zum anderen Teil erst noch zu spalten. Wir haben damals gesagt, die Maitage 37 in Barcelona, das war das spanische Kronstadt. —Der Enzensberger sieht das nicht. (3) Natürlich hinken alle Vergleiche, aber was ist die Gemeinsamkeit? Was wollten die Anarchisten mit ihrem Maiaufstand? Sie wollten ganz einfach die Herrschaft der KP brechen und wieder zurück zur revolutionären Tradition, wo alle Parteien in den Bauern- und Arbeiterkomitees vertreten waren. Das war genau dasselbe, was die Matrosen von Kronstadt wollten; die wollten freie Sowjets. Insoweit ist also die historische Parallele zwischen Kronstadt 1921 und Barcelona Mai 1937 durchaus berechtigt. Die wirklich revolutionäre Richtung innerhalb der spanischen Arbeiterschaft - da haben auch Sozialisten mitgemacht und die POUM, die hat sich gegen die kommunistische Vorherrschaft gewendet, die wollte sie brechen.

D.: Das waren also nicht nur die Anarchisten, die gegen die Stalinisten waren, sondern auch die POUM, also die Trotzkisten.

P.: Nein, nein, die POUM, das waren nicht Trotzkisten: Das ist auch eine Lüge der Kommunisten. Die POUM ist entstanden aus Abspaltungen der KP Spaniens. Zuerst waren das Joaquín Maurín, Gorkín und Andrade. Maurín und Gorkín, das waren — wenn du willst — rechte Kommunisten. Sie haben eine eigene Arbeiter- und Bauernpartei gegründet. Nachher gab es dann eine linke Abspaltung in der KP Spaniens, geführt von Andrade und Andrés Nin, den sie später ermordet haben; -und die haben sich dann vereinigt. Zusammen haben sie die POUM gegründet, die vereinigte marxistische Arbeiterpartei. Nin, ein ehemaliger Freund von Trotzki, und Andrade, das waren ursprünglich Trotzkisten. Aber eben, die haben mit dem Trotzkismus gebrochen, indem sie sich zusammengeschlossen haben mit der Maurín-Gruppe. Es gab noch trotzkistische Tendenzen in der POUM, aber im Prinzip hat sie nie die trotzkistische Theorie vertreten. Ich habe ja noch ein bißchen trotzkistische Propaganda bei der POUM gemacht: Die hätten mich glatt erschießen lassen; also, das gab es bei der POUM auch. Es gab einen starken rechten Flügel innerhalb der POUM, die haben mit den Trotzkisten kurzen Prozess gemacht, sie haben auch welche erschossen -das muß man auch wissen. Die POUM war eine revolutionäre Partei, nur stand sie zwischen den Kommunisten und den Anarchisten. Die Anarchisten wollten nicht so recht mit ihnen zusammenarbeiten, weil es ja Marxisten waren. Und es gab auch noch mehr oder weniger stalinistische Tendenzen innerhalb der POUM, was einer Zusammenarbeit mit den Anarchisten im Wege stand. Bei den Mai-Ereignissen haben viele Mitglieder der POUM mitgekämpft gegen die Stalinisten. Aber die Führung der POUM -nicht der Nin, der ist sofort verschwunden, aber der Gorkín und der Rowiera- die hatten über 1000 Leute, ihr Batallón de Choque, da waren viele deutsche Emigranten darunter, die haben sie nicht auf die Straße gelassen, die waren kaserniert. Ein großer Teil der Mitglieder, der zivilen Mitglieder sozusagen, stand mit den anarchistischen Arbeitern auf den Barrikaden und hat die kommunistischen Parteihäuser umzingelt. Aber die Führung hat geschwankt, die wußte nicht, was machen. Die etwa 1000 gut bewaffneten POUM-Milizen haben sie jedenfalls nicht eingesetzt. So waren die anarchistischen Arbeiter und Teile der POUM-Arbeiter allein. So wurde Barcelona 1937 zum spanischen Kronstadt.

D.: Aber wie hätte man innerhalb des notwendigerweise breiten Bündnisses gegen den Faschismus als Linker kämpfen können, als Linker, der sich im

Kampf noch selbst verändern will, der die „soziale Frage" nicht verschieben will auf irgendwann mal?

P.: Ich meine, das große Problem war natürlich für alle, die außerhalb von Franco-Spanien standen: Wie kann man den Krieg gegen Franco gewinnen? Wir und große Teile der Anarchisten, auch Teile der POUM, haben gesagt: Dieser Krieg kann nur durch revolutionäre Mittel und Methoden gewonnen werden. Während die Kommunisten und die Mehrheit der Sozialisten gesagt haben: Erst den Krieg gewinnen, dann die Revolution durchführen. Das war doch die große Theorie der Kommunisten. D.h. also praktisch, wir müssen zuerst eine bürgerliche Republik schaffen und nachher die Revolution machen. Das war absolut falsch. Für uns schien notwendig: Die französische Arbeiterbewegung miteinzubeziehen: Das hätte Waffenhilfe gebracht und politische Unterstützung für Spanien. Aber das wollte die Kreml-Führung nicht. Sie wollten auch in Spanien nur eine bürgerliche Republik herstellen, allerdings unter kommunistischer Kontrolle, um in ein Bündnis mit den Westmächten zu kommen. Wir haben vor, während und nach dem Mai-Aufstand ja mit den anarchistischen Gruppen zusammengearbeitet, die sich „Amigos de Durruti" nannten. Und ihre Theorie war, etwas vereinfacht: Rückkehr zu den ehemaligen Räten, wie sie im ersten Jahr des Kampfes bestanden. Dann haben wir dies nach langen Diskussionen umgeändert in eine „Junta de Defensa", das hieß, in Barcelona, der Hochburg der revolutionären Bewegung, mußte wieder eine Arbeiterregierung hergestellt werden, eine „Junta de Defensa", die den Stalinismus liquidiert, nicht physisch, aber politisch ausschaltet und auf dieser Basis einer neuen Arbeiterregierung in Katalonien mit der Zentralregierung in Madrid Verhandlungen aufnehmen muß. Ich weiss nicht, ob das wirklich durchführbar war. Der stalinistische Terror hat allerdings dafür viel zu früh eingesetzt, und die Anarchisten haben das zu spät eingesehen. Während wir am dritten Tag hinter den Barrikaden waren in Barcelona, da haben die Anarchisten Federica Montseny und der García Oliver im Radio zu ihren Anhängern gesagt: Arbeiter, das ist ein Bruderkampf, wir müssen erst den Krieg gegen Franco gewinnen und nachher werden wir die Revolution machen. Die hatten genau die kommunistische Theorie vertreten. Die Federica Montseny, eine alte anarchistische Theoretikerin, hat ja hier in Nizza vor einer Versammlung geredet. Da hat sie dann zwei Stunden über Anarchismus geredet und nur 10 Minuten über den Bürgerkrieg. Ich habe sie dann angegriffen und gefragt, warum sie in die Regierung eingetreten sind. Da hat sie gesagt: Wir hatten damals geglaubt, wenn wir in der Regierung sind, könnten wir die politische Linie der Regierung bestimmen; das haben sie geglaubt, — aber das glaubt ja jeder Reformist, der in eine Regierung eintritt. Also das war eine ziemlich fadenscheinige Begründung; heute sieht sie das ein. Sie sind ja damals auch in erster Linie auf die Drohung der Russen hin eingetreten, da sonst Waffen und Lebensmittel gesperrt würden. Ich habe das selbst in Barcelona erlebt, wie da Schiffe im Hafen lagen, die von stalinistischer Miliz bewacht waren. Die wurden nicht ausgeladen, weil erstens die Anarchisten in die Regierung in Madrid gezwungen werden sollten, und zweitens die POUM aus dem Milizkomitee in Barcelona hinausgeworfen werden sollte, weil sie Trotzkisten seien — und das haben sie erreicht. Die Anarchisten haben dann nachgegeben. Was hätten sie machen sollen? Lebensmittel haben sie dann gekriegt, aber Waffen nicht. Richtig moderne Waffen, das ging alles nach Madrid in die kommunistisch geleiteten Einheiten. Ich glaube, Enzensberger sieht diese Probleme viel zu wenig oder zu ungenau. Trotzdem ist das Durruti-Buch kein schlechtes Buch, nur, er scheint eben nicht genügend informiert.

D.: Du hast uns mal ein Beispiel erzählt vom Kampf gegen die italienischen Faschisten, in dem politische Mittel eine wichtige Rolle spielten...

P.: Ja, ich habe gesagt: Sie haben nicht einen einzigen großen militärischen Sieg errungen als da gegen die italienischen Faschisten, weil sie diese Schlacht in der Guadalajara mit politischen Mitteln geführt haben (Flugblätter, Lautsprecher etc.). — Es gibt da noch andere hochinteressante Fragen: Warum ist es z.B. nie gelungen, im Rücken von Franco eine wirkliche Partisanenbewegung aufzubauen, obwohl es in Sevilla, Pamplona usw. starke anarchistische Gruppen gab. Und z.T. sind die Leute auch in die Berge, ins Maquis, haben dort versucht, Partisanenbewegungen zu bilden. Die Anarchisten wollten das, aber die Kommunisten haben abgelehnt. Sie wollten keine Partisanenbewegung, denn eine solche im Rücken von Franco wäre unweigerlich von Anarchisten geleitet worden, nur die waren eine Kraft dort im Hinterland von Franco. Die Kommunisten haben keine Waffen gegeben und auch die politische Konzeption, eine Partisanenbewegung zu bilden, verhindert. Hätte man diesen Kurs aber ernsthaft verfolgt, wäre Franco ganz schön in die Klemme gekommen. Saragossa z.B., ja das war eine Hochburg der Anarchisten vorher. Während wir vor Saragossa lagen, war die anarchistische Bewegung noch nicht völlig ausgerottet. Sie war unterdrückt, aber hätte man ihr politische und materielle Hilfe gebracht, dann hätte man Franco unerhörte Schwierigkeiten bereitet. Du weißt ja, was in Rußland die Partisanenbewegung bedeutet hatte — auch noch im 2. Weltkrieg...

D.: Wenn man nun auf die heutige Situation zurückkommt, so ist doch der früher oft verheerende Druck über die Komintern nicht mehr so stark. Könnte man nicht von einer allmählichen Absetzung der kommunistischen Parteien von der russischen Politik ausgehen?

P.: Mit dem Ende der Stalin'schen Epoche hat in Rußland eine gewisse Liberalisierung stattgefunden, zweifellos. Dies hat es mit sich gebracht, daß die KPen in aller Welt mehr Selbständigkeit haben. Nehmen wir das Testament von Togliatti: Togliatti war einige Zeit die rechte Hand von Stalin, er hat die schlimmsten Schweinereien gemacht. Er hat auch in Spanien eine Rolle gespielt, indem er den spanischen Goldschatz nach Moskau befördert hat. Aber, er hat doch eingesehen, daß ein Land wie Italien nicht einfach den russischen Weg gehen kann, sondern daß es eben einen italienischen Weg zum Sozialismus gibt — sowie einen spanischen oder deutschen. In der deutschen Revolution waren es die KAPD um Otto Rühle und solche Leute, die versucht haben, einen eigenen Weg ohne russische Führung zu gehen... Oder nimm diesen polnischen Führer der Linksfraktion, Lenski hat er sich genannt, in Wirklichkeit hieß er Leszinski; es war ein polnischer Jude, ein glänzender Kerl. Der ist in die Schweiz gekommen, um die Schweizer KP wieder auf die richtige Linie zu bringen — und da ist er mit uns zusammengestoßen. Wir wurden aus der KP ausgeschlossen. Dann ist er wieder nach Polen zurück, und da hat der Stalin das ganze polnische Zentralkomitee nach Moskau eingeladen, weil es diese drei politischen Strömungen gab, die rechte, die linke und die zentralistische, und salomonisches Urteil: Er hat die Mehrheit des Zentralkomitees einfach erschießen lassen, darunter auch

diesen Leszinski
Bis heute ist dies etwas anders geworden. Ausdruck davon war dieser „Prager Frühling" 1968. Natürlich waren darunter auch nationale Bestrebungen, aber das entscheidende war: Die wollten ihren eigenen Weg zum Sozialismus gehen. Sowas spielt sich auf der ganzen Welt ab. Das kann einen in der Hoffnung bestärken, daß ein Zerfall im russischen Machtbereich eintritt, früher oder später; durch welche Ereignisse, das kann man nicht voraussehen.
D.: Nun bleibt aber doch die Frage, wohin die Kritik am Stalinismus führt. In dem noch nicht veröffentlichten Teil deiner Biographie* formulierst du, d.h. formuliert eure Pariser „Union der internationalen Kommunisten" in der konspirativen Zeit unter deutscher Besetzung folgende linke Perspektive:
„1.) Rußland ist ein neuer imperialistischer Klassenstaat, der auf der Grundlage verstaatlichter Produktionsmittel eine ihm eigene, weder sozialistische, noch klassisch kapitalistische Ordnung geschaffen hat.
2.) Der gegenwärtige Krieg ist ein imperialistischer Krieg, an dem Revolutionäre weder auf der einen noch auf der anderen Seite teilnehmen können.
3.) Das sozialistische Endziel bleibt bestehen, doch die alte Arbeiterbewegung ist tot. Aus den Wirren des Krieges wird eine neue Arbeiterbewegung entstehen, die unter scharfer Ablehnung der bolschewistischen Partei- und Staatstheorie ihre eigenen Wege suchen muß."
Interessant für heute ist der dritte Punkt. Ähnliches hat nun auch ein Herbert Wehner erkannt. Ihr habt uns erzählt, daß er euch 1948 besucht hat und schon damals einige Ansätze des späteren „Godesberger Programms" (1959) formuliert hat. Seine Kritik führt aber eindeutig nach rechts. Hier zeigt sich doch ein Dilemma der Kritik am offiziellen Kommunismus.
P.: Ja, es gibt immer zwei Wege. Wehner ging in seiner Kritik am Stalinismus nach rechts, d.h. er hat schon damals (1948) die Meinung vertreten, man muß eine „Volkspartei" schaffen — und das hat sich dann im Godesberger Programm ausgedrückt. Vielleicht ist das Godesberger Programm nicht ganz so ausgefallen, wie Wehner wollte, denn da waren ja noch ein Erler, Eichler und Ollenhauer: Die haben ja auch mitgewirkt und standen ja immerhin noch weiter rechts. Aber was er wollte, war, den Gegensatz zwischen Sozialdemokratie und Kommunismus in einer „Volkspartei" überwinden. Das hat ihn aber auf den rechten Flügel geführt, er hat ja praktisch die Zusammenarbeit mit der Bourgeoisie gefordert. — Später hat er ja die „Große Koalition" gemacht, dann die Kleine — und was er morgen macht, das wissen wir nicht. Wehner kannte natürlich den Stalinismus sehr gut und ging aus Enttäuschung auf diesen Weg der Kritik, — während wir uns auf die revolutionäre Tradition der Arbeiterbewegung berufen, in Deutschland, Spanien und Rußland, und wir sehen eine kommende revolutionäre Bewegung unter dem Aspekt einer weit umfassenden Rätedemokratie. Da möchte ich aber sofort sagen: Es geht nicht, Rätebewegungen einfach als Arbeiterbewegungen zu identifizieren. Auch die Kader, die Techniker, die Ingenieure, Forscher, alles muß dort vertreten sein. Aber sie müssen geführt sein vor allem unter dem Einfluß der Arbeiterinteressen. Eine Rätebewegung ist antiautoritär! Eine antiautoritäre Bewegung lehnt den Überbau der ka-

*Siehe S. 296f. dieses Bandes (der die vollständige Biographie enthält und n a c h diesem Gespräch erschienen ist).

pitalistischen Gesellschaft prinzipiell ab; sie will die Armee und die Polizei überflüssig machen, den ganzen Justizapparat ausschalten — und nicht ersetzen durch einen sogenannten „proletarischen". Das ist unsere Schlußfolgerung aus der neuen Weltsituation.

D.: Aber hat heute nicht eine rechte Kritik in dem Moment eine Basis, wo die „parlamentarische Lösung" zumindest den Weg zum Sozialismus eröffnen hilft, wenigstens solange es einen starken Druck von unten gibt. Du hattest gesagt, autoritäre Regime wurden bisher nur duch Gewalt oder durch Kriege, d.h. von außen gestürzt. Heute zeigt vielleicht die spanische Entwicklung, wie sich eine allmähliche Auflösung der Franco-Diktatur in Richtung parlamentarische Demokratie vollzieht — was ja dabei nicht stehenbleiben müßte.

P.: Was sich nun heute in Spanien entwickelt: Gut, das ist eine langsame Zersetzung des Regimes, eine Zersetzung der Bourgeoisie. Aber gibt es nicht auch eine Zersetzung der Opposition, in der Arbeiterbewegung? Das muß man vielleicht gegeneinander abwägen. Aber, wenn Franco morgen stirbt, was wird geschehen? Gibt es einen Generalstreik? Ist die Arbeiteropposition, in Verbindung mit baskischen Nationalisten, katalanischen Nationalisten, sind die stark genug, um sofort eine sozialistische Republik zu schaffen? Das ist die ganze Frage. Ich neige eher zu der Auffassung, daß es zu einer konstitutionellen Monarchie kommen wird, die im Verhältnis zum Franco-Regime nur eine liberalere Variante darstellt. Aber wirds dabei bleiben? Auf keinen Fall!

D.: Vielleicht könnte die Entwicklung in Portugal noch wichtig werden.

P.: Das hängt alles davon ab, wie es in beiden Ländern weitergeht. Leider ist es so: Franco ist eben das Symbol des Sieges der spanischen Reaktion geworden und ist es heute noch. Und es spielt eine Rolle, ob dieser Kerl, obwohl er ja ein lebender Leichnam ist, ob der noch als Aushängeschild der Regierung vorhanden ist. Stirbt er, dann wird Spanien in Bewegung kommen, das ist ganz klar. Wenn man sich vorstellt, daß Franco morgen den Schirm zumacht, was wird stattfinden? Es werden wohl drei große nationale Trauerfeiertage angeordnet; während dieser Zeit kann nicht viel geschehen. Die Polizei wird überall sein, auch die Armee. Aber dann müssen sie versuchen eine neue Regierung zu bilden — die Bürokratie vorläufig. Und in der Bourgeoisie gibt es eben schon eine ganze Menge verschiedener Tendenzen: Es gibt schon lange eine liberale Bourgeoisie, die in den europäischen Markt eintreten und zu einer bürgerlichen Demokratie will. Dagegen stehen die alten faschistischen Tendenzen der Falange. Wie stark sind die? Kann es da sogar zu militärischen Konflikten kommen? Was wird die spanische Armee machen? Wird sie neutral bleiben? Es hat in letzter Zeit auch dort schon Bewegungen gegeben. Das sind aber Fragen, die wir noch nicht genau beantworten können. Die spanische Armee ist nicht mehr dieselbe wie vor 25 oder 30 Jahren. Soviel ich weiß, haben eine ganze Menge der mittleren Chargen, der mittleren Offiziere einen so geringen Sold in der Armee, daß sie einer zivilen Arbeit nachgehen müssen. So kommen sie mit bestimmten Volksteilen in nahe Berührung und werden davon beeinflußt. Die spanische Armee, die spanischen Offiziere, haben sogar mit der MFA, der portugiesischen Armeeführung Kontakt. Nicht daß sie zusammenarbeiten, aber sie diskutieren zusammen.

Ob aber diese Tendenzen oder die faschistischen überwiegen, das kann man

vorläufig nicht sehen. Und dann ist noch die linke Arbeiteropposition mit katalanischen und baskischen Nationalisten da; wie stark werden die sein? Die spanische KP unter Santiago Carrillo ist heute nicht mehr moskauhörig, sie ist auch nicht maoistisch. Die wollen auch einen eigenen spanischen Weg gehen ohne russisches Modell. Also auch die KP hat sich gewandelt. Und dann bleibt noch: Wie stark ist die spanische sozialistische Partei, und gibt es auch noch größere anarchistische Gruppen? Das ist schwer zu sagen. Die POUM existiert praktisch nicht mehr in Spanien (Wir kamen kürzlich mit einem alten POUMisten zusammen). Ob die Anarchisten noch so stark sind wie früher, bezweifle ich. Wenn sie auch heute noch spontan auftreten, sind sie doch nicht so glänzend organisiert wie die KP...
J.: Am akutesten ist für uns aber wohl die portugiesische Entwicklung...
P.: Was kann die Arbeiterbewegung im Westen unternehmen, um eine portugiesische Revolution zu unterstützen? Für revolutionäre Sozialisten müßte sich der Kampf in Portugal auf 2 verschiedenen, sich aber ergänzenden Ebenen abspielen. Entscheidend ist die Bewegung an der Basis. Die Betriebskomitees, die Aktionsausschüsse in den Quartieren zur Preiskontrolle, zur Häuserbesetzung, die Organisierung der Bauern und Landarbeiter in genossenschaftlichen Formen, welche die Agrarreform in die Hand nehmen, dies sind die revolutionären Elemente, die eine sozialistische Entwicklung bestimmen können. Allerdings deutet die Nationalisierung der Banken, Versicherungsangestellten und von Teilen der Industrie auf eine staatskapitalistische Variante hin; sie ist aber im Gegensatz zu anderen Ländern nicht nur von oben, der Regierungsebene her bestimmt, sondern unterlag und unterliegt einem Druck von unten. Das kann diese Verstaatlichungen in eine spezifische Form von Selbstverwaltung verwandeln.
Auf einer zweiten Ebene geht es darum, die primitivsten demokratischen Rechte wiederherzustellen und zu sichern.
Versammlungs- und Pressefreiheit, Streikrecht, Pluralität der Parteien und Gewerkschaftsorganisationen. Beide Prozesse: die Keime der Selbstverwaltung und die Herstellung formaler demokratischer Rechte müssen sich gegenseitig ergänzen.
Die portugiesischen Kommunisten — jedenfalls ihre Führung — sind weitgehend auf Moskau eingeschworen. Sie vertreten einen legalen Weg wie in Chile und stellen sich wirklich revolutionären Maßnahmen entgegen. Heute hängen sie am Militär, das als Putschauslöser immer noch die wirkliche Macht ausübt. Ich bin gegen jeden „Militärsozialismus", wie er zum Beispiel in südamerikanischen und afrikanischen Ländern praktiziert wird. Alle diese nationalrevolutionären Bewegungen tragen bürgerlichen Charakter, die Arbeiterbewegung bleibt in irgend einer Form unterdrückt.
Portugals Wirtschaftslage ist schwierig; hier droht die größte Gefahr. Die bedrohliche Lage kann nur durch ausländische Wirtschaftshilfe gemeistert werden. Wer wird helfen? Die sozialliberale Bonner Regierung wird nur Kredite bewilligen, soweit eine bürgerlich-demokratische Entwicklung gewährleistet ist. Der amerikanische Imperialismus wird sein Eingreifen davon abhängig machen, was in Portugal selbst geschieht, aber im Zusammenhang mit der Situation im strategisch jetzt außerordentlich wichtigen Spanien.

Schlußbemerkung: Obwohl unsere ursprüngliche Intention war, mit Pavel Thalmann über seine Erfahrung im Spanien von 1936/37 zu reden, ließ sich die politische Problematik (Anarchismus/Stalinismus) zeitlich und lokal nicht darauf einschränken. Für die heutigen Auseinandersetzungen der Linken konnten nur sehr indirekte Schlüsse gezogen werden.
Aufgrund unserer eigenen Reaktion glauben wir jedoch, daß dieses Gespräch gerade viele „Sponti"-Linke dazu bringen könnte, über die von Enzensbergers „Kurzen Sommer der Anarchie" provozierte unmittelbare Identifikation oder Ablehnung in puncto Anarchismus hinauszugehen. –
Gerade die abgebrochene Revolution in Spanien zeigt, mit welchen Schwierigkeiten eine am Rande der kapitalistischen Metropolen entstandene revolutionäre Bewegung zu kämpfen hatte und daß sich viele Faktoren für uns heute anders darstellen. Wie war Spanien zu einem so schwachen „Kettenglied" im westlichen Machtgefüge geworden, daß eine Revolution ausbrechen konnte? Die Entwicklung Spaniens ist von der spezifischen Art des Aufstiegs zur Weltmacht und des Rückfalls zu einem ökonomisch und politisch drittrangigem Land geprägt: Die ehedem zersplitterte feudale Gesellschaft gewann eine übergreifende nationale Identität mit der Ausbeutung von Kolonien, vor allem ihres Reichtums an edlen Metallen. Die Handelszentren an der Peripherie der iberischen Halbinsel, z.B. Barcelona, Sevilla und Cádiz vermittelten den Fernhandel, der seit der Entdeckung Amerikas einen ungeheuren Aufschwung genommen hatte. Jedoch blieb die feudale Struktur der spanischen Gesellschaft im Gegensatz zu solchen Ländern wie England im Kern erhalten. Die bürgerlichen Nationalstaaten machten den bloßen „Schatzbildner" Spanien daher allmählich zum Objekt ihrer machtpolitischen Auseinandersetzungen – und ihre aufblühende Industrie zeigte, wie man den Reichtum produktiv, d.h. kapitalistisch anwenden konnte.
Die Niederlage der Armada gegen die englische Flotte, der Spanienfeldzug Napoleons 1808/1809, der erfolgreiche Kampf der überseeischen Kolonien um ihre Unabhängigkeit, die britische Machtposition in Gibraltar..., all dies kennzeichnete den Rückfall Spaniens gegenüber den aufstrebenden bürgerlichen Nationen.
Der Kapitalismus brach dann aus den entwickelteren Ländern abrupt und in politischer Korruption mit dem Feudaladel in das agrarisch gebliebene Spanien ein. Bis in die 30er Jahre des 20.Jahrhunderts traten Grundherrschaft, kapitalistische Warenproduktion und Handel in Spanien als unmittelbares Herrschaftsverhältnis auf. Die Ökonomie zeigte die politischen Machtverhältnisse weiterhin direkt – und die sich allmählich durchsetzende kapitalistische Produktion ließ die Vorstellung des „freien Tausches" in den Köpfen der Arbeiter nicht einmal als illusionäres Ideal entstehen. Über die Erhaltung der Arbeitskraft wurde oft durch direkte Gewaltanwendung entschieden: Auf der Gegenseite standen die Machtorgane des korrupten Staatsapparates, die Guardia Civil und gekaufte Pistoleros. Eine reformistische Gewerkschaft mit Beitragszahlern, finanziellen Reserven (Streikkassen) und einem bürokratischen Apparat, wie sie sich in Westeuropa und Amerika entwickelt hat, gab es in Spanien nicht. Dies war ein wesentlicher Grund für die Radikalität der Kämpfe – die jedoch bis 1936 fast nur zu isolierten Revolten und regionalen Aufstandsversuchen geführt hatten. -
Eine Politisierung der Ökonomie zeigt sich heute in der BRD meist nur über reformistische Vermittlungsschritte („Humanisierung der Arbeitswelt"

etc.) oder erst mehr desintegrativ in kleineren Auseinandersetzungen, die leicht zerschlagen werden können (s. die Ford-Kämpfe im August 1973 in Köln). In Frankreich oder Italien (Fiat) wird teilweise die kapitalistische Rationalität der Arbeit selbst schon bekämpft, Fließbandarbeit und Fremdbestimmung überhaupt abgelehnt. Insofern, als dort der Widerstand gegen kapitalistische und bürokratische Verfügungsgewalt schon weiter organisiert ist, kann man eventuell eine Perspektive für heutige Klassenauseinandersetzungen absehen: Das anarchistische Motiv der Selbstbestimmung (Autonomie) wird nach einer langen Tradition ökonomistisch vermittelter Auseinandersetzungen zunehmend gegen die Auswirkungen immer weitergehender Intensivierung der Arbeit ins Feld geführt. –

Im Spanien von 1936 spielten neben der Erfahrung direkter Gewalt eher vorkapitalistische Elemente im Lebenszusammenhang der Menschen eine wichtige Rolle; denn: a.) Der vorkapitalistische Dorfzusammenhang (Familienbeziehung etc.) war z.T. noch intakt, b.) dort, wo er schon durch neue Produktions- und Herrschaftsformen verdeckt war, gab es zumindest noch die Erinnerung an das frühere Leben – in Dorf und Stadt! Der hereinbrechende Kapitalismus führte im Milieu der spanischen Verhältnisse zu einem Wertmusterkonflikt (handwerkliches Können, persönliche Anteilnahme – gegen Pünktlichkeit, Askese, Konkurrenz) bei vielen Bauern und Arbeitern. Phantasie, die in regredierter Form, unter Absehung von in der Realität auftauchenden Problemen, den Unterdrückten nicht weiterhilft, dann durch kontrollierten Rückbezug auf die Realität über diese hinausweisen. Die Vorstellungen und Bilder, die die Arbeiter und Bauern in Spanien den feudalistisch-kapitalistischen Machtstrukturen entgegensetzen konnten, waren abgezogen aus einer Erinnerung an konkrete, überblickbare Lebens- und Arbeitsverhältnisse. Spontane und auf das Ganze der jeweiligen Situation bezogene Kontrolle über Handlungen war noch erfahrbar (Autonomie). Das Verhältnis des Menschen zu seiner inneren und äußeren Natur, das derart noch gegen alle Unterdrückung glaubhaft für Zukunftswünsche Hoffnung geben konnte, wird heute im organisierten Kapitalismus allenfalls noch als Abziehbild für Produktenwerbung eingesetzt (Zigaretten etc.) und damit unglaubwürdig. Die schönen Bilder von intakter Natur und intakten Menschen erinnern nur dadurch, daß sie als Lüge erkennbar werden, an das, was sie ersetzen sollen. Das erschwert heute vielen den Widerstand.

Dieses hatte Ende der 60er Jahre die inzwischen vielzitierte Studentenbewegung erkannt. Da aber weder die „große Verweigerung" noch die Analyse des Kapitalbegriffs aus der Isolierung dieser radikalen Intellektuellenbewegung heraushalfen, setzte bald ein interner Zerfallsprozeß ein. Der Widerstand weitete sich nicht auf sämtliche Bereiche der Gesellschaft aus, die Intellektuellen blieben unter sich. Radikalbürgerliche Ideale, wie Freiheit, Gleichheit, Vernunft etc., an die man appelliert hatte, scheinen dabei heute schon so weit ihre materielle Grundlage verloren zu haben, daß sie kaum noch praktisches Handeln leiten könnten. Der Versuch, Erkenntnis und Erfahrung noch einmal zusammenzubringen, scheint heute zumindest im Wissenschaftsbetrieb illusorisch – ohne daß man sich ihm dabei entziehen könnte. –

Offen bleibt nun die Frage, ob der oft wieder einsetzende Rückzug ins Private, z.B. um die sich überall anbietenden Schrumpfformen der ehemaligen „Gelehrtenrepublik" (jedem soll angesammeltes Wissen und festgehaltene

Erfahrung zur gleichen Verfügung stehen, wenn er sich nur entsprechend darum bemüht) zur Rücknahme antikapitalistischer Radikalität führen muß, oder ob man dies selbst in der beschränkten Handlungsmöglichkeit noch aufhalten kann.

Wir gehen davon aus, daß heute wieder Kunst, auch wenn sie nicht direkt zu Praxis führen kann, die Erinnerung an Autonomie, die Radikalität in der Betrachtung von Gegenständen und menschlichen Beziehungen wachhält, setzt man ihren Anspruch nicht zu tief an. Kunst kann nicht angepaßtes Verhalten zeigen, kann zeigen, wie man die Dinge noch anders sehen kann, wenn sie nicht bloß als Ersatz für erlebte Unmittelbarkeit und für einen politischen Praxisanspruch herhalten muß. Die Diskussionen über Enzensbergers Durruti – Buch, über Peter Schneiders „Lenz", über Kluges „Lernprozesse mit tödlichem Ausgang" zeigen nicht zufällig ein bloßes Hin- und Herfallen zwischen politisch-wissenschaftlichem Denken und dem Versuch, den Kunstgegenstand ernstzunehmen. Unser Gespräch mit Pavel scheint das zu bestätigen: Der Versuch, politisches und „poetisches Denken"(Handke) vorschnell zu versöhnen, verkürzt die Möglichkeiten beider Betrachtungsweisen. Wie man allerdings beide Ebenen zusammendenken kann, darüber sind wir uns auch noch nicht im Klaren.

Anmerkungen:

1.) Bürgerkrieg und Interventionskriege hatten in Rußland den „Kriegskommunismus" erzwungen. Trotzki: „Wir plünderten das ganze Land aus, um die Armee zu kleiden, auszurüsten und zu ernähren." Aber auch nach der Beendigung des polnisch-sowjetischen Krieges im Spätsommer 1920 lief die Wirtschaft nicht in der gedachten Weise an. Seit der Beendigung des 1. Weltkrieges setzte sich nun ein Großteil der Matrosen aus neueingezogenen Bauernsöhnen zusammen. Als diese während des Weihnachtsurlaubs 1920 in ihre Heimat kamen, sahen sie noch die Folgen des „Kriegskommunismus" und die durchaus gegen die ursprünglichen Ideale gerichete Wirtschaftspolitik. Rund 2/3 der von den Kronstädter Matrosen erhoben Forderungen betrafen bäuerliche Probleme, die natürlich im damaligen Rußland auch außerordentlich wichtig waren. (s. dazu Victor Serge „Erinnerungen eines Revolutionärs")

2.) Oktober 1923: In Sachsen wurde eine sozialistisch-kommunistische Regierung gebildet. Die Bewaffnung der proletarischen Hundertschaften konnte nur illegal, gegen die SPD und sehr unvollkommen geschehen. Die kommunistischen Militärspezialisten überbewerteten das Organisatorische. Am 21.10. schon marschierte die Reichswehr in Sachsen ein, ohne daß es zu dem von der KP erwarteten Generalstreik in ganz Deutschland kam.

3.) „In den letzten Apriltagen des Jahres 1937 werden Absichten der Regierung bekannt, die Arbeiter von Barcelona zu entwaffnen und das Gewaltmonopol der Polizei wiederherzustellen. Damit beginnt der letzte Akt des Dramas der CNT – FAI, die „blutige Maiwoche von Barcelona". Es kommt zu ersten Gefechten. Arbeiter und Polizei versuchen sich gegenseitig zu entwaffnen. Am 3. Mai beginnen die offenen Straßenkämpfe. Bewaffnete Kommunisten überfallen die Telephonzentrale, die sich in der Hand der CNT befindet. Ohne irgendeinen Aufruf abzuwarten, treten daraufhin die Arbeiter von ganz Barcelona in den Generalstreik. Barrikaden werden aufgeworfen, die wichtigsten Punkte der Stadt von Arbeitern besetzt. Die Führung der CNT wiegelt ab. Die Zentralregierung entsendet 5000 Mann Bereitschaftspolizei, die am 7.Mai in Barcelona einmarschieren. Die bis auf den heutigen Tag letzte offene revolutionäre Bewegung der Arbeiterklasse wird niedergeschlagen; dabei gibt es über 500 Tote. ,,(Enzensberger „Der kurze Sommer der Anarchie", Sechste Glosse, S.234/35)".

ABKÜRZUNGEN / REGISTER

Abkürzungen

IAA	Internationale Arbeiter Association
CNT	Confederación National del Trabajo; Anarchistischer Gewerkschaftsbund
DAS	Deutsche Anarcho-Syndikalisten
FAI	Federación Anarquista Ibérica; Föderation der spanischen Anarchisten
GPU	Politische Polizei der Sowjetunion
INSA	Sozialistische Presseagentur der Soz. Partei der Schweiz
JL	Juventud Libertario; Anarchistischer Jugendverband
KAPD	Kommunistische Arbeiterpartei Deutschlands
KPdSU	Kommunistische Partei der Sowjetunion
KPO	Kommunistische Partei Opposition
KPS	Kommunistische Partei der Schweiz
POUM	Partido Obrero de Unificatión Marxista; Vereinigte marxistische Arbeiterpartei
PSE	Sozialistische Partei Spaniens
PSUC	Partido Socialista de Unificatión de Cataluña; Vereinigte Sozialistische Partei Kataloniens
SAP	Sozialistische Arbeiterpartei Deutschlands
SD	Sicherheitsdienst
UGT	Unión General del Trabajadores; spanischer Gewerkschaftsbund unter sozialistischer Leitung
USPD	Unabhängige Sozialistische Partei Deutschlands

Register

Abramowitsch 249f., 254, 272
Adenauer, Konrad 353
Adler Friedrich 125
Alberti, Rafael 158
Allende, Salvador 359
Alvarez del Vayo 193, 238
Andersen-Nexö, Martin 43
Andrade, Juan 135, 139, 201, 247
Aragon, Louis 258
Aristaquain 193
Arndt, Fritzchen 188f., 197, 200, 245, 252
Arnold, Emil 11, 20, 28, 33, 35, 37, 62, 93, 99
Ascaso 368
Asensio 147
Axelrod, Tobias 50, 57f.

Bakunin, Michail 10, 173
Balius 189f.
Bamatter, Sigi 20, 23f., 67
Bass, Dr. 24
Beimler, Hans 161, 268, 291
Bereny 65
Bergamin, José 158
Berneri, Brüder 237
Blum, Léon 149f., 248
Bobst, Hermann 33, 96
Bock, Max 24
Bodenmann, Marino 47, 92f., 96
Boettcher, Paul 111
Bolze, Waldemar 228, 229, 234
Bonnet 247
Bordiga, Amadeo 23, 38, 56
Borkenau, Franz 137f., 143, 148
Borochowitsch, Leo 111f., 273, 307
Brandel, Kuno 228, 229
Brandler, Heinrich 53f., 100, 107, 111, 273, 307
Brandt, Willy 137, 197, 354, 360
Brea 152, 153ff.
Brechbühl, Fritz 120
Bringolf, Walter 34, 35, 96, 99, 100–106, 107f., 114
Brunner, Max 50
Brupbacher, Fritz 10, 33, 171
Bucharin, Nikolai 26, 43, 76
Bucher, Herbert 254–256
Burckhardt, Joseph 171f., 174, 202, 226

Cachin, Marcel 42f.

Cilliga, Ante 257f.
Companys, Luis 136, 182
Conradi 50
Cordero 234f.

Dan 249, 272
Déat, Marcel 257
Diamant, Max 137, 197
Doriot, Jacques 97
Dostojewski, Fjodor 11, 46
Ducros 289f.
Dübi, Jakob 20
Dübi, Lydia 20
Duncker, Hermann 26
Durutti, Buenaventura 161, 176, 368

Eberlein, Hugo 32
Eichmann, Heiri 178f., 182
Ensner, Bernhard 63, 73
Ensner, Clara siehe Thalmann, Clara
Erb, Hermann 63, 68ff., 88, 96, 99, 100ff., 104, 108
Erzberger, Matthias 360
Etschebehere, Mica 154 f.

Fabbri, Oreste 115
Fischer, Ruth 54, 269f.
Fisher, Louis 148
Fisher, Leo 39
Franco y Bahamonde, Francisco 137, 139, 152, 160, 167, 175, 190, 202, 355, 367
Frenkel, Jan 116f.
Freud Sigmund 12
Friedel (Freundin von Joseph Burckhardt) 171 f., 174, 201f., 246–248
Frip siehe Wiener, Fridolin
Frölich, Paul 107, 259, 307–309
Frossard 42
Frumkina 67, 73

Gandhi, Mohandas K. 56
García Oliver 163, 196
Garlanty 180
Gaulle, Charles de 347, 356
Geni 298f.
Gernsheimer, Georg 179, 185f.
Godet 139
Gogol, Nikolai 11, 46
Goldstein 65, 88

Gómez 156f.
Göring, Hermann 228
Gorkin, Julián 198, 201, 247
Goethe 11
Graber, Paul 33f., 116, 125, 170
Grimm, Robert 16f., 31, 33f., 48, 115, 125
Grimm, Rosa 18, 48f., 92
Guérin, Daniel 305
Guignebert, Dr. 299
Hausen, Erich 100, 252
Hauser, Fritz 117
Haywood, Bill 43
Heine, Heinrich 11
Held 250
Heller, Franz 172
Henne, Rolf 110
Hernández, Jesús 162
Herzog, Ernst 122, 124
Herzog, Joggi 14, 23, 33
Hic, Marcel 304f., 307, 316
Hidalgo, Rubio 167f.
Hirschel, Max 20f., 24
Hirten, Pedro 221–224
Hitler, Adolf 109, 111, 149, 202, 258, 355
Hochstrasser, Paul 27
Hochstrasser, Verena 27
Hofmaier, Emil 46, 58, 78
Hofmaier, Karl 46, 50, 58, 77f.
Holitscher, Arthur 57
Hölz, Max 12
Hörnle, Edwin 45
Huber, Hermann 105
Hueber, Charles 108, 111
Humbert-Droz, Jules 23, 34, 171
Hünen, Fred 212
Hungerbühler, Walter 121 f.

Iglesias 141f.
Illi, Ernst 63, 67, 68ff., 96, 97f., 100, 109
Ippen, Felix 138, 143

Jäggin, Jakob 63
Jaroslawski 76
Jaurés, Jean 368
Joseph, Willi 180, 182, 244f., 259, 349f.
Jud 62, 97, 169f.
Jung 12

Kamenew, Leo 43, 52, 54, 72, 91

Karski 31
Kattner, Alfred 354
Katzmer, Kasimir 51
Kautsky, Karl 31
Kennedy, John F. und Robert 360
Kerensky, Alexander 32, 54
Kern, Gustav 255
Klement, Rudolf 243, 252–254
Knauer 324–326
Koestler, Arthur 150, 259
Kohn 349
Kolzow, Michael 148, 157
Kopp 185
Korsch, Egon 212
Korsch, Karl 353
Koschka 307–311
Krebs, Robert 63, 73
Kreisky, Bruno 360
Künstler 289–291
Kun, Béla 53, 94
Kündig, Hermann 38, 44

Landau, Kurt 137, 197, 201, 237
Landler 65
Largo Caballero, Francisco 145, 162–164, 165, 167, 175, 221
Laufenberg 25
Laval, Pierre 251
Lenin 10, 11, 20, 23, 31, 32, 33, 50, 52, 56, 94
Lenski 94f., 96
León, Theresa 158
Lessing, Gotthold E. 11
Leszinski siehe Lenski
Leu, Georg 108
Leuenberger, Hermann 19, 33
Levien, Max 65 f.
Lieb, Fritz 11, 12, 19, 33, 37
Lieberrasch, Arthur 111
Liebknecht, Karl 12, 21, 25
Lominadse 44, 55
Lovestone, Jay 111
Ludwig, Prof. 118f.
Lunatscharski, Anatoli 43
Luriel 65
Luxemburg, Rosa 21, 25, 31, 55, 307
Malraux, André 160

Mandel, Moritz 49f., 100
Manuel (spanischer Mitkämpfer von der Aragonfront) 327–330, 332–334
Marion, Paul 97
Marty, André 179
Maslow, Arkadij 54
Mattmüller, Dr. 124
Maurín, Joachim 135, 139f.
Medrano 140ff.
Mehring, Franz 31
Menschinski 89
Miacha 161
Michaelis, Michel 144f., 174, 175f., 178, 180f., 206f., 210, 215f.
Miguel 146, 150
Miratvitles, Jaime 134
Molins 247
Molotow, Wjatscheslaw 51, 57
Montandon, „Professor" 321, 323
Montseny, Federica 163, 196
Morel 312–318, 323
Motta 28
Moulin 172, 175, 184, 189–192, 195f., 198–202, 237, 246
Münzenberg, Willi 10, 11, 12, 20, 32, 39
Munez 198f.
Mussolini, Benito 38, 43, 149, 202, 355

Naine, Charles 33
Nelken, Marguerita 151
Nelz, Walter 113, 172
Nenni, Pietro 209, 249
Neumann, Heinz 55, 95
Nicole, Leon 33, 116, 125
Niederhauser 118f.
Nikolajewski 249, 272
Nin, André 135ff., 139, 191, 198, 201
Nobs, Ernst 33f.

Oeri, Albert 93
Oprecht, Emil 33
Osner 290

Parvus 31
Pelloli 289f.
Pestaña, Angel 140
Pétain 283f.
Pfemfert, Franz 12
Pieck, Wilhelm 354

Pinochet 355
Pivert, Marceau 248, 305
Platten, Fritz 33f., 56, 74f.
Pletscher, Dr. 108
Prieto, Indalecio 162

Queipo de Llano 150

Raab, Fritz 228–230
Radek, Karl 25, 31, 43, 53, 54, 57, 74f., 78f., 91
Rathenau, Walther 360
Regler, Gustav 148–150, 157, 259f.
Reich 12
Rein, Mark 237, 249
Reinhard 123 f.
Reiss, Ignaz 254
Reiter, Hans 184 f., 187f.
„Reitpeitschenmüller" 28f., 30
Remmele, Hermann 95
Renggli, Josef 29
Retzlaw, Karl 113f.
Reuter, Ernst 354
Reynaud, Paul 270
Rosenberg, Marcel 162
Rousset, David 243
Roy, Manabendra Nath 56
Ruckhäberle, Dr. 119
Rudas 65
Rüdiger, Helmut 188f., 197
Rühle, Otto 12, 21f.
Rykow 43

Sacharow 356
Salis, Prof. v. 115
Salomon, Louis 324–326
Saukel, Otto 29
Schachtmann, Max 353
Schaffner, Edwin 49, 56f., 67, 85, 88f.
Schatzkin, Lazar 43, 44, 53, 75
Schiller, Friedrich 11
Schlageter, Leo 53
Schlatter, Hermann 102, 105
Schneider, Friedrich 13, 16, 34, 91, 117f., 124, 132f.
Schönlank, Bruno und Reinhold 26
Schreyer 250
Schröder, Hans 318–321, 323, 325
Schröder, Margot, 318–323, 325

Schüller, Richard 44f.
Schumacher, Kurt, 353, 354
Schwarz, Simon 33
Sedow, Leo 254
Selke, Rodolfo 157 f., 167f.
Seyfritz, Agnes 24
Sharron, Mark 138
Silone, Ignazio 113
Sinowjew, Grigorij 20, 42, 50, 52ff., 55, 72, 76, 91
Solschenizyn, Alexander 356
Sommer 28
Sommermeyer 287f.
Souchy, Augustin 173f.
Souvarine, Boris 23
Stalin, Jossif W. 44, 48, 52, 54, 55f., 72, 76f., 85, 92, 95f., 148f., 210, 236, 251, 258
Stassowa, Elena 57
Stautz 213
Stern 148, 149, 157
Stern, Antonia 268–270, 291f.
Sternberg, Fritz 115f.
Strauß, Franz Josef 360
Sulzbachner, Fritz 11f., 20f., 24, 33, 37
Sumpf 26
Sundelewitsch, Bunja 248, 272
Sundelewitsch, Nicolas 248f.

Tellenbach, Alf 20, 24f.
Thälmann, Ernst 95, 354
Thalheimer, August 100, 104, 107, 111f., 273, 307
Tioli 237
Tobler, Dr. 110
Togliatti, Palmiro 78
Tolstoi, Leo 11, 46
Tomski 43
Trostel, Willi 12, 33
Trotzki, Leo 11, 20, 42f., 50, 52, 54, 57f., 72, 76, 79, 91, 113, 117, 135, 138, 214
Tschiang Kai-schek 56, 73
Turgenjew, Iwan 11

Ulbricht, Walter 354
Uribe 162

Viktor siehe Wittlin, Paul

Vischer 264, 266
Vogel, Martin 38, 44
Vonau, Karl 20
Vujowitsch, Brüder 44f.
Walcher, Jakob 107, 307
Walter, Armin 182
Weber, Ernst 33, 118
Weber, Louis 61
Wehner, Herbert 354
Weiz, Lucien 254
Welti, Franz 22, 38, 44, 47f., 60, 96, 97
Wenk, Gustav 122, 124
Westarp, Graf 53
Wetz, Jean 371
Wiener, Fridolin 342, 345f.
Wieser, Fritz 37, 49, 62, 67, 93, 96
Wirz, Hans 133
Wittlin, Paul 316–318, 328f., 334–343
Wittorf 95
Wolf, Charles 244, 272, 292f., 326
Wolf, Erwin 198–205, 213–215, 237, 246
Wollenberg, Erich 169f.
Woog, Edgar 11, 12
Woroschilow, Kliment 86
Worowski 50
Wyss, Conrad 34

Zetkin, Clara 55
Zerlin, Fjodor 44
Zugazagoita 233, 236